서사론의 새로운 연구 방향

Neue Ansätze in der Erzähltheorie

Edited by Ansgar Nünning and Vera Nünning
Copyright © 2002 by WVT - Wissenschaftlicher Verlag Trier

이 책의 한국어 판권은 WVT - Wissenschaftlicher Verlag Trier와의 독점계약으로
한국문화사에 있습니다.

Korean Translation Copyright © 2018 by HANKOOKMUNHWASA Publishing Co.

서사론의 새로운 연구 방향

안스가 뉘닝·베라 뉘닝 엮음
조경식·권선형·김경희
김현진·배정희·송민정·안소현 옮김

한국문화사

서사론의 새로운 연구 방향

1판1쇄 발행 2018년 11월 10일

원　　제	Neue Ansätze in der Erzähltheorie
엮 은 이	안스가 뉘닝·베라 뉘닝(Ansgar Nünning·Vera Nünning)
옮 긴 이	조경식·권선형·김경희·김현진·배정희·송민정·안소현
펴 낸 이	김진수
펴 낸 곳	**한국문화사**
등　　록	1991년 11월 9일 제2-1276호
주　　소	서울특별시 성동구 광나루로 130 서울숲 IT캐슬 1310호
전　　화	02-464-7708
팩　　스	02-499-0846
이 메 일	hkm7708@hanmail.net
홈페이지	www.hankookmunhwasa.co.kr

책값은 뒤표지에 있습니다.

잘못된 책은 구매처에서 바꾸어 드립니다.
이 책의 내용은 저작권법에 따라 보호받고 있습니다.

ISBN 978-89-6817-689-0 93800

이 도서의 국립중앙도서관 출판예정도서목록(CIP)은 서지정보유통지원시스템 홈페이지(http://seoji.nl.go.kr)와
국가자료공동목록시스템(http://www.nl.go.kr/kolisnet)에서 이용하실 수 있습니다.(CIP제어번호: CIP2018033494)

■ 서문

　서사론은 문학이론 및 문화이론의 어떤 섹션도 맛보지 못한 호황을 최근 십여 년간 누리고 있다. 예전에 내러톨로지는 주로 구조주의 지향적이었지만 근래에는 그야말로 '르네상스(David Herman, Brian Richardson)'를 맞이하여 최근에는 새로운 연구 방향들로 채워진 발전국면을 보여준다. 서사론 카테고리의 모델 만들기에서 서사론 카테고리를 적용하는 것으로 주안점을 옮겼고, 형식주의적-구조주의적 기반으로부터 등을 돌리고 그러면서 동시에 문화연구, 페미니즘적 문학연구, 문화사, 포스트식민주의 문학비평이 제기하는 해석학적, 문화학적 질문들에 시선을 둔다. 구조주의에서는 텍스트의 정적 특성을 기술하는 것이 앞자리를 차지하고 있었다면, 이제 그 자리에는 수용과정의 역동성, 텍스트와 문화적 콘텍스트 간의 대화적 연관성이 관심의 초점으로 부상한다. 이런 발전 도상에서 새로운 연구의 다양성이 마련되었고, 내러톨로지의 이론·모델·방법론을 생산적으로 발전시킬 가능성이 주어졌으며, 더욱이 내러톨로지 이론에 대한 새로운 접근 방식과 콘셉트, 서사텍스트의 분석 및 해석을 위한 새로운 접근 방식과 콘셉트가 생겨나게 되었다.

　『서사론의 새로운 연구 방향』(트리어 학술 출판사 문학이론 연구 핸드북 시리즈 제4권)은 어느새 전문가들조차도 정리하기 힘들 정도가 되어버린 서사론의 이론영역과 개념영역에 대해 오리엔테이션을 해줄 핸드북이자 학습교재로 구상되었다. 동시에 시리즈 제5권 『서사론 - 트랜스장르적, 상호매체적, 학제적』의 보충교재 내지 보완서이기도 하다. 이 책은 '포스트고전적' 서사론에서 이루어진 새롭고 중요한 발전 양상에 대해 최초로, 간단하지만 포괄적인 개관을 해준다. 그중에는 젠더, 종족, 동일성, 대타성, 혼종성 혹은 역사라는 카테고리를 중심으로 하는 페미니즘 내러톨로지, 포스트식민주의 내러톨로지, 문화사적 내러톨로지가 있다. 또한 철학적이고 의미론적인 가능세계이론이 있고, 화용론의 모델·담론분석·인지이론을 통합한 '화용론적 내러톨로지'와 '인지주의 내러톨로지'라는 학제적이고 수용중심적인 연구도 있다. 그런가 하면 기존 연구 방향들의 합(合)을 뛰어넘어, 이전처럼 허구적 서사텍스트에만 몰두하는 데서 벗어날뿐더러 사실주의적 서사론의 환원주의적 전제도 극복하는 비본질주의적이고 '자연적'인 내러톨로지도 있다. 그 외에 후기구조주의 관점으로 내러톨로지에 대한 근본적 비평을 하는 새로운 연구 방향도 있다. 이 책에 실린 8편의 논문들은 앞서 언급한 연구 방향들의 이론적 토대·분석 카테고리·모델·방법을 소개하고, 핵심적인 기본 개념들을 설명해주며, 다양한 사례를 통해 새로운 연구 방향들의 유용성을 밝혀낸다. 이 책이 문학 및 문화학 관련 모든 학과의 대학생들과 학자들에게 동시대 서사론의 학제적 토론이라는 맥락에서 전문적인 길라잡이 역할을 해주며, 가장 중요한 최신 연구 방향들을 조망하게끔 하는 첫 조감도가 되기를 기대한다.

　이런 기대를 실현하려면, 한 권짜리 핸드북으로서의 사용편의성을 잃지 않으면서도 최대한 포괄적이어야 할 것이다. 이 책에 실린 연구 방향들의 선정에 대해, 여타 경우에서처럼 당연히 반론이 제기될 수 있다. 연구 방향 선정에 있어서 우리는 각각의 연구 방향이 동시대 이론논쟁에서 차지하는 중요도를 우선시하였다. 중요도를 정확히 평가하기란 쉽지 않다. 우리는 문학이론 및 서사론 관련 출판물의 최근 서지목록, 현대언어학회(MLA)의 서지목록, 인문학논문 인용색인(HCI), 서사론 관련 주요 잡지 및 인터넷사이트(책 말미의 주요 참고문헌 참조)의 체계적 평가를 신뢰할 만한 기준점으로 삼았다. 연구 방향 선정에서 결정적인 평가 기준은 다음 세 가지였다. 이론 기획이 얼마나 치밀하게 이루어져 있는가, 연구 성과물이 이미 상당수 존재하는가, 연구 방향의 발전 잠재성은 어떠한가. 연구 방향 선정에 대한 공격을 피할 수는 없겠지만, 소개될 연구 방향의 선정이 앞서 언급한 기준에 따라 제대로 이루어질 뿐 아니라, 동시대 서사론의 주요 발전 양상과 연구 방향을 바로 대표하는 선정이기를 바란다. 이 책과는 무관하게 준비 중인 『루틀리지 내러티브 이론 백과사전』(David Herman, Manfred Jahn, Marie-Laure Ryan 편)에서 표제항목들을 선발하고 가중치를 두는 데 있어서 전체적으로 우리와 똑같은 곳에 중점을 두고 있다는 사실은 우리에게 큰 힘을 준다(http://www4.ncsu.edu/~dherman/EXT.html 참조). 우연일 수도 있지만 분명 학문적 혁신의 중요도를 판정하는 데 있어서 의견일치(콘센서스) 내지는 상호주관성 같은 것이 존재한다는 표지이기도 하다.

이 책은 주요 참고문헌 목록으로 마무리되어 있다. 특정 연구 방향에서 중요한 논문뿐만 아니라 동시대 서사론 일반에 관련된 주요 최신 연구들을 목록에 실었다. 이 목록은 어떤 어문학도에게든 똑같이 중요한 테마인 서사론으로 들어가는 안내문 역할을 해줄 것이다. 주요 참고문헌에 있는 연구물에 대해서는 모든 항목을 다 표기하였고, 분량을 줄인다는 측면에서, 개별 장의 참고문헌에는 저자 내지 편집인의 이름과 연도만 표기하였다.

■ 역자 서문

본 번역서 『서사론의 새로운 연구 방향 Neue Ansätze in der Erzähltheorie』은 지난 10여 년에 걸친 만남과 교류 속에서 이루어진 결실이다. 2000년대 신촌캠퍼스에서 연세대 독문과 선후배 몇 사람이 오며가며 유난히 자주 만나게 되었다. 대학원 시절 혹은 독일 유학 시절에 만났다가, 세월이 지나 학생들을 가르치는 입장으로 다시 만난 사람들이었다. 처음의 친목 모임은 점점 정기적인 독서회합으로 나아가게 되어, 2007년에 '서사독회' 가 탄생하게 되었다.

소설과 서사물에 대한 해석은 해석행위 자체에 대한 숙고와 방법론의 정당성에 대한 검토를 끊임없이 요구하기에, 새로운 연구방법에 대한 이해와 실제 적용은 문학도에게 있어서는 매일매일의 훈련과도 같은 과제이다. 우리 모임은 혼자 하기에는 외롭고 지루한, 그 문예학적 기초 체력 훈련을 같이하기로 했다. 몇 권의 책을 읽어 나갔고, 그중 한 권인 여기 번역된 『서사론의 새로운 연구 방향』에는 상대적으로 오랫동안 우리의 관심과 열정이 붙들려 있었다. 이 책이 최근의 서사연구를 더 다양하고, 더 포괄적으로 그려주기 때문만은 아니었다. 이 책이 우리끼리의 독서를 넘어 다른 사람들에게도 소개할 만하다는 데에 점점 의견이 모이면서, 독서가 차츰 번역 작업으로 접어들었기 때문이다. 그러는 동안 구성원들도 조금씩 바뀌고, 모임의 규모가 커지는 듯하다가 다시 원래의 크기로 줄어들기도 하면서, 오늘에는 2007년의 출발 규모에서 크게 달라지지 않았다.

그러나 근 10년 동안 느슨한 우리 모임이 이렇게 유지될 수 있었던 데는, 한때 함께 머물러 주셨던 여러분들이 던진 자극과 우정 또한 힘이 되었음이 틀림없다. 이 책 속의 논문번역자로서 이름이 드러나지 않는 그분들께도 이 자리를 빌려 감사드리고 싶다.

그런데 처음부터 함께했고, 누구보다도 끝까지 함께해야 할 소중한 한 사람이 영원히 우리를 떠났다. 2017년 10월 말 담도암으로 돌아가신 조경식 학형이다. 그의 부재는 우리에게 너무나 큰 슬픔이고 큰 변화다. 시간의 흐름 속에서 전개되는 삶의 변화를 그리는 것이 서사의 근본 의미일진데, 그를 통하여 삶과 죽음이라는 막중하고 스산한 실제 서사가 우리에게 남겨졌다. 고 조경식의 유고 번역 원고 「문화사적 내러톨로지: 문화적 내러티브의 역사화와 콘텍스트화」는 안소현과 권선형이 공동으로 마무리하였고, 조경식 추모 1주년에 맞추어 이 책이 나오게 되었다.

2018년 10월
역자 공동

■ 차례

- 서문 / v
- 역자 서문 / viii

구조주의 내러톨로지에서 '포스트고전' 서사론으로 :
새로운 연구 방향과 발전 양상 / 안스가 뉘닝·베라 뉘닝

1. 서사론의 르네상스 ·· 1
2. 이 책의 구상과 목표 그리고 서사론의 발전에 대하여 ··················· 5
3. 서사론의 새로운 전개 양상과 새로운 연구 방향 ·························· 14
4. 구조주의 내러톨로지와 서사론의 새로운 연구 방향 간의 주요 차이점 ···· 31
5. 서사론에 있는 옛 하위영역을 재구상하고
   새로운 하위영역을 개발하기 ··· 40
6. 전망 ·· 43

페미니즘 내러톨로지 / 가비 어레스·마리온 짐니히

1. 서론 ·· 52
2. 페미니즘 내러톨로지의 이론적 콘셉트와 방법, 용어 ··················· 55
3. 페미니즘 내러톨로지의 발단과 담론 영역에 대한 분석도구의 발전 ···· 64
4. 페미니즘 내러톨로지 시각으로 본 플롯, 공간묘사, 다중시각적 서사 ···· 82
5. 페미니즘 내러톨로지의 차후 발전에 대한 전망 ····························· 87
6. 혼성적·트랜스장르적 페미니즘 서사론의 발전을 위한 구상과 향후 전망 ···· 95
7. 페미니즘 내러톨로지 혹은 젠더(화된) 내러톨로지? ······················ 100

문화사적 내러톨로지 : 문화적 내러티브의 역사화와 콘텍스트화
/ 아스트리트 에를·시모네 로겐도르프

1. 지도제작자로서 문학연구자 ··· 110
2. 내러톨로지와 문화사 ··· 113
3. 내러톨로지의 시각에서 본 문화와 문학의 관계 ···························· 119
4. 문화사적 내러톨로지의 실제 ··· 128
5. 요약과 전망 ·· 161

GO-BETWEEN: 포스트식민주의 서사론 / 한네 비르크·비르기트 노이만

1. 도입 ·· 172
2. 포스트식민주의 문학이론의 주요개념과 목표 ············ 175
3. 서사적 구체화의 형태와 기능 ································ 194
4. 전망 ·· 217

**내러톨로지와 가능세계이론 :
대안세계로서 내러티브 텍스트** / 카롤라 주어캄프

1. 들어가는 말 ·· 228
2. 가능세계이론의 기원과 근본 전제들 ······················· 230
3. 허구성 이론 및 허구성 의미론 ······························· 234
4. 가능세계이론의 역량 ·· 247
5. 내러티브 의미론 ··· 251
6. 포스트모더니즘 시학 ·· 266
7. 종합과 전망 ··· 268

이야기는 어떻게 의미작용하는가 : 화용론적 내러톨로지 / 스벤 스트라슨

1. 논의에 앞선 고려사항들 ·· 276
2. 화용론적 내러톨로지의 화용언어학적 기초 ·············· 280
3. 화용론적 내러톨로지 ·· 294
4. 결론 ·· 329

서사론의 인지적 전환 : 인지적·'자연적' 내러톨로지 / 브루노 체르벡

1. 인지주의 내러톨로지의 기반과 구상, 방법과 목표설정 ············ 336
2. 인지적 전환 ··· 344
3. 인지적 전환이 내러톨로지에 미친 영향 ··················· 348
4. '인지적 전환'이 전통적 내러톨로지의 개별 항목에 가져온 결과 ········ 355
5. 요약과 전망 ··· 366

포스트모던 후기구조주의 내러톨로지 :
　내러톨로지의 해체구성 / 잔드라 하이넨
1. 포스트모더니즘 내러톨로지의 철학적 기초 ·· 376
2. 후기구조주의와 내러톨로지 ··· 379
3. 포스트모더니즘 내러톨로지 ··· 383
4. 내러톨로지의 포스트모더니즘적 해체구성 ··· 391
5. 이론의 가능성과 한계점 ·· 402

- ■ 주요 참고문헌 / 410
- ■ 찾아보기 / 424

구조주의 내러톨로지에서 '포스트고전' 서사론으로

새로운 연구 방향과 발전 양상

안스가 뉘닝·베라 뉘닝 지음
조경식 옮김

1. 서사론의 르네상스

'내러톨로지' 혹은 '서사론'이라고 하면 우선 구조주의의 호시절이 떠오를 것이다. 그다음에는 아마도 내러톨로지스트들이 가졌다는 난해한 신조어에 대한 선호성, 계통적 분류학에 대한 강박적 열광이 생각날 것이다. 그렇기에 후기구조주의와 해체주의가 꽃피던 시절에 내러톨로지가 '대신 매 맞는 아이'로 인기가 부상한 것도 그리 놀랄 만한 일은 아니다. 처음에는 장점으로 여겨졌던 바로 그 특징들, 즉 논리성·체계성·명징성·

기정(既定) 용어·선명한 방법론·반증가능성 때문에 매 맞는 아이는 비판의 채찍을 맞았다. 저자의 죽음, 소설의 죽음, 주체의 죽음, 그리고는 역사의 종말이라는 절망적 예언이 들려왔을 때, 서사론의 운명도 종지부를 찍는 듯했다. 다시 말해, 밀려드는 문학론적 물음, 문화 관련 물음에 대처하는 데 더는 쓸모없어 보였기에, 당시에 내러톨로지는 쓰레기통에 버려질 0순위 후보로 여겨졌다.

되돌아보건대 저자, 주체, 역사에 대한 장송곡뿐 아니라 서사론에 대한 추모사도 다소 성급했다는 인상을 지울 수 없다. 내러톨로지의 여러 분야와 방향에서 극히 활발한 연구가 이루어지는 것을 보노라면, 이제 서사론의 진정한 르네상스가 도래했다고까지 말할 수 있을 정도다.[1] 내러톨로지는 잿더미에서 불사조처럼 솟아올랐을 뿐 아니라, 1990년대부터는 여타 문학이론과 문화이론의 콘셉트와 방법을 통합시킴으로써 미래지향적으로 탈바꿈하였다. 사망 선고를 받은 자들이 때로는 더 오래 살아남기도 한다. '혁신'은 연구의 연속성에서가 아니라 "오히려 정반대로 불연속성에서 생겨나는 전환, 즉 방법론적 콘셉트·대상·준거틀의 변화에 의해서 이루어질 거라고 기대하는"(Danneberg/Vollhardt 2001: 51) 문학연구자들이 예상했던 것보다도 더 오래 살아남았다.

내러톨로지의 르네상스가 도래한 이유를 묻는다면, 네 가지 가설로 설명할 수 있다. 첫째, 서사론이 서사에 대한 폭넓은 학제적(學際的) 관심, 즉 "내러티브 전환"(Isernhagen 1999: 176f., 180) 내지 "인문학에서의 내러티비스트 전환"(Kreiswirth 1995)으로 지칭된 문화학 내의 변화에서 득

---

[1] Herman(1999b: 2) 참조. "내러티브 이론 및 분석의 르네상스"에 대해 언급한 Richardson(2000: 168)도 참조.

을 본 덕분이었다. 둘째, 서사론이 텍스트의 현상·기능·잠재적 영향력을 정교하게 기술(記述)할 분석범주와 모델의 레퍼토리 ― 시대와 학문 분야를 아우르는 적용잠재성을 여전히 풍성하게 담고 있는 레퍼토리 ― 를 제공한다는 것이 (다시금) 인식된 덕분이었다. 셋째, 서사론의 르네상스에 발판이 된 것은, 구조주의 내러톨로지의 모델과 방법뿐 아니라 후기구조주의의 모델과 방법에도 보완이 필요하다는 인식이었다. 넷째, 이런 인식의 결과로 서사론은 동시대의 문학이론과 문화이론의 유력한 연구 방향들과 매우 생산적인 동맹관계에 돌입했다. 이 동맹을 통해 종종 혼종적인 hybrid 새로운 접근 방식이 생겨났는데, 이러한 연구들이 서사론에 많은 자극을 주었고, 현재의 호황에 결정적으로 기여하였다.

따라서 서사론과 서사연구의 분야에서 개발된 논점·모델·방법은 무척 다채롭고, 본 논문은 이것들을 계통적으로 개괄하고자 한다.[2] 허먼 David Herman(1999b: 1)의 적절한 표현대로, "내러티브 연구 활동의 폭발"로 그 내러톨로지는 다수의 서로 다른 "내러톨로지들"로 다변화되었다. "스토리를 구조주의적으로 이론화하는 작업은 내러티브 분석 모델의 복수화로 진화되었다."(같은 글) 내러톨로지의 스펙트럼은 콘텍스트/테마와 연관된 페미니즘 내러톨로지와 포스트식민주의 서사론에서 시작하여 화용론적 내러톨로지, 가능세계이론을 거쳐 수용중심적 (메타)내러톨로지에

---

[2] 새로운 서사연구를 개괄적으로 정리하는 데 참고할 수 있는 것으로는 본 논문 외에 Herman(1999a; 1999b), Fludernik(1993b; 2000a), A. Nünning(2000), *Style* 34.2 (2000) 특별호 『내러티브의 콘셉트』(Richardson 편집)가 있다. Darby(2001)가 내러톨로지의 역사에 관해 집필한 논쟁적이고 아주 색다른 『에세이』도 참조할 만하다. Darby의 글은 "서사론의 두 가지 구별되는 전통", 즉 "구조주의 내러톨로지"와 "서사론"(같은 글: 829)을 너무 일괄적으로 비교함으로써 학문사적 연관의 복합성을 보여주는 데에 이르지는 못했다.

이른다. 수용중심적 (메타)내러톨로지 중에서는 인지주의 내러톨로지와 '자연적' 내러톨로지(Fludernik 1996)가 이론적으로 가장 앞서 있다. 그 외에도 한편에는 (고전적) 내러톨로지를 포스트모던하게 후기구조주의적으로 해체하는 해체구성이 있고, 다른 한편 최근에는 서사론을 트랜스장르적 transgeneric, 상호매체적 intermedial, 학제적 interdisciplinary으로 적용하고 확장하는 다수의 연구 방향이 존재한다.[3]

서사론의 새로운 발전 양상 중 가장 중요한 방향이라도 챙겨보았던 사람이라면 그런 방향들이 서론에 해당하는 이 논문에서 세밀하게, 혹은 포괄적으로 설명될 수 없음을 알 것이다. 본 논문의 주어진 테두리 안에서 연구 방향 간의 차별성이나 연구 방향별 전개의 다양성을 하나하나 다루는 것은 적절하지 않다. 서론에 해당하는 본 논문의 주요목표는 연구의 심성 지도 mental map of research를 보여주면서, 서사론뿐 아니라 문학이론과 문화이론 전반을 깊숙이 변화시켰던 중요한 논점과 발전 양상을 개괄적으로 보여주는 데에 있다. 다양한 접근 방식 각각이 지닌 이론적 기초, 핵심적 개념, 범주, 모델, 그리고 방법의 접근성을 소개하는 것은 서론의 몫이 아니다.

다음 2장에서는 내러톨로지의 개념, 목표, 발전에 관해 몇 가지 설명을 하고자 한다. 그리고 나서 우선 서사론의 새로운 접근 방식 중에서 가장 중요한 것들을 유형학적 조망의 형태로 소개함으로써 최근 연구의 뚜렷한 흐름을 찾아낼 것이다.(3장) 그리고 4장에서는 구조주의 내러톨로지와 최근 서사론 연구 방향 사이의 주요 차이점이 계통적으로 설명된다.

---

[3] 연구 방향 각각을 개별적으로 보려면 V. Nünning/A. Nünning(2002a)에 실린 논문들을 참조.

5장에서는 전통적 서사론의 주요 하위 범주 몇 가지를 간략히 개괄하면서, 그 하위 범주가 새로운 연구에서는 어떻게 새롭게 콘셉트화되었는지를 예시적으로 설명하려고 한다. 마지막으로 6장에서는 몇몇 혁신적 연구관점에 대한 전망, 서사연구에서 절실히 요구되는바, 그에 대한 전망이 짤막하게 기술될 것이다.

이런 식으로 본 논문은 서사론에서 진행되는 새로운 발전의 다양성을 소개하는 데 그치지 않고, 이 책의 뒤이은 논문들에서 소개될 연구 방향과 카테고리들이 담고 있는 폭넓은 적용가능성 및 학제적 의미를 미리 맛보게 하고자 한다. 물론 본 논문의 주요 목표는 서사론의 새로운 발전 양상을 펼쳐 보이고 여러 연구 방향을 계통화하며, '고전적' 내러톨로지와 '포스트고전적' 서사론 간의 이론적-방법론적 차이점을 찾아내는 데에 있다.[4]

2. 이 책의 구상과 목표 그리고 서사론의 발전에 대하여

'서사론 Erzähltheorie'이라는 개념은 서사연구에 존재하는 이질적 연구 방향들, 즉 내러티브 현상의 형식·구조·기능 방식에 대한 체계적 기술을 목표로 하는 이질적 접근 방식들을 포괄하여 이르는 말이다.[5] 국제적 서

---

[4] 구조주의 ('고전적인') 내러톨로지와 서사론의 새로운 ('포스트고전적인') 연구 방향들 사이의 주된 차이점에 대해서는 Herman(1999b)과 A. Nünning(2000) 참조.
[5] 내러톨로지의 범주와 모델에 대한 입문서로 참조할 수 있는 것은 Chatman(1978), Genette(1980[1972]), Rimmon-Kenan(2002[1983]), Stanzel(1995[1979]), Martin (1986), Toolan(2001[1988]), Martinez/Scheffel(2002[1999])이다.

사연구에서는 '내러톨로지 Narratology'라는 용어가 서사론과 동의어로 통용되고 있기는 하지만[6], '서사연구', '서사론', '소설이론', (고전적 그리고 포스트고전적) '내러톨로지', '서사텍스트 분석'을 구분해 보는 것도 의미가 있을 것이다.[7] 이베 Jens Ihwe(1972)가 언급한 '내러티빅 Narrativik'은 독일어권에서만 사용되었을 뿐 국제적으로 상용화되지 못한 반면, 토도로프 Tzvetan Todorov에게서 유래한 용어 '내러톨로지'는 널리 통용되었다. 토도로프는 내러톨로지를 "서사에 대한 학문"(Todorov 1969: 10)이라고 정의하였다.

국제적, 학제적으로 연구되는 서사론이 추구하는 목표는 "서사의 주요 요소와 그것들 간의 구조적 연관관계를 체계적으로 기술하는 것"(Stanzel 1995[1979]: 14)이다. 서사론은 다양한 모델과 절차를 통해 서사텍스트가 지닌 내러티브 특유의 차원을 분석하고, 이야기의 전달매체에 구애받지 않으면서 이야기의 서사구조 모델을 발전시킨다. "언어, 영화, 판토마임, 춤 등을 통해 내러티브는 렌더링될 수 있다."(Prince 1982a: 81)

서사연구 분야에 많은 선행 연구자가 있기는 했지만, '체계적이고 문학이론적인 연구'라는 서사론의 고유 콘셉트가 생겨난 것은 20세기 후반에 이르러서이다. 램머르트 Eberhard Lämmert(1991[1995]: 62)는 서사기술 중에서 "링키지 방식"(같은 글: 62)을 집중적으로 다루는 "여러 연구 방향" 내지 "문학이론들"(같은 글: 66)을 지칭하는 데 서사론이라는 용어

---

[6] 예컨대 채트먼(1990: 1)은 내러톨로지를 서사 학문 혹은 서사 이론이라고 설명하는데, 이 설명을 보면 채트먼에게는 '서사론'과 '내러톨로지'가 동의어임을 알 수 있다.

[7] 용어 각각에 대해서는 용어 사용에 대해 제안을 하는 3장 마지막을 참조할 것.

를 사용한다. 이 콘셉트는 슈탄첼의 '서사의 이론' – "서사방식의 유형학을 발전시키고 세분화하기"(Stanzel 1995[1979]: 13) – 을 통해서 독일에서 확고한 자리를 잡았다. 과학 학문임을 나타내는 명칭 '내러톨로지'가 그리하듯, '서사론'은 휘하의 연구 논문들이 이론성·체계성·명징성·기술성(記述性) 그리고 이념 구조의 반증가능성을 갖출 것을 요구하고, 모델에 기반한 서사론 접근 방식은 서사텍스트를 다루는 여타 형태, 특히 서사텍스트의 실증적 분석 및 해석과는 구분된다는 점을 분명히 한다.

서사론의 발전과 연구 현황에서 발견되는 특징은, 이질적 논점들이 많이 있고, 개별 문제를 다루는 데 있어서 진척 상황이 차별적인 경우가 많으며, 경쟁관계에 있는 설명 모델들을 부르는 용어가 다양하다는 점이다. 그밖에도 특히 20세기에 서사론이 부흥했던 몇몇 국가 및 문화권들 사이에도 현격한 차이와 위상 변이가 나타난다는 특징이 있다.[8] 그 때문에 여기서 지칭된 **그** 서사론의 **그** 발전을 몇 문장으로 보여준다는 것은 어려운 일이다. 더욱이 학문사적 재구성이 가져올 결손을 생각하면 아직은 불가능하기까지 하다. 내러톨로지의 역사 하나하나는 모두, 점점 더 보이지 않게 되는 필드 안에 있는 "셀 수 없이 많은 좌표(플롯)" 중 겨우 하나에 관해 이야기할 뿐이다. 이런 필드는 근래에 "끝없이 두 갈래로 갈라지는 길들이 있는 정원"(Onega/García Landa 1996b: 36)으로 펼쳐져 왔다.[9]

---

[8] 이와 연관하여 특히 구소련, 독일, 프랑스, 네덜란드, 미국, 이스라엘을 언급할 수 있다.

[9] Herman(1999b: 2f.), A. Nünning(2000) 그리고 "내러티브 이론의 내러티브"(170)에 대한 함축적이면서도 비판적인 개관을 하는 Richardson(2000: 170f.) 참조. Bialostosky(1989: 167)도 참조: "'스토리란 무엇인가?'라는 질문이 나올 만하다.

내러티브 이론이 진화하고 발전하는 현황을 보면, 후기구조주의자들이 말하는 것처럼 내러티브 이론이 비판이론의 거대서사 master narrative10에 합류하게 될 여지는 없는 것 같다. 모던 내러티브 이론에 담긴 스토리는 결단코 어떠한 내러티브 역사의 프레임에도 제대로 들어맞지 않는다. 너무나 많은 스토리 가닥이 있고, 결말은 풀어져 있고, 돌발적 전환이 허다하고, 잊혔던 형상이 뜬금없이 다시 나타나고, 어떤 내러티브 구조에나 쉽게 들어맞는 이론적 접근도 너무 많다. 더 정확히 말해서, 모던 내러티브 이론의 역사는 하나의 포괄적 내러티브가 아니라 인접한 역사들이 뒤섞여 있는 클러스터이다. (Richardson 2000: 172)

이런 불가피한 경고성 통보에도 불구하고 그 서사론의 그 발전을 스케치해 본다면, 극히 단순화된 형태이기는 하지만, 단계의 이행이 뚜렷하지 않은 다음의 세 국면으로 나누어 볼 수 있다. 구조주의 이전의 초기 단계(1960년대 중반 이전), 구조주의적 본 단계(1980년대 말까지), 수정과 학제적 발전이 이루어지는 단계(Ryan/van Alphen 1993: 110 참조)이다. 1990년대부터는 내러톨로지가 너무나 많은, 새로운 논점을 선보였기에,

---

'내러톨로지'는 성공적 발전을 이룬 영웅인가, 축소된 것인가, 아니면 과도한 허세를 부리는 우스운 캐릭터인가? 내러톨로지에는 주요한 여러 학문의 관심이 집중되어 있는 것인가 아니면 한물간 문학 관련 이론이 보기 드물게 복귀한 것인가?"

10 [역주] 거대서사 master narrative는 메타서사 matanarrative, 메타담론 metadiscourse, 대서사 grand narrative로도 불리는데, 사회이론이나 역사철학을 총체화하는 것으로서 지식과 인간 활동의 모든 사항들에서 궁극적 의미를 발견해내는 포괄적이고 토대적인 담론들을 일컫는다. 리오타르 Jean-François Lyotard는 『포스트모던의 조건』(1979)에서 근대를 거대서사의 시대로 규정한다. 헤겔 철학, 마르크스주의, 하버마스의 의사소통론은 근대의 거대서사의 전통에 서 있고, 이것들은 필연적으로 전체주의로 빠질 수밖에 없다고 경고한다. 거대서사에 대한 불신과 경고는 포스트모더니즘의 초석 중 하나이다.

'내러톨로지들'(Herman 1999a의 제목 참조)이라고 복수로 말하는 것이 전적으로 옳을 것이다.

구조주의 이전의 단계에서 다양한 문학적 산문텍스트(장편소설과 노벨레, 중단편소설, 단편소설)의 서사테크닉과 서사방식을 체계화시킨 선구적 업적을 이룬 독일 학자로는 함부르거 Käte Hamburger(1994[1957]), 카이저 Wolfgang Kayser(1992[1948]), 램머르트 Eberhard Lämmert(1991[1955]), 슈탄첼 Franz Stanzel(1955; 1993[1964]; 1995[1979])이 있고, 미국 학자로는 프리드먼 Norman Friedman(1955), 부스 Wayne C. Booth(1961) 그리고 시카고 학파의 네오아리스토텔레스주의 비평가들이 있다. 세 가지 서술상황이라는 슈탄첼의 유형학적 분류는, 서술의 중개성이 지닌 기초적 가능성을 기술하는 연구 가운데 가장 포괄적이고 유연하며 독일어권에서 가장 큰 영향력을 지닌다. 부스의 '서사테크닉의 수사학' 연구(1991[1961])는 허구적 서술심급(내레이터)을 실제 작가나 내포 작가와 구분하고, '미덥잖은 서술자' 개념을 도입함으로써 서술자에 관한 연구에서 중요한 자극제가 되었다.

서사론이 아리스토텔레스 시학의 기본 문제들을 이어받고 있긴 하지만, 모던 내러톨로지는 주로 구조주의의 혈통을 타고났다. 구조주의 서사론은 특히 러시아 형식주의에서 중요한 자극을 받았고 논의대상을 서사적 산문문학에만 국한하지 않았기에, 구조주의 서사론의 인식욕은 일차적으로 기술 description의 본성을 지닌다. 이 욕망의 목표는 메타언어로 이루어진 명백한 준거틀 frame of reference을 매개로 텍스트구조의 모델을 체계화하고 기술하는 것이다. 구조주의 서사론에서 형식주의적 방향성이 지배적인 것은, 내러티브 텍스트의 성분·관계·구조를 기술할 가장 추상적이고 분명하며 일관된 메타언어를 개발하려는 노력의 결과였다. 다양한 구조주의적 연구 방향들이 행한 체계화 작업의 출발점은 내러티브 텍스트의 여러 차원을 구분하는 일, 즉 서술된 세계의 '내용 what'과 서술적 중개의 '방식 how'을 구별하는 일이었다. 이 대립 개념쌍이 러시아 형식주의에서는 'Fabel'과 'Sujet'로, 프랑스 구조주의에서는 'histoire' (시간적 흐름에 따른 서술된 사건들의 결합)와 'discours'(서술자를 통한 이야기의 형성)로, 앵글로색슨 연구에서는 'story'와 'discourse'로 일컬어진다.[11] 구조주의 내러톨로지는 초창기에는 주로 hisoire(story)의 기질(基質)을 연구했으며 이를 바탕으로 서술의 생성문법(Füger 1972; Prince 1982a 참조)을 발전시키고자 했다.

서사담론에 관한 주네트 Gerard Genette의 연구는 신기원을 이루었다. 주네트의 연구서에서 쓰인 용어들이 어느새 내러톨로지의 "보편어 lingua franca"(Ryan/van Alphen 1993: 112)로 통용될 정도이다. 주네트(1980 [1972])의 획기적 연구를 통해서 바야흐로 내러톨러지의 관심은 서술된 이야기에서 '서술적 재현, 사건들의 시간적 배열'의 형태로 옮겨갔다. 비평가들과의 논쟁을 통해 부분적으로 수정되기도 했던 주네트의 구조주의적 분류학을 통해 서사론과 서사텍스트 분석은 용어의 세분화와 체계화에 있어 결정적 진보를 이루었다. 전통적 개념 대신에, 신조어들로 이루어진 분화된 매트릭스가 자리하고, 서사론의 핵심 영역들을 기술할 수

---

[11] 그사이 계속 수용된 이러한 구분에 대해서는 Chatman(1987)의 영향력 있는 저서와 Rimmom-Kenan(2002[1983])을 참조. 물론 이 분야에서 사용되는 용어는 전혀 통일적이지 않다. 개괄이 잘 된 것을 보려면 Martinez/Scheffel(2002[1999]: 26)의 도표를 참조.

있도록 이 신조어들로 카테고리들이 마련된다. 이런 식으로 주네트는 시간구조에 있어서는 사건의 서술 '순서', 서술의 '지속' 내지 속도, 서술의 '빈도'를 카테고리로 구분한다. 서술과 초점화 간의 구분, 즉 서술의 진술 주체로 기능하는 발화자들과 자신의 주관적 시각으로 허구적 세계를 인지하는 심급들 Instanzen 간의 구분을 통해서, '서술상황', '시각' 그리고 '시점 point of view'이란 개념이 지닌 용어상의 문제와 방법론적 문제가 극복된다. 그리고 주네트의 초점화 유형은 초점자의 커뮤니케이션 지평을 포섭한 여타 내러톨로지 학자들에 의해 더욱 세분화되었다.[12] 또한 서사론에 대한 여타 연구에서는 인물들의 생각·감정·인지·기억을 서사적으로 중개하는 테크닉의 측면에서, '체험화법(자유간접화법)'이 '심리 내레이션 psycho-narration'[13]이나 '내적 독백'과 구분된다.[14]

서사론의 발전에 있어서 최근에는 성향이 서로 갈라진다는 것이 특징이다. 전(前)구조주의적 입장(Stanzel 1990) 내지 구조주의적 입장(Chatman 1990; Genette 1988[1983], 1991)으로 후퇴하여 이를 고수하는가 하면, 형식주의적-구조주의적 토대에서 벗어나기도 하고, 연구의 강조점을 모델형성에서 서사론 범주의 실제적용으로 이동시키는 연구들도 있다. 그 외에도 철저히 전통적 서사론에 속하면서도, 여태껏 간과됐던 하위영역에 있어서 내러톨로지의 이론·모델·방법이 생산적으로 발전할

---

[12] Bal(1983)과 Berendsen(1984), Rimmon-Kenan(2002[1983]) 참조. 초점화 이론의 차후 발전에 대해서는 특히 Jahn(1996, 1999)을 참조.

[13] [역주] 심리 내레이션 psycho-narration은 콘 Dorrit Cohn이 사용한 용어로서, 제3자의 의식을 내레이션 하는 간접 테크닉을 일컫는다. 이는 등장인물의 언어가 아니라, 서술자의 언어로 등장인물의 의식을 서술하는 방식이다. 그럼으로써 서술자는 의식 서술의 출처가 등장인물이 아니라 서술자임을 숨기지 않는다.

[14] 특히 Cohn(1978) 및 Fludernik(1997[1993])의 대표저서 참조.

수 있음을 보여준 다수의 연구 작업도 있다.15

서사론의 최근 발전 양상이 보이는 또 다른 특징은, 내러톨러지의 관심사와 방법론을 넘어서는 새로운 이론적 접근 내지 연구 방향(3장과 4장 참조)이 폭넓은 스펙트럼을 지니고 있다는 점이다. '젠더' 범주를 중심에 두는 '페미니즘 내러톨로지'의 연구 논문들이 있는가 하면, 학제성 interdisciplinarity을 지향하면서 언어학 모델을 통합한 '화용론적' 내러톨로지와 '인지주의' 내러톨로지는 내러티브 산문의 언어학적 분석과 문학연구적 분석 사이의 접경지역에 위치해 있으며, 비본질주의적 '자연적' 내러톨로지는 기존 접근 방식들을 통합하는 데 그치지 않고, 지금까지 허구적 서사텍스트에만 집중되어 있던 연구 성향뿐 아니라 사실주의 서사론의 환원적 전제까지도 극복해낸다.

여기서 간략하게 스케치하는 서사론의 발전은, 체험화법16 같은 하위영역의 개념화 및 모델링, 심층구조 파악을 위한 구조모델, 내러톨로지의 심층구조 및 표층구조17의 명칭, 이런 것들을 알아보는 데는 아주 좋은 자료들이다. 하지만 간절히 열망하건대, 학문사의 견지에서 서사론을 포괄적으로 재구성하는 연구, 모델의 단순한 비교(Martin 1986 참조)를 넘어서서 이질적 연구 방향들을 통합하는 연구가 이루어졌으면 한다.18 최

---

[15] 많은 연구 중 대표적 예로 들 수 있는 Grünzweig/Solbach(1999)에 실린 논문들, Herman(1999a)에 실린 논문들, 그리고 Pier가 편집한 "Recent Trends in Narratological Research" *GRAAT* 21(1999)에 실린 논문들을 참조. 또한 McHale/Ronen이 편집한 내러톨로지 특집호 *Poetics Today* 11.1(1990) 및 11.4(1990), 그리고 본서 말미에 첨부한 참고문헌에 적힌 여러 잡지의 내러톨로지 특집호를 참조.

[16] McHale(1978)과 Jahn(1992), Fludernik(1993) 참조.

[17] Gülich/Raible(1977), Ricoeur(1984) 혹은 Korte(1985), Martinez/Scheffel(2002 [1999]) 참조.

근 발간된, 서사론을 개괄하는 몇몇 입문서와 학습서를 보면, 이제는 서사론의 카테고리가 서사텍스트 분석의 학습 자료이자 용어툴tool로 정착되었음을 확인할 수 있다.[19] 특수 전문적인 『내러톨로지 사전』[20](Prince 1988[1987] 참조)은 지난 30년간 선보인 다양한 모델과 개념이 얼마나 많은지 잘 보여주고 있으며, 이질적 접근 방식들의 통합이 아직 이루어지지 않았음을 확인시켜준다.

내러톨로지의 혁신가능성 내지 발전가능성에 대해서는 진단이 매우 상이하다. "완전히 망상적인 이론"(Weimar 1994: 495)으로 서사론을 비난하는 비평가들이 있는 반면, "절제된 낙관주의"(Fludernik 1993b: 757)를 표명하는 신세대 서사론자들도 있다. 이들은 서사론이 언어학적 연구의 혁신 잠재성(언어행위이론, 화용론, 담론분석, 문체론)과 인지론(틀이론, 급진적 구성주의)을 포섭한다면, 학제적 대화의 견지에서 서사론이 더욱 발전할 가능성이 있다고 믿는다. 다음 장에서는 이들의 낙관주의를 뒷받침해줄 서사론의 새로운 전개 양상과 새로운 연구 방향을 소개하고자 한다.

---

[18] 학문사적 발전의 재구성에 관한 연구는 최근의 개괄적 논문들(Jahn 1998[1995]; Ryan/van Alphen 1993 참조)과 연구사 내지 연구회고록(Bal 1990, Fludernik 1993b와 2000a 혹은 Stanzel 1990, 1992, 2002, Fehn/Hoesterey/Tatar 1992, Martinez/Scheffel 2002[1999] 참조)에서 확인할 수 있다. 또한 내러톨로지의 핵심 콘셉트나 '서술시각, 시점, 초점화' 등의 문제(Kablitz 1998; Füger 1993), 내포작가(A. Nünning 1993; Kindt/Müller 1999 참조) 혹은 서술자(Weimar 1994 참조)에 관해 비판적으로 논의한 연구들을 들 수 있다.

[19] 표준도서로 꼽을 수 있는 것은 Ludwig(1998[1982]), 그리고 현황에 맞게 개정되어 출간된 Rimmon-Kenan(2002[1983]), Toolan(2001[1988]) 등이 있다. 서사론이 전 세계적으로 광범위하게 확산되었음을 알려주는 지표로는 Herman/Vervaeck(2001)의 뛰어난 저작, 그야말로 백과사전으로 기획된 『내러티브 이론의 루트리지 백과사전』(David Herman, Manfred Jahn, Marie-Laure Ryan 편집)을 언급할 수 있다.

[20] [역주] 우리말 번역서는 『서사론사전』(1992)으로 출간되었다.

3. 서사론의 새로운 전개 양상과 새로운 연구 방향

서사론 내지 서사연구가 거론될 때면 지금도 대부분의 독문학자는 여전히 함부르거, 램머르트, 페터젠을, 영문학자들은 슈탄첼, 부스, 채트먼을 떠올린다. 주네트는 영문학과 독문학을 전공한 서사연구자들에게도 수용되어 (주저하는 면이 없진 않았지만[21]) 불문학자를 비롯한 많은 서사학자에게 높은 평가를 받고 있다. 경전화된 이러한 고전적 내러톨로지 학자들에게 관심이 집중되었다고 해서, 서사론이 최근 20년 동안 다양한 관점에서 결정적 성장을 이룩했다는 사실을 곡해해서는 안 된다. 고전적 내러톨로지에서는 서사론이 구조주의의 독점 영역이라는 생각이 광범위하고 제한 없이 통용되었지만, 근래에 허먼(1999b), 플루더닉(2000a), 리처드슨(2000), 그리고 여타 학자들은 서사론이 더는 구조주의의 독점 영역이 아님을 잘 보여주었다. 그뿐만 아니라 서사론은 수많은 새로운 콘셉트를 창안했고 다른 학문들의 성과를 통합시켜왔다. 학자로서의 억제할 수 없는 충동에 굴복하고, 이토록 다양한 새로운 발전 양상을 모델별로 분류하여 몇몇 방향으로 묶어본다면, 도식적으로 단순화시킨 여덟 가지 방향으로 정리가 된다.[22] 다음은 가장 중요한 새로운 내러톨로지를

---

[21] 서사학의 고전인 주네트의 『서사 담론』(1972)의 영문 번역이 1980년에 '이미' 나온 반면 독일어 번역본은 1994년에야 비로소 출간되었다는 사실이 눈에 띈다. 『서사 담론』의 역자는 후기에서 독일어권 내지 독문학계에서의 이러한 뒤늦은 수용을 분명하게 쟁점화한다. Grünzweig/Solbach(1999b: 1)의 신랄한 (자기)비판도 참조: "[독일어권의] 영문학계 그리고 일부 불문학계에서도 국제적으로 논의되는 수준의 [내러톨로지에 관한] 연구 논문이 상당수 나온 반면, 독문학계의 문학연구에서는 그럴 조짐이 거의 없다."

[22] 열 개의 그룹으로 유형을 분류한 Fludernik/Richardson(2000)도 참조: ① 구조주의자와 언어학적 접근 ② 수사학적, 바흐친주의적 내지 현상학적 접근 ③ 새로운 학

선별하여 도식화한 모형이다. 내러톨로지별로 대표 주자들의 이름을 덧붙였다.

1. 콘텍스트 및 테마 관련 연구: 서사론을 문학연구에 적용하기	
"콘텍스트주의 내러톨로지" (채트먼 Seymour Chatman)	
"내러톨로지와 주제론" (맥켄지 Ian MacKenzie)	
"비교 내러톨로지" (오네가 Susanna Onega 랜다 José Ángel García Landa)	
"응용 내러톨로지" (오네가 Susanna Onega 랜다 José Ángel García Landa 플루더닉 Monika Fludernik)	
'마르크스주의 내러톨로지'	제임슨 Fredric Jameson 벤더 John Bender
페미니즘 내러톨로지	발 Mieke Bal 부스 Alison Booth 케이스 Alison Case 랜서 Susan Lanser 메제이 Kathy Mezei 워홀 Robyn Warhol 어레스 Gaby Allrath 구텐베르크 Andrea Gutenberg 짐니히 Marion Gymnich

제적 접근 ④ 포스트모던 내러톨로지 ⑤ 이데올로기적 접근 ⑥ 심리학적 접근 ⑦ 후기구조주의적 접근 ⑧ 대중문화 ⑨ 아시아 시학 ⑩ 중요 논문집. '구조주의자와 언어학적 접근' 혹은 '수사학적, 바흐친주의적 내지 현상학적 접근'으로 분류된 그룹은 매우 이질적인 반면, '포스트모던 내러톨로지'와 '후기구조주의적 접근'의 카테고리는 상대적으로 많은 공통점이 있어서 하나의 그룹으로 통합될 수 있을 것이다. 그런가 하면 마지막 세 그룹은 실제적으로 '연구 방향'이라고 할 수 없기 때문에 여타 일곱 그룹과 어울리지 않는다.

'레즈비언·퀴어 내러톨로지'	퍼웰 Marilyn Farwell 루프 Judith Roof 랜서 Susan Lanser
"소수민족 내러톨로지" (도우 Laura Dough)	
"몸 중심의 내러톨로지" (푼데이 Daniel Punday)	
'포스트식민주의 내러톨로지'	플루더닉 Monika Fludernik 섬머 Roy Sommer
"사회 내러톨로지" (커리 Mark Currie)	
"신역사주의 내러톨로지들" (커리 Mark Currie)	암스트롱 Nancy Amstrong 벤더 John Bender 슐레이만 Susan Suleiman
'문화사적 내러톨로지' 혹은 "문화적·역사적 내러톨로지"	뉘닝 Ansgar Nünning 플루더닉 Monika Fludernik 베라 뉘닝과 안스가 뉘닝 Vera Nünning & Ansgar Nünning 주어캄프 Carola Surkamp 체르벡 Bruno Zerweck
'통시적 내러톨로지'/문학사 기술 영역에 내러톨로지를 적용하기	플루더닉 Monika Fludernik 안스가 뉘닝과 베라 뉘닝 Ansgar Nünning & Vera Nünning 라인판트 Christoph Reinfandt 볼프 Werner Wolf 체르벡 Bruno Zerweck
'포스트모던 문학에 내러톨로지를 적용하기'	하이제 Ursula Heise 맥헤일 Brian McHale 뉘닝 Ansgar Nünning 볼프 Werner Wolf 체르벡 Bruno Zerweck

2. 트랜스장르적·상호매체적 적용과 서사론의 확장	
'내러톨로지와 장르이론'	채트먼 Seymour Chatman 포스캄프 Wilhelm Voßkamp 플루더닉 Monika Fludernik 뉘닝 Ansgar Nünning
'내러톨로지와 드라마'	리처드슨 Brian Richardson 얀 Manfred Jahn 본하임 Helmut Bonheim
'내러톨로지와 서정시'	휜 Peter Hühn 쉐너트 Jörg Schönert 체텔만 Eva Müller-Zettelmann
'내러톨로지와 영화이론'	보드웰 David Bordwell 브래니건 Edward Branigan 채트먼 Seymour Chatman 그림 Julika Griem 슐리커스 Sabine Schlickers 피르호 Eckart Voigts-Virchow
'내러톨로지와 음악'	볼프 Werner Wolf
'내러톨로지와 조형미술'	발 Mieke Bal 모스타프 Franziska Mosthaf 볼프 Werner Wolf
"사이버 시대의 내러톨로지"	라이언 Marie-Laure Ryan

3. 화용론적 내러톨로지와 수사적 내러톨로지	
화용론적 내러톨로지	프랫 Mary Louise Pratt 랜서 Susan Lanser 컨스 Michael Kearns 리히터 David Richter("수사적 내러톨로지") 셀 Roger D. Sell 스트라슨 Sven Strasen
'윤리적-수사적 내러톨로지'	부스 Wayne C. Booth 펠란 James Phelan 라비노비츠 Peter Rabinowitz 깁슨 Andrew Gibson

4. 인지와 수용 중심의 (메타) 내러톨로지들	
"비평적 내러톨로지"	펜 Ann Fehn 회스터라이 Ingeborg Hoesterey 타타르 Maria Tatar
'심리분석적 내러톨로지'	브룩스 Peter Brooks 챔버스 Ross Chambers 히르쉬 Marianne Hirsch
'수용미학, 영향미학, 기능사 중심의 내러톨로지'	이저 Wolfgang Iser 플룩 Winfried Fluck 볼프 Werner Wolf
인지주의 내러톨로지	컬러 Jonathan Culler 그레이브스 Herbert Grabes 얀 Manfred Jahn 페리 Menakhem Perry 스턴버그 Meir Sternberg 뉘닝 Ansgar Nünning 체르벡 Bruno Zerweck
'자연적' 내러톨로지	플루더닉 Monika Fludernik

5. (고전적) 내러톨로지의 포스트모던적, 후기구조주의적 해체	
포스트모던 내러톨로지	깁슨 Andrew Gibson 체이스 Cynthia Chase 커리 Mark Currie 오닐 Patrick O'Neill
"후기구조주의 내러톨로지" (코니스-포프 Marcel Cornis-Pope)	밀러 J. Hillis Miller 브룩스 Peter Brooks 로레티 Tresa de Lauretis 깁슨 Andrew Gibson
"역동적 내러톨로지" (에이미런 Eyal Amiran)	

6. 내러톨로지에 대한 언어학적 접근과 논문	
'화행론과 내러톨로지'	프랫 Mary Louise Pratt 랜서 Susan Lanser 컨스 Michael Kearns 셀 Roger D. Sell
'언어학, (정신)문체론, 내러톨로지'	플루더닉 Monika Fludernik 허먼 David Herman 니쉬크 Reingard Nischik 뮐러 Wolfgang Müller 프랫 Mary Louise Pratt 툴란 Michael Toolan
'사회언어학, 담론분석, 내러톨로지'	라보프 William Labov 월렛츠키 Joshua Waletzky 크바스토프 Uta Quasthoff 허먼 David Herman("사회내러톨로지")

7. 철학적 서사론	
가능세계이론	돌레첼 Lubomir Doležel 에코 Umberto Eco 마골린 Uri Margolin 파벨 Thomas Pavel 로넨 Ruth Ronen 라이언 Marie-Laure Ryan 구텐베르크 Andrea Gutenberg 주어캄프 Carola Surkamp
'내러톨로지와 허구성 이론'	콘 Dorrit Cohn 돌레첼 Lubomir Doležel 주네트 Gérard Genette 마티즈-보나티 Félix Martinez-Bonati
'현상학적 서사론'	리쾨르 Paul Ricoeur

8. 기타 학제적 서사론	
'인류학과 내러톨로지'	터너 Victor Turner 클리포드 James Clifford 기어츠 Clifford Geertz
'인공지능, 정보학, 내러톨로지'	라이언 Marie-Laure Ryan 허먼 David Herman 얀 Manfred Jahn
'인지심리학과 내러톨로지'	브루너 Jerome Brunner 딕슨 Peter Dixon / 보르톨루시 Marisa Bortolussi ("심리내러톨로지") 허먼 David Herman 얀 Manfred Jahn
'구술사와 내러톨로지'	챔벌레인 Mary Chamberlain 톰슨 Paul Thompson
'심리학, 심리분석, 내러톨로지'	번스타인 J.M. Berstein 리먼-키넌 Shlomith Rimmon-Kenan 슈트라웁 Jürgen Straub
'법학과 내러톨로지'	잭슨 Bernhard S. Jackson
'역사기술의 이론과 내러톨로지'	단토 Arthur Danto 거스먼 Lionel Gossman 라카프라 Dominick LaCapra 리쾨르 Paul Ricoeur 화이트 Hayden White 베르크호퍼 Robert F. Berkhofer 카라 Philippe Carrard 리그니 Ann Rigney 콘 Dorrit Cohn 주네트 Gérard Genette
'체계이론과 내러톨로지'	이븐-조하 Itamar Even-Zohar 라인판트 Christoph Reinfandt
'경제학과 내러톨로지'	맥클로스키 Donald N. McCloskey

[도표 1] 서사론의 새로운 연구 방향(새로운 내러톨로지들)과 대표 연구자

위의 도표는 축약된 형태임에도 불구하고 서사연구 분야의 새로운 연구 방향이 너무나 다양해서 서사론 내지 내러톨로지를 오늘날 복수(複

數)로만 말할 수 있음을 분명히 보여준다. 여기서 열거된 연구 방향들은 원칙, 방법, 기본 개념에서뿐만 아니라 완성도에 있어서도 매우 차이가 난다. 플루더닉의 야심 찬 프로젝트 '자연적' 내러톨로지 등의 몇몇 연구 방향은 아주 정교한 이론적 기획으로 인해 두드러진다. 페미니즘 내러톨로지 등의 연구 방향은 이미 수많은 연구 결과물을 내고 있다. 이론적 관점에서, 혹은 실제적 적용의 관점에서, 혹은 양쪽 관점에서, 완성도가 매우 높은 연구 방향은 진한 고딕체로 표시하였다. 반면에 새롭다고 하는 몇몇 '내러톨로지'는 그저 막연한 개념 설명으로서 일종의 구호 같은 성격을 띠고 있는데, 이런 범주의 것은 큰따옴표를 달았고, 그 개념을 처음으로 사용한 사람의 이름을 괄호 안에 적어 넣었다. 작은따옴표로 표시된 연구 방향은 서사론 연구에서 특정 방향이나 수렴 지점을 나타내는 집합 개념이다.

'콘텍스트 및 주제 관련 연구'로 지칭된 접근 방식은 '새로운 내러톨로지'라기보다는 서사론의 범주·모델·방법을 문학연구에 다양하게 적용하고 발전시킨 사례들이다. 이들은 내러티브 텍스트의 내용과 테마에만 관심을 둔 것이 아니라, 구조주의 내러톨로지가 거의 혹은 전혀 관심을 두지 않았던 측면에 주목하였다. 즉 내러티브 텍스트의 내용과 테마가 그때그때 문화적 콘텍스트와 맺는 연관성에 주목한 것이다. 채트먼(1993)의 용어 "콘텍스트주의 내러톨로지"가 이미 암시하듯, 이 연구 방향은 구조주의에서 발원한 텍스트 중심적 내러톨로지가 지닌 인식관심을 뛰어넘는다. 그런가 하면 인종(포스트식민주의 내러톨로지, 소수민족 내러톨로지), 계급(마르크스주의적 내러톨로지, 사회-내러톨로지), 젠더(페미니즘 내러톨로지, 퀴어 내러톨로지, 몸 중심의 내러톨로지)의 탐구를 통해 예전에 소홀히 했던 테마, 소수민족, 이데올로기에 관한 물음을 전면에 내세운다. 이들 중에서도 페미니즘 내러톨로지와 포스트식민주의 내러톨로지는 혁신적 이론과 모델을 제시했을 뿐 아니라 실제 적용에 기반한 몇몇 핵심적 연구 논문들도 이미 세상에 선보였다.[23] 문화사적 내러톨로지의 서사연구 분야에서도 높은 발전가능성을 입증하는 상당수의 생산적 논문이 이미 나오기는 했지만, 이론 구축에 있어서는 아직 미진한 부분들이 남아 있다.[24] 구조주의 내러톨로지와 비교하자면, 콘텍스트 및 주제 관련 연구는 형식적·구조적 측면으로부터 내용적·콘텍스트적 측면으로 강조점을 옮기고, 그러면서 특히 서사텍스트의 의미론 차원을 전면에 내세운다는 특징을 지닌다.

'트랜스장르적·상호매체적 적용과 서사론의 확장'이란 명칭이 붙은 두 번째 그룹에는 내러톨로지의 카테고리를 발전시키고 그 카테고리를 여러 장르와 매체에 적용하는 작업을 중점적으로 행한 연구물들이 포함된다.[25] 이 그룹은 적용을 우선시한다는 점에서 첫 번째 그룹과 공통점을 갖고 있긴 하지만, 두 가지 면에서 첫 번째 그룹과 구분된다. 첫째, 트랜스장르적 연구 그리고 트랜스미디어적 내지 상호매체적 연구의 경우 (문학)서사텍스트 외의 다른 장르와 다른 매체가 전면에 부각되고 있다. 둘째, 내러톨로지 모델을 여타 장르와 여타 매체에 적용하기 위해서는 각각

---

[23] 페미니즘 내러톨로지 혹은 포스트식민주의 서사론에 관해서는 본서에 실린 「페미니즘 내러톨로지」와 「GO-BETWEEN: 포스트식민주의 서사론」 참조.
[24] 이에 대해서는 본서에 실린 「문화사적 내러톨로지: 문화적 내러티브의 역사화와 콘텍스트화」 참조.
[25] 서사론의 트랜스장르적, 상호매체적 연관성에 관해서는 이 모델에서 가장 중요한 콘셉트를 제시하는 V. Nünning/A. Nünning(2002a)의 논문들을 참조.

의 장르와 매체 고유의 특성을 고려해서 분석 카테고리를 검토하고 발전시켜야 함은 물론, 이 분석 카테고리를 상당 부분 수정하고 변형하고 확장할 필요가 있다. 불과 몇 년 전부터 요구되거나 그 단초가 마련된, 드라마와 서정시의 내러톨로지, 내러톨로지적 영화이론, '내러톨로지와 음악'이나 '내러톨로지와 조형예술' 등의 트랜스미디어 연구 논문들은 두 번째 측면을 뚜렷이 보여준다.

세 번째와 네 번째 그룹의 화용론적, 인지적, 독자중심적 연구 방향은 콘텍스트 및 주제 관련 연구 그룹과는 정반대의 이유에서 전통적 내러톨로지의 구조주의 패러다임과 확연히 구분된다. 이들은 텍스트의 특징과 구조에 시선을 두는 것이 아니라, 텍스트와 수용자의 상호작용, 수용과정의 역동성에 주목한다. '고전적' 내러톨로지에서 텍스트란 그것의 구성형태·요소·연관관계를 알아내야 하는 정적이고 폐쇄적인 구조물이었다면, 이들에게 텍스트란 독자들에 의해 서로 다르게 활성화되고 구체화되는 수용의 대상이다. 물론 세 번째와 네 번째 그룹으로 모아놓은 연구들은 이런 공통점 외에 현저한 차이점도 갖고 있다. '화용론적 내러톨로지'나 "수사적 내러톨로지"의 개념으로 묶인 연구물들이 구조주의 내러톨로지의 전제·카테고리·방법, 구조주의 내러톨로지의 언어학적 토대(특히 화행론적 범주)에 비교적 심하게 의존해 있는 반면, 이 두 가지 연구 방향을 제외한 나머지 연구들은 확연히 구조주의의 틀을 넘어선다. 지금까지 연구 중에 가장 앞선 이론적 구성을 보여준 것은 인지주의 내러톨로지(특히 만프레드 얀의 논문들 참조)와 '자연적' 내러톨로지(모니카 플루더닉)이다.[26]

'(고전적) 내러톨로지의 포스트모던적, 후기구조주의적 해체'로 명명된 방향은, 종래의 내러톨로지 연구에 접목되지 않고 아주 의식적으로 불연속성을 강조한다는 점에서 지금까지 소개한 그룹과는 본질적으로 구분된다. 이 그룹의 대표자들 중에서도 가장 언변이 좋은 앤드류 깁슨조차도 '후기구조주의 내러톨로지'라는 개념이 자체에 모순을 지니고 있음(일종의 모순화법)을 수긍한다. 따라서 '포스트모던 서사론' 혹은 '후기구조주의 서사론'이라고 하기보다는 '전통적 내러톨로지의 후기구조주의적 해체'라고 부르는 것이 마땅하다.[27] 『내러티브의 포스트모던적 이론을 향하여』에서 깁슨은 잘 정의되어 확립되어 있던 개념인 '형태', '재현', '주제', '목소리', '사건' 등을 그저 내던져버리고 다른 것으로 대체한다. '형태 form' 대신에 '힘 force'(장 로쎄)[28], '재현 representation' 대신에 '낙성식 inauguration'(세르)[29], '주제론 thematics' 대신에 '히멘 hymen'[30](데리다), '목소리 voice' 대신에 '코라 chora'(크리스테바)와 '대화론 dialogics'

---

[26] 화용론적 내러톨로지에 관해서는 본서에 실린 「이야기는 어떻게 의미작용하는가: 화용론적 내러톨로지」, 인지주의 내러톨로지와 '자연적' 내러톨로지에 관해서는 본서에 실린 「서사론의 인지적 전환: 인지적·'자연적' 내러톨로지」 참조.

[27] 이에 대해서는 본서에 실린 「포스트모던 후기구조주의 내러톨로지: 내러톨로지의 해체구성」 참조.

[28] [역주] 장 로쎄 Jean Rosset의 「형태와 의미작용」(1963)에 대해 데리다는 "자체 안에서 나오는 힘 force을 이해할 형태 form를 더는 지니고 있지 않을 때 힘 force은 사로잡는다. 즉 창조된다"고 말한다.

[29] [역주] 미셸 세르 Michel Serres의 「수학과 철학: 이야기가 본 것」에는 다음 구절이 있다. "처음으로 그것이 선포하는 것은 재현 representation의 철학이다. 낙성식 inauguration의 꼬리 tale(이야기)는 우리가 우리 자신의 새벽 이후 지치지 않고 반복해온 끝없는 담론이다. 끝없는 담론이 실제로 무엇이란 말인가? 부재하는 대상에 대해, 그 자체가 없는 대상에 대해, 접근하지도 못하면서 말한다는 것."

[30] [역주] 히멘 hymen은 결혼의 신 혹은 처녀막을 뜻한다. 데리다는 구상과 비구상 사이의 경계허물기 차원에서 히멘을 사용하고, 처녀막은 없어짐으로써만 거기에 있다고 말한다.

(바흐친), '사건 occurence' 대신에 '아이온 aion'[31](들뢰즈)이 사용된다. 내러톨로지의 시각에서 보면, 용어의 목욕물(핵심 콘셉트와 분석 카테고리)을 버리려다 내러톨로지의 아이(모델과 방법을 포함하는 상위의 이론틀)까지 버려지고 있다는 인상을 지울 수 없다. 또한 커리 Mark Currie가「포스트모던 내러티브 이론」이라는 제목으로 개괄적 설명을 하는 데 있어서도, 엄밀한 의미에서 서사론이 중심에 있지 않고 각양각색의 현대 문학이론과 문화이론이 콜라쥬되어 있다는 것도 간과할 수 없다. 그렇기는 하지만 내러톨로지의 후기구조주의적 변형과 해체가 지닌 인식가능성과 적용가능성은 어떤 경우라도 반론의 여지가 없다. 밀러, 브룩스, 로레티, 깁슨, 오닐 등은 이런 가능성을 확실히 입증해주었다. 예컨대 깁슨이 들뢰즈, 데리다, 크리스테바, 레비나스 등에 기대어 도입한 콘셉트 덕분에, 구조주의 내러톨로지의 인지틀로는 전혀 잡히지 않는 실험적 서사텍스트의 흥미롭고 새로운 측면들이 포착될 수 있었다. 중요한 점은 이런 작업들을 새로운 '포스트고전적 내러톨로지' 부대 안에 그저 줄 세우는 대신, 이 연구들에 깔린 전제와 이 연구들이 준거하는 이론에 있어서 이들이 전통적 내러톨로지와는 비교적 명확히 구분된다는 걸 확인하는 일이다.

도표의 마지막 세 그룹은 서사론과 서사연구의 새로운 전개의 특징인 '학제성의 범위'에 강조점을 둔다.[32] '체험화법'에 대한 주요 연구물에서

---

[31] [역주] 들뢰즈가 아이온 aion이라고 이름 붙인 사건의 시간은 '현재가 없는 시간' 혹은 '현재가 과거와 미래로 무한히 분할되는 시간'이다.
[32] Herman(1999b: 20) 참조. 허먼 역시 포스트고전적 내러톨로지가 태생적으로 학제적 프로젝트로서 존재하는 범위를 강조한다.

뚜렷이 나타나듯, '고전적' 내러톨로지 혹은 '고전적' 서사론에 이미 여러 언어학적 뿌리가 있었고, 다양하게 분기된 언어학의 가지들은 서사론의 새로운 접근에서도 역시 중요한 자극제가 되었다. 화용론적· 수사적 내러톨로지(Kearns 1999)는 이를테면 언어행위이론에서 많은 자극을 받았다. 또한 정신문체학(Nischik 1991 참조) 연구와 '자연적' 내러톨로지 연구는 언어학과 내러톨로지의 경계영역에 위치해 있다. 그런가 하면 사회언어학과 담론분석 분야에서는 대부분의 연구가 구조주의 내러톨로지와는 비교적 무관하게 이루어졌다.

'철학적 서사론'으로 지칭된 일곱 번째 그룹은 언어학적 접근과는 정반대로, 내러티브 텍스트의 의미차원에 관심을 둔다는 점에서 콘텍스트 및 테마 관련 연구와 공통점을 지닌다. 그렇지만 학문사적 발원도 완전히 다르고, 인식관심과 강조점도 전혀 다르다. 가능세계이론의 모델에 전제된 사실은 다음과 같다. 서사텍스트가 그려내는 대안세계에는 다수의 주관적 현실모델(인물들의 정신 활동에 의해 창조되는 다수의 하위세계)(Ryan 1991: 4) 혹은 재현된 수많은 세계(같은 글: 20)가 들어 있다는 것이다.

> 가능세계이론의 주요한 개념적 핵심구상은 패러다임의 긍정적 전환에 있다. 즉 단순한 텍스트성에 묶여 있는 내러티브의 패러다임에서 벗어나 내러티브를 서사텍스트에 의해 생겨나는 대안적 세계로서 여기도록 하는 것이다. 실제로 가능세계이론은 세계가 복수적으로 존재함을 강조하고, 그럼으로써 내러티브 이론을 다문화주의 프로젝트로 전환시킨다. (Fludernik 2000a: 87)

가능세계이론으로 묶인 연구들도 각기 상이한 방향성을 갖고 있기는 하다.33 가능세계이론 외에도 철학적 서사론에 속하는 것으로는 우선 리쾨르의 현상학적 서사론, 허구성에 관한 내러톨로지 이론을 꼽을 수 있다.

'기타 학제적 서사론'이라는 집합개념으로 모아놓은 마지막 연구그룹이 결국 보여주는 것은, 서사론과 서사체 연구가 이제 더는 다른 많은 학문분과와 분리되어 생각될 수 없다는 사실이다.34 따라서 내러티브 분석은 넓고 다양한 연구영역을 가로질러 가면서 변형되고 새롭게 출현한다는 허먼(1999b: 3)의 말은 전적으로 옳다. 서사체를 주요 탐구 대상으로 삼는 학문의 스펙트럼은 인류학에서 시작해 심리학과 심리분석을 거쳐 역사기술학 historiography에까지 이른다.

여러 가지 연구 성향을 분석적으로 구분하고 서로 다른 연구 방향을 유형학적으로 계통화하다 보면, 자칫 제대로 보지 못할 지점들이 있다. 첫째, 두 개 혹은 둘 이상의 접근 방식이 결합된 결과로 이루어진 성공적인 연구가 상당수 있다는 점이다. 가령 구텐베르크의 『가능세계들: 영국 여성소설의 플롯과 의미형성』(2000)은 페미니즘 내러톨로지의 일환이고, 가능세계이론의 모델과 카테고리를 수용하며, 수용중심적·심리분석적 플롯 모델까지도 끌어들이고 있다. 둘째, 서사론에는 그 영향력이 매우 광범위한 연구 방향이 있으므로, 여러 개 중에서 단 하나의 연구 방향이라고 할 수 없고 여러 흐름이라고 해야 할 경우가 있다는 점이다. 이는 서사론의 근본적인 패러다임 전환을 이끌어낸 인지주의 내러톨로지의 사례에서 특히 잘 드러난다.

---

33 가능세계이론의 내러톨로지적 중요성, 핵심 콘셉트, 연구영역에 대해서는 본서에 실린 「내러톨로지와 가능세계이론: 대안세계로서 내러티브 텍스트」 참조.
34 서사론의 학제적 중요성에 관해서는 V. Nünning과 A. Nünning(2002a)의 논문 참조.

새로운 연구 방향의 다수성과 다양성을 접하고 나면, 그 서사론 혹은 그 내러톨로지에 대해 논의하는 것이 실은 적합하지 않다는 생각이 든다. 정관사를 붙인다는 것은 단일하고 균질적이고 일체화된 연구가 있다는 걸 시사하기 때문이다. 허먼(1999a)이 편집한 논문집 『내러톨로지들』이 복수형의 제목을 구호로 사용하는 데서 명확히 드러나듯, 대문자 N으로 나타낼 [고유한] 내러톨로지는 실질적으로 더는 존재하지 않는다. "내러톨로지의 원심력"이라는 베리(1990)의 적절한 표현이 나오고, 그 결과 이제 우리가 확인할 수 있는 점은, 우리가 관계하는 것이 다수의 이질적 연구 방향들이고 그중 다수는 발원지였던 형식주의나 구조주의와는 거의 유사점이 없다는 사실이다.

따라서 이런 많은 경우에 '내러톨로지' 혹은 '서사론'이라고 말하는 게 여전히 의미가 있는지 의심이 든다. 특히 이 두 개념 가운데 '내러톨로지'는 구조주의, 이원주의, 로고스중심주의, 비역사성, 학문적 객관성의 관념 같은 함축 의미와 결부되어 있기 때문이다. 현재 내러톨로지 개념이 매우 다른 두 가지 의미로 사용되고 있는 것도 분명 우연이 아니다. 가령 리먼 키넌(1989: 157)은 매우 협소한 의미에서 내러톨로지를 정의한다. 내러톨로지란 "내러티브 이론의 지류로서, 대체로 구조주의 및 구조주의의 형식주의 창시자를 수호신으로 삼아, 주로 프랑스에서 60년대와 70년대 초반에 발전한 분파"이다. 반면 허먼(1999b: 27)은 내러톨로지의 개념을 "매우 광범위하게" 사용한다. 허먼에게 내러톨로지란 "내러티브 연구들을 웬만큼 대신할 만한 용어"로서, 옛 구조주의 내러톨로지와 그가 '포스트 고전적'이라 지칭한 새로운 '내러톨로지들'을 포괄하는 상위개념이다.

개념들을 가능한 한 명확하게 사용하기 위해서는 핵심 개념들을 좀 더 선명히 정의할 필요가 있다. 그러려면 용어 사용에 관해 몇 가지 제안을 하는 게 좋을 것 같다.[35] 첫째, '내러톨로지'와 '서사연구'는 결코 동의어가 아니라는 점을 강조하고 싶다. '서사연구'는 상위 개념이고, 내러톨로지는 서사론의 특수 형태 혹은 특수 유형이다. 둘째, 서사연구라는 넓은 영역 속에는 한 편에 '서사론'이, 다른 편에 '서사텍스트 분석' 내지 '서사텍스트 해석'이 위치해 있다. 이들 사이를 구분해야 할 것이다. 셋째, 두 번째 제안과 연관해서 분명히 해둘 점이 있는데, '서사텍스트 분석' 혹은 '서사텍스트 해석'이라고 해서 모두가 다 내러톨로지에 기반하거나 내러톨로지에 방향을 두고 있는 건 아니라는 점이다. 넷째, 본래의 (고전적) 내러톨로지는 여타 서사론들(역사기술적 서사론, 철학적 서사론, 언어학적 서사론)과 구분되어야 하고, 고전적 내러톨로지와는 대체로 무관하게 발전한 장편소설 이론과도 구분되어야 한다. 다섯째, 앞서 용어 구분 제안과 관련하여 마지막으로 분명히 해두고 싶은 점은, 서사연구·서사론·서사텍스트 분석 영역에 있다고 해서 모든 새로운 연구가 실제로 (고전적 또는 포스트고전적) 내러톨로지에 속해 있는 것은 결코 아니라는 사실이다. 인지주의 내러톨로지나 '자연적' 내러톨로지 같은 몇몇은 내러톨로지의 일환이지만, 페미니즘 내러톨로지 등의 여타 연구 방향은 오히려 서사론과 서사텍스트분석 사이의 경계영역에 서 있다고 하겠다. 용어 사용에 관해 제안한 것들을 도표로 요약하면 다음 모델(도표 2)과 같다.

---

[35] 이러한 사용 제안에 대한 상세한 설명은 A. Nünning(2003) 참조.

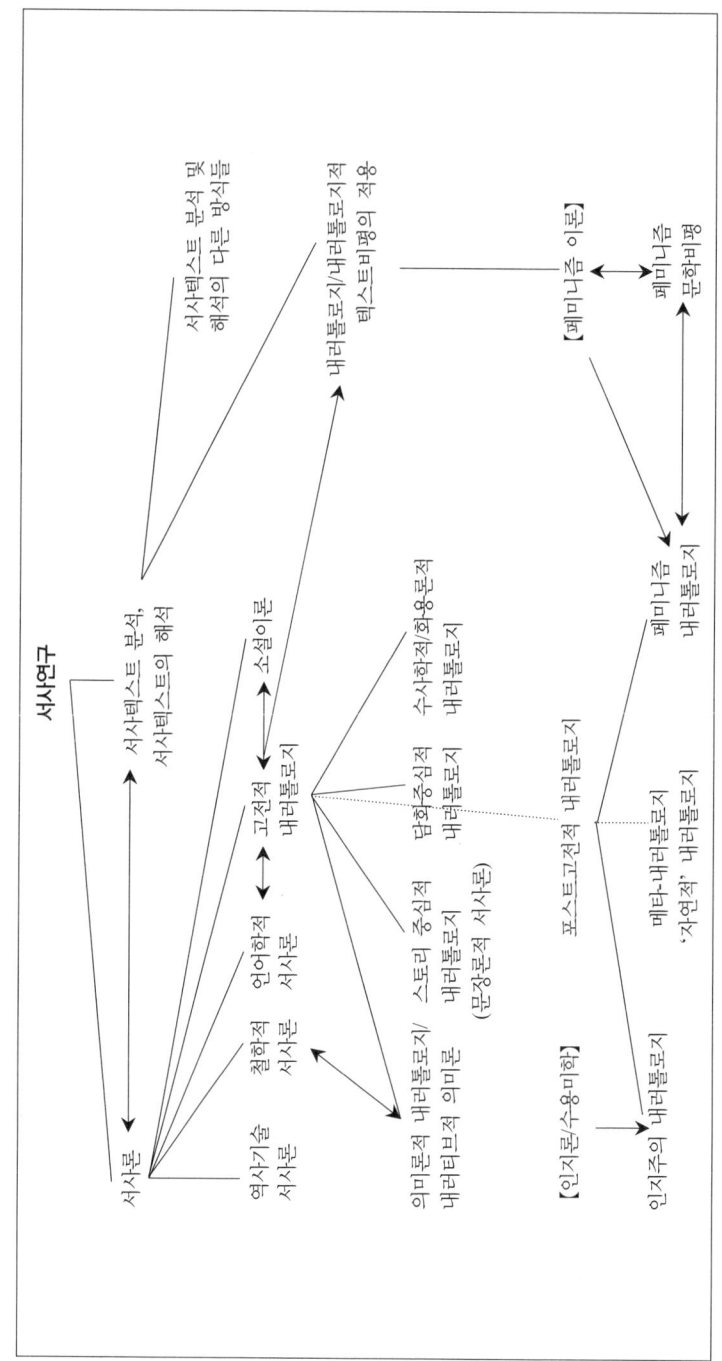

[도표 2] 서사연구, 서사론, (고전적·포스트고전적) 내러톨로지, 서사텍스트 분석의 관계도

4. 구조주의 내러톨로지와 서사론의 새로운 연구 방향 간의 주요 차이점

앞 장에서 유형별로 간략히 소개한 새로운 연구 중 다수는 구조주의 내러톨로지의 기본 전제에서 벗어나 있다는 공통점을 지닌다. 좀 더 심하게 말하자면, 플루더닉의 표현처럼, '고전적 서사론'의 전제·준거이론·방법론적 콘셉트는 '시스템 자체가 침식을 당했다'고 하겠다. 여기서 그치지 않는다. 새로운 연구 방향들은, 정확도를 기하는 패러다임(정밀한 학문성의 패러다임)에 의해 예전에 의식적으로 축출되었던 바로 그 카테고리들을, 한때 그토록 명징하게 규정되어 있던 영역(내러톨로지의 영역) 안으로 다시 불러들인다. 새로운 연구들이 끌어들인 것은 역사의 차원, 서사형태의 역사적 가변성 차원, 미학의 차원, 윤리의 차원, 이데올로기의 차원, 해석의 차원, 그리고 인종·계급·젠더 등의 카테고리를 포함하는 사회문화적 차원이다.

'콘텍스트 및 주제 관련 연구' 분야에서 초반에 페미니즘 내러톨로지를 둘러싸고 벌어진 공방은, 구조주의 내러톨로지와 새로운 연구 방향 간의 주요 차이점들을 뚜렷이 보여준 사례이다. 페미니즘 내러톨로지란 랜서가 주창한 용어로서 페미니즘 문학이론의 대전제와 서사론 콘셉트의 결합에 기반한 서사연구방향을 지칭한다. 랜서는 1996년 어느 강령적 논문에서 페미니즘에 기반한 내러톨로지의 기본 속성을 기술하였고, 이로써 신천지에 성큼 첫발을 내딛었다. 하지만 구조주의 서사론과 페미니즘 문학비평 사이에다 과감히 다리를 놓으려다가 그녀는 어디에도 설 자리를 잃어버리고 말았다. 통합적인 새로운 문학연구의 관점을 보여주려 했던 그녀의 의도는 한편에서는 대다수의 페미니즘 비평가들에 의해, 몇몇 예외[36]가 있기는 했지만, 오늘날까지도 완전히 묵살당하고 있고, 다른 한편 구조주의 서사론의 골수분자 딘고트 Nilli Diengott(1988)는 랜서의 노력은 그 착안부터 실행과 목표에 이르기까지 완벽한 실패작이라고 단호히 등을 돌렸다. 딘고트의 신랄하고 교만한 공격과 이에 대한 랜서의 비교적 온건한 항변을 보고 있노라면, 페미니즘 문학연구, 콘텍스트 및 주제연관 연구, 적용에 관련된 연구들이 전통적 내러톨로지와 분리될 수밖에 없는 근본적인 이론적·방법론적 차이가 한눈에 드러난다.

페미니즘 문학연구와 내러톨로지는 얼핏 보기에 관심 영역과 이론적 접근, 방법론적 도구의 상이성으로 인해 별로 공통점이 없어 보인다.[37] 구조주의 내러톨로지는 이론적으로 정리하고 분류하려는 성향이 우선적이다. 이와 반대로 페미니즘 서사연구자들은 사회비판적이고 이데올로기적 성찰에서 출발하여 서사텍스트의 해석에 몰두한다. 서사론은 텍스트 구조에 대한 체계적 모델의 형성과 논리적 설명을 지향하는데,[38] 반면에 페미니즘 연구는 문학사적, 해석학적 질문들을 전면에 내세운다. 구조

---

[36] 언급할 만한 예외는 랜서(1986)의 자극을 받아들여 더 발전시킨 워홀 Robyn Warhol의 연구(1986; 1989)와 메제이 Kathy Mezei(1996)의 논문들뿐이다. 페미니즘 내러톨로지의 전개와 최근의 방향을 훑어보려면 A. Nünning(1994), Allrath(2000), 본서에 실린 「페미니즘 내러톨로지」 참조.

[37] 페미니즘 문학비평과 내러톨로지 사이의 가장 중요한 차이점을 Lanser(1986; 1992: 3-24)와 Warhol(1989: 3-20)이 서술하고 있는데, 곧이어 이들의 주장을 요약하려 한다.

[38] Diengott(1988: 44) 참조. "내러톨로지는 [...] 분류화, 범주화, 구별화를 중요시하는데, 이 모든 것은 문학적 내러티브 뒤에 숨어 있는 체계를 기술하기 위해서다." 또한 딘고트는 페미니즘 연구에서는 텍스트의 의미 탐구가 관건이지만, 해석은 내러톨로지의 관심사가 결코 아니라는 점도 지적한다(같은 글: 45, 49 참조).

주의 서사론은 논리전개방식 자체가 비역사적이고 성(性)에 무심하며 텍스트에 집중하는 반면, 페미니즘 내러톨로지는 내러티브 형식들이 결코 시대를 초월한 이상적 유형이 아니라, 여성적 (그리고 남성적) 현실체험에 의해 역사적·문화적으로 한정된 지시체라고 상정한다.

두 연구 방향의 차이점은 '성(性)'이라는 카테고리에서 특히 분명해진다. 구조주의 내러톨로지에서는 카테고리를 형성하거나 텍스트를 선택하는 데 성이 아무런 역할도 못하는 반면, 페미니즘 내러톨로지에서는 성이 중심에 위치하게 된다.[39] 전통적 내러톨로지는 여러 분석범주로 이루어진 자신의 체계적 틀에 의해서 내러티브 텍스트의 요소들에 대한 세분화되고 정확하며 객관적으로 타당한 분석이 가능해져야 한다고 요구한다. 여기에 성에 따른 서사방식의 특수성을 논하는 카테고리는 전혀 마련되어 있지 않다. 이런 측면은 전통적 내러톨로지의 연구 대상(서술의 요소와 구조)에 속하지 않는다고 생각하기 때문이다. 이와 반대로 페미니즘 내러톨로지는 작가, 서술심급, 초점화 심급, 수용자, 비평가에게 내재된 성의 문제가 문학텍스트의 주제 및 구조뿐 아니라 문학을 대하는 방식에도 광범위하게 영향을 미친다는 점에서 출발한다. 그래서 성의 문제는 모델을 형성하고 문학텍스트를 해석할 때 유념해야 할 중요한 카테고리이며, 제대로 된 이론이라면 이 카테고리를 쉽사리 배제해서는 안 된다고 생각한다.

결국 페미니즘 내러톨로지는 성차(性差)의 문화적 구성의 콘텍스트 속에서 내러티브 구조와 전략을 연구한다. 다시 말해 페미니즘 내러톨로

---

[39] 딘고트는 내러톨로지가 이런 범주를 배제한 것은 "남성 중심의 실수가 아니라 [...] 내러톨로지의 목적과 방법론에 있어서 본질적인 것이다"라고 가차 없이 주장한다 (Diengott 1988: 42).

지는 서사론 카테고리를 소환하여 성과 관련한 서사방식의 특수성을 규명하고 이 특수성을 페미니즘 관점에서 해석하기 위하여, '젠더'라는 카테고리, 그리고 (특히 여성작가의) 텍스트와 문화사적 콘텍스트 사이의 소통적 긴장관계를 집중 조명한다. 이렇듯 서사론에 기반한 콘텍스트화를 꾀하는 페미니즘 내러톨로지의 목표는 서사텍스트의 시학 연구를 통해 페미니즘적으로 중요한 문제에 대한 통찰을 얻는 것이다. 이런 연유에서 페미니즘 내러톨로지의 전제와 목적은 물론이고 페미니즘 내러톨로지의 방법과 카테고리도 순수 내러톨로지스트 사이에서는 별로 호응을 받지 못하고 있다.

구조주의 내러톨로지와 콘텍스트 및 테마 관련 서사론은 제각기 인식대상과 목표설정이 다르기 때문에, 선호하는 방법이나 내용에서도 차이가 난다. 내러톨로지가 기호학적·형식주의적 지향성을 지니는 반면, 페미니즘적 연구는 대다수가 여전히 미메시스적·내용적으로 정향되어 있다. 이와 달리 내러톨로지에서 모델은, 소설이 무엇을 그려내는가라는 질문에는 별로 관여하지 않고, 서사적 중개, 내러티브 텍스트의 사건 구조와 시공간 구조가 어떻게 만들어져 있을 수 있는지를 계통적으로 단순화된 형태로 보여주고자 한다. 전통적 내러톨로지는 스토리와 담화, 즉 서술된 이야기와 서사적 중개 구조에 동일한 정도로 관심을 갖는 반면, 페미니즘 서사연구 같은 콘텍스트적 연구 방향은 '어떻게' 보다는 '무엇'에 훨씬 더 몰두한다.[40] 문학작품의 구조만을 따로 관찰하고 그 내용은 소홀히 하는 고전적 내러톨로지의 텍스트 중심적 관찰방식과는 달리, 페미니즘 내러톨로지

---

[40] 서술된 이야기의 '무엇', "묘사된 내러티브 속의 무엇"(Chatman 1978: 19)에 편중된 연구 방향에 대해서는 맨 먼저 Warhol(1989: viii)이 지적했다.

같은 콘텍스트적 접근들은 문학 생산 및 수용의 역사적인 맥락 및 문학의 지시관계를 고려한다. 고전적 내러톨로지는 내러티브 텍스트의 작품내용 및 현실연관성에 대한 질문은 대부분 배제하는 반면, 많은 새로운 연구 방향에서는 이런 관점들이 핵심적인 관심사가 된다.

구조주의 서사론과 페미니즘 내러톨로지를 이런 식으로 대비시키면 '고전적' 내러톨로지와 서사론의 새로운 연구 방향들 사이에 주요 차이점이 어디에 있는지가 분명하게 드러난다. 기호학적·형식주의적 서사론은 체계적 모델형성과 텍스트구조에 대한 기술(記述)을 지향하는 반면, 콘텍스트적·미메시스적·내용 중심적 연구들은 대부분 문학사와 해석 그리고 이데올로기와 관련된 질문을 전면에 내세운다. 미케 발(1999)의 논문 부제인 「오늘날 꼼꼼히 읽기: 내러톨로지에서 문화분석으로」는 여러 새로운 연구 방향들을 결합시키고 그것들을 고전적 내러톨로지와 구분시켜주는 최소공통분모를 지시해준다. 이제 내러톨로지는 선호하는 용어 구분이나 용어 분류를 전면에 내세우지 않는다. 대신에 자신의 작업도구를 문학작품 및 다른 문화적 생산물을 분석하고 해석하는 데 사용하려고 한다. 미케 발이 앞의 논문(1999: 22)에서 강조한 것처럼 "핵심은 의미심장한 질문들을 제기하는 것이다." 그녀는 그 논문에서 "문화에 대한 내러톨로지적 분석"과 "내러티브에 대한 문화적 분석"(같은 글: 39)을 옹호한다.

구조주의적 ('고전적') 내러톨로지와 허먼(1996b)이 '포스트고전적'이라는 용어하에 묶어놓은 새로운 연구 방향 사이의 차이점은 "내러티브 지형의 근본적 재구성"을 환기시킨다. "텍스트 중심적이고 형식적인 모델로부터 형식과 기능이 통합된 모델, 텍스트와 스토리의 콘텍스트 둘 다를 포섭하는 모델로의 이동이란 말로 이런 근본적인 전환을 설명할 수 있다."(같은 글: 8) 체계적 서사문법 및 서사기술의 시학을 발전시키려는 구조주의의 시도는 '포스트고전적' 연구에서는 서사의 콘텍스트와 기능에 대한 관심 상승으로 인해 뒤로 밀려났다. 구조주의 내러톨로지와 서사론의 새로운 '포스트고전적' 연구 사이의 주요 차이점은 대략 다음과 같은 구도와 핵심어로 요약될 수 있다.

구조주의적('고전적') 서사론	새로운 ('포스트고전적') 서사론들
텍스트 중심적	콘텍스트 중심적
주요 연구대상: 서사물(랑그)	주요 연구대상: 서사물(빠롤)
주요 관심: 닫힌 체계 및 정적인 생산물	주요 관심: 개방적, 역동적 과정들
주요 연구대상: 텍스트의 '특징'과 '고유성'	주요 연구대상: 수용과정의 역동성(독서 및 해석의 전략, 선호규칙)
바텀업 분석	탑다운 종합
(귀납적) 이원적 대립과 계단식 등급매기기를 선호함	통합적인 문화 해석 및 '중층 기술'을 선호함
중점 영역: 이론, 형식주의적 기술, 내러티브 기법의 파악과 정리	중점 영역: 적용, 논제를 축으로 하여 읽기, 이데올로기적 가치평가
이상: 학문적·가치중립적 객관성	초점: 윤리적 문제 제기 및 '대화에 의한 의미조정'(의미의 대화식 협상)
서사문법 및 허구의 시학 만들기	해석의 연관 속에서 분석도구를 적용하기
형식주의적, 기술적(記述的) 패러다임	해석적, 평가적 패러다임
비역사적, 공시적	역사적, 통시적
모든 서사텍스트의 보편적 특징들에 초점을 둠	개별 서사텍스트의 역사적·문화적 가변성에 초점을 둠
(상대적으로) 단일적인 하위분과	이질적인 연구 방향들로 구성된 학제적 프로젝트

[도표 3] 구조주의적('고전적') 내러톨로지와
서사론의 새로운('포스트고전적') 연구들의 주요 차이점

이런 맥락에서 볼 때 특히 세 가지 발전이 매우 중요하다. 첫째, 구조주의에서 전면에 위치했던 텍스트 특징에 대한 정적인 묘사는 수용과정의 역동성에 대한 탐구 및 텍스트적 부호와 수용자의 해석적 결정 사이의 상호작용에 대한 탐구를 위해 뒤로 물러났다. 따라서 대부분의 새로운 연구 방향들은 주로 또는 오로지 문학텍스트라는 '생산물'에만 관심을 갖는 것이 아니라 관찰자 및 프레임에 종속적인 수용 과정, 분석 과정, 의미구성 과정들에도 관심을 갖는다.

> 포스트고전적 내러톨로지는 단지 내러톨로지적 탐구의 산물에만 관심을 갖는 것이 아니라 탐구 과정에 지속적으로 관심을 갖는다는 것이 그 특징이다. 스토리는 객관적 관찰자에 의해 발견되기를 기다리는, 그냥 이전부터 존재하는 구조물이 아니다. 오히려 탐구되는 대상의 자산(資産), 즉 내러티브는 탐구의 프레임워크를 지나면서 상대화된다. 그리고 상대화된다는 사실 자체도 연구 영역에 포함되어야 한다. (Herman 1999b: 16)

둘째, '고전적' 내러톨로지를 특징짓는 기술적, 형식주의적, 구조주의적 패러다임의 자리에 해석적이고 종종 평가적이기도 한 프로세스가 들어섰다. 이런 새로운 지향성은 통합적·문화적 해석에 대한 선호와 클리포드 기어츠에 기반한 '중층 기술'이라는 이상 그리고 "통합과 종합을 향한 움직임"(Herman 1999b: 11)을 증명해준다. 대부분의 새로운 연구들은 텍스트의 구조적 특징에만 관심을 갖는 것이 아니라 텍스트와 텍스트의 문화적 맥락 사이의 대화적 관계에 관심을 갖는다. 콘텍스트 내지는 현실연관성 말고도 '문화', '젠더', '역사/이야기', '해석'이라는 범주들이 존재한다. 이것들은 구조주의 내러톨로지에서는 전적으로 배제되었는데, 이제 새로운 '포스트고전적' 연구들에 의해 전면으로 부각되었다.

셋째, 전체적으로 이런 변화는 구조주의 내러톨로지의 비역사적·공시적·보편주의적 방향성이, 개별 내러티브 텍스트와 개별 장르의 역사적·문화적 특수성을 특히 중요시하는 신역사주의적·통시적 방향의 연구에 의해 점차 축출되는 결과를 초래했다. 그로 인해 한편으로는 서사형식의 역사적·문화적 가변성이 서사연구의 시야에 들어오게 되었고, 다른 한편으로는 자신들이 만든 모델 및 개념이 지닌 역사성에 대한 의식이 고양되었다. 만프레트 얀(1999: 169)은 '고전적' 내러톨로지와 이른바 '포스트고전적' 내러톨로지의 방법론적인 주요 차이점을 다음과 같이 함축적으로 정리한다.

> 고전적 내러톨로지는 반역사적·범시대적 고지(高地)를 선호했는데, 오늘날의 포스트고전적 내러톨로지는 역사적·통시적 탐구 노선(路線)을 쫓는다. 일 세대 내러톨로지 학자들이 요소주의자적 (혹은 분석적, 혹은 조합적, 혹은 바텀업) 접근을 주장했다면 [...] 오늘날 포스트고전적 내러톨로지는 종합적이고 통합적인 전경 view의 사용을 환영한다. 그리고 마지막으로, 고전적 내러톨로지가 회고적 태도를 보였다면, 오늘날에는 독서과정의 인지적 역동성을 향해 가는 스턴버그 Sternberg와 페리 Perry의 탐험에 동참하려는 경향이 커지고 있다.

단순한 중심이동 그 이상인 이런 근본적 방향 전환은 분명 여러 장점과 단점을 동시에 동반한다. 그래서 니클라스 루만은 "이론을 디자인하는 데 있어서 이런 방향전환은 무엇보다도 그것이 어떤 결과를 초래했는지 그리고 그로 인해 무엇이 이전보다 더 잘 또는 덜 기술될 수 있는지에 따라서 평가되어야 한다."(1986: 54)고 말한다. 따라서 이런 새로운 서사론적 연구들로 인해서 어떤 차이점이 생겨났느냐는 질문이 제기된다. 이런 관점에서 중간결산을 해본다면, 그중 어떤 새로운 연구 방향을 얘기하느냐에 따라 대답이 매우 상이하다는 점이 먼저 눈에 띈다. 부분적으로는 고전적 내러톨로지의 용어학적, 방법론적 정확성이 축소된 대가로 획득된 것이기도 하지만 콘텍스트 및 테마 관련 서사론의 경우 다음과 같은 몇몇 장점을 간과할 수 없다.

- 제기된 질문들과 그에 대해 찾아낸 대답 내지 결과를 내러톨로지 연구의 흐름에다 연결할 수 있음.
- 서사형식의 의미론화 semanticization 및 서사텍스트의 작용력을 보다 예리하게 살펴봄.
- 텍스트와 문화적 콘텍스트 사이의 대화적 관계를 더욱 주의 깊게 살펴봄.
- 내러티브 텍스트와 서사형태의 역사적·문화적 가변성에 대한 의식이 고양됨.
- 적용가능성이 상승함.
- 서사론의 해석학적·문화적 중요성이 상승함.

반면 인지적·독자지향적 '메타-내러톨로지'의 경우에는 분석적 분류를 이루어내고 적용 가능성을 높였다는 일차적 성과 외에도 다음과 같은 장점이 눈에 띈다.

- 틀이론, 배경가정, 중심 콘셉트와 방법을 해설함.
- '수용과정의 역동성', '텍스트 기호와 수용자의 해석적 결정 간의 상호작용'의 이론적 모델링이 보다 정교화됨.
- 서사론의 학제적 결합가능성이 높아짐.

5. 서사론에 있는 옛 하위영역을 재구상하고 새로운 하위영역을 개발하기

새로 등장한 여러 연구 방향 덕분에 내러톨로지의 이론적 바탕과 방법은 광범위하게 변형될 수 있었다. 하지만 이게 다는 아니다. 오히려 더 큰 성과는, 서사론에서 전통적이라고 할 연구 분야의 여러 하위영역에 속한 옛 유형들이 재구상되어 새로운 서사형태와 서사구조로 개발되었다는 데에 있다. 다음에서는 새롭게 주목받거나 개념이 재정립된 하위영역 중에서 중요한 몇 가지를 예시적으로 살펴보고자 한다.

플롯 유형에 관한 연구에서는 이른바 '패러다임의 전환'(Ronen 1990 참조)이 이루어졌다. 고전적 구조주의에서 행하던 줄거리나 플롯의 구조적 분석 대신에, 내러티브 양상 narrative modality을 새로운 시각에서 의미론적으로 기술하는 쪽으로 패러다임이 전환된 것이다. 패러다임 전환에 특히 생산적으로 작용한 시각은 가능세계이론(Ryan 1991; Denneberg 1998[1995] 참조)과 페미니즘 서사연구였다. 가능세계이론은 플롯을 근본적으로 다르게 이해하도록 해주었고, 페미니즘 서사연구는 여성중심적 플롯형태를 예리한 시각으로 보도록 하여, 여성중심적 플롯 유형학의 밑그림이 그려졌다.(Gutenberg 2000 참조)

내러티브 텍스트의 등장인물에 대한 묘사를 연구하는 분야에서도 플롯 연구에서처럼 변화된 접근관점을 통해 성과를 얻을 수 있었다. 등장인물 연구에서 주요한 추동력이 된 논의는 수사학적 내러톨로지(Phelan 1996 참조), 인지주의 내러톨로지(Grabes 1978; Schneider 2000, 2002 참조), 가능세계이론(Margolin 1990a, 1990b 참조)이다. 구조주의 내러톨로지에서 작중인물은 줄거리를 추동하는 행위자로서의 역할이 우선적이었던 반면, 최근 연구에서는 독자가 텍스트의 문장을 읽어감으로써 인물표상이 이루어진다는 정황에 좀 더 초점이 맞춰진다.(Grabes 1978 참조) 인지주의 내러톨로지는 독서체험이 역동적이라는 점에서 출발하여, 인지심리학과 텍스트 이해의 연구가 얻은 인식을 근거로 하여, 수용자가 작중 인물을 이해하게 되면서 거치게 되는 수용자의 인지적·정서적 과정을 파악하기 위한 체계적 서술모델의 윤곽을 마련하기도 하였다.(Schneider 2000, 2002 참조) 이로써 구조주의의 행위자 모델에서는 보이지 않던 인물묘사 차원이 시야에 드러나게 되었고, 인지적·내러톨로지적 연구에 힘입어 텍스트와 독자 간의 상호작용이 주목받게 되었다.

플롯유형, 등장인물 묘사 외에도 서사론의 전통적 연구영역이면서 앞서 언급한 새로운 연구 방향에 의해 근본적 재구상이 이루어진 영역으로는 서술상황(Jahn 1997; 2000 참조), 초점화의 문제(Jahn 1996; 1999 참조), 서술심급의 신빙성 여부(미덥잖은 서술), 다중시각의 형태와 기능, 내러티브 텍스트 속 시각구조의 형성[41]을 꼽을 수 있다. 서술상황, 초점

---

[41] '다중시각성의 형태와 기능', '내러티브 텍스트에서 시각구조의 형성'에 대해서는 Nünning/Surkamp/Zerwerk(1998)에 실린 논문들, V. Nünning/A. Nünning(2000), Surkamp(2000; 2002) 참조. 이들 논문의 참고문헌 목록에 주요한 여타 논문들이

화, 미덥잖은 서술에 관한 연구에 가장 큰 도움을 준 것은 인지주의 내러톨로지였으며, 문화사적 서사연구, 페미니즘 내러톨로지 역시 중요한 촉진제가 되었다. 그런가 하면 다중시각적 서술, 시각구조의 형성에 대한 새로운 구상을 마련하는 데 근간이 된 것은 무엇보다도 화용론의 통찰과 인지주의 내러톨로지 내지 가능세계이론의 통찰이었다.

최근에 새롭게 개척된 영역으로는 2인칭 서사에 대한 연구를 꼽을 수 있다. 2인칭 서사는 "실제 사용에 있어서는 이미 상당 수준에 도달했지만 그에 대한 학문적 설명은 섬세함이나 정교함에서 매우 떨어지는"(Wiest-Kellner 1999: 16) 영역이었다. 이 영역에 있어서도 특히 플루더닉이 1990년대 초부터 선구자 역할을 하였고, 그녀가 편집한 『2인칭 소설에 관하여』[42]가 지대한 공헌을 하였다.(Fludernik 1997[1993] 참조) 비스트-켈르너(1999)는 2인칭 서사를 내러톨로지적으로 분석하는 데 그치지 않고, 2인칭 서사라는 변화무쌍한 형태가 의미화되고 기능화되는 현상에 주목하였는데, 터너 Victor Turner의 역치성(같은 글: 18)[43] 개념을 소환하여 문화인류학적 관점에서 2인칭 서사에 접근하였다. 이를 통해 비스트-켈르너 Ersula Wiest-Kellner는 혁신적이고 생산적인 용어를 발전시킬 수 있었다. 거쳐 가는 모든 것을 테마적으로나 구조적으로 붙잡을 수 있는 능력, 2인칭 서사의 "월경(越境) 능력"(같은 글: 86)[44]은 그녀의 용어 체계에서 특

제시되어 있다.
[42] Second-Person Fiction and Related Issues, *Style*, 28.3. 1994.
[43] [역주] 역치성 Liminality: 자극에 의하여 감각이나 반응이 일어나는 경계의 값, 의식역.
[44] [역주] transgressive Fähigkeit(capacity of transgression): 넘어가는 능력, 지반의 침강 또는 해면의 상승으로 인하여 바다가 육지 쪽으로 확장되는 현상, 유전형질

별한 방식으로 반영되어 있다.

서사연구가 새롭게 자리매김함으로써 힘차게 솟아오른 가장 중요한 마지막 영역은 서사의 역사적 차원 혹은 서사형태의 역사적·문화적 가변성이다. 서사테크닉이란 시대를 초월하는 관념형태가 아니라 역사적 제약을 받는 것이고, 주제선택과 마찬가지로 역사적 변화를 겪게 마련이라는 통찰이 예전에도 전혀 없었던 것은 아니다. 하지만 얼마 전까지만 해도 탐구 대상의 문학사적·문화사적 가변성이나 스토리텔링이 지니는 상이한 문화적 기능에 서사론은 거의 눈길을 주지 않았었다.

6. 전망: 문학론적·학제적 서사연구에 바라는 몇 가지 사항

앞서 소개한 새로운 연구 방향으로 나아가는 것이 얼마나 더 큰 성과를 가져올 수 있을지 보여준다는 취지에서 혁신적 전망에 관해 몇 가지 지점을 언급하고자 한다. 첫째, 내러톨로지 학문의 역사, 내러톨로지의 중개방식, 내러톨로지의 전유(專有)[45] 형태에 대해서는 밝혀진 바가 별로 없다. 슬라브 기능주의와 프라하 구조주의의 연구물이 국제적 내러톨로지에 기여한 바가 있는지, 서사연구가 각국의 전통에 따라 어떻게 천차만별로 발전해왔는지 등, 내러톨로지라는 학문의 역사적 전개와 관련된

의 초월분리, transgression(경계넘기)를 일으키는 능력.

[45] [역주] 전유 appoipriation: 전유, 동화, 차용, 자기화 등으로 번역된다. 미술에서는 이미 등장한 형상을 가지고 새로운 형상과 합성시켜 자신의 작품을 창조하는 제작방법을 가리킨다. 맥락에서 볼 때 여기서 내러톨로지의 전유형태란, 내러톨로지가 어떤 형태의 과정을 통해 내러톨로지라는 자신을 만들어냈는지를 뜻한다.

문제에 있어서는 물음만 있을 뿐 답이 없고, 밝혀야 할 사항이 아직도 많다.

둘째, 전통적 내러톨로지에서도 그랬지만 서사론에서도 이론·용어·방법론에 있어서 중요하고 흥미로운 질문에 대한 답을 전부 얻지 못했고, 어떤 질문들은 아직 제기조차 되지 않고 있다. 메타렙시스 Metalepsis[46], 미장아빔 mise en abyme[47]같이 역설적 경계넘기를 하는 혁신적 서사형태에 대한 체계적 유형별 설명이 전무한 상태이고, 메타서사가 보여주는 다양한 유희양태에 대한 연구도 되어 있지 않다. 그런가 하면 내포 작가, 공간묘사, 공감 끌어내기 같은 내러톨로지의 중심개념 역시 아직은 이론화가 덜 된 상태이다.

셋째, 개별 작가에 관한 소수의 연구를 제외하면, 서사론 카테고리를 활용하여 서사 현상의 형태와 기능의 특성을 찾아내는 적용사례 중심의 연구는 턱없이 부족한 형편이다. 사실주의, 모더니즘, 실험적 소설의 거장에 대해서 뿐만 아니라 동시대 소설가에 대해서도 부족하기는 마찬가지이다. 이제야말로 커다란 틈, 세분화된 이론형성과 개념형성이라는 한쪽과 어처구니없을 정도로 소박한 서사텍스트의 분석과 해석이라는 다른 한쪽, 이 양편 사이의 커다란 틈을 메울 수 있을 최적의 시기이다.

---

[46] [역주] 대체(代替) 용법 혹은 함의법으로 불리는 기법으로, 이미 그 자체에 있어서 비유적·상징적으로 쓰인 말을 환유적(換喩的)으로 바꿔놓는 용법이다. 여러 의미를 지닌 단어 대신, 맥락에 딱 들어맞지 않는 동의어를 사용하는 경우가 그러하다. 내러톨로지에서는 작중세계 밖에 있던 서술자가 어느새 작중 사건에 개입하는 등, 내레이션의 여러 지평 사이를 역설적으로 드나드는 경계 넘나들기의 기법이다.

[47] [역주] 미장아빔의 뜻은 '심연으로 밀어 넣기'인데, 거울 속의 거울을 이용하거나, 거울 두 개를 마주 보게 하는 등의 기법이다. 앙드레 지드는 미장아빔 기법의 예시로 벨라스케스의 그림 '라스 메니나스(궁녀들)'를 들어 예술의 자기반영성을 설명하였다.

넷째, 아직까지의 연구가 지닌 가장 큰 결함은, 서사현상의 문학사적 차원 및 역사적 가변성이 모조리 무시되어 왔다는 점이다. 어떤 한 시기에서 역사적 가변성을 지닌 '담론의 다양성'과 그 시기의 서사적 텍스트 사이에 있는 공시적 연관성뿐 아니라, 서사형태의 변화에 깃들여 있는 통시적 연관성 역시 등한시되어 왔다. 한마디로 말하자면, 어느 나라의 문학에 대해서든 어떤 시기에 중점적으로 나타나는 서사현상에 대해 문학사적으로 기술된 것이 전혀 없으므로, 이제는 예컨대 미덥잖은 서술자의 역사라든가 다중시각적 서사의 역사가 씌어져야 한다.[48]

다섯째, 이런 연유로, '문화연구적 내지 문화사적 내러톨로지' 혹은 '문화적·역사적 내러톨로지'라는 용어로 포괄될 수 있는 연구영역, 즉 내러톨로지적 접근과 문화사적 접근이 하나로 묶여져서 이루어지는 연구영역이 새로이 부상하고 있다. 예를 들자면, 문화적 기억의 형태와 기능에 대한 연구는 내러톨로지 이론에서 큰 도움을 받을 수 있을 것이다. 그럴 수밖에 없는 것이, 장편소설·자서전·회상록에서의 기억과정에 대한 기술은 '기억의 수사학'이라고 할 '서사적 장면화'에 기반을 두고 있기 때문이다. 또 다른 예를 들자면, 어떤 서사형태가 충실히 행하는 역사적·문화적 가변기능, 그리고 그 기능이 여타 담론에 대해 지니는 대화적 관계는 아직까지 전혀 밝혀진 바가 없는 지점이다. 서사형태란 초시간적 상수가 아니라 서사형태 생성시기의 사고유형이나 그 시기의 집단표상을 통찰하게 해주는 매개체라는 사실에서 출발한다면, 서사형태는 심성사(心性史)에 기반한 서사연구, 심성사에 기반한 문학사 및 문화사의 원

---

[48] 이런 현상의 역사에 대한 예비 연구로는 Nünning/Surkamp/Zerwerk(1998), V. Nünning/A. Nünning(2000) 참조.

천으로서 독보적 가치를 얻게 될 것이다.

여섯째, 서사성의 발생적 범위에 대한 질문이 폭넓게 제기되는 상황으로 미루어볼 때, 내러톨로지가 나아갈 여섯 번째의 미래지향적 연구영역은 트랜스장르적 내러톨로지·학제적 내러톨로지·상호매체적 내러톨로지가 발전해가는 도상에서 마련될 것이다. 상호매체적 서사연구 분야에 있어서 선구자로는 『픽션의 음악화』(1999)의 저자인 베르너 볼프, 미케 발(1991), 예술과 문학의 상호작용을 탐구한 모스타프(2000), 영화내러톨러지를 연구한 보드웰(1985), 브래니건(1992), 채트먼(1990), 슐릭커스(1997)를 들 수 있다.[49] 트랜스장르적 내러톨로지는 아직 초보 단계에 머물러있기는 하지만, 트랜스장르적 내러톨로지가 제대로 연구된다면 이를 통해 드라마 텍스트와 시 텍스트의 이론·방법론·분석에 있어서 서사론이 차지하는 중요성이 확실히 부각될 것이다. 분명한 사실은, 내러톨로지의 중심 콘셉트는 규범적 작품에만 심하게 고착되어온 종래의 문학 연구가 할 수 있었던 것보다 트랜스장르적, 상호매체적, 학제적으로 훨씬 더 넓은 적용 범위를 지닌다는 점이다.

본서는 '포스트고전적'이라고 불리는 서사론 범주의 새로운 연구 방향과 진전 사항을 다루고 있다. 다음에 소개할 논문들은 그중에서 가장 중요한 논점에 대한 포괄적 조망을 제공해줄 것이다. 연구 방향별로 분석카테고리·유형·분석방법이 개괄될 것이고, 연구 방향이 실제 텍스트분석에서 어떻게 적용되는지 여러 사례를 통해 설명될 것이다. 이 책은 동시대 서사론이 지닌 이론적 시각·방법·근본 개념을 가급적 체계적이고 포

---

[49] Wolf(2002), Grim/Voigt-Virchow(2002) 참조.

괄적으로 담고자 노력하였다. 그러다 보니, 여러 연구 방향이 지닌 이론적 바탕을 특징화 한다는가, 각 연구 방향에서 중요한 개념·카테고리·모델을 제시한다든가, 각 연구 방향이 행하는 방법론적 접근 방식을 설명하는 것이 각 논문의 중심에 놓이게 되었다.

그간 우리는 모든 연구 성과가 이론적으로 이루어진 것이라는 사실을 어느 정도 인정할 수 있게 되었다. 여기서 출발하여 이제 우리는 실제의 텍스트 분석과 해석에서 새로운 이론적 연구 방향과 분석 모델에 유용성을 부여할 기로에 서 있다. 달리 말하자면, 구조주의 내러톨로지 범주에서는 전혀 파악되지 않았던 작품과 논의의 어떤 측면이 새로운 이론적 연구 방향과 분석 모델 덕분에 시야에 들어오게 된 것이다. 바로 이런 점에서, 전통적 서사론 및 서사텍스트 분석과 동시대 문학론 및 문화론의 중요한 새로운 발전 사이에 교량을 구축하는 새로운 연구 방향은, 휴리스틱 잠재성과 인식 성과를 지니고 있다고 하겠다.

■ 참고문헌

Allrath, Gaby. 2000. "A Survey of the Theory, History, and New Areas of Research of Feminist Narratology." In: *LWU* 33.4: 387-410.
Bal, Mieke. 1983. "The Narrating and the Focalizing: A Theory of the Agents in Narrative" In: *Style* 17.2: 234-269.
Berendsen, Marjet. 1984. "The Teller and the Observer: Narration and Focalization in Narrative Texts" In: *Style* 19.2: 140-158.
Bialostosky, Dan H. 1989. "Dialogics, Narratology, and the Virtual Space of Discourse" In: *The Journal of Narratives Technique* 19: 167-173.
Borwell, David. 1985. *Narration in the Fiction Film*. London: Methuen.

Branigam, Edward. 1992. *Narrative Comprehension and Film*. London/New York: Routledge.

Danneberg, Lutz & Friedlich Vollhardt. 2001. "Sinn und Unsinn literaturwissenschaftlicher Innovation: Mit Beispielen aus der neueren Forschung zu G.E. Lessing und zur 'Empfindsamkeit'" In: *Aufklärung* 13: 33-69.

Diengott, Nilli. 1988. "Narratology and Feminism." In: *Style* 22.1: 42-51.

Fludernik, Monika. 1993b. "Narratology in Context" (Rez.) In: *Poetics Today* 14.4: 729-761.

Füger, Wilhelm. 1972. "Zur Tiefenstruktur des Narrativen: Prolegomena zu einer generativen 'Grammatik' des Erzählens" In: *Poetica* 5: 268-92.

_____. 1993. "Stimmbrüche: Varianten und Spielräume narrativer Fokalisation" In: Herbert Foltinek, Wolfgang Riehle & Waldemar Zacharasiewicz(Hgg.). *Tales and 'Their Telling Difference': Zur Theorie und Geschichte der Narrativik. Festschrift für Franz K. Stanzel*. Heidelberg: Winter. 43-59.

Gibson, Andrew. 1996. *Towards a Postmodern Theory of Narrative*. Edinburgh: Edinburgh UP.

Grabes, Herbert. 1978. "Wie aus Sätzen Personen werden...: Über die Erforschung literatischer Figuren." In: *Poetica* 10: 405-428.

Griem, Julika & Eckart Voigts-Virchow. 2002. "Grundlagen, Tendenzen und Besipielanalysen zur Filmnarratologie." In: V. Nünning/A. Nünning 2002a. 155-183.

Gülich, Elisabeth & Wolfgang Raible. 1977. *Linguistische Textmodelle: Grundlagen und Möglichkeiten*. München: Fink.

Ihwe, Jens. 1972. "On the Foundations of a General Theory of Narrative Structure." In: *Poetics* 3: 5-14.

Isernhagen, Hartwig. 1999. "Amerikanischer Kontexte des *New Historicism*: Eine Skizze" In: Jürg Glauser & Annegret Heitmann(Hgg.) *Verhandlungen mit dem New Historicism: Das Text-Kontext-Problem der Literaturwissenschaft*. Würzburg: Königshausen & Neumann. 173-192.

Jahn, Manfred. 1992. "Contextualizing Represented Speech and Thought" In: *Journal of Pragmatics* 17: 347-367.

_____. 1996. "Windows of Focalization: Deconstructing and Reconstructing a

Narratological Concept." In: *Style* 30.2: 241-267.

_____. 1997. "Frames, Preferences, and the Reading of Third-Person Narrative: Towards a Cognitive Narratology." In: *Poetics Today* 18: 441-468

_____. 1999. "'Speak, friend, and enter': Garden Paths, Artificial Intelligence, and Cognitive Narratology." In: Herman 1999a. 167-194.

Kablitz, Andreas. 1988. "Erählperspektive - Point of View - Focalisation: Übelegungen zu einem Konzept der Erzähltheorie." In: *Zeitschrift für Franzözische Sprache und Literatur* 98.3: 237-255.

Kearns, Michael. 1999. *Rhetorical Narratology*. Lincoln: University of Nebraska Press.

Korte, Barbara. 1985. *Techniken der Schlußgebung im Roman: Ene Untersuchung englisch- und deutschsprachiger Romane*. Frankfurt: Lang.

Kreiswirth, Martin. 1995. "Tell Me a Story: The Narrativist Turn in the Human Sciences." In: Martin Kreiswirth & Thomas Carmichael (Hgg.). *Constructive Criticism: The Human Sciences in the Age of Theory*. Toronto: University of Toronto Press. 61-87.

Lanser, Susan. 1986. "Towards a Feminist Narratology." In: *Style* 20.1: 341-363.

_____. 1988. "Shifting the Paradigma: Feminism and Narratology." In: *Style* 22.1: 52-60.

_____. 1992. *Fictions of Authority: Women Writers and Narrative Voice*. Ithaca: Cornell UP.

Ludwig, Hans-Werner (Hg.). 1998 [1982]. *Arbeitsbuch Romananalyse*. Tübingen: Narr.

Luhmann, Niklas. 1986. "Intersubjektivität oder Kommunikation: Untershiedsliche Ausgangspunkte soziologischer Theoriebildung." In: *Archivio di Filosofia* 54: 41-60.

Margolin, Uri. 1990a. "The What, the When, and the How of Being a Character in Literary Narrative." In: *Style* 24.3: 453-468.

_____. 1990b. "Individuals in Narrative Worlds: An Ontological Perspective." In: *Poetics Today* 11.4: 843-871.

McHale, Brian. 1978. "Free Indirect Discourse: A Survey of Recent Accounts." In: *PTL* 3: 249-287.

Mezei, Kathy. 1996. *Feminist Narratology and British Women Writers*. Chapel Hill/London: University of North Carolina Press.
Mosthalf, Franziska. 2000. *Metaphorische Intermedialität: Formen und Funktionen der Verarbeitung von Malerei im Roman*. Trier: WVT.
Nischik, Reingard M. 1991. *Mentalstilistik: ein Beitrag zu Stiltheorie und Narrativik, dargestellt am Erzählwerk Margaret Atwoods*. Tübingen: Narr.
Nünning, Ansgar: 1994. "Gender and Narratology: Kategorien und Perspektiven einer feministisch orientierten Erzähltheorie." *ZAA* 42.2: 102-121.
_____. 2003. "Narratology or Narratologies? Taking Stock of Recent Developments, Critique and Modest Proposals for Future Usages of the Term." In: Kindt/Müller 2003.
Schneider, Ralf. 2002. "Toward a Cognitive Theory of Literary Character: The Dynamics od Mental-Model Construction." In: *Style* 35.4: 607-640.
Stanzel, Franz. 1990. "A Low-Structuralist at Bay? Further Thoughts on 'A Theory of Narrative'." In: *Poetics Today* 11: 805-816.
Surkamp, Carola. 2000. "Die Perspektivenstruktur narrativer Texte aus der Sicht der possible-worlds theory: Zur literarischen Inszenierung der Pluralität subjektiver Wirklichkeitsmodelle." In: V. Nünning/A.Nünning 2000. 111-132.
_____. 2002. *Die Perspektivenstruktur narrativer Texte. Theorie und Geschichte der Perspektivenrelationierung im englischen Roman zwischen Viktorianismus und Moderne*. Trier: WVT.
Todorov, Tzvetan. 1969. *Grammaire du Décaméron*. Den Haag: Mouton.
Warhol, Robyn R. 1986. "Toward a Theory of the Engaging Narrator: Earnest Interventions in Gaskell, Stowe, and Eliot." In: *PMLA* 101: 811-818.
_____. 1989. *Gendered Interventions: Narrative Discourse in the Victorian Novel*. New Brunswick: Rutgers UP.
Weimar, Klaus. 1994. "Wo und was ist der Erzähler?" In: *Modern Language Notes* 109: 495-506.
Wiest-Kellner, Ursula. 1999. *Messages from the Threshold: Die* You-*Erzählform als Ausdruck liminaler Wesen und Welten*. Bielfed: Aisthesis.
Wolf, Werner. 1999. *The Musicalization of Fiction: A Study in the Theory and*

History of Intermediality. Amsterdam: Rodopi.
Würzbach, Natascha. 2001. "Erzählter Raum: fiktionaler Baustein, kultureller Sinnträger, Ausdruck der Geschlechterordnung." In: Helbig 2001. 105-129.

이 밖에 본 논문에 해당되는 참고문헌으로서 본서 마지막에 실린 책과 논문은 다음과 같다.

Bal 1990, 1991, 1999; Barry 1990; Booth 1991[1961]; Chatman 1978, 1990, 1993; Cohn 1978; Danneberg 1998[1995]; Darby 2001, Fehn/Hoesterey/Tatar 1992; Fludernik 1997[1993], 1996, 2000a, 2000b; Fludernik/Richardson 2000; Friedman 1955; Genette 1980[1972], 1998[1983], 1991; Grünzweig/Solbach 1999a, 1999b; Gutenberg 2000; Hamburger 1994[1957]; Helbig 2001; Herman 1999a, 1999b; Herman/Vervaeck 2001; Jahn 1998[1995], 2000; Kayser 1992[1948]; Kindt/Müller 1999, 2003; Lämmert 1991[1955]; Martin 1986; Martinez/Scheffel 2002[1999]; A. Nünning 1993, 2000; Nünning/Surkamp/Zerweck 1998; V.Nünning/A.Nünning 2000, 2000a; Onega/Garcia Landa 1996a, 1996b; Phelan 1996; Prince 1982a, 1988[1987]; Richardson 2000; Ricœur1984; Rimmon-Kenan 2002[1983]. 1989; Ronen 1990; Ryan 1991; Ryan/van Alphen 1993; Schlickers 1997; Schneider 2000; Stanzel 1955, 1993[1964], 1992, 1995[1979], 2002; Toolan 2001[1998]; Wolf 1999, 2002.

페미니즘 내러톨로지

가비 어레스·마리온 짐니히 지음
김현진 옮김

1. 서론: 페미니즘 내러톨로지의 기본견해와 목표설정

 페미니즘 문학연구와 내러톨로지의 결합을 추구하는 페미니즘 내러톨로지는 1986년 랜서 Susan Sniader Lanser가 집필한 한 논문에서 주창되었다. 페미니즘 내러톨로지는 '새로운' 혹은 '포스트고전적' 서사론 중에서 어느 정도 주도적 역할을 했지만, 그에 앞서 내러톨로지 연구의 콘텍스트화(化)라는 기치를 내걸고 매진한 페미니즘 내러톨로지스트들이 있었다. 페미니즘 내러톨로지의 일차적 사안은, 문학텍스트의 서사방식을 분석함에 있어서 일관되게 생산·수용 조건에 담긴 성(性) 특유의 함의를 염두에 두고, 내러톨로지적 여러 양상과 섹스·젠더·섹슈얼리티의 사회문화적 범주 간의 상관관계를 제시하는 것이다.[1] 페미니즘을 지향하는 서사론은, 전통적 특징으로 보자면 이론적 전제나 작업방식에 있어서 거의 상충되는 두 연구 방향인 페미니즘 문학연구와 구조주의 내러톨로지를 결합시키고자 한다. 전통적·구조주의적 내러톨로지는 내러티브 텍스트의 형식적 측면에만 관심을 갖고, 섹스·젠더·섹슈얼리티 같은 범주는 완전히 무시된다.[2] 반면 페미니즘 문학연구는 내러티브 구조에 세부적으로 주목하기보다는 문학 텍스트의 내용과 이데올로기 측면, 그리고 그것의 생산·수용 조건에 집중한다.[3]

따라서 페미니즘 내러톨로지는 매우 상이한 두 가지 연구 방향을 생산적으로 통합하려는 혼종적이고 혁신적인 시도이다. 페미니즘 내러톨로지는 형식적인 측면과 **더불어** 내용과 콘텍스트의 측면을 모두 고려함으

---

[1] 이하에서 주로 섹스·젠더·섹슈얼리티의 영어 개념이 사용될 것이다. 이 개념들은 독일어권 학계에서도 정립되어 있다.

[2] 랜서 Lanser가 개발한 페미니즘 내러톨로지 콘셉트는 몇몇 내러톨로지 학자들에 의해 격렬한 비판을 받았다. 딘고트 Nilli Diengott(1988)는 랜서가 구상한 페미니즘 내러톨로지를 단호히 거부하고, **젠더** 범주를 "내러톨로지의 목적과 방법론의 토대"(같은 글: 42)로 삼지 않는 전통적 내러톨로지의 입장을 옹호한다. 이 논쟁적인 글에 대한 답변에서 랜서(1988)는 딘고트가 설파하는, 이론과 해석의 엄격한 분리는 불가능함을 강조하며 그 대신 그 용어에서도 작용하는, "사회적 현실"(같은 글: 58)에 내러톨로지를 결합시킬 것을 강조한다. 페미니즘 내러톨로지의 전제와 지식에 대한 비판에 관해서는 『내러티브』에서 벌어진 프랭스 Gerald Prince(1995b)와 랜서(1995) 간의 논쟁, 그리고 페미니즘 내러티브에 관한 프랭스(1996)의 양가적 태도도 참조하기 바란다. 의아하게도 프랭스(1996)는 랜서에 대한 비판에서 그녀의 첫 논문(1986)만을 언급하며 그녀의 나중 출간물들에 대해서는 고려하지 않고 있다.

[3] 랜서(1986: 341) 참조. 그녀는 내러톨로지를 "과학적이고 묘사적이며 비이데올로기적인" 것으로, 반면 앵글로아메리칸 페미니즘 문학연구를 "인상주의적이고 평가 가치를 지닌 정치적인" 것이라고 말한다. 앵글로아메리칸 페미니즘 문학연구의 강한 이데올로기적 성향은 2차 페미니즘 운동의 발생에 따라 일단은 이론에 대한 모종의 적대감을 동반한다. 그러한 입장이 일부 변화를 겪었음에도 불구하고 구조주의 내러톨로지에서 볼 수 있는 남성중심적 이론과 개념, 모델들에 대해서는 여전히 회의적 태도가 존재한다.

로써 사회적, 문화적 콘텍스트를 도외시하지 않으면서 서사론에 입각한 연구를 가능하게 해준다. 이로써 페미니즘 내러톨로지는 무엇보다도 문학연구(특히 내러톨로지 연구)와 문화학적 콘셉트를 연결시킨다. 1986년 랜서의 획기적인 논문이 나온 이래 페미니즘 서사론이 문학 텍스트 연구와 최근의 몇몇 연구가 입증하듯, 시각 매체 연구에도 얼마나 유용한지 알려주는 수많은 저서가 출간되었다. 아직도 많은 연구가 더 필요하긴 하지만, 페미니즘 서사론은 그사이 내러톨로지의 한 갈래로 자리 잡았다. 이러한 연구 갈래에 대한 호응이 점차 높아지고 있다는 사실은 무엇보다도 여러 새로운 문학연구학 사전과 문화학 사전에서 페미니즘 내러톨로지 항목이 기술된 데서 알 수 있다.[4]

페미니즘 내러톨로지에 대한 입문으로서 다음에서는 담론 차원에 대한 수정주의적 연구를 시발점으로 했던 서사론의 기본 콘셉트와 개념들에 대해 우선 개괄할 것이다(2장). 3장에서는 최초의 페미니즘적·내러톨로지적 연구물에 대한 설명 외에도 서술적 중개의 측면을 분석하는 도구들이 지속적으로 발전되고 있음을 기술할 것이다.[5] 이어서 4장에서는 플롯, 공간묘사, 다중시각 서술의 연구를 통해 페미니즘 서사론의 분석도구를 확장시킨 연구 성과를 조망하려고 한다. 5장에서는 '스토리' 영역과 '담론' 영역에 대한 지금까지의 페미니즘적-내러톨로지적 연구의 스펙트

---

[4] 그러한 연구들은 *Metzler Lexikon Literatur- und Kulturtheorie*(A. Nünning 1001b[1998])와 *Metzler Lexikon Gender Studies*(Allrath/Nünning 2002)에 등록되어 있다. *Routledge Encyclopedia of Narrative Theory*에도 역시 페미니즘 내러톨로지 항이 등록되었다.

[5] 이것은 페미니즘 내러톨로지의 발전을 대략적으로 조망한 이전의 연구들(A. Nünning 1994; Mezei 1996b; Allrath 2000a)과 연계되어 있다.

럼을 보완하기 위한 몇몇 전망을 제시할 것이다. 이어서 6장에서는 트랜스장르적이고 혼종적인 접근으로서 여타 포스트고전적 내러톨로지를 비롯하여 매체학, 문화학과의 결합을 추구하는 페미니즘 서사론이 현재 어떤 성향의 발전을 이루고 있는지 개괄하고자 한다. 마지막으로 7장에서는, 최근의 발전 양상에서 볼 때 '페미니즘 서사론'보다는 '젠더화된 내러톨로지'라는 명칭이 더 적절하지 않을지의 문제를 논의할 것이다.

2. 페미니즘 내러톨로지의 이론적 콘셉트와 방법, 용어

구조주의적 접근 방식과는 반대로 페미니즘 내러톨로지는 (여타 새로운 서사론과 마찬가지로) 텍스트의 특징과 구조가 어떤 초시간적 항상성을 나타내는 것이 아니라, 그때그때의 생산과 수용의 콘텍스트를 통해 결정된다는 관점에서 출발한다. 문학 텍스트 분석에서 이런 관점을 관철시키기 위해서는 내러톨로지의 도구들을 변형시켜야 하고, 구조주의 내러톨로지의 이론적 모델과 방법을 페미니즘 이론과 결합시켜야 한다(Homans 1994 참조).

페미니즘 내러톨로지는 내러티브의 표현방식이 그 나름의 의미담지자로 기능한다는 기본 전제에서 출발하므로, 내러티브 형식의 의미화와 그것의 페미니즘과의 관련성을 파악할 수 있는 분석 도구를 발전시켜야 할 필요성이 있다. 텍스트의 구조를 상세히 기술하면서도 동시에 그것을 문학 외적인 콘텍스트와 관련시킬 수 있는 혁신적 콘셉트와 용어도 요구된다. 구조주의 내러톨로지와 페미니즘 내러톨로지가 용어와 관련해 요구하는 바는 여러 면에서 뚜렷한 차이를 보인다. 첫째, 구조주의 서사론은 무엇보다도 텍스트의 형식적 특징과 구조에 대해 체계적으로 설명할 수 있는 개념들을 사용한다. 반면 페미니즘 내러톨로지는 용어가 텍스트의 구조를 묘사하는 범주들 간의 결합뿐 아니라 생산조건과 수용조건을 명확히 해줄 수 있다는 점에 우선적 가치를 둔다. 둘째, 구조주의 내러톨로지는 예리하게 구분되는 명확한 용어를 요구하는데, 이와 관련해 신조어들의 창안이 두드러진다. 이와 반대로 페미니즘 내러톨로지는 쉽게 이해할 수 있는 용어를 선호하며 신조어는 접근하기 힘들다는 이유로 거부한다. 적절한 내러톨로지 용어에 대한 이러한 상이한 요구는 예컨대 랜서(1992)가 이미 구조주의 용어로 사용되는 서술상황 Erzählsituationen을 새로운 개념으로 바꾸고자 애쓴 데서 뚜렷이 드러난다. 그러한 시도는 언뜻 보기에는 단순히 개념만 바꾼 듯하지만, 사실은 혁신적인 잠재력을 내포하고 있다. 랜서가 개념들을 새롭게 창안함으로써 최우선적으로 얻고자 한 바는, 그러한 새로운 개념들이 그때그때의 서술상황에 담긴 내용적 함의를 알려준다는 데에 있다. 이로써 구조주의 내러톨로지에서는 전혀 주목받지 못한 측면에 시선을 돌리게 된다.

포스트모던 서사론과는 달리 페미니즘 내러톨로지는 구조주의 내러톨로지와 급진적으로 절연하지 않고, 오히려 의식적으로 내러티브 텍스트 내의 '임베딩 embedding 상황'이나 '목소리 voice' 같은 구조주의 내러톨로지의 콘셉트와 결합한다. 깁슨 Andrew Gibson은 『포스트모던 내러티브 이론에 대하여』(1996)에서 그가 보기에 페미니즘 내러톨로지가 남성적으로 창안된 여러 구조주의적 콘셉트 — 그중에서도 이원적 대립의 원리 — 를 어정쩡하게 고수하고 있다고 비판하며, 페미니즘 서사론이 구조주의 전통과 과감히 단절할 것을 요구한다. 그러한 단절은 완전히 새로운 종류의 콘셉트와 새로운 개념을 발전시킴으로써 구체적으로 실현되리라는 것이다(같은 글: 119-28 참조). 깁슨이 포스트모던 서사론에서 주장하는 바는 내러톨로지 연구서마다 수두룩하게 널린 "음성, 차원, 재현, 형식, 내러티브 시간, 인간 주체"(같은 글: 25)의 개념을 쓰지 말고 그 대신 그 어떤 유일한 경험적 타당성도 담겨있지 않은 "실험적 용어나 '유희play' 용어들"(같은 곳)을 사용하자는 것이다. 이런 진행방식은 혁신적이고 유토피아적이기도 한 잠재력 때문에 페미니즘 내러톨로지를 위해서도 바람직한 것으로 보일 수도 있다. 하지만 그것은 쉽게 이해할 수 있는 용어를 사용하자는 페미니즘 내러톨로지의 요구에 배치되며, 게다가 구조주의 내러톨로지뿐 아니라 모든 포스트고전적 내러톨로지와의 소통을 어렵게 만들 것이다.[6] 그런가 하면 구조주의적 기본사고와의 급진적 단절이 프랑스 페미니즘과의 대화를 용이하게 해줄 수도 있다. 구조주의 서사론에 대한 깁슨의 비판은 특히 구조주의가 시도하는 "텍스트의 기하학화(化)"(같은 글: 3)를 향하고 있는데, 그는 그것을 "내러티브 혹은 내러티브 텍스트의 기하학적 명료함, 대칭성, 비율에 대한 환상"(같은 곳)으로 여긴다.[7] 그렇지만 내러톨로지의 "위계적 기하학"(같은 글: 23)은 앵글로아메리칸 지역의 페미니즘 서사론의 핵심 사안인 내러티브 방식의 역사적·문화적 콘텍스트화에 대한 적절한 착안점이 되었다. 왜냐하면 텍스트

---

[6] 개념들의 새로운 창안과 결부된 문제에 대해서는 Dannenberg(1988)도 참조.
[7] 구조주의 내러톨로지에 대한 깁슨Gibson의 비판 및 거기에 대한 그의 포스트모던 서사론 구상의 세부적 사항에 대해서는 이 책에 실린 「포스트모던·후기구조주의 내러톨로지」 참조.

의 위계적 관계는 문학 텍스트의 생산조건과 수용조건이 새겨넣은, 심지어 텍스트 안에 '기입되어' 있는 사회적 위계관계에 대한 상관물로서 파악될 수 있는 경우가 많기 때문이다.[8]

내러톨로지 범주들의 보편성과 성 중립성에서 출발하는 구조주의 서사론과는 반대로, 페미니즘 내러톨로지는 섹스·젠더·섹슈얼리티 요소를 명시적으로 포함해야 한다는 점을 강조한다. 페미니즘 내러톨로지의 기본 전제에 따르면, 이러한 요소들이 빠질 경우 텍스트의 성 중립적이고 '객관적인' 분석이 이루어지지 않고[9] 오히려 남성 작가들의 내러티브 전략을 일방적으로 특권화하게 된다. 문법에서 유래하는 개념인 젠더[10] 내지 그것의 독일어 의미인 '사회적 성'은 남성과 여성 몸의 생물학적 차이(섹스), 남성적 혹은 여성적으로 의미가 부여된 사회문화적 성과 행동지평(젠더)을 구분하기 위해 도입되었다. 사회적 성이란 여기에서 "생물학적 성과 인과적 관계가 없으며 [...] 몸에 대한 일종의 문화적 해석이라 할 수 있다."(Feldmann/Schülting 2001a[1998]: 217) 사회문화적 구성물인 젠더를 페미니즘 내러톨로지에 통합시키면, '성' 범주가 그때그때의 생산·수용 조건과 그것의 역사적 변화에 달려 있다는 것이 드러난다. 그런데 섹스와 젠더의 차이는 특히 버틀러 Judith Butler의 유력한 단행본 『젠

---

[8] 이것은 물론 형식과 기능의 1 대 1 일치를 기본으로 하지 않는다. 그때그때의 콘텍스트에 따라 상이한 기능들이 동일한 형식에 주어질 수 있다는 것을 스턴버그 Meir Sternberg(1982: 148)는 '프로테우스 원리'로 해석했다. 이에 대해서는 본서에 실린 「이야기는 어떻게 의미작용하는가: 화용론적 내러톨로지」 참조.

[9] Warhol(1999: 342) 참조: "의미의 체계들은 결코 중립적이지 않다. 그리고 [...] 그것들은 그 창안자와 수용자들의 (젠더화된) 표식을 지닌다."

[10] '젠더' 개념과 페미니즘 이론에서의 그 차용 역사에 관해서는 Feldmann/Schülting (2001a[1998]) 참조.

더 트러블』(1990), 『의미를 체현하는 육체』(1993)를 통해 최근 몇 년 사이 새롭게 구상되었다. 버틀러 등의 견해에 따르면, 실제적 생물학적 성이라 일컬어지는 것도 담론에 의해 생산된 사회적 구성물에 지나지 않는다. 따라서 버틀러(1993: 2 이하)에게 섹스란 "이제는 [...] 육체적으로 주어진 데에다 젠더의 구성물이 인위적으로 부과된 것이 아니라"(1990: 7),[11] 오히려 섹스 자체가 "하나의 젠더화된 범주"(1990: 7)이다. 페미니즘 내러톨로지에서는 우선적으로 젠더 범주가 주목을 받았다. 비록 섹스에 대한 버틀러의 새로운 구상이 페미니즘 내러톨로지 내에서 아직 핵심적 역할을 하지는 못하고 있지만, 최근의 연구들은 섹스와 섹슈얼리티의 범주, 또한 이 범주들 간의 상호작용에 주목하고 있다.[12] 젠더 범주의 핵심적 의미, 그리고 최근 연구에서 거론되는 섹스 내지 섹슈얼리티 범주를 마주하고 보면, 이런 개념들에 대한 페미니즘적·내러톨로지적 정의를 페미니즘 내러톨로지가 갖고 있지 않다는 사실이 놀랍기만 하다. 페미니즘 내러톨로지 입장에서 이러한 개념들을 정의하려는 시도는 지금까지 랜서(1999)와 랜서의 연구를 발전시킨 플루더닉 Monika Fludernik(1999a)에게서만 찾아볼 수 있다. 랜서(1999: 170)에 따르면, 페미니즘 내러톨로지의 시각으로 볼 때, 섹스는 "남성 혹은 여성으로서 텍스트 인물에 형식상의 정체성을 부여하는 것이다. 그것은 명시적 선언, [...] 혹은 대명사나 어미변화된 형용사 같은 여타 언어학적 표시를 통해 이루어진다." 랜서

---

[11] 또한 Butler(1990: 7) 참조: "이러한 전담론적인 섹스 산물은 젠더가 지시하는 문화적 구성물의 장치가 낳은 효과로 이해되어야 한다."

[12] 그 이유는 텍스트의 인물들과 서술심급의 경우 '지면상의 존재들 paper beings'이라는 그들의 속성으로 인해 젠더 구성물과 섹스 구성물 간을 구분해 콘셉트화하는 일이 특히 힘들어서일 것이다.

(같은 곳)가 스스로 인정하듯, 이러한 정의의 문제점은 명사와 대명사의 문법적 성이 항상 지시대상의 성을 말해주지는 않는다는 데 있다.13 게다가 많은 텍스트 속의 서술자들의 경우만 보아도 랜서가 말한바 생물학적 성을 알려주는 간접증거가 나타나지 않는 경우가 많다. 랜서(같은 곳)의 정의에 따르면, 젠더는 "텍스트 내에서, 텍스트에 의해서 구성된 특성이다. 그라이스 Paul Grice의 의미로 볼 때, 그러한 특성은 의상이나 신체 부분 혹은 행동에 대한 적절한 명칭이나 환유적 지시 같은 전통적 문화 코드에 그려짐으로써 남성 혹은 여성을 암시한다." 결국 섹슈얼리티라는 용어를 랜서는 "대상 선택 때 취하는 에로틱 오리엔테이션"(같은 책: 171)을 칭하는 데 사용한다.

플루더닉(1999a: 154)은 섹스·젠더·섹슈얼리티 범주를 독자적으로 규정하며 랜서의 연구를 수정하고 확장한다.

> 인간의 생물학적 성(남성, 여성)은 내러티브 텍스트 속에서 외연적으로도 내포적으로도 구성된다. 외연적으로는 확연한 신체 묘사와 남성/여성 (대)명사 표현('그' 대 '그녀'; 젠더화된 첫 명사)에 의해서, 내포적으로는 심하게 젠더화된 우리 문화의 장치('핸섬한' 대 '아름다운'; '셔츠' 대 '블라우스'), 그리고 기존의 이성애 구조(A가 B를 사랑하고 A가 남성이라면, 이때 B는 여성임이 틀림없다)에 의해서이다.

---

13 알다시피 독일어에서 '소녀 das Mädchen(= es)'([역주] 독일어에서 소녀는 중성명사이기 때문에 중성 인칭대명사 es로 지칭할 수 있다)는 그 지시대상이 필히 여성이다. 프랑스어에서 '개인 l'individu(= il)'(중성 인칭대명사)의 지시대상으로는 남성 혹은 여성 중 선택된다. 이에 대해서도 Fludernik(1999a: 154, FN I) 참조.

플루더닉에 의하면, 생물학적 섹스를 텍스트의 심급에 부여하는 것은 의식적으로든 무의식적으로든 언어학적이고 문화적인 젠더 범주를 이용하는 것이다. 그래서 '호모섹슈얼리티' 범주를 염두에 두고 있으면, 성 스테레오타입에 의문이 제기될 수 있다는 점을 그녀는 특히 강조한다. "게이 남성들은 '여성스러운' 젠더 특성을 보이고 레즈비언들은 '남성'처럼 행동한다고 생각하는 작금의 젠더화 구조를 전복시킨다는 바로 그 점에서, 호모섹슈얼리티 혹은 호모에로티즘은 잠재된 위반 능력을 활성화할 수 있다."(같은 곳)

섹스·젠더·섹슈얼리티 범주가 페미니즘 방향의 서사연구에 반드시 필요하고 또한 이것들이 중차대한 관점들을 열어주는 것들이기는 하지만, 그것을 텍스트상의 심급에 적용하게 되면 여러 문제점이 나타난다. 따라서 우리가 명심해야 할 점은, 허구적 인물personae(즉 등장인물과 서술심급)은 '실재하는' 것이 아니라 텍스트의 정보를 바탕으로 수용과정에서 구성된다는 사실이다.[14] 그렇기는 하지만 인지주의 콘셉트에 따라 인간 존재의 범주들을 허구적 인물들에게 전이시킨다고 해서 그것이 본질적 문제가 되지는 않는다. 문학적 인물(Grabes 1978 참조)과 서술심급(A. Nünning 2001b 참조)의 구성 과정에 대한 인지주의 콘셉트에서 보면, '지면상의 존재들paper beings'은 텍스트의 정보와 문학 외적인 관계 틀을 바탕으로 수용자에 의해 구성되는 것이기 때문이다. 이런 식으로 문학적 인물과 서술심급에게 섹스·젠더·섹슈얼리티가 부여되는 것은 구성물이 인간화된 정도에 따라 구성 과정에서 이루어진다. 또한 텍스트상의 모든

---

[14] 수용자에 의해 구성되는 허구적 '인물들'에 관해서는 Schneider(2000)와 본서에 실린 「서사론의 인지적 전환: 인지적·'자연적' 내러톨로지」 참조.

심급이 인간화되어 있거나 인간화될 수 있다는 전제 역시, 모던 텍스트나 포스트모던 텍스트에서 자주 마주치는 중성적 서술매개체만 보더라도 성립될 수 없는 것이다. 더욱이 동물이나 사물이 서술심급으로 기능하는 서사텍스트를 통해 분명해지는 것은, 설사 인간이 아닌 그러한 서술심급이 완벽히 인간화될 수 있다손 치더라도, 결코 모든 서술심급이 인간적 특성을 지녔다고 입증할 수는 없다는 사실이다.

의미담지자로서 내러티브 형식을 분석하려는 연구에서는 섹스·젠더·섹슈얼리티 범주 외에도 (내러티브적) 권위의 콘셉트에 큰 의미가 부여된다. 권위는 페미니즘 이론에서뿐 아니라 구조주의 성향의 내러톨로지에서도 — 간접적으로 밝힐 수밖에 없는 경우가 많지만[15] — 핵심적 역할을 한다. 『권위의 소설들: 여성작가들과 내러티브 목소리』(1992)라는 랜서의 연구서 제목이 이미 페미니즘 서사론 내에서 이 개념이 지니는 핵심적 위치를 말해준다.[16] 수용자에 의해서 텍스트상의 심급이나 남성/여성 작가, 혹은 텍스트에 부여되는 권위는 랜서에 의하면 사회문화적인 수사적 특징들이 상호작용하는 가운데 생겨나며, 따라서 문화적·역사적으로

---

[15] '권위' 개념 자체는 고전적 내러톨로지에서 사용되는 경우가 드물다. 그러나 그것은 흔히 말로는 표현되지 않는 기본사고를 이루고 있으며, 내러티브적 의사소통 심급이나 다양한 서술상황('주석적 auktorial' 서술상황 개념을 참조) 같은 콘셉트의 기초가 된다.

[16] 많은 여성작가가 권위의 콘셉트에 대해 기본적으로 비판하는 입장이지만, 이러한 콘셉트를 허물기 위해서라도 바로 그 콘셉트를 다시 수용할 필요가 있다고 랜서는 말한다. "이러한 권위에 도전하는 소설가들조차도 내러티브 목소리를 권위화시키는 전통을 받아들일 수밖에 없다. 그것은 역설적으로, 텍스트가 그런 식으로 영속시키는 권위에 대한 권위적 비판을 준비하기 위해서다. 그러한 아르키메데스적 프로젝트를 수행하기 위해서는 [...] 파괴하고자 하는 바로 그 지반 위에 발을 딛고 서 있을 필요가 있다."(같은 글: 7)

가변적이다.

> 담론적 권위 – 작품·저자·서술자·캐릭터, 혹은 텍스트적 실행에 기대어 요구되거나 부여되는 지적 신뢰성, 이데올로기적 타당성, 미적 가치를 뜻한다 – 는 상호작용에 의해 만들어진다. 따라서 담론적 권위는 수용하는 특정 공동체와 관련될 수밖에 없다. (같은 곳)

랜서가 연구한 바에 의하면, 지난 두 세기 동안의 서구 문화를 통해 본 문화적 콘텍스트는 확실히 담론적 권위와 남성성 및 사회적 특권화 간의 결합이다. "강도의 차이는 있지만 담론적 권위는 지배 이데올로기인 백인 지식인에게 가장 손쉽게 부여되어 왔다."(같은 곳) 이러한 결합에 의해, 수용자 측에서 텍스트상의 심급에 부여하는 서사적 권위의 강도가 결정된다는 것이다. 한편으로는 텍스트 심급이 사회적, 담론적으로 특권화된 그룹에 어느 정도 가담해 있는가에 따라서(같은 곳), 다른 한편으로는 서사적 권위를 불러일으킬 자질이 있는 특정한 텍스트 진행방식에 의해서도 역시 서사적 권위의 강도는 결정된다. 예컨대 주석적 서술심급의 특징인 수사적 전략이 사용될 때에 그러하다.[17]

---

[17] 또한 랜서(1999: 171)가 강조하듯이, 문학적 인물들과 비교해볼 때 일반적으로 서술심급에는 엄청난 권위가 주어진다고 생각할 수 있다. "내러톨로지 연구가들은 서술된 인물들에 대한 서술자들의 특권적 위상에 대해 자주 주목했다. 서술자의 행위는 문자 그대로 스토리를 존재하게 만들며, 서술자의 말은 캐릭터의 말보다 훨씬 큰 권위를 지니기 때문이다." 물론 조심스럽게 언급할 수밖에 없는 점은, 서술심급이 기본 설정으로서 특별한 내러티브적 권위로 무장하고 있는 듯이 보이긴 하지만, 그런 권위는 가령 서술심급을 '신뢰할 수 없는 서술자'로 보이게 하는 기법을 통해 훼손될 수 있다는 것이다.

3. 페미니즘 내러톨로지의 발단과 담론 영역에 대한 분석도구의 발전

'페미니즘 내러톨로지'라는 용어는 1986년 랜서가 집필한 강령적 논문 「페미니스트 내러톨로지에 대해」에서 비로소 나타났지만, 이 연구 방향은 내용연구와 형식연구를 결합하고자 한 페미니즘 문학이론 학자들의 여러 초기 연구물에 접목될 수 있다. 랜서 자신은 이미 1981년 단행본 『내러티브 행위』에서 구조주의 이론과 페미니즘 이론의 동맹을 주장한 바 있다.[18] 또한 밀러 Nancy K. Miller(1980; 1981)와 뒤플레시 Rachel Blau DuPlessis(1985) 등의 문학연구가들의 저서 역시 페미니즘 내러톨로지의 중요한 선구적 업적이라 할 수 있다. 그러나 이들의 연구는 '스토리' 차원에 주목한 것으로서 여성작가들의 작품 속에 나타난 인물묘사, 플롯 혹은 문학적 장르의 변형이 중심이 되고 있다. 이와는 달리 페미니즘 내러톨로지는 젠더 범주가 스토리 분석에서만 핵심적 의미를 지니는 것이 아니며 담론 차원에서의 연구에서도 역시 고려되어야 함을 강조한다. 이로써 비로소 페미니즘 방향의 서사론은 젠더와 (최근 연구에서는) 섹스, 섹슈얼리티가 서술심급의 유형학, 초점화, 시간과 공간의 묘사, 의식묘사, 시점 구조 혹은 '신뢰할 수 없는 서술' 연구에도 매우 중요하다는 것을 입증하고자 한다.

랜서가 1989년 입문서격인 자신의 연구 논문에 도입한 '공적 내레이션

---

[18] 랜서(1981: 46)는 "내러티브 목소리에 대한 형식주의적 연구에서는 젠더가 완전히 무시"된다고 비판한다. 이 연구서에서 랜서는 "적어도 서술자의 성 sex이란 [...] 서술자의 문법적 인칭, 독자에게 직접적 말 걸기가 있는지 없는지의 문제, 혹은 내러티브 시간성, 이것들만큼이나 중요한 문학적 소통의 한 요소라는 논제를 내세움으로써 이미 페미니즘 내러톨로지의 중심 전제를 제시한 셈이다.

public narration'과 '사적 내레이션 private narration' 간의 구분은 페미니즘 내러톨로지의 첫 개념 정립이라 할 수 있다. 이러한 범주화는 첫째, 인물군 중에서 허구적 수신자가 서술된 세계 속의 인물인가 하는 질문으로 연결된다. 둘째로 이런 구분은 실제의 독자들이 '피발화자 narratee'라는 텍스트적 구성물과 동일시될 여지가 있는가 하는 질문에서 시작된다. 공적 내레이션에서는 텍스트의 수신심급이 "[...] 텍스트 세계의 외부에 있으며 [...] 공적인 독자와 동일시될 수 있다."(같은 글: 352) 그와 반대로 사적 내레이션을 특징짓는 것은 "텍스트 세계의 내부에만 존재하는 명시적으로 지칭된 피발화자"(같은 곳)이다. 랜서에 의하면, 여성들이 쓴 문학작품을 페미니즘 내러톨로지 방향에서 연구할 때 이러한 범주들에 부가되는 특별한 의미는 전통적인 성 특징적 생산조건을 고려해야 알게 된다. 전통적인 성 특징적 생산조건에서 보면 텍스트 쓰기는 남성적 영역인 공적 독자들을 위한 것이다. 반면 사적 텍스트(편지 등) 쓰기에서는 여성들이 어떠한 제재도 받지 않았다.[19]

랜서는 공적 내레이션과 사적 내레이션를 구분하는 데 그치지 않고, 또 다른 요소를 살펴봄으로써 페미니즘 내러톨로지 입장에서 서술심급 유형학을 세분화하는 데 기여할 수 있었다. "여성적 목소리는 [...] 텍스트가 실행되는 과정에서 가시화된 이데올로기적 긴장의 한 측면"(1992: 6)이라는 전제에서 출발해 랜서는 자신의 연구서 『권위의 픽션들』에서 사

---

[19] Lanser(1986: 352) 참조. "흔히 하는 말을 빌리자면, 여성의 글쓰기에 대한 제재는 글쓰기를 모조리 금지하는 형태를 취한 것이 아니라 공적 청중을 향한 글쓰기를 금지하는 형태를 취했다. 울프 Virginia Woolf의 말대로 '편지는 셈에 넣지 않았다.' 편지는 사적인 것이었고 남성적 담론의 헤게모니에 방해가 되지 않았기 때문이었다."

회적 정체성과 텍스트적 형상화 간의 밀접한 관계가 잘 드러나는 서술자 목소리의 유형학을 만들었다. 유형이 분류되는 기준은 두 가지이다. 첫째, 랜서는 '공적 목소리'와 '사적 목소리'의 구분을 이용한다. 둘째, 묘사 기능에만 국한된 서술자와 "재현을 벗어나는 행위 extrarepresentational acts"를 하면서 순수 묘사의 기능을 넘어서는 서술자를 구분한다. 다시 말해 후자의 서술자는, "허구 '밖에 있는' 세상에 대한 성찰, 판단, 일반화 generalization를 하거나, 피발화자에게 직접적으로 말을 걸거나, 내러티브 과정에 대해 논평하거나, 다른 작가와 텍스트를 넌지시 거론함으로써" 인물이 될 수 있는 발화자로 등장한다.

'저자의 목소리'라는 개념을 랜서는 이질서사세계적[20]이며 공적이고 잠재적 자기지시성을 지닌 서술상황에 사용한다(같은 글: 15 참조). 이러한 형태의 서술자 목소리는 작가가 곧 서술심급이고, 독자가 바로 피발화자라는 동일시의 환상을 만들어내기 때문에 특권적 위상을 지닌다는 것이다(같은 글: 16 참조). 저자의 목소리 범주는 랜서 자신도 분명히 인정하듯이 슈탄첼 Franz Stanzel의 '주석적 서술자' 개념과 근본적으로 일치한다. 그렇지만 저자의 목소리 개념에는 페미니즘적 의미가 추가된다. 랜서는 이 개념의 역사적 맥락화를 꾀하고 있으며, 이러한 서술상황과 남성성에 관한 관습적 함의 간의 상호관계, 남성성과 (내러티브적) 권위 간의 전통적 연계를 암시하고 있기 때문이다. 여성작가들은 텍스트 속에 '남성적'으로 형상화된 주석적 서술심급을 사용함으로써 내러티브적 권위

---

[20] [역주] 이질서사세계적 서술자 heterodigetic narrator란 스스로 제시하는 서사세계의 일부가 되어 있지 않은 서술자, 스스로 보고하는 상황·사건 중의 등장인물이 되어 있지 않은 서술자이다(제럴드 프린스, 『서사론사전』, 민지사 1992, 114쪽).

를 요구할 수 있는데, 이때 여성작가가 남성적 '저자의 목소리'를 사용한 것은 물론 잠재적으로 남성중심적 입장과 연합했음을 암시한다. 이러한 서술전략은 남성적 권위를 훼손시키는 것이 아니라 오히려 거기에 기대는 것이기 때문이다. 그와 반대로 저자의 목소리가 '여성적'일 경우 남성중심적 경향에 대한 저항이 표현될 수 있다. 그러나 동시에 이러한 전략은 수용자들이 보기에 여성적 저자의 목소리가 규범을 깨뜨리면서 남성적 함의를 지닌 권위를 탈취하는 것으로 여겨져서 신뢰를 상실할 위험을 안고 있다(같은 글: 18 참조).

랜서는 "자의식적으로 자신의 이야기를 하는 서술자"를 '인물의 목소리personal voice'라 칭한다(같은 곳). 그것은 다시 말해 인물이면서 동시에 자신이 서술하는 이야기의 주인공이기도 한 서술심급들을 말한다. 따라서 이 범주는 주네트의 용어에서 '자가서사세계적 서술자'[21] 유형과 일치한다. 랜서에 의하면, 서술적 중재와 서술된 세계 속 인물의 행동이 긴밀하게 결합되기 때문에, 인물의 목소리는 어떤 점에서 "저자의 목소리보다 여성에게 덜 위압적으로" 나타난다. "인물로서의 서술자는 자신의 체험을 해석할 권리가 타당하다는 것만을 주장하는 반면, 저자로서의 서술자는 광범위한 지식과 판단 능력을 주장하기 때문이다."(같은 글: 19) 인물의 목소리는 저자의 목소리와는 달리 그 어떠한 "젠더-중립적인 가면" (같은 곳)도 보여주지 않기 때문에, 여성적 인물의 목소리는 역사적 문화적 성 규범 속에 얽매여 있다. 성 규범을 위반할 때 경우에 따라서는 독자

---

21 [역주] 자기서사세계적 autodiegetic 이야기란, 서술자가 주인공이기도 한 일인칭의 이야기이다. 그것은 등질서사세계적 이야기의 일종으로, 서술자가 또한 중요한 등장인물이기도 한 이야기이다(『서사론사전』, 32쪽).

들이 서술심급을 '여성스럽지 못하다'고 거부할 수 있다. 이때에는 서술행위 자체가 이미 그러한 잠재적 위반 가능성을 지니는데, 왜냐하면 공적 말하기와 글쓰기란 흔히 과거의 여성성 콘셉트와 모순되기 때문이다.

'공동체의 목소리 communal voice'라는 개념으로써 랜서는 집단적 목소리 혹은 공동의 내러티브 권위를 지닌 목소리의 집합을 표현하는 내러티브적 수행의 범위를 특징짓는다(같은 글: 21). 그녀는 공동체의 목소리가 지닌 여러 특징을 세 가지로 세분화시키는데, 첫째, 단수형식의 사용으로 인해 형식적으로는 등질서사세계적[22] 서술심급과 유사하지만 탈개인화됨으로써 공동체의 대표자가 되는 서술심급, 둘째, 그룹의 대표자로서 인칭대명사 '우리 we'로 자기 자신을 표시하는 서술심급[23], 셋째, 그룹에 속해 있으면서 그 안에서 바뀌곤 하는 여러 서술심급의 등장이다. 랜서에 의하면, 문학연구에서 지금까지 공동체의 목소리가 소홀히 여겨진 것은 문학연구에 의해 특권을 부여받은 백인 남성의 개인주의 소설 전통의 바깥에 자리 잡은 문학작품들 속에 특히 이러한 서술상황이 나타나기 때문이다. 공동체의 목소리에 내재되어 있듯이 개인 체험에서 집단 체험으로 핵심점이 이동한 예로서 그녀는 울스턴크래프트 Mary Wollstonecraft 의 『여성의 잘못, 또는 마리아』(1798) 혹은 가스켈 Elizabeth Gaskell의 『크랜포드』(1853) 같은 18, 19세기 여성작가들의 몇몇 소설을 든다. 그 여성 서술자들은 최소한 부분적으로나마 공식적으로도 공동체의 여성대표자

---

[22] [역주] 등질서사세계적 서술자 homodigetic narrator란, 스스로 제시하는 서사세계의 일부가 되어 있는 서술자, 스스로 보고하는 상황·사건 중의 등장인물이기도 한 서술자이다(『서사론사전』, 116쪽).

[23] 구조주의 시각에서 이루어진 Margolin(1996; 2000)의 '복수 일인칭-내러티브 we-narratives' 연구 참조.

들로서 나타난다. 그 외에 무엇보다도 동시대 여성작가들의 작품인 체이스 Joan Chase의 『페르시아 여왕의 통치 시기』(1983) 혹은 텐 Amy Tan의 『조이 럭 클럽』(1989)을 예로 드는데, 그 여성서술자들은 다양한 방식으로 공동체의 모습을 보여준다.

랜서의 '서술 목소리' 유형학은 기본적으로 고전적 내러톨로지에서도 나타나는 범주들이긴 하지만, 그녀는 자신이 기술한 서술상황들을 문학외적 콘텍스트 속에 위치시키고 또 특별히 문학사적 생산조건 속에 편입시키고자 한다. 18세기에서 20세기까지의 여성작가들을 염두에 둔 일련의 소설분석을 통해 그녀는, 서술전략은 생산의 역사적 문화적 콘텍스트와 연관될 수 있고 그래야만 한다는 자신의 기본테제를 입증한다. 그것은 예컨대 오스틴 Jane Austen의 작품들에 대한 랜서(1992: 61-80)의 논의 속에서 분명해지는데, 그녀는 오스틴 사후 1818년에 출간된 소설 『노상거 수도원』의 여성서술자가 18세기 마지막 10년과 19세기 첫 10년 시기의 "여성 소설에서 권위를 추구하는" 명백한 주석적 입장을 취하고 있음을 논증한다. 그와는 달리, 오스틴이 더 늦게 집필했으나 더 앞서 출간된 소설인 『오만과 편견』(1813)이나 『엠마』에서의 자기지시, 독자에게 말걸기, 일반화를 대부분 포기하는 서술자들의 분명치 못한 태도는 경우에 따라서는 19세기 초 점차 보수적 특징을 띠게 된 영국 내의 변화된 정치적 분위기 때문으로 여긴다. 이로써 랜서는 내러티브 형식이 역사적 조건의 영향을 받으며 변화 가능하다는 것, 또한 그것 자체가 의미담지자의 기능을 지닌다는 사실을 성공적으로 보여준다. 그러나 랜서의 유형학은 '이인칭 내러티브 you-narratives' 같은 실험적인 서술적 중개 형식 외에도 슈탄첼의 인물시각적 서술상황 같은 몇몇 다양한 서술상황은 논외로 하고 있다.

랜서(1992: 19)가 저자의 목소리를 "젠더 중립적 가면"으로 지칭하는 반면, 샤베르트 Ina Schabert(1992)는 작중세계의 어떤 인물과도 연대되지 않은 서술심급에 있어서는 젠더 범주가 중요하지 않다는 통설을 단호하게 반박한다. 샤베르트는 주석적 서술심급이 결코 그 자체로 '성 중립적'이지 않다는 것을 분명하게 입증한다. 수용자가 구성하는 서술심급의 성(性)은 샤베르트에 의하면 텍스트외적이고 텍스트내적인 증거를 토대로 이루어진다. 결정적인 텍스트외적 요소는 저자의 성(남성 혹은 여성)이겠지만, 이 요소는 다양한 텍스트내적 특징과 경쟁관계에 있다는 것이다. 즉, "실재 작가의 성별 sex은 독자가 작가의 젠더를 설정하는 데에 중요한 단서일 수 있다. 그러나 결코 이것이 다는 아니다."(같은 글: 314) 수용자들에게 남성성 혹은 여성성에 대한 관습적 사고를 환기시키고 그럼으로써 서술심급의 젠더화를 가능케 하는 텍스트의 측면에 속하는 것으로는 소설의 내용, 서술심급이 논평하는 내용, 문체의 특징(예컨대 필딩 Henry Fielding의 경우 서술심급은 남성적 함의를 지닌 라틴어를 사용한다. 같은 글: 315 참조) 등이 있다. 수용자가 서술심급의 성별을 추정하도록 하는 텍스트외적, 텍스트내적 특징들 간에 확연한 모순이 있을 수도 있다. 결국 주석적 서술자가 남성이라는 혹은 여성이라는 인상을 만들어내는 것은, 문화적으로 가변적이고 잠재적으로 모순적인 여러 요소들이다.

서술상황 유형학에 대한 재콘셉트화, 특히 서술자와 허구적 수신자들 간의 관계에 대한 재콘셉트화는 19세기 문학에서의 '내러티브적 중개'를 연구한 워홀 Robyn Warhol의 논문 「관여하는 서술자의 이론에 대해」(1986)와 「젠더화된 개입」(1989)의 핵심주제이기도 하다. 논문에서 워홀

역시 내러톨로지와 페미니즘 문학연구의 결합을 통해 얻을 수 있는 인식을 강조하고 있다. "내러톨로지는 [...] 특수한 텍스트들에 대해서는 젠더 연구를 명백하고 논증 가능한 위치로 한 걸음 더 발전시킬 수 있다. 즉, 그것은 '여성의 문체'에 대해 단순히 일반적 원리를 얘기하는 대신, 내러티브 속에서 그러한 문체를 구성하는 특징들을 실제로 주목하게 할 수 있다."(1989: 14) 워홀은 '내러티브적 중재'의 다양한 형식을 허구적 수신자들과의 관계 속에서 파악할 수 있도록 '참여하는 서술자'와 '거리를 두는 서술자'라는 한 쌍의 개념을 규정한다. 거리를 두는 서술자 개념은 (남성이든 여성이든) 한 명의 명백한 개인 수신자에게 얘기를 하며, 고차원적인 아이러니 등을 통해 독자가 수신자와 동일시될 가능성을 제한하는 서술심급을 지칭한다. 관여하는 서술자의 경우에는 그와 반대로, 서술심급 측의 발언을 통해 그러한 동일시가 지지된다. "그러한 서술자는 책을 붙들고 읽는 인물의 내면에 인식과 동일시를 일깨우기 위해 '너'라는 호칭을 쓴다. 비록 텍스트 속의 '너'가 그 인물과 거의 혹은 전혀 닮지 않았다 해도 그렇게 한다."(1986: 811) 워홀은 관여하는 서술자와 거리를 두는 서술자를 구분하는 데 다섯 가지 기준을 두고 있는데, 독자들에게 말 거는 방식, 그 빈도, 거기에 나타난 아이러니의 정도, 인물들에 대한 서술심급의 입장과 서술행위에 대한 인물들의 입장이 그것이다. '거리를 두는 서술자'와 '참여하는 서술자' 간의 용어 구분은 빅토리아 시대의 앵글로아메리카 소설들 속의 서술자 태도를 상세히 기술하는 데 도움이 된다.24 그런데 여기서는 그러한 기준들이 텍스트 자체에 입각하지 않고

---

24 뉘닝 A. Nünning(1989)은 엘리엇 George Eliot의 예를 들어 빅토리아 시대 소설들에 나타난 서사적 중개와 서술심급의 기능에 대해 상세히 연구함.

오히려 수사적 전략과 당대의 독자들이 그 수사적 전략을 어떻게 해석했는가를 토대로 하고 있는 것이 문제점으로 보인다.25

또한 워홀의 논증은 성 특유의 역할기대가 거리를 두는 서술자와 관여하는 서술자의 내러티브적 전략을 사용하는 데 큰 영향을 끼친다는 점을 분명히 해준다. 그것은 먼저 영국 빅토리아 시대 소설에 대해, 그것이 작가의 성(남성 혹은 여성)과 분명한 관계가 있음을 확실하게 알게 해준다. 즉, 빅토리아 시대 여성작가들이 주로 관여하는 서술자 유형을 사용한 반면, 거리를 두는 서술자를 사용하는 예는 일차적으로 (남성) 작가들의 소설 속에서 볼 수 있다. 그러나 그 밖에도 서사적 '크로스 드레싱 cross dressing'의 경우가 있는데, 그러한 경우에 여성작가들은 주로 남성적으로 점유된 서사전략을 투입시켜 전복시킨다. 그렇다면 특정 성에 따라 이처럼 서사전략 사용이 나누어진 것은 빅토리아 시대에 여성들에게 공적 발언의 가능성이 매우 제한된 상황과 관계될 것이다. 말하자면 여성작가들은 주로, 독자를 향한 진지한 말 걸기를 통해 허구적 서술자로 하여금 그들의 문제를 '입에 담도록' 한 반면, 남성작가들은 다양한 공적 발언의 가능성을 마음대로 이용했다. 그러므로 남성 작가들은 독자를 향한 허구적 말 걸기를 유희적으로 이용할 수 있었다.

페미니즘 내러톨로지적 분석도구에 관한 이론은 (지속적으로) 발전되고 있으며, 그 외에도 이러한 도구의 견실함과 여러 문학적 텍스트에의 도구 적용성을 입증하는 일련의 출간물이 존재한다. 이러한 과제를 다룬 『모호한 담론』(1996a)은 메제이 Kathy Mezei가 편집한 논문집인데, 그녀

---

25 워홀 Warhol이 말한 범주들에 대한 세부적 비판에 대해서는 A. Nünning(1994: 112-15) 참조.

는 이 논문집의 목적을 "꼼꼼한 텍스트 읽기를 통해, 페미니즘 내러톨로지가 어떻게 모호함과 불확정성의 관점, 위반을 찾아내고 재구성하는가를 내러티브의 관점과 섹슈얼리티를 통해, 또한 작가와 서술자, 인물과 독자의 젠더를 통해 보여주는 것"(1996b: 2)이라고 한다. 버지니아 울프, 제인 오스틴, 윈터슨Jeanette Winterson 같은 정전화된 여성작가들의 작품에 비중을 두고 연구한 이 논문들은 초점화와 여성의 몸에 대한 내러티브적 묘사의 관계(Warhol 1996), 다성적 묘사기법을 통한 수용과정의 조정(Cuddy-Kean 1996), 혹은 카터 Angela Carter의 「새로운 이브의 열정」(1977)에서의 자기서사세계적 서술심급의 성의 불확정성과 서술심급 내지 초점화심급으로서의 그 기능 간의 복잡한 관계(Lee 1996) 같은 다양한 측면을 다루고 있다. 메제이 자신은 초점화의 함의, 그리고 그녀가 "통제하는 서술자로부터 해방되려는 노력"(같은 글: 68)의 상관개념으로서 콘셉트화시키는 체험화법의 함의를 연구하면서, 제인 오스틴의 『엠마』(1816)와 버지니아 울프의 『댈러웨이 부인』(1924) 외에도 포스터 E. M. Forster의 소설 『하워즈 엔드』(1910)를 분석하고 있다. 남성 작가들의 작품에 대한 페미니즘 내러톨로지적 분석은 아직까지는 예외적 경우에 머물고 있지만, 그것이 페미니즘 내러톨로지의 장래 작업에 절실히 요구되는 부분임은 분명하다.

최근 몇 년간 페미니즘 서사연구 내부에서는 담론에 치중된 지금까지의 연구 방향을 근본적으로 새롭게 정립하고 개선할 것이 요구되어 왔다. 따라서 랜서는 그녀의 논문 「내러톨로지를 섹스화하기, 내러티브 목소리의 시학」(1999)[26] 등에서 페미니즘 내러톨로지가 페미니즘과 젠더연구의 발전 뒤에서 비틀거리고 있다고 비판하며, 페미니즘 내러톨로지 영역에서 지금까지 이루어진 시도에 대한 매우 명석한 결산을 하고 있다. "한편으로는, 십 년에 걸쳐 몇몇 내러톨로지 연구자들이 내보인 얼마간의 관심에도 불구하고 섹스와 젠더, 섹슈얼리티의 범주들은 내러톨로지적 연구의 주변부에 남겨져 왔다. 다른 한편으로는, 같은 그 십 년 동안 이러한 범주들은 스스로 콘셉트의 변화를 겪었다."(같은 곳: 168) 18세기에 나온 익명의 서사텍스트 『마드모아젤 드 리슐리의 여행과 모험』과 윈터슨Jeanette Winterson의 『육체에 새겨지다』(1992)에 대한 자신의 혁신적인 연구를 바탕으로 해서 랜서는 그때까지의 모델과 이론들을 의문시하며, 내러톨로지의 범주로서 섹스·젠더·섹슈얼리티를 고려하게 되면 서사론에 있어 지금까지 이루어진 것보다 훨씬 더 근본적인 수정이 요구됨을 강조한다.

서사적 중재에 대한 페미니즘 내러톨로지적 연구 초기에는 내러티브 구조에 페미니즘적 영향력이 어느 정도 나타나는가가 사유의 중심에 놓여 있었는데, 이와 달리 랜서는 이제 페미니즘 내러톨로지의 형식적 범주로서 섹스와 젠더를 끌어들일 것을 요구한다. 섹스 범주는 "**형식적인**, 다시 말해 구조적이고 기술(記述)적인 내러티브 시학의 필수적이고 중요한 요소를 이루기" 때문에 페미니즘 내러톨로지에 정박되어야 한다는 것이다. 이 문제는 최소한, 서술심급이 작중세계의 일부인가(등질서사세계적) 아니면 작중세계의 일부가 아닌가(이질서사세계적) 하는 문제나, 어떤 대목이 연대기적 서술인가 아니면 비연대기적 서술인가 하는 문제만큼이나 중요하다고 랜서는 말한다. 더욱이 성적 코드에 관한 연구는

---

[26] 랜서는 이전에 쓴 두 논문(1995; 1996)에서 이미 이러한 사고를 개진하지만, 1999년 논문에서는 자신의 성찰을 세분화시켜 기술하고 있다.

텍스트와 콘텍스트의 분리, 혹은 문법과 문화의 분리에 의문을 제기할 뿐 아니라, 성적·내러티브적 범주들의 안정성을 면밀히 살피도록 한다는 것이다. 이로써 랜서는 섹스·젠더·섹슈얼리티는 오로지 의미의 해석을 위한 것(Diengott 1988; Prince 1996 참조)이라는 거듭 주장된 의견에 반박한다. 페미니즘 내러톨로지의 수정에 대한 랜서의 변론은 섹스와 젠더 개념에 대한 후기구조주의적 탈구성의 시각을 끌어들인다. 그밖에도 그녀의 논증은 이 용어들이 섹슈얼리티의 범주와 복합적인 관계에 있음을 명백히 해준다. 정체성의 문제뿐 아니라 성적 행위에 관한 문제와도 연관되는(Bristow 1997 참조) 섹슈얼리티 범주를 페미니즘 내러톨로지의 이론정립에 끌어들일 때 이원적인 성 관념은 문제시될 수 있으며, 또한 섹스와 젠더는 '자연스럽게든' 혹은 필연적으로든 결코 결합될 수 없는 관계임이 분명해진다. 더욱이 랜서는 고유한 문법적 성을 표기하는 수많은 서유럽 언어에 이미 '퀴어링 queering'[27]의 계기가 들어 있다는 논제를 근거로 한다. 랜서에게 문법적 성은 "기호와 지시 사이의 단순한 젠더 조합을 거부한다는 점에서 이미 경계 넘기 transgressive"(Lanser 1999: 170)이다.

랜서의 구상에서 핵심은, 독자들이 서술심급에 성별을 부여하는 데 있어 어떠한 메커니즘이 기반이 되는가 하는 문제이다. 섹스의 범주는 "독자가 등장인물들의 가치와 인격을 [...] 추정하는 가운데 즉각적이고 통상적으로 알고자 하는 것 중 하나"이기 때문에, 섹스 역시 서술심급의 구성

---

[27] [역주] 퀴어링이란 역사연구나 문헌연구의 해석 방법의 하나로서, 성이나 젠더에 입각하여 퀴어 이론의 해석 기법을 적용함으로써 저작물을 재평가하거나 재해석하는 작업을 뜻한다.

에 핵심적인 역할을 하게 된다고 랜서는 유추한다.

> 서술자와 관련해서도 비슷한 일이 벌어진다. 덜 의식적이긴 하지만 해석의 힘은 같을 것이다. 즉, 성별이 표기되어 있지 않은 경우에도 독자는 젠더 코드를 통해 성별을 구상하려 한다. 구상한다는 걸 의식하게 될 때도 있다. 예컨대 독자들이 서술자를 언급하기 위해 삼인칭 대명사를 선택해야 할 경우에 그렇다. (같은 곳)

랜서는 섹스를 내러티브 텍스트 분석에서 핵심적 요소로 보고자 하는데, 이는 텍스트에 섹스가 표기되지 않을 가능성을 충분히 고려해서이다. "일단 우리가 부재(不在)를 내러톨로지적 변수로 포함시켜 부재의 '현존'을 받아들이는 한, 우리는 섹스를 내러티브의 공식적 상수(常數)로 여길 수 있다."(같은 글: 173) 다양한 서술상황과 관련해 랜서는 다음의 진단을 내리는데, 이는 분명 샤베르트(1992)의 사고와도 맞닿는다. 즉, 이질서사세계적-서사세계외적[28] 서술심급들은 보통의 경우 생물학적 성이 표기되지 않은 상태로 있다. 등질서사세계적-서사세계내적[29] 서술심급들

---

[28] [역주] 서사세계외적 extradiegetic이란 서사세계에 외적인, 혹은 그 일부가 아닌 것을 뜻한다. 서사세계외적 서술자는 이질서사세계적인 서술자에 등가이지는 않다. 르사쥬의 『질 블라스』의 서술자는 서사세계외적 서술자인 동시에 등질서사세계적 서술자이기도 하다. 왜냐하면, 그는 자기 자신의 이야기를 이야기하지만, 서술자로서는 어떠한 서사세계의 일부로도 되어 있지 않기 때문이다(『서사론사전』, 88쪽).

[29] [역주] 서사세계내적 intradiegetic이란 서사세계적, 서사세계외적인 서술자에 의해서 일차적 이야기 primary narrative 속에 제시된 서사세계 diegesis에 속하고 있는 것 혹은 그 외부에 있는 것이다. 서사세계내적인 서술자는 등질서사세계적 서술자에 등가는 아니다. 이를테면, 아라비안나이트에서 샤라자드는 (자신의 이야기를 이야기하지 않는다는 이유로) 이질서사세계적 서술자로서 기능을 발휘하고, 동시에 (그녀가 이야기하지 않는 틀로 되어 있는 이야기의 등장인물이 되어 있다는 이유로) 서사세계외적인 서술자는 아니며, 오히려 서사세계내적인 서술자로 기능을 발휘

의 경우에는 그와 달리 대개 어떤 등장인물과 연대되어 있기 때문에 생물학적 성이 확정되어 있다. 이질서사세계적 서술심급과 관련해 랜서는 더 나아가, 독자들이 (생물학적) 성이 확정되어 있지 않은 상태로 있는 텍스트 속에서 서술심급의 성과 (남성 혹은 여성) 저자 간의 일치를 받아들이고자 하는가, 혹은 그들이 저자의 성과 무관하게 어떠한 "규범적 남성성"(같은 책: 176)을 전제하고 있는가 하는 문제를 추적한다. 따라서 랜서는 일련의 문학연구 텍스트를 통해, 서술심급들이 남성적으로 보이는가 여성적으로 보이는가를 탐색한다. 여기서 그녀는, 남성 작가들의 문학작품에서는 서술심급이 대개 남성으로 구상되어 있는 반면, 여성작가들의 텍스트에서는 더 불확실한 상이 만들어진다는 결론에 이른다. "서술자의 성은 반드시 여성이라고 추정될 수 없다. 또한 미메시스적 권위와 디에시스적 권위의 문제와 관련해서는 독자 측에서 더욱 복합적인 (무의식적일지라도) 판단을 수행할 필요가 있을 것이다."(같은 책: 177) 이로써 랜서는 이질서사세계적 서술심급과 관련해 샤베르트(1992)와 유사한 결론에 이르는데, 즉 서술심급에 성을 부여하는 데 있어서는 (남성 혹은 여성) 작가의 성 외에도 문화적으로 각인된 또 다른 요소들도 영향을 끼친다는 것이다. 랜서는 그러나 자기서사세계적 서술심급과 관련해서도 (남성 혹은 여성) 작가의 섹스와 서술심급의 성이 긴밀하게 결합되어 있음을 받아들이면서 샤베르트의 사고를 넘어서고 있다.

한다(『서사론사전』, 131쪽).

서술하는 인물들을 그들의 역사적 창조자와 동일시하는 일이 비판적으로 금지되어 있음에도 불구하고 독자들은 자주 작가와 허구적 목소리 간에 정체성과 시각, 경험이 유사하다고 여긴다. 섹스의 경우 '더 잘 알고 있는' 사람들조차 상례적으로 이러한 유사성을 당연하게 생각한다고 나는 확신한다. 역으로, 남성 작가들이 여성 일인칭 서술자를 창조할 때 독자들이 흔히 놀라움을 드러내는 것은 그에 대한 암시적인 증거가 된다. (같은 곳)

전체적으로 랜서의 논증은 섹스와 젠더의 문제가 그 밖의 수많은 텍스트적 측면과 통합되어 있음을 명확히 밝히고 있다.[30] 결론적으로 그녀는 섹스의 범주, 즉 "내러티브의 섹스화"(같은 글: 181)에 대한 고려는 장래의 내러톨로지 연구에 있어 "지금껏 검토되지 않았거나 혹은 차별적으로 검토된 또 다른 내러티브 요소들을 찾아내는 일종의 망원경"(같은 곳)과 같은 구실을 할 수 있으리라는 테제를 내놓는다.

서술심급의 성별을 구분하는 문제에 있어 약간 다른 또 하나의 접근 방식은 플루더닉의 연구 논문 「내러티브의 젠더화」(1999a)에서 찾아볼 수 있다. 여기서 그녀는 등질서사세계적 서술심급과 허구적 수신자들의 경우 성을 어떻게 부여할 것인가에 대해 탐색하고 있는데, 그것은 비록 대표할 만한 것은 아니지만 하나의 경험적인 연구라 할 수 있다. 플루더

---

[30] 랜서는 또한 다른 매체들 속에서 젠더 불확정성을 변환시킬 수 있는 가능성에 대해 간단히 논의한다. 그리고 구두 서사와 시각적 서사는 육체성, 그리고 섹스·젠더·섹슈얼리티의 여러 수행적 측면에 상당히 근접해 있기 때문에, 거기에서는 성적 모호함을 연출하는 것이 문자 서사에서보다 근본적으로 더 어렵다는 것을 논증한다. 따라서 예컨대 영화 서사에서, 어떤 인물이나 서술심급의 성적 소속을 불확실한 상태로 놓아두려면 서사텍스트에서보다 훨씬 더 실험적인 기술이 필요하다는 것이다.

닉은 요시포비치 Gabriel Josipovici의 실험적 단편 「새장」(1987)을 선택해, 거기에서 서술심급과 피발화자 narratee가 작중세계의 등장인물들과 연관되어 있음에도 불구하고 그들의 성별이 규정되어 있지 않은 양상에 대해 조사하였다. 플루더닉은 선생이나 학생들에게, 서술심급의 성(性), 허구적 독자의 성(혹은 서술자나 독자와 연대성을 지닌 등장인물의 성)을 지정해봄으로써 다음의 가설을 입증하든지 아니면 반증해볼 것을 요청했다.

> 저자의 성별을 모르는 사람[31]이라면 자동적으로, 서술자가 **자신과 같은 성별**에 속하는 것으로 읽으려 들 것이다 [...] 「새장」이 **가브리엘** 요시포비치에 의해 씌어졌다는 것을 알고 있는 사람은 자신의 성별과는 상관없이 서술자 인물을 **남성**으로 (그리고 이인칭 수신자는 여성으로) 읽을 것이다. (Fludernik 1999a: 155)

플루더닉의 기대와 어긋나게도, 실험대상자의 절반 이상이 (자신의 성과는 무관하게) 서술심급을 여성으로 분류하고 한 명의 남성 허구적 수신자를 추론해냈다. 무시할 수 없는 소수는 그와 반대의 성을 부여했다.[32] 이로써 실험대상자들 중 두 사람을 제외하고는 모두가 하나같이, 요시포비치의 단편에서 '나'와 '너'는 상이한 성을 지닌다는 일치된 가정을 내놓았다. 플루더닉은 이러한 경험적 연구를 통해, 커뮤니케이션 심급들의 성을 구성하는 데 있어서 "텍스트 안에 젠더 동일화를 나타내는

---

[31] [역주] 실험대상자
[32] 실험 결과와 성을 지정한 근거에 대한 토론이 시도되었는데, 그에 관한 세부적 평가에 대해서는 Fludernik(1999a: 156f와 174, Appendix I) 참조.

명백한 기호"가 없을 경우 수용자들에 의해 "문화적 표지"(같은 글: 157)가 투입된다는 결론을 끌어낸다.

플루더닉은 또한 등질서사세계적 서술심급의 성이 뚜렷이 규정되어 있지 않은 세 편의 동시대 소설에서의 성의 지정 문제에 대해 연구하면서, 성이 표시되어 있지 않은 서술심급에 성 소속을 지정할 때 텍스트 기호들에 어떤 의미가 부여되는가 하는 문제는 독자들의 텍스트외적 콘셉트에 달려 있음을 강조한다. 그녀는 독자들이 성과 관련된 양가적 감정을 해소하고자 한다는 것, 젠더의 부여 과정에서 수용자들이 흔히 남성성과 여성성의 스테레오타입적인 개념을 다시 붙든다는 견해에서 출발한다. 플루더닉은 한편으로 텍스트의 기호들이 완전히 이들을 오도할 수 있음을 강조하면서도 다른 한편으로는, 이미 언급한 바와 같이(2장 참조), 그러한 성 부여 과정의 기반에 놓인, 서술심급들의 성을 암시하는 텍스트적 간접증거들에 대한 세부적인 유형학을 제시한다. 또한 플루더닉은 수많은 텍스트가 서술심급의 섹스와 젠더를 의식적으로 은폐하고 있기 때문에, 그런 식의 텍스트적 기호들에 관한 탐구가 때때로 좌절될 수밖에 없다는 점도 언급한다.

페미니즘적 내러톨로지의 시각으로 지금까지 제대로 연구되지 않은 테마분야는 서술적 비신뢰성의 현상이다. 젠더와 믿을 수 없는 서술 간의 상호작용에 관해 연구한 논문은 지금껏 단 두 편뿐이다. 김니히의 논문 「정체성의 분열 혹은 인식론적 불확실화: 마가렛 드랫블의 '폭포'와 브리짓 브로피의 '대중교통수단'」(1998)은 그렇게 서술심급들의 성의 불확실성과 인칭대명사들의 변화가 특수한 방식으로 서술적 비신뢰성과 상호작용할 수 있음을 분명히 밝히고 있다. 그에 반해 플루더닉(1999b)은 길먼 Scharlotte Perkins Gilman의 「노란 벽지」(1892)를 분석하면서 광기와 비신뢰성, 이성애적 관계 간의 관련성에 연구의 초점을 두고 있다. 그 외에도 랜서(1999: 178 이하)는 부수적 연구로서 또한 믿을 수 없는 서술과 섹스, 젠더 간의 관계에 대해 언급한다. 그녀는 일단 퀴어의 모든 형태, 즉 엄격하고 분명한 성 질서에 대한 위반은 모두 서술적 비신뢰성에 관한 질문을 암시적으로 던지고 있다고 전제한다. 여기에서 출발해 랜서는 윈터슨의 실험적 소설 『육체에 새겨지다』를 예로 들어, 믿을 수 없는 서술이 독자들 측의 규범이나 가치와 복합적인 종속관계에 있다고 가정할 때 성 특유의 규범적 사고가 지닌 역사적 변화가능성을 필히 고려해야 함을 강조한다. 지금까지의 연구들은 믿을 수 없는 서술에 대해 페미니즘 내러톨로지의 시각으로 접근할 수 있는 혁신적 잠재력을 보여준다. 즉, 한편으로 그러한 접근을 통해 인칭대명사 변화와 믿을 수 없는 서술 간의 긴밀한 관계 같은 서술적 비신뢰성의 새로운 측면을 탐구할 수 있는데, 그러한 측면은 특히 여성작가들의 텍스트에 담겨있기 때문에 지금까지의 연구에서 거의 고려가 되지 않았다. 다른 한편으로 그러한 접근은 젠더의 측면을 끌어들일 때 서술적 비신뢰성에 대해 인지적 차원에서도 명확히 설명할 수 있음을 분명히 해준다. 그럼에도 불구하고 믿을 수 없는 서술과 젠더의 상호작용은 지금껏 이론적으로 충분히 콘셉트화되지도 않았으며, 또한 믿을 수 없는 서술심급을 사용하는 여성작가들의 서사텍스트가 내러톨로지 연구의 대상이 되지도 않은 상태이다.[33]

---

[33] 어레스 Gaby Allrath가 집필하고 있는 박사학위논문의 두 가지 목표는, 페미니즘 내러톨로지의 인식에 대한 체계적 검토를 바탕으로 믿을 수 없는 서술을 새롭게 구상하기, 그리고 이에 대한 범례로서 1960년대 영어권 여성작가들의 몇몇 소설을 해석하

4. 페미니즘 내러톨로지 시각으로 본 플롯, 공간묘사, 다중시각적 서사

지금까지의 대부분의 연구가 서사적 중개에 핵심을 두고 있음에도 불구하고, 최근에 와서 내러티브 텍스트의 다른 핵심적 측면들에 주목하는 몇몇 논문이 출간되었다. 플롯 구조에 대한 연구들은 플롯에 관한, 페미니즘과 내러톨로지 간의 콘셉트의 차이를 일단 보여주지만, 그러나 또한 양자 간에 교차점이 있을 수 있음을 보여주면서 그 지속적 발전 가능성을 찾아낸다. 공간과 공간묘사에 대한 페미니즘 내러톨로지의 콘셉트는 공간묘사에 대한 서사적 전략과 문화적 의미담지자로서의 공간에 대한 연구의 상호학제적 결합에 기여한다. 다중시각적 서사는 페미니즘적 시각의 서사론 입장에서 볼 때 특히, 텍스트의 형식적 특징과 그러한 서사기법의 의미화를 고려할 경우 기존의 해석결과를 수정할 수 있다는 것이 분명하게 드러나기 때문에 무엇보다도 흥미를 끈다.

구텐베르크 Andra Gutenberg는 『가능 세계: 영국 여성소설을 통해 본 플롯과 의미부여』(2000)에서, 페미니즘 내러톨로지가 '가능세계' 이론과 결합할 경우 결정적 성과를 얻을 수 있음을 입증하고 있다.[34] 구텐베르크는 젠더와 가족의 역사적 개념 그리고 플롯 모델 간의 연관관계를 분석한다. 그리고 플롯에 대해서는 지금까지의 내러톨로지적 구상은 그 콘텍스트화가 제대로 이루어지지 않아 미비한 반면, 페미니즘적 플롯 구상은

기이다. ([역주] 2005년 완성된 박사학위논문은 "(En)gendering unreliable narration: a feminist-narratological theory and analysis of unreliability in contemporary women's novels"이다.)

[34] '가능세계 이론'에 대해서는 본서에 실린 「내러톨로지와 가능세계이론: 대안세계로서 내러티브 텍스트」도 참조.

대부분 텍스트의 특징 분석에서 정확도가 떨어진다는 점을 논증한다.[35] 그녀는 독자들이 텍스트정보들 간의 관계를 정립할 경우, 플롯은 일차적으로 수용과정의 틀 안에서 활성화되는 하나의 구조적 현상을 나타낸다는 점을 분명히 밝힌다. 이러한 견해를 통해 그녀는 철학적인 '가능세계' 이론을 토대로 해서 플롯의 의미론적이고 역동적인 측면에 역점을 두는 하나의 플롯 모델을 발전시킨다. 구텐베르크는 텍스트 내 사건 간의 인과론적이고 일시적인 관계를 규정하는 데 그치지 않고 그것을 세 가지 상이한 축으로 분류한다. 즉, 플롯요소의 선택과 가치평가를 내용으로 하는 범례적 축, 그 요소들을 배열하고 연관시킴으로써 생겨나는 통사론적 축, 그리고 서사적 중개와 초점화를, 다시 말해 담론 차원에서의 플롯요소들의 묘사를 파악하는 담론적 축이 그것이다. 플롯 분석을 하면서 구텐베르크는 동시대의 여성소설들이 탐사 플롯이나 로맨스 플롯 같은 전통적 플롯표본을 무너뜨리며 수정하면서 더욱이 새로운 플롯 모델(특히 여성 그룹이 중심에 놓인 플롯표본)까지 도입하고 있음을 입증한다. 플롯표본의 이러한 변화를 구텐베르크는 변화된 성별관계와 변화를 겪게 될 사회 문화적, 역사적 생산의 콘텍스트와 결합시킨다.

공간묘사의 문제는 최근에야 비로소 페미니즘 내러티브의 입장에서 연구가 이루어지고 있다. 이에 있어 공간과 공간묘사에 대한 페미니즘적 의미론화와 기능화는 공간에 대한 내러톨로지적 콘셉트와 공간의 문화적 의미를 통해 연구되고 있다(Würzbach 2001 참조). 특정한 문화들의 공간에 주어진 의미는 또한 사회지리학의 핵심적 연구영역이기도 하기

---

[35] 플롯이 지닌 성 특유의 함의를 탐구하려면 케이즈 Case(1999)도 참조.

때문에, 이러한 테마 영역에 대한 중요한 지시점으로서 사회지형학에 접근할 수 있다. 뷔르츠바흐 Natascha Würzbach(2001)는 서술된 공간의 사회적 합의를 통한 주관적인 의미화를 초점화의 다양한 형식들과 연관시키며, "한편으로는 외부로의 이질서사세계적 초점화와 사회적으로 합의된 하나의 지배적 의미화 간에, 다른 한편으로는 공간의 내적 초점화와 주관적 의미화 간에 강제적인 것은 아니지만 근접한 조건관계가 있음을 논증한다(같은 곳: 115). 그밖에도 그녀는 공간에 대한 내러톨로지적 연구를 위한 출발점으로, 공간유형의 내러톨로지적 구분(Hoffmann 1978 참조) 외에도 내러티브적 공간묘사 속에서 다양한 담론 유형(예컨대 신화적·역사적·정신분석적 담론 혹은 성 담론)과의 연계점을 찾아볼 것을 제안한다. 여기서 뷔르츠바흐 연구의 중심에 놓인 것은 "인지 모드의 방식과 결합이 어디까지 인물들의 성 특수성을 인식하게 하는가" 하는 질문이다. 성 특성에 따른 영역화에 대한 연구는 아직 시작 단계에 있긴 하지만 그럼에도 미리 인식할 수 있는 점은, 여기에서 경계에 대한 개념화가 이루어져야 하며, 경계의 파괴가 사회비판과 해방적인 글쓰기에 대해 갖는 관계 역시 중요한 연구영역이 될 수 있으리라는 점이다.[36]

단일시점 서사와 다중시각 서사의 성 특수의 형태와 페미니즘적 초점화는 페미니즘 내러톨로지 연구에 있어 또 다른 측면을 형성한다. 이러한 테마 영역의 연구로는 아직까지는 19세기와 20세기 여성소설들에 나타

---

[36] 뷔르츠바흐 Würzbach의 세분화된 연구방식과는 달리, 오진스키 Jutta Osinski(1988: 176 이하)는 내러티브 공간에 대한 성 특유의 인지 형태에 대한 질문을 논의하기 위해서는 생물학적, 의학적, 인지적 연구로 되돌아가야 한다고 강조하는 데 그치고 있다. 그녀는 등질서사세계적 서술심급의 젠더나 섹스가 오로지 그의 공간 묘사에 의해 밝혀질 수 있다는 주장을 설득력 있게 뒷받침하지 못한다.

난 다중시각 서사의 연구에 집중된 극소수의 논문이 있을 뿐이지만, 이들은 이미 몇몇 중요한 인식점을 제공해 왔다. 일차적으로 19세기 영국 소설들에서는 항상 '단일 시점 체계'가 우선되어 있다는, 다시 말해 이 소설들에서는 모든 개개시점이 하나의 공통된 소실점으로 향해가기 때문에 결국 시점구조가 폐쇄되어 있다는 통일된 테제(Ernarth 1997 참조)는 근거 없다는 점(Allrath 2000b 참조)이 밝혀졌다. 그것이 아니라 바로 오스틴, 브론테 Emily Bronte, 엘리엇 같은 여성작가들의 소설 속에는 시점구조의 폐쇄성에 맞서 통합을 저지하는 수많은 전략이 담겨 있는 것이다. 둘째, 빅토리아니즘와 현대 사이의 영국 소설을 두고 주어캄프 Carola Suhrkamp(2002)는 다중시각 묘사방식이 비단 인식론적 회의주의에서 나오는 내러티브적 연출에만 기여할 수 있는 것이 아님을 강조했다. 여성작가들의 작품에 의거해 그녀는 오히려, 다양한 방식으로 다중시각을 펼치는 서사가 성역할 문제나 여성의 자기결정 가능성 내지 한계 같은 중요한 페미니즘 테마의 연출에 기여할 수 있음을 보여준다. 셋째, 김니히(2000b)의 논문은 바커 Pat Barker, 브로피 Brigid Brophy, 더피 Maureen Duffy, 피게스 Eva Figes, 메이트랜드 Sara Maitland, 테일러 Elizabeth Taylor, 웰든 Fay Weldon 같은 동시대의 영어권 여성작가들의 소설 속에 나타난 다중시각 서사의 형식과 기능이 지닌 영향력을 증명하고 있다.

새로운 연구영역의 개척 외에도 또한 페미니즘 서사론에 있어 중요한 것은, 페미니즘 입장에서 볼 때 중요한 테마 영역들의 허구적 주제화와 연출을 위해 내러티브 방식이 기능화될 수 있음을 더 상세히 조명해주는 논문들이다. 내러톨로지적 콘셉트를 정체성 구성에 대한 페미니즘적 문제 제기와 그처럼 결합시키는 일은 김니히(2000a)의 한 연구를 통해 이루어졌는데, 거기서 그녀는 광범위한 내러티브 전략(의식묘사, 인물들의 언어적 비언어적 행동, 서술심급의 주석, 시점구조, 시간묘사와 공간묘사, 플롯, 상호텍스트적 지시, 환상적 요소의 사용)이 여성적 정체성 구상의 문학적 전복을 위한 중요한 수단이 될 수 있음을 밝혀낸다. 김니히의 소설분석은 또한 내용상의 문제에 대한 접근은 항상 문학적 형상화수단에 대한 연구와 함께 이루어져야 함을 분명히 해준다.

최종적으로 페미니즘 내러톨로지에는 또한, 페미니즘 이론의 이미 정립된 개념들이 서사방식에 대한 구체적인 연구와 얼마나 결합될 수 있는지를 보여주는 작업이 필요하다. 페미니즘 문학연구에서 특히 쇼왈터 Elaine Showalter의 '이중 목소리의 담론'(Showalter 1985)[37]과 바이겔 Sigrid Weigel의 '사팔뜨기 시선'(Weigel 1988)[38] 개념을 통해 확대된 이중 콘셉트에 관한 논문에서 보여준 구텐베르크의 연구방식은 본보기가 된다. 구텐베르크는 내러티브적 묘사방식에 있어 그러한 이중 콘셉트가 지니는 함의를 추적하는데, 이로써 그녀는 페미니즘 내러톨로지에 중요한 일인, '이중 목소리로 된 담론'과 '사팔뜨기 시선'이라는 유사한 개념의 "적용영역을 체계화"(Gutenberg 1999: 263)하는 데에 중대한 기여를 하고 있다. '이중 목소리의 담론'이란 "양극 사이에서 부유하는 글쓰기 방식"(같은 책: 261)으로서, 여기에는 "내용적 차원에서 최소한의 시금석으로서

---

[37] [역주] 여성 문학이 남성지배적 문학전통과 규범에 종속되려는 표면적이고 의식적인 측면과 그에 저항하려는 무의식적인 측면을 동시에 지니는 양상을 표현하는 개념.
[38] [역주] 사팔뜨기 시선 der schielede Blick 콘셉트로 바이겔은 여성이 글을 쓰고 발표하기 위해서는 여성 특유의 모멘트를 텍스트에 담아야 하는 동시에 남성적 사고규범에 적응해야 한다는 이중성을 보여주고자 했다.

성적 개념들에 대한 최소 암시적인 비판 혹은 그에 관한 논의가 있어야 한다."(같은 곳) '이중 목소리의 담론'에 근거한 대화적 관계[39]는 수많은 내러티브 기법에 있어 핵심적 사안이다. 그러므로 줄거리 차원에서 부여되는 열린 결말은 그것이 전통적인 '로맨스 플롯'을 무력하게 만들 경우 그러한 전복적 이중방식으로서 기능할 수 있다. 혹은 '이중 목소리의 담론'은 다양한 '자아' 사이를 오가는 한 인물의 정체성 갈등으로 옮겨갈 수 있다. 또한 초점화와 같은 서사적 중재가 '이중 목소리의 담론'의 생산에 기여할 수 있는데, 예컨대 일인칭에서 삼인칭으로의 대명사 교체를 통해 "여성의 주체적 위상과 객체적 위상 간의 긴장 영역이 주제화될 경우"(같은 글: 268) 그렇다.

5. 페미니즘 내러톨로지의 차후 발전에 대한 전망

워홀(1999)은 페미니즘 서사론이 그사이 내러톨로지의 갈래로서 광범위하게 받아들여지고 있다는 것을 강조하지만,[40] 그럼에도 불구하고 페미니즘 내러톨로지의 여러 구상은 지금껏 내러톨로지나 페미니즘 문학

---

[39] 이러한 이중콘셉트의 대화적 특성에 대해서는 Gutenberg(1999: 262) 참조: "마찰면에 잔재가 남아 있는 곳에서만, 이질성이 완전히 해체되지 않은 곳에서만 '이중 목소리의 담론'에 관해 얘기할 수 있다. [...] 모순들을 유지하는 것은 '이중 목소리의 담론'의 특징인 대화성의 원인인 동시에 결과이다. 각 요소들의 이중화를 통해 해체할 수 없는 도발적인 의미론적 긴장 영역이 생겨나는 한 '이중 목소리의 담론'은 바흐친 Bachzin의 대화성 개념에 상응한다.

[40] Warhol(1999: 342) 참조: "'페미니즘'과 '내러톨로지'의 결합은 더는 이상하거나 부자연스러워 보이지 않을 것이다. 또한 '페미니즘 내러톨로지의'의 실행은 이제 서사론 내의 가능한 수많은 접근 방식 중 하나로서 보증이 된 것 같다."

연구 내에서 여전히 주변부적 역할을 하고 있다. 그러므로 아직 페미니즘 내러톨로지에서 수많은 주제를 더 상세히 연구할 필요가 있다고 말해도 그다지 놀라운 일은 아니다. 다음에서 페미니즘 내러톨로지 영역에서 앞으로 연구될 수 있는 많은 가능성 있는 주제 중 최소 몇 가지를 간단히 언급하고자 한다.

지금까지 발전된 서술심급의 여러 유형학에서는 서사적 중개의 담론 차원에서 나타나는 다양한 특징이 고려되지 않았다(3장 참조). 그 특징이란 인물시각적 서술상황에서 나타나는 삼인칭 서술매체 외에도 '이인칭 서사' 혹은 '일인칭 복수 서사'와 같은 서사적 중개의 특히 개혁적인 형식들이다. 그러한 형식은 자기책임의식이 있는 개인화된 주체 같은 전통적인 남성적 특징의 표상들에 대한 회의, 또 그들의 진술이 지닌 기존의 독자적 권리에 대한 회의를 내포하고 있는데, 그러한 서사방식의 개혁적이고 전복적인 잠재력 때문에 바로 그것이 소홀히 여겨졌다는 사실을 주목해야 할 것이다. 비규범적인 서사형태에 대한 페미니즘적 내러톨로지적 연구는 랜서(1992)의 '공동체의 목소리' 콘셉트 혹은 비스트-켈르너 Ersula Wiest-Kellner(1999)의 연구서의 한 단원에서 처음 개진되었다. 그럼에도 불구하고 페미니즘 내러톨로지의 관점에서 볼 때 서사적 중개의 그러한 개혁적 형식에 대해서는 많은 측면에서 아직 연구가 미흡한데, 이를테면 재현 representation(누가 누구에게 말하고 있는가?)의 문제 등에 있어 그러하다.

페미니즘 내러톨로지의 향후 발전을 위해 중요한 단초를 제공하는 서사적 중개의 또 다른 측면은 텍스트 안의 피발화자 narratee의 범주이다. 이 책의 전반부에 실린 논문들에서 이미 허구적 수신자들은 중요한 역할을 하고 있으며, 허구적 수신자들은 워홀(1986; 1989)과 랜서(1986)가 개진한 서술심급 유형학에서 핵심적 연관점이 되고 있다. 그럼에도 불구하고 섹스·젠더·섹슈얼리티의 함의를 고려할 때 이러한 텍스트적 심급들에 대해서는 지금까지 극히 일부만 논의되었을 뿐이라고 볼 수 있다.[41] 허구적 독자들과 관련해서는 한편으로, 서사담론 속에서 듣는 이에게 명시적으로 성을 부여하는 문제를 중심에 두고 연구를 이어갈 것이 제안되고 있다. 이는 서술심급에 성을 부여하는 메커니즘에 대한 연구에 상응한다. 다른 한편으로는 또한, 서술심급과 허구적 독자, 그리고 이들이 부여받은 성의 특수한 함의들이 서로 어떤 관계에 있는지에 대한 더 상세한 연구가 필요하다. 왜냐하면 '서술자와 청자 간의 의사소통'은 랜서(1981: 178f)가 도입한 범주들인 '확신 대 의심', '존중 대 멸시', 그리고 '형식적 관계 대 친밀함'를 넘어서서 사회적 젠더 관계를 통해 지속적으로 영향을 받고 있기 때문이다. 따라서 예컨대 발화자와 수신자들 간의 권력의 낙차를 살펴보기 위해 성 소속의 문제는 중요할 수 있다. 아니면 이들을 공통된 하나의 성에 소속되게 할 경우 최대한 친밀한 의사소통상황이 발생한다. 이처럼 성의 부여를 고려한 하나의 의사소통의 모델이 서사텍스트에 나타나는 바를 다음과 같이 보여줄 수 있겠다.

---

[41] 특히 플루더닉(1999a)의 경험적 연구를 참조. 도허티 Lillian Eileen Doherty(1995)는 '고전적 연구'의 시각에서 내러티브 텍스트의 서술심급들과 다양한 수신자들 간의 관계, 그리고 이들의 젠더 특유의 함의를 연구한다.

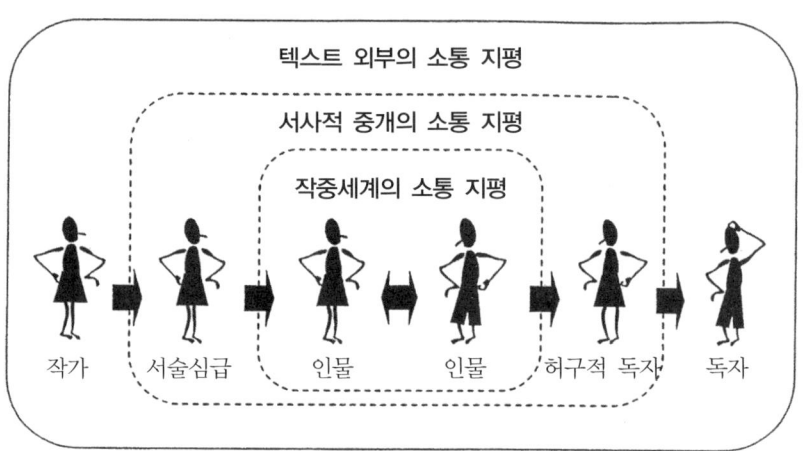

[그림 1] 성의 부여와 관련된 내러티브 텍스트의 의사소통모델

내러톨로지에서 다양하게 사용된 의사소통모델을 수정하면서 위의 모델은 한편으로는 작가와 독자들의 성 소속을 고려하고 있다. 다른 한편으로는 허구세계 내의 의사소통차원에서 서사적 중개의 다양한 심급(서술심급, 허구적 독자들, 서술된 세계 내의 인물들)이 추상적인 상징으로서가 아니라 남성적, 여성적 '인물personae'로서 그려져 있는데, 이를 통해 허구적 텍스트를 읽으면서 (실제 존재하는) 작가와 독자들이 발전시켜가는, 성 특유의 표상을 지닌 인물들이 암시되고 있다.[42]

스토리 중심의 내러톨로지의 영역에서도 앞으로의 페미니즘 내러톨로지 연구에 절실히 필요한 부분이 많이 발견된다. 인물차원은 (내러티브

---

[42] 여기에 소개된 의사소통모델은 내러티브 텍스트의 모든 심급에 대한 젠더의 표기가 이루어진 상태에서 출발한다. 그밖에도 그것은 내러톨로지 연구 내에서 논쟁적으로 토론된 바 있는, 스토리와 담론 차원 상위에 있는 N3 차원(구조적 차원으로서 혹은 '내포 작가'와 '내포 독자' 사이의 의사소통차원으로서 구상될 수 있는)을 없앤다.

방향으로는 아니지만) 페미니즘 문학연구 쪽에서 이미 집중적으로 연구되긴 했지만, 서사론의 새로운 연구 방향들은 개혁적이고 훨씬 더 세분화된 인물분석의 가능성을 제공한다. 예컨대 슈나이더 Ralf Schneider(2000)에 의해 개진된 인물수용에 관한 인지주의 이론은 페미니즘 내러톨로지의 문학적 인물 연구에 흥미로운 동기를 부여한다.[43] 슈나이더는 수용조건의 역사적, 문화적 변화가능성을 보여주는 역동적인 인물수용 모델을 제시한다. 통시적 변화들의 통합, 특히 인물구성 시 반영되는 변화무쌍한 성격이론의 측면을 넘어서는 통합이 모델 속에서 추진된다. 예컨대 빅토리아 시대의 많은 소설 속에서 마주칠 수 있는 '추락한 여성'이라는 인물 콘셉트는 "의학적·종교적·경제적 특수담론의 요소들을 통합한다."(같은 글: 86) 이 예가 벌써 보여주듯이, 인지주의 인물수용론은 페미니즘 서사론이 시도하는 역사적, 문화적 콘텍스트화를 스토리 차원에서도 시행할 수 있게 한다.

인물묘사 외에 공간·시간 묘사 역시 페미니즘 내러톨로지의 입장에서 더 세분화시켜 고려해볼 만하다. 위에 약술한 뷔르츠바흐(2001)의 단초를 바탕으로 해서, 공간묘사의 내러티브적 기법, 초점화, 그리고 젠더담론과의 연관성이 이루는 공동작용에 대해 분석한다면 성 특유의 묘사형식, 내러티브 공간의 인지와 의미화에 대해 해명할 수 있을 것이다. 지금껏 페미니즘 내러톨로지 연구에서 배제된 시간묘사 영역에 대한 콘

---

[43] 이에 대해서는 또한 슈나이더 Schneider의 연구를 상세히 논의하고 있는 체르벡 Bruno Zerweck의 논문을 참조. 인물들에 관한 페미니즘 내러톨로지적 고찰에 대해서는 특히 욕망의 측면과 그것의 페미니즘과의 관련성에 집중하고 있는 월리스 Wallace(2000)도 참조.

셉트화는 뷔르츠바흐가 공간묘사를 위해 제안한 콘텍스트화를 수정함으로써 이루어질 수 있을 것이다. 이로써 객관적 시간과 시간구조 및 주관적 시간감각의 묘사와 의미화에 대해서는, 그것을 성 특유의 삶의 구도와 그 속에 내포된 시간범주를 관련시켜보면 페미니즘 내러톨로지의 입장에서 연구가 가능할 것이다.

그밖에도 초점화, 화법, 의식묘사가 지니는 함의에 대한 기본적인 문제들 역시 아직 광범위하게 다루어지지 않았다. 엔딩이 지니는 젠더 특유의 함의를 다룬 최초의 논문들(Booth의 모음집 1993 참조)이 이미 나오기는 했지만, 이 영역 역시 아직 세부적으로 연구된 것은 아니다. 허구적 텍스트에서 수용과 공감이 조종되는 양태에 대한 질문은 페미니즘 내러톨로지 연구에서 또 절실히 필요한 부분이다. 내러톨로지 전반에서 심각할 정도로 소홀히 된 이 영역은 바로 페미니즘 서사론에 의해 시도된, 서사적 형식과 구조의 가치평가와 이데올로기적 함의에 관한 연구에 특별히 중요하다.

스토리와 담론 차원 외에 내러티브적 의사소통 모델의 다른 차원들도 페미니즘 내러톨로지의 입장에서 주목할 만하다. 페미니즘 문학연구가 독서과정에 있어 항상 젠더 범주의 의미를 강조한 반면(Fetterley 1978 참조), 내러톨로지는 지금껏 이러한 측면에 대해 논의해오지 않았다. 문학 텍스트에서 저자성 authorship이 연출될 때 여기서 젠더 범주가 지닌 함의에 관한 연구 역시 이루어지지 않았다. 이러한 테마 영역은 특정한 시대의 역사적 생산조건과 지배적 시학을 고려하고, 또 그 결과로서 내러티브(또한 드라마와 서정시) 텍스트 내에서의 저자성의 구성에 대해 고려하라고 요구한다.[44] 페미니즘 문학연구의 입장에서 저자성에 관한 논쟁은 특히 중요한데, 포스트모더니즘에서의 저자성 해체와 페미니즘에서의 여성작가들의 저자성 재발견은 시기적으로 일치할 뿐 아니라 또한 내용상의 역설을 형성하기 때문이다. "1970년대의 여성연구를 통해, 비판의 대상이 된 저자는 비로소 그의 죽음이 선언되었던 바로 그때 부지중에 재생하게 되었다."(Neberle 1999: 256) 페미니즘 내러톨로지는 여러 시대의 문학적 이야기 속에서 어떠한 내러티브 방식에 의해 저자성이 연출되는지를 연구함으로써 이러한 논쟁에 일조할 수 있는데, 여기에서도 역시 그러한 묘사방식이 특유의 성에 따라 어떠한 차이를 보이는가 하는 질문이 제기될 수밖에 없다.

마지막으로 지금까지의 연구에 열려 있는 문제는, 프랑스 페미니즘 내에서 이루어진 발전을 의미 있게 포착해 페미니즘 내러톨로지의 결실을 위해 어디까지 적용할 수 있는가 하는 것이다. 그러나 프랑스 페미니스트들은 기본적으로 다른 전통 속에 있다는 점이 문제인데, 거기에서 주도적인 후기구조주의적, 정신분석적 방향의 이론을 텍스트구조 연구와 결합시키기란 힘든 일이다. 예컨대 크리스테바 Julia Kristeva는 그녀의 논문「여성의 시간」(1981[1986])에서 '순환적 시간 cyclical time'과 '순간적 시간 momumental time'이란 개념을 규정하며 그것을 여성적 주관성과 연결하고, '선형적 시간 linear time'이라는 개념으로써 남성적 특징의 목적론적이고 진보적인 시간이해를 거기에 대립시킨다. 그러나 이러한 시간개념들은

---

44 샤베르트 Ina Schabert(1997)는 그녀가 젠더연구의 시각으로 쓴 지침서적 성격의 영국 문학사에서 역사적으로 변화 가능한 젠더 표상과 엘리자벳 시대부터 빅토리아 시대에 이르기까지의 영국 문학 텍스트의 생산조건 간의 관계 및 그에 기인하는, 작가들에게서 확인될 수 있는 저자성 콘셉트의 변화에 대해 연구한다.

여러 가지 이유에서 단순히 페미니즘 내러톨로지적 시간묘사 개념에 대한 연계점이 될 수 없다. 여성적 주관성에 대한 크리스테바의 이해는 정신분석적 담론 바깥에서는 본질주의적이라 오해될 수 있는 성차 개념을 담고 있기 때문이다. 프랑스 페미니즘의 근저에 놓인 여성성 개념은 더욱이 페미니즘 내러톨로지에 대한 최근 연구들의 토대가 되어 있는, 문화적으로 구성된 성으로서의 젠더 이해와는 대립한다. 그 외에도 크리스테바의 연구는 페미니즘과 여성성이 서로 어떤 관계인가, 또 양자가 상징계 the symbolic[45]와 어떤 관계를 지니는가 하는 문제로 관심을 돌리기 때문에, 시간의 콘셉트는 그 이전의 초기 연구에서만 나타날 뿐이다. 페미니즘 서사론이 식수 Helene Cixous가 정립한 '여성적 글쓰기 ecriture feminine' 개념에 접합되어야 한다는 반복적인 제안(예컨대 A. Nünning 2001b[1998] 참조)은 비슷한 어려움을 안고 있다. 서구 문화의 팔루스중심주의에 대한 논의에서 나온 '여성적 글쓰기'는 여성의 몸과 긴밀하게 결합되어 있는 글쓰기 방식을 말한다. 몸에 관한 이해는 이 개념의 기본이 되지만 그것은 언어적 구조와 분리될 수 없기 때문에, 여성적 글쓰기는 필히 여성적 저자성을 수반하면서도 또한 남성 저자들의 텍스트에서도 찾아볼 수 있다. 따라서 여성적 글쓰기를 주로 여성저자들이 사용하는 문학적 형식과 단순히 동일시할 수는 없다. 그럼에도 불구하고 페미니즘 내러톨로지를 프랑스 페미니즘의 사유, 특히 그것의 언어비판에 접목시키는 일은 분명 가능하다. 그러나 그러한 길을 열어갈 수 있는 여러 동기에도 불구하고 프랑스 페미니즘 담론 배후의 가설들을 항상 고려해야 한다. 그 때문에 프랑스

---

[45] 의미 혹은 재현을 가리키는 상징계와 그것의 대립개념인 기호계에 대해서는 Feldmann/Schulting(2001b[1998])을 참조.

페미니즘을 서사론에 끌어들인다는 것이 불가능할 정도는 아닐지라도 어려운 일이 되고 있다.

6. 혼성적·트랜스장르적 페미니즘 서사론의 발전을 위한 구상과 향후 전망

페미니즘 내러톨로지 영역에서 나온 몇몇 연구를 보면 대상 영역을 확대시키고자 하는 시도가 눈에 띄는데, 그러한 연구들은 트랜스장르적 페미니즘 서사론의 방향으로 나아가고 있다. 문학 텍스트 외에 시청각 매체들도 페미니즘 내러톨로지의 시각으로 연구하려는 그러한 노력은 무엇보다도 내러톨로지 연구와 문화적 매체학 연구의 결합에 결정적으로 기여하고 있다.

연속극 soap opera에 대한 워홀의 논문들(1998; 1999)에서 볼 수 있듯이,[46] 페미니즘 내러톨로지와 페미니즘 텔레비전학을 결합시킬 경우 트랜스장르적 서사론으로의 결정적 일보를 내디딜 수 있다. 워홀의 두 논문에서는 특히 성 구성의 과정적 성격이 중심에 놓인다. 왜냐하면 워홀(1999: 343)은 젠더를 "사전에 결정된 텍스트 생산조건"으로서가 아니라 오히려 "텍스트의 효과"로서 개념화시키기 때문이다.[47] 텔레비전 스토리

---

[46] 워홀의 두 논문 중 먼저 나온 글은 내러톨로지와는 별반 연관되어 있지 않은 반면, 나중의 논문에서는 분명하게 "객관성에 대한 페미니즘 인식론적 비판"의 맥락에서 "고전적 내러톨로지의 '이분법적(either/or)' 추론에 대해 의문을 제기한다.

[47] 젠더 구성의 과정적 성격은 워홀의 "How Narration Produce Gender: Femininity as Effect in Alice Walker's 'The Color Purple'"(2001)에서도 강조된다. "'독자들의' 여성성은 젠더화된 문화적 가공물들과의 우리의 반복적 습관적 만남이 있기

중 가장 장기적으로 방영된 연속극인 <애즈 더 월드 턴스 As The World Turns>의 한 장면을 해석하면서 워홀은 텍스트의 형식적 분석이 그 텍스트가 수용자들을 위해 받아들일 수 있는 다양한 의미를 밝혀내는 데 어떻게 기여할 수 있는지 범례적으로 보여준다. 그러한 의미부여는 무엇보다도 예컨대 장르전통이나 이미 진행된 플롯발전에 관한 수용자들의 각각 다른 배경 지식에 달려 있기 때문에, 같은 장면이라도 "의미는 상대적으로 공허하든지 아니면 넘칠 정도로 풍요롭게 될"(같은 글: 349) 수 있다. 또한 관객들의 감정적 반응도 그러한 개인적 전제조건에 따라 다르다. 그렇기 때문에 워홀(같은 글: 346)은 의미를 "텍스트 자체에서가 아니라 텍스트들 간의 상호작용, 또 텍스트가 독자 내지 시청자들에게 끼치는 작용에서" 찾는다. 이러한 맥락에서 볼 때 이 텍스트들의 형식적 특성은 수용과정의 구조화에서 핵심적 역할을 하기 때문에 자세히 살펴볼 만하다.[48]

워홀(1998; 1999)에 의해 이미 실행되었듯이, 페미니즘 내러톨로지의 사유를 시청각 매체로 확장시키는 일은 내러톨로지뿐 아니라 (페미니즘) 영화·텔레비전 이론에도 유익할 수 있다.[49] 특히 멀비 Laura Mulvey가 그

이전에 미리 존재하는 것이 아니다. 오히려 젠더는 무수한 문화적 패턴을 통해 생산되고 재생산되는데, 주어진 문화 속에서 '남성적' [...] 혹은 '여성적'인 것으로서 주어진 문화 내에 표기되어 있는 텍스트들과 연관된 내러티브 전략도 그러한 문화적 패턴에 포함된다."(같은 글: 183) 이 논문에서 워홀은 당연히 사유의 핵심점을 다시금 문학 텍스트로 옮겨놓고 있다.

[48] 이러한 배경 속에서 워홀(1999: 343)은 페미니즘 내러톨로지와 젠더연구 쪽에서 선호된 방식들을 연합시킬 것을 주장한다. "페미니즘 내러티브 학자들이 행하는 '꼼꼼하게 읽기 close reading' 방식은 문화이론가들이 회피하는 신비평 형식주의 방식과 관련된 '꼼꼼하게 읽기'와는 구분된다."

[49] 영화내러톨로지의 최신 발전에 대해 약술하고 있는 Griem/Voigts-Virchow(2002)

녀의 논문 「시각적 쾌락과 서사적 영화」(1975)에 도입한 '남성적 시선' 개념, 즉 여성 인물들을 남성적 시선의 대상으로 만드는 남성 관찰자(남성 인물과 또한 남성 관객)의 특권화 및 여성적 시각의 특권화인 '여성적 시선'[50]이라는 보완적 개념은 영화이론 영역에서 페미니즘 내러톨로지에 연계될 수 있는 접합점을 제공한다. 지금까지 페미니즘 영화이론의 연구 방향이 페미니즘 내러톨로지와 구분되는 것은, 영화이론에서는 여러 가지 매체특수적 묘사가능성이 논의될 뿐 아니라 수용측면이 훨씬 더 강조되기 때문이다. 이러한 관점에서 볼 때 페미니즘 영화이론과 페미니즘 내러톨로지의 협력이 이루어질 경우, 무엇보다도 독서과정의 새로운 콘셉트화에 대한 계기가 주어질 수 있을 것이다.

트랜스장르적 서사론의 발전과 마찬가지로, 페미니즘 서사론이 특히 포스트식민주의 내러톨로지와 인지주의 내러톨로지 같은 여타의 포스트고전 서사학과 결합되면 수많은 새로운 관점이 열릴 것이다. 그 자체가 벌써 하나의 혼종적 접근 방식인 페미니즘 서사론은 다른 새로운 내러톨로지와의 연계를 통해 이득을 얻을 수 있다. 혹은 페미니즘 서사론 측에서 다른 내러톨로지에 새로운 자극을 제공할 수 있다.

지금까지의 페미니즘 내러톨로지에서는 전반적으로 계급, 인종, 민족성의 요소를 배제해 왔는데, 그러한 현상은 문학의 광범위한 영역을 살피는 데 타당하지 않다. 왜냐하면 그것은 페미니즘 내러톨로지가 섹스·젠더·섹슈얼리티를 구성하는 복합적인 사회문화적 조건을 도외시하고 있

참조.
50 '여성적 시선' 개념에 대해서는 특히 Hopkins(1998), Doane(1999), Cooper(2000) 참조.

음을 말해주기 때문이다. 이 세 범주가 계급, 인종, 민족성뿐 아니라 연령, 교육상태 혹은 종교적 소속과도 상호작용함을 고려하는 일은 포스트식민주의 문학이나 소수문학에 속하는 문학 텍스트들을 연구하는 데 필수적이라 생각된다.[51] 역으로 말하자면 젠더는 포스트식민주의 내러톨로지[52]와 직접적으로 연관된다고 할 수 있다. 포스트식민주의 내러톨로지에 대해 기본적인 논의를 하고 있는 플루더닉(1999c)의 논문을 통해서도 그러한 생각을 엿볼 수 있는데, 여기서 그녀는 분명하게 젠더를 포스트식민주의 내러톨로지의 분석범주 중 하나로 여기고 있다. 포스트식민주의 내러톨로지와 페미니즘 내러톨로지 간의 내용상의 접점 및 두 연구의 공통된 정치적 기본방향을 볼 때, 이러한 새로운 서사론적 연구들 간의 대화는 내러톨로지의 발전에 유익한 기폭제가 될 것이다. 뵈젠베르크 Eva Boesenberg는 『젠더·목소리·자국어』(1999)에서 위의 방식으로 내러톨로지를 확장시킬 수 있는 중요한 동기를 제공한다. 이 연구의 주제는 미국 흑인(아프로아메리카) 여성작가들의 선별된 소설들에 나타난 섹스, 젠더, 인종 범주와 서사적 구조들 간의 연관관계이다. 물론 뵈젠베르크의 사유에 지금까지 말한 페미니즘 내러톨로지적 인식이 담겨 있는 것은 아니다.

페미니즘 내러톨로지와 인지적 내러톨로지의 결합은 먼저, 텍스트 정보들의 가공을 통해 끌어낼 수 있는 인지적 도식이 결코 성 중립적이 아니며 그러한 프레임에서도 젠더가 중요한 역할을 한다는 사고에서 출

---

[51] 여러 성 간의 **하나의 차이**에 놓였던 그 주안점이 **성차 내에서의 서로 연결된 수많은 차이** 쪽으로 이동하고 그와 더불어 중요하게 생각되는 분석시금석들의 범위가 확대되고 있는 만큼, 페미니즘 내러톨로지는 더 보완될 필요가 있다.
[52] 포스트식민주의 내러톨로지에 대해서는 이 책의 Hanne Birk와 Birgit Neumann의 글을 참조.

발한다.53 그러나 특유의 성에 따른 그러한 차이에 대한 경험적 연구는 지금으로서는 인지적 도식을 구상하고 적용하는 데 극히 부족한 상황이어서, 확실한 인식은 거의 없이 그저 그러한 차이들이 존재한다는 일반적인 진술에 그치고 있다. 그렇지만 단어의 의미들에 근거해 그러한 차이의 존재를 찾아볼 수 있다. 즉, '남성 바람둥이womanizer'와 '여성 색광nymphomaniac' 개념은 각각 남성과 여성들의 아주 유사한 난혼(亂婚)적 태도를 기술하는 데 사용되는 반면, 두 개념에 내재된 함축적 의미와 가치평가는 매우 다르다. 여기에서 행동규범에 있어서의 성차와 또 그와 연관된 지식구조에 대해 추론할 수 있다. 또한 두 개념이 결코 성별을 바꿔 사용되지는 않는다는 사실이 이러한 주장을 뒷받침해준다.

페미니즘적 인지주의 내러톨로지 영역에서는 의미의 구성에 있어 성 특유의 차이가 어느 정도의 역할을 하는가, 특별히 '젠더 차이'에 의해 규정된 프레임이 존재하는가, 혹은 기본 설정이 제공된 경우 부족한 정보를 보완하는 데 '남성적'이란 범주가 특권을 지니는가 하는 일련의 질문이 열려 있다. 페미니즘적 인지주의 내러톨로지의 혼성적 구상을 발전시키는 일은 무엇보다도 '믿을 수 없는 서술'의 페미니즘 내러톨로지적 콘셉트에 중요한 전제가 된다. 왜냐하면 근래의 구상들에서는 더는 믿을 수 없는 서술을 순수 텍스트적인 현상으로 보지 않고 인지적 투영과정의 결과로 보기 때문이다. 다시 말해 독자가 세계지식(그 안에 장착된 젠더 범주들을 포함하여)을 소환하는 가운데, 서술심급이 믿을 수 없다고 생각하는 것으로 독자는 텍스트의 불안정한 요소들을 해소하는 것이다

---

53 성차와 인지적 도식의 연관관계에 대한 극소수의 연구서 중 하나로 Crawford/Chaffin(1986)의 논문이 있다.

(Nünnig/Suhrkamp/Zerweck 1998; Zerweck 2001b 참조). 포스트고전적 내러톨로지 내부에서는 혼성화의 흐름 속에서 수많은 새로운 질문이 제기되고 있는데, 그러한 현상은 페미니즘 내러톨로지가 내러톨로지 연구나 페미니즘 연구에 늘 새롭고 풍성한 인식을 제공해주는 혁신적이고 발전 가능한 연구임을 다시 한번 보여준다.

7. 페미니즘 내러톨로지 혹은 젠더(화된) 내러톨로지?

마지막으로 제기되는 문제는, 연구의 영역이 갈수록 확장되고 더 복잡해지고 있는 상황을 고려할 때 랜서가 정립한 '페미니즘 내러톨로지' 개념을 그대로 사용하는 것이 여전히 적절한가 하는 것이다.[54] 최근에 바로 연구의 중심점이 **여성**작가들의 텍스트에 나타나는 서사형식의 형태와 기능에 대한 페미니즘적 연구에서 남성작가들 **그리고** 여성작가들의 소설에 내재하는 섹스·젠더·섹슈얼리티의 역할에 대한 젠더연구 콘텍스트 차원의 분석으로 옮겨가고 있기 때문이다. 따라서 '페미니즘 내러톨로지'라는 용어가 학문사적으로 정립되었음에도 불구하고, 그러한 용어 대신 '젠더 내러톨로지' 혹은 '젠더화된 내러톨로지'라는 말을 쓰는 것이 더 의미심장하지 않은가 하는 문제가 제기된다. 이 방향으로 개진된 새로운

---

[54] 페미니즘 성격의 서사론을 지칭하는 용어만 해도 항상 그야말로 각양각색이었다. 이 방향 연구의 원조라 할 수 있는 랜서 스스로 자신의 연구방식을 설명하는 데에 지금까지 '페미니즘 내러톨로지'(Lanser 1996) 외에 "내러티브 목소리의 젠더화된 시학"(Lanser 1999)이란 용어를 사용했으며, 내러톨로지 내지 이야기의 "섹스화"(Lanser 1995; 1999) 내지는 "젠더화"(1996)에 대해 말해 왔다.

연구들은 여성작가들의 내러티브 텍스트에 대한 페미니즘적 해석이라는 틀 안에서 내러톨로지적 사고를 적용하기보다는, 오히려 내러톨로지 이론의 형성과정에 나타나는 성차에 관한 체계적 고찰을 목표로 하고 있는데, 이를 표현하는 데는 바로 '젠더(화된) 내러톨로지'라는 용어가 적절하기 때문이다. '젠더(화된) 내러톨로지'라는 개념하에서 남성 작가들의 텍스트에 설정된 형식과 구조까지도 젠더라는 포커스로 분석하고 그로써 또한 이미 언급한 바 최근 점차 주목받아온 측면들을 살펴볼 수 있는 한, 그것은 페미니즘 내러톨로지적 질문제기의 차원을 넘어선다. 그럼에도 불구하고 두 개념이 암시하는 핵심점은 분명 다르기 때문에, '페미니즘 내러톨로지' 개념을 간단히 '젠더(화된) 내러톨로지'로 대체하는 것이 적절한가 하는 의문이 남는다. 따라서 근본적인 문제 제기의 틀 안에서 그때그때의 맥락에 따라 두 개념 중 어떤 것을 사용할 지 결정하는 것이 의미 있어 보인다.

'퀴어 내러톨로지 queer narratology' 역시 젠더(화된) 내러톨로지의 콘텍스트 속에 편입시켜서 계속 발전시킬 수 있다. 퀴어 내러톨로지는 지금 연구의 초기 단계에 있다. 이 방향으로의 접근에는 특히 루프 Judith Roof의 지침적인 연구 「있는 그대로 오라: 섹슈얼리티와 내러티브」(1996)가 기여하고 있는데, 그러나 그녀의 연구는 넓은 의미로 볼 때만 내러톨로지와 관계된다고 할 수 있다.[55] 루프는 자신의 연구에서 내러티브와 섹슈얼

---

[55] 내러티브 형식과 구조들을 기술하는 데 집중된 좁은 의미의 내러톨로지 개념과는 어긋나게, 루프 Roof(1996)의 연구에는 메타포적 개념사용까지 포함하는 광범위한 내러톨로지 이해가 근저에 깔려 있다. 한편 구조주의 특징을 더 강하게 띤 랜서의 논문 "Queering Narratology"(1996)도 참조할 것. 이 글에서 그녀는 서술심급의 퀴어링이 "서술자의 섹스와 젠더의 의미화"(같은 글: 255)에 어떻게 작용하는가에

리티 간의 상호작용을 '퀴어 내러톨로지'의 대상으로 지정함으로써, 페미니즘 내러톨로지 영역의 최근 논문들에서도 주목받는 관련점을 다시 들춘다.56 그녀는 다음의 핵심적 질문을 제기하고 있다.

> 내러티브의 문화적 이해가 어떻게 섹슈얼리티에 대한 이해를 굴절시키고 주조하고 결정하는가, 그리고/혹은 재생산하는가, 또한 섹슈얼리티에 대한 이해가 어떻게 내러티브에 영향을 끼치고 정의내리며 형성하는가, 그리고/혹은 재상산하는가? (같은 글: xiv)

여기서 루프가 페미니즘 서사론에도 중요한 하나의 테마를 다루고 있음을 볼 수 있다. 루프의 연구는 내러티브뿐 아니라 섹슈얼리티 역시 재생산적 그리고/혹은 생산적이고 은유적인 이성애 이데올로기에 정박되어 있다는 가정을 바탕에 두고 있다(같은 글: xxvii 참조).57 내러티브와 섹슈얼리티 간의 이러한 이데올로기적 결합으로 인해 '호모섹슈얼리티

대해 처음으로 연구하고 있다. 비록 제목에는 섹슈얼리티의 문제가 부각되어 있지만 그것은 랜서의 연구에서 더욱 많은 핵심사안 중 하나에 지나지 않는다. 그 때문에 랜서의 논문을 '젠더(화된) 내러톨로지'라는 더 큰 콘텍스트에 편입시키는 것이 더욱 의미가 있다. '레즈비언 이야기들'에 대해서는 또한 파웰Farwell의 연구(1996)를 참조.

56 루프Roof(1996: xxix) 섹슈얼리티 개념을 자신이 발전시킨 '퀴어 내러톨로지'의 콘텍스트 안에서 다음과 같이 규정한다. "이 책의 목적에 맞게 섹슈얼리티라는 용어는 다음을 가리킨다. 즉 동일시될 수 있는 성적 범주가 짝 선택의 젠더에 주로 기반해 있고, 이성애와 동성애(남성이든 여성이든)로 제한되어 있다. 섹슈얼리티란 이러한 성적 범주에 대한 자연화되고, 역사적으로 자리 잡은 문화적 전제이다. ─ 그렇지만 동성애란 성적 욕망과 행동에 대한 현재 우리의 관념을 이루는, 대상과 짝의 '삐딱한' 선택이라는 넓은 영역에 대한 제유적 표현이다."

57 루프(1996: xxvii)는 헤테로섹슈얼(이성애) 이데올로기의 대주교primate는 "헤테로 이데올로기"라고 말한다.

들'을 내러티브에서 배제시키며 부정적으로 평가하려는 경향이 생겨난다는 것이다[58]. 「있는 그대로 오라」에서 루프는 문학 텍스트에서뿐 아니라 영화와 텔레비전시리즈에서 이러한 성적 이데올로기가 어떤 효과를 발하는가를 추적한다. '퀴어 내러톨로지'가 이러한 초기 단계를 넘어서서 내러톨로지의 확실한 분과로 발전하게 될지는 지금으로서는 진단할 수 없다. 퀴어 내러톨로지의 그러한 지속적 발전이 이루어질 경우, 무엇보다도 페미니즘 서사론 혹은 젠더(화된) 내러톨로지에 새로운 자극을 주게 될 포스트고전적 내러톨로지의 스펙트럼은 분명 크게 확대될 것이다.

■ 참고문헌

Allrath, Gaby. 2000a. "A Survey of the Theory, History, and New Areas of Reserch of Femistist Narratology." In: *LWU* 33.4: 387-410.
____. 2000b. "Multiperspektivisches Erzählen und synthesestörende Strategien im englischen Frauenroman des !9. Jahrhunderts aus der Sicht einer geministischen Lieteraturwissenschaft: Subversive Variationen des *single-point perspective system* bei Jane Austen, Emily Bronte und George Eliot." In: V. Nünning/A. Nünning 2000. 175-98.
____. In Vorbereitung "(En)Gendering Unreliable Narration: Towards a Feminist-Narratogical Theory and Analysis of Unreliability in Women's Novels since the 1960's "Dissertationprojekt, Universität Gießen.
Allrath, Gaby & Ansgar Nünning. 2002. "Femistische Narratologie." In: Renate Kroll (Hg.) *Metzler Lexikon Gender Studies*, Stuttgart: Metzler.

---

[58] 복수 형태의 선택을 통해 루프는 그녀가 섹슈얼리티를 이분법으로 파악하지 않고 있음을 알려준다.

Boesenberg, Eva. 1999. *Gender-Voice-Vernacular: The Formation of Female Subjectivity in Zora Neale Hurston, Tom Morrison and Alice Walker*, Heidelberg: Winter.

Booth, Alisen (Hg.). 1993. *Famous Last Words: Changes in Gender and Narrative Closure*. Charlottenville, VA: UP of Virginia.

Bristow, Joseph. 1997. *Sexuality*. London/New York: Routledge.

Butler. Judith. 1990. *Gender Trouble: Feminism and the Subversion of Identity*. New York/London: Routledge.

_____. 1993. *Bodies That Matter: On the Discursive Limits of 'Sex'*. New York/London: Routledge.

Case, Alison A. 1999. *Plotting Women: Gender and Narration in the Eighteenth and Nineteenth Century British Novel*. Charlottesville: UP of Virginia.

Cooper, Brenda. 2000. "'Chick Flicks' as Feminist Texts: The Appropriation of the Male Gaze in *Thelma and Louise*." In: *Women's Studies in Communication* 23.3: 277-306.

Crawford. Mary & Roger Chaffin. 1986. "The Reader's Construction of Meaning: Cognitive Research on Gender and Comprehension." In: Elisabeth A. Flynn & Patrocinio P. Schweickart (Hgg.). *Gender and Reading: Essays on Readers, Texts and Contexts*. Bultimore, MD: Johns Hopkins UP. 3-30.

Cuddy-Kean, Melba. 1996. "The Rhetoric of Feminist Conversation: Virgina Woolf and the Trope of the Twist." In: Mezei 1996a. 137-61.

Danneberg, Lutz. 1988. "Zwischen Innovation und Tradition: Begriffsbildung und Begriffsentwicklung als Explikation." In: Christian Wagenknecht (Hg.). *Zur Terminologie der Literaturwissenschaft*. Stuttgart:Metzler. 50-68.

Diengott, Nilli. 1988. "Narratology and Feminism." In: *Style* 22.1: 42-51.

Doane, Mary Ann. 1999. "Film and the Masquerade: Theorising the Female Spectator." In: Sue Thornham (Hg.). *Feminist Film Theory: A Reader*. New York: New York UP. 131-45.

Doherty, Lillian Eileen. 1995. *Siren Songs: Gender, Audiences, and Narrators in the Odyssey*. Ann Arbor: University of Michigan Press.

DuPlessis, Rachel Blau. 1985. *Writing beyond the Ending: Narrative Strategies of Twentieth-Century Women Writers*. Bloomington:Indiana UP.

Ermarth, Elizabeth Deeds. 1997. *The English Novel in History 1840-1895*. London:Routledge.
Farwell, Marilyn R. 1996. *Heterosexual Plots and Lesbian Narratives*. New York:New York UP.
Feldman, Doris & Sabine Schülting. 2001a[1998]. "Gender." In: A. Nünning 2001a[1998], 217-18.
_____. 1999b[1998]. "Kristeva, Julia." In: A. Nünning 2001a[1998]. 338-39.
Fettery, Judith. 1978. *The Resisting Reader: A Feminist Approach to American Fiction*. Bloomington:Indiana UP.
Fludernik, Monika. 1999a. "The Genderization of Narrative." In: GRAAT 21: 153-75.
_____. 1999b. "Defining (In)Sanity: The Narrator of *The Yellow Wallpaper* and the Question of Unreliability." In: Grünzweig/Solbach 1999a. 75-95.
_____. 1999c. "'When the Self is an Other': Vergleichende erzähltheoretische und postkoloniale Überlegungen zur Identitäts(de)konstruktion in der (exil)indischen Gegenwartsliteratur." In: *Anglia* 117.I: 71-96.
Gibson, Andrew. 1996. *Towards a Postmodern Theory of Narrative*. Edinburgh: Edinburgh UP.
Grabes, Herbert. 1978. "Wie aus Sätzen Personen werden....: Über die Erforschung literarischer Figuren." In: *Poetica* 10.4: 405-28.
Griem, Julika & Eckart Voigts-Virchow. 2002. "Grundlagen, Tendenzen und Beispielanalysen zur Filmnarratologie." In V. Nünning/A. Nünning 2002a. 155-83.
Gutenberg, Andrea. 1999. "Schielender Blick, *double-voiced discourse* und Dialogizität: Zum Dopplungskonzept in der feministischen Literaturwissenschaft." In: dies. & Ralf Schnieder (Hgg.). *Gender-Cultur- Poetics: Zur Geschlechterforschung in der Literatur- und Kulturwissenschaft. Festschrift für Natascha Würzbach*. Trier: WVT. 249-76.
Gymnich, Marion. 1998. "Identitätsspaltung oder epistemologische Verunsicherung: Unglaubwürdiges Erzählen in Margaret Drabbles *The Waterfall* und Brigid Brophys *In Transit*." In: Nünning/Surkamp/Zerweck 1998. 147-64.
_____. 2000a. *Entwürfe weiblicher Identität im englischen Frauenroman des*

20. *Jahrhunderts*. Trier: WVT.

_____. 2000b. "Formen und Funktionen multiperspektivischen Erzählens in ausgewählten Romanen englischer Autorinnen nach 1945: Pat Barker, Brigid Brophy, Maureen Duffy, Eva Figes, Sara Maitland, Elizabeth Taylor, Fay Weldon." In: V. Nünning/A. Nünning 2000. 243-60.

Hoffmann, Gerhard. 1978. *Raum, Situation, erzählte Wirklichkeit: Poetologische und historische Studien zum englischen und amerikanischen Roman.* Stuttgart: Metzler.

Homans, Margaret. 1994. "Feminist Fictions and Feminist Theories of Narrative." In: *Narrative* 2.1: 3-14.

Hopkins, Lisa. 1998. "Mr. Darcy's Body: Privileging the Female Gaze." In: Linda Troost & Sayre Greenfield (Hgg.). *Jane Austen in Hollywood*. Lexington: The UP of Kentucky. 111-21.

Kristeva Julia. 1986[1981]. "Women's Time." In: Toril Moi (Hg.). *The Kristeva Reader*. New York: Columbia UP. 187-213.

Lanser, Susan Sniader. 1986. "Toward a Feminist Narratology." in: *Style* 20.1: 341-63.

_____. 1988. "Shifting the Paradigm: Feminism and Narratology." In: *Style* 22.1:52-60.

_____. 1995. "Sexing the Narrative: Propriety, Desire, and the Engendering of Narratology." In: *Narrative* 3.1:85-94.

_____. 1996. "Queering Narratology." In: Mezei 1996a. 250-61.

_____. 1999. "Sexing Narraology: Toward a Gendered Poetics of Narrative Voice." In: Grünzweig/Solbach 1999a. 167-83.

Lee, Alison. 1996. "Angela Carter's New Eve(lyn): De/En-Gendering Narrative." In: Mezei 1996a. 238-49.

Margolin, Uri. 1996. "Telling our Story: On 'We' Literary Narratives." In: *Language and Literature* 5: 115-33.

_____. 2000. "Telling in the Plural: From Grammar to Ideology." In: *Poetics Today* 21.3: 591-618.

Mezei, Kathy (Hg.). 1996a. *Ambiguous Discourse: Feminist Narratology and British Women Writers.* Chapel Hill: University of North Carolina Press.

_____. 1996b. "Introduction: Contextualizing Feminist Narratology." In: Mezei 1996a. 1-20.

_____. 1996c. "Who Is Speaking Here? Free Indirect Discourse, Gender, and Authority in *Emma, Howards End, and Mrs Dalloway*." In: Mezei 1996a. 66-92.

Miller, Nancy K. 1980. *The Heroine's Text: Readings in the French and English Novel, 1772-1782*. New York:Columbia UP.

_____. 1981. "Emphasis Added: Plots and Plausibilities in Women's Fiction." In: *PMLA* 96:36-48.

Mulvey, Laura. 1975. "Visual Pleasure and Narrative Cinema." In: *Screen* 16.3:6-18.

Nieberle, Sigrid. 1999. "Rückkehr einer Scheinleich? Ein erneuter Versuch über die Autorin." In: Fotis Jannidis, Gerhard Langer, Matias Marinez & Simone Winko (Hgg.). *Rückkehr des Autors: Zur Erneuerung eines umstrittenen Begriffs*. Tübingen:Niemeyer. 255-72.

Nünning, Ansgar. 1994. "*Gender and Narratology*: Kategorien und Perspektiven einer feministischen Narrativik." In: ZAA 42.2:102-21.

_____. 2001c [1998]. "Feministische Narratologie." In: A. Nünning 2001a [1998]. 171-72.

Osinski, Jutta. 1998. *Einführung in die feministische Literaturwissenschaft*. Berlin: Erich Schmidt.

Prince, Gerald. 1996. "Narratology, Narratological Criticism, and Gender." In: Mihailescu/Hamarneh 1996. 159-64.

Roof, Judith. 1996. *Come As You Are: Sexuality and Narrative*. New York: Columbia UP.

Schabert, Ina. 1992. "The Authorial Mind and the Question of Gender." In: Elmar Lehmann & Bernd Lenz (Hgg.). *Telling Stories: Studies ind Honour of Ulrich Broich on the Occasion of His 60th Birthday*. Amsterdam/ Philadelphia: Grüner. 312-28.

_____. 1997. *Englische Literaturgeschiche: Eine neue Darstellung aus der Sicht der Geschlechterforschung*. Stuttgart: Kröner.

Showalter, Elaine. 1985. "Toward a Feminist Poetics." In: dies. (Hg.). *The New*

Feminist Criticism, Essays on Women, Literature, and Theory. London: Virago. 125-43.

Sternberg, Meir. 1982. "Proteus in Quotation Land: Mimesis and the Forms of Reported Disxourse." In: *Poetics Today* 3.2: 107-56.

Surkamp, Carola. 2002. *Die Perspektivenrelationierung im englischen Roman zwischen Viktorianismus und Moderne*. Trier: WVT.

Wallace Honor McKitrick. 2000. "Desire and Female Protagonist: A Critique of Feminist Narrative Theory." In: *Style* 34.2: 176-88.

Warhol, Robyn R. 1986. "Toward a Theory of the Engaging Narrator: Earnest Interventions in Gaskell, Stowe, and Eliot." In: *PMLA* 101:811-18.

_____. 1989. *Gendered Interventions: Narrative Disourse in the Victorian Novel*. New Brunswick: Rutgers UP.

_____. 1996. "The Lock, the Body and the Heroine of *Persuasion*: A Feminist-Narratological View of Jane Austen." In: Mezei 1996a. 21-39.

_____. 1998. "Feminine Intensities: Soap Opera Viewing as a Technology of Gender." In: *Genders* 28 [http://www.genders.org/g28/g28_intensities.html, 23. August 1999].

_____. 1999. "Guilty Cravings: What Produces Gender: Femininity as Affect und Effect in Alice Walker's *The Color Purple*." In: *Narrative* 9.2: 182-87.

Weigel, Sigrid. 1988. "Der schielende Blick: Thesen zur Geschichte weiblicher Schreibpraxis." In: dies. & Inge Stephan (Hgg.). *Die verborgene Frau: Sechs Beiträge zu einer feministischen Literaturwissenschaft*. Hamburg: Argument. 83-137.

Wiest-Kellner, Ursula. 1999. Messages from the Threshold: *Die You-Erzählform als Ausdruck liminaler Wesen und Welten*. Bielefeld: Aisthesis.

Würzbach, Natascha. 2001. "Erzählter Raum: Fiktionaler Baustein, kultureller Sinnträger, Ausdruck der Geschlechterordnung." In: Helbig 2001. 105-29.

위의 목록 외에 이 책의 최종 참고문헌에 다음의 책자와 논문이 추가되었다.

Grünzweig/Solbach 1999a; Gutenberg 2000; Helbig 2001; Herman 1999; Lanser 1981; Mihailescu/Hamarneh 1996; A. Nünning 1989, 2001a[1998], 2001b; A.

Nünning/Surkamp/Zerweck 1998; V. Nünning/A. Nünning 2000, 2002a; Prince 1995b; Schneider 2000; Zerweck 2001b.

문화사적 내러톨로지

문화적 내러티브의 역사화와 콘텍스트화

아스트리트 에를·시모네 로겐도르프 지음

조경식 옮김

1. 지도제작자로서 문학연구자: 문화사적 접근의 인기와 문제점

오늘날 문화사적 접근은 문학연구에서 가장 중요하고 가장 촉망받는 연구 방향이다. 그간에도 그렇다고 얘기되어 왔다. 그러나 "문화학으로서 문학연구"라는 이 새로운 주문(呪文)이 정확히 무엇을 의미하는지는 불분명하다.[1] (엥엘 외 2001: 1)

2001년에 창간된 문화사적(文化史的) 문학연구를 위한 잡지 ≪문화

---

[1] 문화학의 이론과 역사에 대해서는 뉘닝 A. Nünning(2001b) 참조. 학문이론의 측면에서 '문화사적' 개념과 '문화학적' 개념의 호환성에 관해서는 다니엘 M. Daniel (2001: 14)과 엥엘 M. Engel(2001: 8) 참조.

시학≫은 문학연구가 문화학으로 확장됨을 보여줄 뿐만 아니라, 미처 충분히 정의되지 않은 문화사적 문학연구라는 연구 분야의 이론적 기초를 닦고 연구방법론을 정교화하려고 한다. 이질적일 수밖에 없는 문화사적 접근을 문학연구의 **한** 관점으로 확정하는 것이 이 잡지의 목적이다. 다른 학문 분야에 대해 개방성을 견지함에도 불구하고 편집자들은 서문에서 문학연구 분야의 전문성과 "문화 전반에서 문학이 갖는 [...] 고유한 능력과 역동성"(같은 글: 2)을 강조한다.

1980년대 중반 이후에 나타난 일련의 문학연구의 특징은, 대상 영역과 인식지평을 확장할 때 전공분야의 전통을 비판적으로 회고하고, 문화적 의미형성 과정에서 문학이 수행하는 뛰어난 역할을 강조한다는 점이다. 이 문학연구들은 내러톨로지의 여러 콘셉트를 문화사적 문제 제기와 생산적으로 연결하고자 한다. 이들은 이 목표를 달성하기 위해서 한편으로는 서사론의 기존 전제들, 그리고 내러톨로지의 구조주의적·보편주의적 모델과 범주를 따져보고 수정한다. 다른 한편으로 이들은 인류학·기호학·역사학 같은 여타 학문 분야의 이론적 콘셉트와 작업방식을 새롭게 받아들이고, 순전히 내러티브 현상만의 기술에서 출발해서 문화 전체의 콘텍스트 속에서 내러티브 현상을 해석하는 데까지 나아간다. 발 M. Bal(1999)의 견해에 따라 내러티버티 narrativity를 상호소통의 문화적 범례로 이해하고, 인식론적으로는 "인간지식의 기본 운반자"(Richardson 2000: 168)로 이해한다면 문화사적 내러톨로지는 문학의 문화적 의미를 밝혀줄 수 있을 뿐만 아니라 문화 내지 다문화의 이해에 크게 기여할 수 있다.[2]

여기서 '문화사적 내러톨로지'라는 개념은 그 자체로 완전히 이질적인3 새로운 연구 방향을 말하는데, 이 방향은 구조주의적으로 정향되었던 과거의 내러톨로지를 상호학제적으로 열어놓은 것이라고 할 수 있다. 즉 데이빗 허먼David Herman(1999b: 3)에 의하면, 이 새로운 내러톨로지 안에서 "광대한 연구 영역을 넘나드는 내러티브의 분석이 다시 용솟음치고 변형되는 것이다." 문화사적 내러톨로지라고 할 수 있는 시도들과 연구들의 공통점은, 내러톨러지 이론과 실천을 문화사 내지 신문화사의 인식 관점과 이론적 전제에 맞추고 있다는 점이다.

본고의 목적은 문화사적 내러톨로지의 연구 영역이 어디까지인지를 구획 짓고, 한눈에 조망할 수 없는 이 광대한 연구 영역에 대해 최초로 오리엔테이션을 해주려는 것이다. 우선 내러톨로지와 역사학 사이의 학문적 교환과정을 대략적으로 기술함으로써 문화사적 내러톨로지의 학문사적 위치를 규정하려 한다.(2장) 내러티브 텍스트를 문화사적으로 바라보게 되면 텍스트와 콘텍스트의 관계 내지는 문학과 문화 사이의 관계를 이론적으로 방법론적으로 새롭게 기획하지 않을 수 없게 된다. 따라서 그다음 부분에서는 하나의 사례로서 신역사주의가 기획한 연계모델을

---

2 커리 M. Currie(1998: 96)의 견해에 따르면 두 가지 논지가 "문화사적 내러톨로지"를 옹호한다. 첫 번째 논지는, 내러티브가 현 세계에 편재하고 또 실재로 너무 흔하기 때문에 내러티브에 맞닿지 않으면서 이데올로기적 이슈와 문화 형태에 대해 생각하기란 어렵다는 생각이다. 두 번째 논지는, 문화는 내러티브를 담고 있을 뿐만 아니라, 보편적이든 특수한 경우이든, 문화라는 개념이 내러티브하다는 견지에서 볼 때, 문화가 내러티브에 담겨있다는 생각이다.

3 문화사적 내러톨로지에서 문제의 관건은 이것이 개념적으로 확립된 콘셉트도 아니고 이론적, 방법론적으로 완성된 콘셉트도 아니라는 점이다. 엥엘(2001: 8)도 참조해 보라. 커리의 '문화적 내러톨로지'에 관한 생각(1998: 96)은 '문화의 내러톨로지'에 관한 발(1999: 34)의 제안과 마찬가지로 막연한 것이다. '문화적·역사적 내러톨로지'의 이론적·방법론적 함의에 관한 핵심적 고찰은 뉘닝(2000)의 글에 담겨있다.

소개하고 비판적으로 논할 것이며, 내러티브 형태와 이것의 문화적 기능의 관계를 문화사적-내러톨로지적으로 콘셉트화함으로써 이 연계모델을 보완하겠다.(3장) 마지막 부분에서는 사례연구를 통해서 문화사적 서사론과 서사텍스트의 실제 분석이 어떤 것인지 보여주겠다. 선별된 통시적 연구와 공시적-문화적 연구가 소개될 것인데, 이들의 주요 관심사는 문화라는 전체구조 속에서 내러티브 행위를 역사화하고 콘텍스트화하는 것이다.(4장)

2. 내러톨로지와 문화사: 지연되며 이루어진 상호교환의 역사

문화사적 내러톨로지에서 문제의 관건은 연구 영역이다. 이 영역은 두 학문이 서로 학문적 대화를 나누면서 형성된 것인데, 이 상호교환과정은 시간적으로 지연되면서 이루어진다. 상호교환과정의 첫 단계는 1970년대 초로, 그 당시 역사학자들은 자신들이 지식을 생산할 때 전제하고 있는 조건을 비판적으로 검토하기 위해서 구조주의 내러톨로지의 이론 지식과 분석범주들을 새롭게 받아들였다. 역사학에서 일어난 인식비판적 전환의 가장 유명한 예는 화이트 Hayden White의 글이 보여준다.[4] 그의 역사학은 고전적 내러톨로지의 개념들(내러티브화, 플롯, 수사적 어법)과 접근 방식(클로즈 리딩과 구조적 분석)을 사용한다.

역사학의 내러톨로지 학파는 1960년대 말에 '언어학적 전환'으로 시작

---

[4] White(1973; 1978) 참조. 내러톨로지와 역사기술의 관계에 대해서는 Jaeger(2002) 도 참조.

되었던 인문학적 자기성찰이라고 하는 비교적 광범위한 운동의 한 관점을 드러낸다.5 인문학적 자기성찰 운동은 문화적 의미세계의 상징적 조성에 대한 통찰을 생산적으로 이용하여, 인간의 인식과정이란 구성되는 것이고 주체에 종속되어 있으며 입장에 얽매여 있다는 점을 보여주고, 이런 점들이 이질적 문화나 역사 속 문화들을 학술적으로 표현할 때 어떤 결과를 가져오는지 보여주었다. 이때 역사학의 이론과 방법에 가장 중요한 것으로 증명되었던 점은 과거를 재구성하고 역사적 과정에 의미를 부여하는 모든 시도의 근저에는 내러티브의 형성이 놓여 있을 수밖에 없다는 통찰이었다.6

이렇듯 내러톨로지의 콘셉트와 분석범주들이 역사학에 도움을 주었던 반면, 내러톨로지 자체는 오랫동안 구조주의적 패러다임에 갇혀 있었다. 인접 학문들에서도 구성주의적 원칙이 이미 폭넓은 이해를 얻고 있었고, 모든 인식형태의 역사적, 문화적 한계성에 대한 통찰이 학문적 이론화 작업과 방법론적 접근 방식에 뚜렷하게 작용했던 1980년에도 주네트, 채트먼, 콘, 라이먼-키넌, 발, 프린스의 고전적 내러톨로지 연구들이 등장했다. 이것들은 오늘날에도 서사론에서 영향력이 크고 많은 것을 밝혀주지만, 결국 반(反)역사적이고 반(反)콘텍스트적인 것들이었다.7

그 후 1980년대 말에 역사학과 내러톨로지 간에 상호교환과정의 두

---

5 무엇보다 해석적 문화인류학의 틀('문자문화')에서 행해지는 방법론에 대한 성찰을 강조해야겠다. Clifford/Marcus(1986) 참조.
6 이러한 통찰은 오늘날 역사학 이론의 기초가 되었다. 이를테면 Rüsen(1994: 10) 참조: "역사의식은 항상 [...] 내러티브로 구조화된 언어적 생성물로 표현된다."
7 Genette(1995[1980]; 1988), Chatman(1978), Cohn(1978), Rimmon-Kenan(2002[1983]), Bal(1983; 1997[1985]), Prince(1982a) 참조.

번째 단계가 시작되지만, 이때 교환은 반대 방향으로 이루어진다. 즉 고전적 내러톨로지의 범주가, 내러티브 형태와 기능이 문화적·역사적으로 변화할 수 있다는 사실에 적절히 대응할 수 없음이 분명해진 이후, 내러톨로지는 서사론에서 이득을 취했던 다른 학문들이 알아낸 지식을 성찰하기 시작한 것이다. 그러나 역사학으로부터 이론적 콘셉트들을 '역-수입'하면서 예전의 '수출'을 통해 이득을 보았다는 점이 분명해졌다. 즉 역사학의 서사론적 자기성찰이 "역사학을 문화학 방향으로 개방"(Daniel 2001: 13)시켜 놓은 것이다. 이때 문화사는 역사기술의 하부 분과가 아니라 문화이론에 기반을 두고 '인간 자신이 엮어 놓은 의미조직'(베버 Max Weber)을 연구하는 목적을 지닌 역사학으로 자리를 잡았다. 문화사는 여기서 문화 형태의 복수(複數)적 성격과 역사적 변화가능성에서 출발해서 이질적 문화 영역들을 서로 연관되는 것으로 보려고 한다. 예컨대 정치사는 지금까지 등한시된 영역인 성(性)의 역사, 일상의 역사, 심성(心性)의 역사와 만난다.[8]

문화사와 문화사적 내러톨로지는 공통된 인식 관심(문화의 역사적 특징을 이해하려는 목적)에서뿐만 아니라 그런 문제들에 대한 이론적 토대 설정 면에서도 중요한 접점을 보여준다. 즉, 문화사 연구의 토대를 이루는 문화이론들은 구조주의 내러톨로지와 동일한 기원에서 자양분을 얻고 있는데, 그것은 20세기 초 소쉬르 Ferdinand de Saussure의 강의록으로

---

[8] 신문화사의 영미식 변형에 관해서는 V. Nünning(2001: 475) 참조: "신문화사가 현재 중요한 까닭은 역사학에서 지금까지 가장 새롭고 가장 영향력이 큰 발전을 보이고 있다는 사실뿐만 아니라 무엇보다도 예전에 파편화된 상태로 있던 역사학의 부분 영역들을 새롭게 합쳐서 일체화하는, 신문화사 자체의 통합적인 경향과 점점 더 늘어나는 이용가능성 때문이다."

세례를 받고 나타난 기호학이다. 문화를 카씨러의 의미에서 '상징적 형태 전체'로 이해하든 혹은 기어츠의 문화인류학적인 의미에서 '텍스트'로 이해하든 혹은 푸코의 반(反)해석학적 전환의 의미에서 '담론의 우주'로 이해하든, 문화의 형성과정이 기호의 형성과정에 기초하고 있다는 근본 사고는 20세기의 가장 중요한 문화이론들을 관통하고 있으며 문화사 연구의 기본 전제이기도 하다. 문화기호학의 모델들은 문학연구와 문화학에서 그 인식적 가치를 입증해 냈고, 오늘날 폭넓게 인정되고 있다. 여기서 대개 기초가 되는 것은 인류학적-기호학적 문화 개념이다. 그에 따르면 문화는 세 차원을 드러내는 기호체계로 이해된다.

> 인류학은 사회적, 물질적, 심성적 문화를 구분하고, 기호학은 이러한 세 대상 영역을 하나의 체계로 결합시킨다. 사회적 문화는 기호 사용자들(개인, 기관, 사회)의 구조화된 덩어리로, 물질적 문화는 텍스트들의 덩어리로, 심성의 문화는 코드들의 덩어리로 정의된다.
> (Posner/Schmauks 2001: 350)

문화기호학이 제시한 이 세 차원은 역동적으로 상호작용하는 관계를 맺고 있다. 왜냐하면 "기호사용자들은 텍스트를 이해하려고 할 때 코드에 의존하기 때문이다."(Posner 1991: 53) 문화적인 특수한 형성과정에서, 집단적인 심성 코드들은 사회적 상호작용과 문화적 객관화 속에서 침전될 뿐만 아니라 바로 그 속에서 지속적으로 새롭게 생성된다.

문학텍스트들은 문화기호학의 의미에서 보면 문화적 객관화들이므로 문화의 물질적 차원의 구성요소로 이해된다. 이 관찰방식에 의하면, 문학텍스트는 문화적 내러티브의 여러 객관화 형태 중 – 중요하긴 하지만 –

하나의 형태라는 것이 분명해진다. 서사물은 학문적인 면에서 인식을 제공할 뿐만 아니라 일상생활에서도 지배적 위치에 있다.[9] 내러티브는 문학적인 것이든 비문학적인 것이든 문화의 자기해석과 의미형성에 본질적으로 기여하는, 핵심적인 문화적 표현 형태이다. 그렇기 때문에 만프레드 엥엘은 기호학적 문화분석에서는 "문화기호의 기원·구조·목록뿐만 아니라 문화기호가 문학텍스트나 여타 매체들의 기호차원과 맺는 관계에 대해 질문해야 한다"(Engel 2001: 34)고 말한다.

새로운 문화사와의 대화 가능성을 천착하려는 내러톨로지의 경우 두 방향으로 상호학제적 확장이 진행된다. 하나는 내러톨로지의 전통적 연구대상(서사적-허구적 텍스트)을 문화사적으로 바라보는 것이며, 다른 하나는 여타 문화사적 현상을 관찰할 때 내러톨로지의 분석범주와 방법을 적용하는 것이다.[10]

허구적 서사텍스트를 어떤 문화가 지배적인 현실이 되는 과정과 자기를 해석하는 과정의 일부로 파악한다면, 이런 인식은 그런 텍스트들

---

[9] 역사기술에서 내러티브적인 텍스트작업은 특히 의미가 있다. 그러나 자연과학의 지식들도 의미적으로 내러티브화되어 있는데, 진화론이나 빅뱅이론을 생각해보라. 일상생활에서도 내러티브는 매우 중요한 의미를 갖는다. 우리들의 전기(傳記)적 기억은 서사(이야기)에 기초해 있으며 종교적 제의들은 종종 내러티브 구조를 보여준다. "눈이 보지 못하는 것은 가슴이 후회하지 않는다"와 같이 문화적 상식을 전달하는 수많은 속담은 미시서사물이다.

[10] Bal(1990: 730)이 어째서 고전적 내러톨로지의 문화학적 확장을 옹호했는지도 이런 이중적 의미에서 이해될 수 있다. 앞으로 내러톨로지를 적용할 때 "방법과 대상 사이의 유대는 포기"하라는 것이 그녀의 중점 요구사항이다. 이는 두 가지 결과를 가져온다. "접근 방식을 다른 것으로 ─ 이데올로기적인 것이든, 정신분석적인 것이든 혹은 수사적인 것이든 ─ 대체하려고 할 것이다. 하지만 그러면서 다른 대상에 대해 내러톨로지의 인식을 동원하려고도 할 수 있다. 그렇게 되면 그런 다른 대상들을 전통적으로 연구했던 그 분야가 여태껏 자체적으로 발전시키지 못한 통찰에 도달하는 데 오히려 내러톨로지의 도움을 받는 것이다."

문화적 내포(內包)와 역사적 변화가능성을 고려해야 한다. 내러티브의 형태와 기능은 문화적 현상이며, 따라서 변화될 수 있다. 내러티브의 형태와 기능은 그것들이 코드화되는 매체에 의해서, 특수한 역사적 상황에 의해서 그리고 계층과 인종과 젠더 같은 사회적 콘텍스트 속에 있는 까닭에 변화한다. 그렇기 때문에 문화사적 서사연구의 시각에서 볼 때, 고전적 내러톨로지의 전통인 텍스트 내재적 분석은 콘텍스트에 정향된 접근 방식을 통해서 보완되어야 한다. 그러므로 문화사적 접근에서는 보편주의적 모델 구성 대신에 특수한 내러티브 현상을 그때그때의 문화적 콘텍스트 속에서 연구하는 것이 중요하다.

문화사적 내러톨로지의 두 번째 가능성, 즉 내러톨로지의 범주로 여타 문화현상을 연구하기는 전통적 대상 영역의 확장을 수반한다. 그렇게 되면 소위 말해서 '고급문학'의 텍스트 외에도 정전(正典)이 되지 못한 서사텍스트와 비허구적 서사텍스트, 여타 문학장르(서정시와 드라마)와 여타 매체(그림, 영화, 하이퍼텍스트)의 내러티브 현상도 연구대상이 된다.

이 두 시도는 교차학문적 transdisciplinary 연구로 나아가야 한다는 필연성을 내포한다. 서사론에서 콘텍스트에 기반한 연구방식이 문화사적 토대를 마련하고 인식을 획득하기 위해서는 그때그때의 문제 제기에 유의미한 여러 가지 이론과 방법 – 인류학이든 심성사든 혹은 담론분석이든 간에 – 을 끌어들여야만 하는 것이다.[11]

---

[11] Bal(1990: 732)에게 그런 상호학제적 협력은 다음과 같은 전제하에서만 유익할 수 있다. 즉 "상호학제적 교환에 연루된 두 학문 간의 관계가 일방적이고 위계적일 경우, 매스터 코드가 대상 학문의 처신방법을 미리 규정해놓을 경우, 이런 경우에 두 학문 간의 특수한 관계는 결코 적절하게 인지되지 않는다. 그 대신, 어느 쪽 원리가 유용하게 평가될 수 있을지 간에, 가변적 상호작용이 일어나게 된다."

그렇기 때문에 문화사적 내러톨로지는 상호학제적 바탕에서 의식적으로 절충적 접근 방식을 취하고, 따라서 이론적으로나 방법론적으로 정교함이 부족한 연구 방향으로 이해되어야 한다. 이 방향 안에서 서사텍스트의 내러톨로지적-문학연구적 분석은 한편으로 문화사와 관련된 광범위한 질문과 생산적으로 결합된다. 다른 한편으로 문화사적 내러톨로지는 내러톨로지 모델과 범주를 여타 장르와 여타 매체 그리고 그 밖의 문화적 현상들의 기술(記述)과 분석에 적용할 수 있게 해준다. 이때 가장 광의(廣義)의 의미로서 문화적 내러티브는 그때그때의 문화적 콘텍스트에서 상이한 모습을 띠고 상이한 기능을 수행할 수 있는, 집단적 현실생산과 의미형성과 상호소통이라고 하는 변화 가능한 역사적 현상으로 관찰된다. 따라서 서사형태와 서사기능의 통시적-역사적 차원은 내러티브의 공시적-콘텍스트적 내포(內包)와 마찬가지로 문화사적 내러톨로지의 핵심적 관심사이다. 이때 문화사적 내러톨로지의 근본물음과 핵심문제는 문화와 문학이 어떻게 엮여 있는지, 보다 정확히 말하자면 집단적 경험현실과 문학형태가 어떻게 서로 엮여 있는지에 대한 물음이다.

3. 내러톨로지의 시각에서 본 문화와 문학의 관계

기호학에 정향된 문화이론이 문화사적 내러톨로지에 중요한 자극을 주었지만 이 문화이론에서 문학이란 상징체계는 여전히 하나의 맹점(盲點)으로 남아 있다. 해석적 문화인류학이나 담론분석적 접근, 체계이론적 접근 혹은 문화적 기억이라는 새로운 이론에서 문학텍스트는 법전, 역사적 저작, 철학적 저작, 정치 유인물 같은 여타 문화적 생산물과 마찬가지로 대부분의 경우 '기록'으로 존재할 뿐이다. 이런 식으로 허구적 텍스트와 비허구적 텍스트의 차이, 문학이란 상징체계와 '법', '경제', '종교' 같은 여타 상징체계 간의 차별성이 지워진다.

그렇기 때문에 문화사적 시각과 기능사(技能史)적 시각에서 문학이 문화에서 갖는 기능에 대해 제대로 알아보려면 문화의 의미형성 과정이란 틀에서 문학텍스트 특유의 수행 능력을 근본적인 관점에서 생각해 봐야 한다. 이 핵심적 요구와 그와 연계된 문제들은 내러톨로지에서 공통적으로 강조된다. 예컨대 발(1990: 736)에게 문제의 관건은 "내러톨로지에 부과된 주요 과제인데, 즉 [...] 내러티브의 사회적 내포, 혹은 다르게 표현하면, 내러티브와 현실 사이의 연관성"[12]이다.

그러므로 문화사적 내러톨로지를 실행하고 싶은 사람이라면 특히 다음의 두 문제에 직면하게 된다. 텍스트와 콘텍스트의 관계는 어떻게 이론적으로 정교하게 기술될 수 있으며 그 분석은 방법론적으로 어떻게 수행될 수 있을까? 어느 정도까지 문화적 의미가 내러티브 형태에 깃들여 있을 수 있는 걸까?

문학 생산을 관찰해 보고 실제의 문화 수용을 고려한다 해도 문학텍스트와 사회현실이 모방적 모사관계나 직접적 인과율의 관계에 있다는 점에서 출발할 수는 없다. 하지만 그렇다고 문학텍스트와 사회현실이 완전히 별개의 영역도 아니다. 문학텍스트는 집단적 경험현실을 표현할 수 있고, 범례적으로 재구조화할 수 있으며, 문화의 상징적 의미세계에 중요

---

[12] A. Nünning(2000: 356) 참조: "이것들[즉, 해결되지 않은 문제들] 중에서 가장 시급한 것은 문학텍스트들과 소위 '콘텍스트'라고 불리곤 하는 것 사이의 관계가 이론화되지 않았다는 점인 듯하다."

한 영향력을 행사할 수 있다.

문학과 문화의 관계를 기획하기 위한 해당 모델은, 문학연구적 문제제기와 문화학적 콘셉트를 생산적으로 결합시키는 접근 방식에서 마련되었다. 이때 신역사주의는 문화사에 대한 열정적 관심으로 인해 차별화된다.13 몬트로즈 Louis Montrose(1989: 20)의 유명한 교차대구법, "텍스트의 역사성과 역사의 텍스트성"은 신역사주의적 접근의 근본적 통찰을 함축적으로 요약하고 있다. 즉 문학텍스트들은 그 생산과 수용에서 역사적 콘텍스트에 내포되어 있다는 것이다. 문학텍스트의 문화적 연관성을 연구하려면 역사적 차원을 함께 고려해야만 한다. 역으로 역사적 문화들 자체가-적어도 후기구조주의적 가설이 그러한데-의미를 집단적으로 생산하는 '텍스트들'의 조직 혹은 '담론의 우주'라는 점도 타당성을 띤다.

신역사주의는 이런 공시적 조직을 연구하려 하는데, 예컨대 역사기술, 정치유인물, 여행보고문, 여타 문학텍스트들 같은 상이한 문화적 객관화들 간의 관계를 드러내려 한다. 그린블랫 Stephen Greenblatt은 『셰익스피어적 협상』에서 그가 문화시학이라고 명명한 접근 방식을 "상이한 문화적 행위들의 집단적 생산에 대한 연구와 이 행위들 간의 관계에 대한 조사"(1988: 5)로 정의하고 있다. 그는 자신의 핵심적인 문제 제기를 다음과 같이 표현한다. "우리는 집단적 신앙과 집단적 경험이 어떻게 형태를

---

13 신역사주의는 문학텍스트의 재-역사화와 재-콘텍스트화를 위한, 국제적으로 가장 영향력이 큰 접근 방식으로 입증되었지만(Baßler 1995에 실린 기초 텍스트 참조), 그럼에도 불구하고 텍스트/콘텍스트의 문제를 만족할 만큼 해결하지는 못했다. (Glauser/Heitmann 1999에 있는 기존의 신역사주의적 적용에 대한 비판적 고찰을 참조) 그밖에도 문학연구 분야에서 적용되는 문화학적 접근 방식으로서는 예컨대 문화적 유물론, 체계이론적 접근 방식 혹은 링크 Jürgen Link의 상호담론분석을 언급할 수 있겠다. 이에 관해서는 Engel(2001)도 참조.

취하게 됐는지, 하나의 매체에서 다른 매체로 어떻게 옮겨갔는지, 어떻게 통제할 수 있는 미적 형태로 집약됐는지, 소비를 위해 어떻게 제공됐는지 물어볼 수 있다."(같은 글) 그린블랫은 집단적 의미체계들이 '사회적 에너지의 순환'에 의해 생겨난다는 점에서 출발한다. 이 순환은 '협상'과 '교환'을 통해 가능해진다.

신역사주의의 이론틀에서 문학은 사회적 에너지의 순환에 능동적으로 참여하는 것으로 증명된다. 그린블랫에게는 문학 자체가 사회적 에너지를 갖는다. 문학텍스트는 "물질적이고 심성적인 집단적 경험을 생산하고 그 형태를 만들며 조직한다."(같은 글: 6) 이렇게 해서 문학은 집단적인 의미형성 과정에서 형태를 만들어내는 힘으로 나타난다. 문학은 다른 문화적 담론들과 연결되고, 이들로부터 자양분을 취하고 역으로 이것들에 영향을 끼칠 수 있다. 신역사주의는 문학텍스트의 공시적인 문화적 연계성을 드러냄으로써 문학텍스트에 본연의 에너지를 재충전하는 것을 목적으로 삼는다. 연구방식으로는, 복잡한 문화적 순환과정들을 재구성하는 방식을 취한다. 이때 강조되는 것은 권력과 억압의 메커니즘이며, 이 메커니즘에 (일이 아니라 여가로 인식되어 사회적으로 아무런 작용도 하지 못한다고 간주되곤 하는) 문학도 한 부분을 차지한다.

신역사주의는 문학연구가 다시금 힘을 내서 문학작품의 역사적 콘텍스트로 방향을 선회하도록 하는 데 본질적으로 기여했다. 그러나 신역사주의 연구 논문들의 명백한 이론적 결함과 문학텍스트의 면면과 문화적 콘텍스트의 면면을 선택적, 직관적, 그리고 일정 부분 아주 자의적으로 연결하는 경향은 문제가 있는 것으로 입증되었다.[14] 이런 결함들로부터 문화사적 내러톨로지를 위한 요구조건이 도출된다. 한편으로 담론의 형태화는 역사적으로 근거가 있는 것으로 재구성되어야 한다.[15] 다른 한편으로는 신역사주의의 시장경제적 비유[16]는 텍스트/콘텍스트의 관계에 대한 개념적, 콘셉트적으로 보다 정교한 기술(記述)을 통해 보완되는 것이 필요하다.[17] **문학이 문화적 현실에 영향력을 행사한다**는 점을 신역사주의자들은 기호학적 문화개념을 빌어서 가시적으로 표현했다. 이것이 어떻게 일어날 수 있는지의 물음에 대해 보다 정교한 답을 찾기 위해서는 내러톨로지의 콘셉트와 모델을 끌어들여야 한다. 내러티브적 의미형성의 형태적 특수성이 문화적 의미생성에 어떻게 관여하는지를 내러톨로지는 밝혀줄 수 있다.[18]

구조주의 내러톨로지의 핵심 영역은 문학적 세계생산의 형태적 전제조건들을 밝혀내는 데 있다.(Goodman 1978 참조) 대체적으로 의견이 일

---

[14] Engel(2001: 23-25) 참조. 마찬가지로 몬트로즈 Montrose(1992)의 비판적 회고와 자기성찰을 보시오.

[15] Grabes(2001: 12)는 신역사주의자들의 연구를, "임의로 선택한 몇 개의 문학텍스트에 대한 클로즈 리딩에서 과거 문화에 대한 보편적인 결론들을 이끌어내고, 그것들을 상상적으로 결합시킨 연구"라고 비판한다. 그리고 그는, "만일 우리가 특정 시대에 어떤 의미, 어떤 공통된 가정, 어떤 논쟁적인 물음이 있었는지에 대해 그리고 지배적이거나 주변적인 어떤 가치위계질서들이 서로 경쟁하고 있었는지에 대해 진정 믿을만한 표상에 도달하고자 한다면 양量이 중요하다"고 강조한다.

[16] 신역사주의의 비유에 관해서는 Thomas(2001) 참조.

[17] A. Nünning(2001d: 4)과 Engel(2001: 25)에 실려 있는 신역사주의에 대한 비판도 참조.

[18] Greenblatt(1995: 56f) 역시 의미 구성에 있어서 문학적 기술(技術)의 중요성을 강조하고 있긴 하다. "게다가 텍스트가 완수하는 문화적 역량을 이해하려 한다면, 문학텍스트의 바탕이 되는 문화적 소재에 대해 섬세한 역사적 감각을 발전시킨다고 할지라도, 이 소재를 형태적으로 조합하고 표현하는 기술에 대한 연구가 본질적인 것이다." 그렇지만 그린블랫의 이론적 성찰과 그의 구체적인 텍스트 분석 사이에 존재하는 "수행적 모순"은 분명히 문제가 있다. 문화사적 내러톨로지는 신역사주의적 접근과는 정반대로 문화이론 차원의 모델 구성과 내러톨로지에 토대를 둔 적용을 서로 연결하는 가능성을 열어 준다.

치되는 것은 허구세계의 산출은 구조화 과정의 결과라는 점이다. 즉 상이한 요소들이 문학텍스트에서 응집력 있는 전체로 다시 구조화 된다는 것이다.19 이로써 모든 개별적인 문학적 세계생산은 문화적 전(前)구성물이라는 점이 언급된다. 왜냐하면 허구 텍스트에는 문화의 상상적 세계와 경험 현실과 축적된 지식에서 기원하는 요소들이 대단히 많기 때문이다. 비록 이 요소들이 자신의 근원적인 콘텍스트에서 떨어져 나와 허구라는 매체에서 근본적으로 변화되더라도 말이다.(Iser 1993 참조)

그러나 텍스트적 특징들이 갖고 있는 문화적 **의미**에 대한 물음은 구조주의 내러톨로지에 자명한 것이 아니다. 구조주의 내러톨로지의 지적 관심과 핵심 능력은 문학텍스트들의 형태 분석에 있지, 이것들의 의미론적 차원에 있는 것이 아니다. 그러므로 문화사적 내러톨로지의 핵심 문제는 형태적 요소들 — 예컨대 줄거리 요소, 무대, 인물들의 관계, 플롯의 구조, (서사와 초점화를 통한) 서사적 시점화의 선택과 배열 — 의 분석에서 출발해서 의미차원의 결론을 어떻게 도출해낼 수 있는가이다.

1920년대 이후에 나타난, 형태/내용의 문제를 해결하기 위한 상이한 서사론적 콘셉트 — 특히 루고프스키 Clemens Lugowski(1976[1932]), 로트만 Jurij Lotman(1993[1972]), 제임슨 Fredric Jameson(1981)의 글들 — 로부터 '문학 형태들의 의미화'라는 개념이 나타난다. 이렇게 해서 루고프스키의 '개체성의 형태'나 제임슨의 '형태의 이데올로기'는 슈미트 Wolf

---

19 이때 무엇보다 바흐친의 '헤테로글로시아'라는 개념(Bachtin 1981 참조)과 리꾀르 Ricoeur의 미메시스II 콘셉트가 문화사적 내러톨로지와 연계될 수 있는데, 이것으로써 문학의 구성 과정이 이론적으로 파악되고, 전(前)구성(내러티브 이전 단계에서 문화적 상징구조와 시간 콘셉트의 구성) 및 재(再)구성(수용과정에서 세계의 '새로운 의미'의 구성)과 구분된다.(Ricoeur 1984-86 참조)

Schmid(1977a: 8)가 로트만의 형식미학을 보면서 "심미적 내용의 구성에서 예술기법적 작업이 갖는 역할"로 묘사한 것과 동일한 것이 된다.[20] '문학 형태들의 의미화'라는 콘셉트는, "문학의 표현방식과 구조가 독자적인 의미전달자로 기능하며, 수용자가 의미를 부여할 때 핵심적 역할을 할 수 있다는 통찰"(A. Nünning 2001c: 579)에 근거한다. 그러므로 이 콘셉트는 전통적인 구조주의 내러톨로지의 틀에서 등한시되었던 "문학작품의 의미방향과 의미차원"(같은 글: 580)을 다룰 수 있게 해준다.

문학텍스트는 서술하는 **내용**으로 인해 영향을 끼칠 뿐만 아니라 서술하는 **방식**을 통해서도 그렇게 한다. 이런 통찰로 인해, 문화학적 이론 콘셉트가 알지 못한, 문학이란 매체에서 이루어지는 특수한 종류의 문화적 의미형성이 올바로 다뤄질 수 있게 된다. 게다가 이 통찰로 인해 다른 상징체계들의 틀에 내재한 의미형성의 전략에 대한 시야도 열리게 된다. 형태들이 문학텍스트에서만 의미전달자로 기능하는 것이 아니라 내러티브적 의미형성 그 자체라는 통찰은 비교적 최근의 역사학 연구와 심리학 연구에서 이미 이용되고 있다.[21]

내러톨로지의 분석범주와 역사적 문화론적 문제 제기를 생산적으로

---

[20] Schmid(1977b: 62f.)는 형식미학적인 방식에 따른 내용이해의 근본이론을 로트만 Lotman이 대변한 방식대로 다음과 같이 설명한다. "전통적인 내용/형태 이분법의 대립요소들은 이 콘셉트에서 동일하게 심미적 기표의 부분들로 지칭된다. 주제와 아무 연관이 없으며 그 결과 내용미학에서 그저 수단에 불과한 것 혹은 의도된 메시지를 꾸며주는 장식품으로 간주되는, 일반적으로 '예술적 형태'에 속하는 시적 조직의 전시물들, 즉 소리 차원, 어의(語義) 차원, 지시 차원의 형태들이 형식미학적 시각에서는 심미적 내용을 이루는 일정 원료들이다. '형태'가 '의미화되는' 것이다."

[21] White(1987), Bruner(1990) 참조. 내러티브적 심리학의 비교적 최근 콘셉트에 대해서는 Echterhoff(2002) 참조.

결합시키려는 문화사적 내러톨로지의 시도와 관련하여 '문학 형태들의 의미화'라는 콘셉트가 갖는 핵심적 의미는 뉘닝 A. Nünning의 강령적 논문 「문화적 그리고 역사적 내러톨로지를 향해」(2000)에서 다음과 같이 분명해진다.

> 내러티브 형태의 의미화라는 핵심 사고를 수용한다면, 내러티브 텍스트에서 혹은 내러티브 텍스트에 의해 제기된 윤리적, 사회적 혹은 정치적 이슈를 다루려는 문학적, 문화적인 역사학자는 누구나 내러톨로지가 내러티브 픽션들의 분석을 위해 제공하는 도구상자를 적용함으로써 이득을 취할 수 있다. 내용과 형태, 윤리학과 미학은 구조주의 내러톨로지 학자들이 애써 강조하는 것 이상으로 서로 긴밀히 뒤얽혀 있다. (같은 글: 361)

서사론을 포스트식민주의 연구나 페미니즘 비평과 상호학제적으로 결합하려는 내러톨로지 연구는 이미 이런 통찰을 생산적으로 자기 것으로 만들었다.[22] 페미니즘 내러톨로지와 포스트식민주의 내러톨로지 영역에서는 문학텍스트가 문화적 권력관계들의 형성·파괴·변형에서 능동적 역할을 수행한다는 전제에서 출발해서 내러티브 형태에 내포된 윤리적 혹은 이데올로기적 의미들을 추적하고 있다.

하지만 선재(先在)하는 문화적 형성체, 문학 형태, 이것들의 의미, 실

---

[22] 이에 관해서는 Said(1994[1993]), Fludernik(1999), Lanser(1992: 5) 참조. 랜서는 내러티브 작업이 "단순히 이데올로기의 생산물"이 아니라 "이데올로기 그 자체"로서 평가되어야 한다고 강조한다. 페미니즘 서사론과 포스트식민주의 서사론에 대한 개괄을 위해서는 본서에 실린 「페미니즘 내러톨로지」, 「GO BETWEEN: 포스트식민주의 서사론」 참조.

제의 문화적 영향력 사이에다 일대일 상관관계를 부여하는 것은 용납할 수 없다.23 문학 형태들의 다의미성(多意味性)은 생산과 수용 시점의 콘텍스트적 요인들과 밀접한 관계에 있다.24 그렇기 때문에 문학 형태와 문화적 의미의 관계에 대한 다음과 같은 허먼David Herman의 비판적 질문은 문화사적 내러톨로지의 기본 전제로서 타당성을 가져야 한다. "내러티브 형태는 서로 다른 콘텍스트를 가로질러 가면서 새로운 암시, 새로운 의미를 갖게 마련이니, 그런 형태 자체를 '콘텍스트 안의 형태'로 새로이 정립하고 연구해야 하는 건 아닐까?"(Herman 1999b: 13) 형태 분석의 타당성을 주장하는 입장에 대한 이런 상대화는 문화사적 내러톨로지가 문화적 임의성의 단순한 현재 상태에 대한 기술(記述)로 국한되지 말아야 함을 의미한다. 이런 상대화는 문화사적으로 정향된 내러톨로지 연구들이 다음의 접근방법을 자기 것으로 삼아야 함을 암시하고 있다. 즉 인식대상의 모든 측면 - 형태적 구조, 문화적 콘텍스트, 역사적 전개 - 을 서로 연결하고 항상 계속해서 서로간의 비교를 통해 고려하는 그런 접근방법 말이다. 이렇게 해서 한편으로는 문학 형태의 분석이 허구 텍스트의 문화사적 의미의 인식에 기여할 수 있고, 다른 한편으로는 잘 규명된 문화사적 지식에 힘입어 비로소 문학 형태에 담긴 각기의 의미 성분을 평

---

23 이에 관해서는 V. Nünning/A. Nünning(2000b: 29f.) 참조. 이들은 다중시각적 서술에서 알 수 있듯이 형태와 기능 간의 매핑이 불가능하다는 것을 보여주고 있다. 이들은 다중시각적 표현방식이 지닌 다양한 기능 속에 긴장감 조성, 교훈적 기능, 도덕적-사회적 고려(考慮)의 기능 그리고 규범적, 이데올로기적, 인식론적, 역사이론적 혹은 메타허구적인 기능을 집어넣는다. 역사적인 시각에서 문학텍스트의 서술시각구조의 의미적 내용에 관해서는 Suhrkamp(2002)를 참조하고, 문학적 플롯의 의미화에 관해서는 Gutenberg(2000)를 참조.
24 그러므로 역사적 의미론과 개념사 그리고 메타포연구를 문화사적 분석에 끌어들이는 것은 아주 전망이 좋다.

가할 수 있다는 것이다.

다음에서는 문화사적-내러톨로지적으로 수행된 선구적이고 영향력 있는 네 가지 연구를 소개하겠다. 이 연구들은 문학텍스트를 공시적이고 통시적인 문화 구조 속에서 서로 연계시키고, 그럼으로써 비록 무게중심을 상이하게 두고 있긴 하지만, 내러티브 형태의 다양한 콘텍스트적 연관관계와 역사적 변화가능성을 그리고 그것들의 그때그때의 역사적 기능을 고려하고 있다. 이 연구들은 문학과 문화가 서로 엮여 있는 상태가 문학연구에서 어떻게 기획될 수 있으며, 내러티브 형태의 분석이 어떻게 문화사적 문제 제기와 결합될 수 있는지를 범례적으로 보여준다.[25] 이 사례들은 문화사적 내러톨로지의 폭넓은 이론적 스펙트럼과 적용의 스펙트럼을 분명히 보여 준다. 왜냐하면 이것들은 서사론적 토대 설정과 문화학적 콘셉트와 관련해서 그 정도와 방식이 서로 상이하기 때문이다.

4. 문화사적 내러톨로지의 실제: 네 가지 사례

4.1. 문학의 정치적 차원: 문화적 내러티브, 그리고 사회적 권력관계와 통제 메커니즘의 구성

구조주의에서 기원한 고전적 내러톨로지는 초기 단계에는 "보편적 **서사체계**의 규칙을 알아내는 데"(Jahn 1998[1995]) 몰두했다. 그래서 내러

---

[25] 내러톨로지 연구의 문화사적 시각화는 여기서 소개되는 사례들이 갖고 있는 하나의 관점일 뿐이다. 그렇기 때문에 선택된 이 시각이 이 개별 연구들의 복잡성을 충분히 공정하게 고려하지는 못한다.

톨로지는 개별 서사텍스트를 분석하는 것에 대해서나 서사텍스트의 생산과 수용의 콘텍스트에서 내러티브 형태를 해석하는 것에 대해서도 관심이 없었다. 개별 텍스트를 분석할 때 서사론의 콘셉트와 기획된 모델과 범주의 실제적인 적용이 어떻게 결합될 수 있는지는 이미 주네트가 『서사담론』(1980[1972])에서 푸르스트의 『잃어버린 시간을 찾아서』(1913-1927)를 예로 들어 보여주었다. 그에 반해 역사적-문화적 콘텍스트와 서사 구조의 정치적-이데올로기적 의미에 대한 물음은 1980년대 이후에야 비로소 신역사주의의 영향하에서 주된 관심의 대상이 된다.

독일의 경우, 신역사주의의 이론적 기본 전제들이 인문과학의 새로운 문화학적 방향설정에는 결정적 영향을 끼쳤지만, 문학연구에 있어서는 이렇다 할 만한 신역사주의적 적용이 이루어진 것이 없는 형편이다. 그에 반해 미국에서 신역사주의는 "점차 문화이론적으로 토대가 설정된 문학연구의 지배적 패러다임"(Hebel 1992: 325)으로 발전해서, 벤더 John Bender의 『교도소를 떠올리며: 픽션, 그리고 18세기 영국의 마음 건축술』(1987a)과 암스트롱 Nancy Armstrong의 『욕망과 가정소설: 소설의 정치사』(1989[1987])가 그사이에 미국 외의 지역에서도 기본지침서로 인정되었다.[26] 이 두 연구는 그린블랫의 『셰익스피어적 협상』(1988)보다 먼저 나왔으면서도 이론적, 방법론적 관점에서뿐만 아니라 연구대상의 규정과 관련해서도 영미 문학권에서 신역사주의적 연구풍토가 자리 잡는 데 결정적으로 기여하고 문화사적 내러톨로지를 위한 생산적인 길을 열어주었다.[27]

---

[26] 이 두 연구가 신역사주의에 속한다는 점에 관해서는 Bender(1992)도 참조.

벤더와 암스트롱의 연구는 텍스트/콘텍스트의 역동적 관계를 전제로 삼고, 서사텍스트 분석을 초지일관하게 역사화하며, 문학론적 실천을 문화사적으로 시각화한다는 우선적 특징을 지닌다. 여기서 주된 초점은 복잡한 공시적 연계망 만들기에 맞추어져 있는데, 이것은 다른 텍스트들, 매체들, 연구들과의 연계망 만들기이고, 또한 문학이 어느 정도까지 문화적·사회적 형성과정에 참여하는가라는 물음도 포함한다. 그럼으로써 신비평주의의 작품 내재적 문학관찰이 포기됨은 물론, 작품 내재적 문학관찰에 깔린 전제, 즉 문학이 콘텍스트와 무관하게 지닌다는 자체법칙성 역시 포기된다. 나아가서 저자들은, 단순하고 위계적인 텍스트/콘텍스트의 관계에서 출발해서 문화와 문학의 다양한 연계망이 갖는 복잡성을 적절히 고려하지 못하는 전통적인 배경연구에 반대한다.

문학연구의 이런 상호학제적, 문화사적 확장은 이론적 기본 전제의 수정 외에도 전통적인 방법론 레퍼토리의 확장을 포함한다. 신역사주의에서 전형적인, 의식적으로 다각적인 탐구방식으로 저자들은 초기 단계에 신역사주의에 결정적 영향을 끼친 문화 유물론(레이먼드 윌리엄스 Raymond Williams)[28]과 담론분석(미셸 푸코) 그리고 인류학(클리포드 기어츠)의 이론적 콘셉트와 방법론적 접근 방식을 이용한다.

이들 연구에서 특이한 점은, 서사텍스트를 다룰 때 문학연구의 전문기술이 의도적으로 도입되고, 이런 전문기술이 텍스트의 세부 분석에서 뿐

---

[27] 벤더의 연구에 대한 프라이부르크 Freiburg의 비평(1991)이 보여주듯이, 문학연구의 문화학적 방향설정은 독일에서 1990년대 초에 극도로 비판적인 시각에서 조망되었고 개별적인 현상으로 치부되었다.

[28] 문화 유물론은 신역사주의보다 훨씬 더 마르크스주의적 문화이론과 문학이론을 추종하며 정치적이다. 예컨대 Höfele(1992), Brannigan(1998) 참조.

만 아니라 그때그때의 문화적 조직망의 세부적 관찰에서도 드러난다는 점이다. 이 때 클로즈 리딩의 실천은 가공되어 이중적 측면에서 확장된다. 한편으로는 그 때까지 등한시되었던 서술방식·줄거리·인물묘사 및 의식묘사의 범주들이, 구조주의적-내러톨로지적 연구의 직간접 영향 하에서, 소설분석에 포함된다. 다른 한편으로는 텍스트 분석이 기어츠의 중층 기술thick description이라는 콘셉트에 의해 생산적으로 확장된다. 벤더가 명시적으로 고전적 내러톨로지의 콘셉트에 의지하면서 이것을 서사텍스트뿐만 아니라 여타 장르와 매체의 분석에 끌어들인 반면,29 암스트롱은 무엇보다 담론분석을 서사텍스트와 여타 문화 생산물의 해석에 투입한다. 특히 벤더의 『교도소를 떠올리며』에서는 여러 가지 연구대상과 문화사적 콘텍스트 간의 연결모델로서 바흐친의 '대화성'과 제임슨의 '형태의 이데올로기' 콘셉트가 이용된다. 암스트롱은 이를 넘어서 상이한 (권력)담론들 간의 연계망과 규칙성에도 관심을 보인다. 이 두 연구의 주된 목적은 문학이 문화적 콘텍스트에서 생성될 때 갖는 정치적-이데올로기적 차원을 신중하게 해부하는 것이다.

　암스트롱과 벤더는, 권력의 콘셉트가 역사적으로 변화하는 것이며 권력의 역학관계가 오직 사회제도에 대한 통제기능으로만 유지되는 것이 아니라는 원칙에서 출발해서, 문학텍스트와 여타 문화 생산물들이 새로운 사회질서와 통제체계들의 집단적 구성과 정립(定立)에 어느 정도까지 참여하며, 작가층과 주제선택과 형태적 표현방식이 어떤 정치적-이데올로기적 함의를 보여주는지 조사한다. 이로써 고전적-구조주의적 내러

---

29 벤더는 특히 콘 Dorrit Cohn(1978)과 밴필드 Banfield(1982)를 근거로 삼는다.

톨로지에 의해 배제되었던 물음, 즉 문학 형태들의 의미차원에 대한 물음이 문화사적으로 정향된 내러톨로지의 중심부로 들어온다. 벤더와 암스트롱은 권력 메커니즘과 통제 메커니즘이 사회적으로 작용하기 위해 반드시 제도에 기초를 둘 필요는 없다는 점을 보여준다. 권력 메커니즘과 통제 메커니즘은 문학을 포함한 **모든** 문화 영역 속으로 뚫고 들어가며, 바로 그 때문에 제도에 기초를 두지 않고서도 영향력을 온전히 발휘할 수 있는 것이다.

암스트롱은 18, 19세기의 장편소설에 대한 연구(1989[1987]: 8)에서 와트 Ian Watt의 중요한 연구물인 『소설의 부흥』(1957)에 의식적으로 링크를 건다. 와트가 제시한 플롯구조의 양태 개념을 차용하지만, 영국소설의 부흥에 관한 전혀 다른 역사, 즉 여성적으로 결정되고 지배되는 어떤 문화 속에서 이루어진 권력과 욕망의 역사를 기록하는 것이다. "새로운 여성적 이상의 태동은 소설의 부흥이나 영국의 새로운 중간계층의 부흥과 다름이 없다." 와트가 자신의 미메시스적 문학관에 따라 장편소설을 시민 계층이 점차 자신을 주장해가는 사회적 권력투쟁의 거울로 보는 반면, 암스트롱은 사회구조의 변혁과정에서 장편소설에 주어진 능동적이고 조형적인 역할에 주목한다.

암스트롱은 페미니즘 이론, 그리고 신역사주의와 신문화사의 인식 및 물음과 연계하여 예법서와 장편소설 같은 원전을 수단으로 18세기에 양성(兩性)의 문화적 구성이 개인들을 구별하는 지배적 특징이 되었다는 점과 특히 여성에게 부여된 미덕과 성격적 특징이 사회적으로 수용되었음을 밝히고 있다.[30] 그녀에 따르면 젠더화의 전략으로 인해서 출신계층의 원칙에 기반을 둔 전통적 사회체계가 결정적으로 종말을 맞게 되었고,

이로써 중간계층의 점증하는 권력에 대한 요구가 관철되었다. 여성이 더는 출신계층이 아니라 도덕적 미덕과 가사일 처리 능력에 따라 판단되면, 현존하는 권력역학관계는 사랑과 결혼의 결합으로 새롭게 구조화될 수 있는 길이 열리는데, 이 관계에서 사랑과 결혼의 결합은 시민이란 중간계층이 승리의 진군을 해나갈 때 강력한 연합군이 될 수 있었다.

최고의 희구 대상으로 찬양된 가정의 여성 domestic woman이라는 여성상은 수많은 텍스트와 이미지 매체에서, 그리고 18세기 말 이후에는 특히 제인 오스틴, 패니 버니, 샬롯 브론테 같은 여성적 여성작가들의 장편소설에서 광범위하게 나타난다. 이 새로운 이상형은 서사기법 상으로는 특히 "보상받은 미덕"(Spencer 1986 참조)이라고 하는 빈번히 반복되는 플롯의 구조를 통해서 그리고 가정의 여성과 부유한 귀족 여성, 천사와 괴물 등 서로 다른 여성인물들을 대비시키는 표현을 통해서 그리고 남성인물과 여성인물을 대비시키는 인물표현을 통해서 그려졌다. 예컨대 리처드슨의 『파멜라』 같은 18세기 장편소설에서는 성(性)과 계급이 갈등을 일으키며 짝을 이룸으로써 성(性)의 대립이 공공연하게 정치적 차원을 보여주는 반면, 그 뒤를 잇는 작품들에서는 계층 간 대립은 점점 더 사라지고, 인간 간의 갈등이 점차 성차(性差)로 축소된다. 이 과정은 줄거리가 결혼이라는 플롯에 점점 더 국한되는 것, 공간적으로는 여성들의 중요한 영향권인 집안·사적 영역에만 점점 더 집중되는 것과 궤를 같이 한다. 19세기의 가정소설에서 외적 갈등과 장애는 점차 여성적 인물들의 내면으로 장소를 옮기는데, 이들은 자신에게 부여된 성적(性的) 역할과

---

[30] 이에 관해서는 V. Nünning(1994)도 참조.

미덕의 이상을 개인적 소망과 인생 계획과 일치시키려고 노력한다. 이같이 장소의 이동(바깥에서 안으로)이 일어나고 거기에는 특히 여성적 지각방식, 사고방식, 느낌의 방식들에 대한 높은 평가가 내포되어 있었으므로, 심리 묘사를 위한 언어의 사용, 의식 표현을 위한 새로운 서사방식의 형성이 요구되었다.

그래서 여성적 권위는 새로운 여성상 형성 외에도 새로운 담론적 언어 규칙을 발전시키는 데서 나타나게 되었다. 18, 19세기 장편소설에서 이러한 발전 양상이 점차 나타났고, 암스트롱(1989[1987]: 126)은 이를 "여성화의 진행 과정 process of feminization"이라고 지칭한다. 언어 능력, 특히 감정과 정신의 진행 과정을 언어화하고 소통하는 능력과 언어적 표현에 대한 적절한 해석은 암스트롱의 소설의 정치사에서 새로운 사회구조를 형성하고 유지함에 있어서 가장 중요한 권력수단이다. 여성적 느낌 방식과 여성적 주체성을 어휘로 표현하는 능력을 바탕으로 예컨대 리처드슨의 여주인공 파멜라는 B씨의 성폭행 시도를 물리칠 수 있었다. 욕망의 대상은 더는 여성 육체의 성적 매력만이 아니라, 도덕적이고 감정적인 여성이 지닌 내면적 가치가 욕망의 대상으로 나타난다. 이렇게 하녀 파멜라는 감정을 언어화하고 욕망을 감성적으로 새롭게 콘셉트화함으로써 귀족남성을 지배하는 권력을 얻고, 그럼으로써 현존하는 권력 역학관계를 뒤집을 수 있는 것이다.

암스트롱의 문화사적인 연구는 푸코의 담론분석 콘셉트를 문학연구에 유용하게 만든 성공적인 시도이다. 그녀는 가정소설이라는 문학 담론의 물질성과 권력효과를 언어와 내용의 새로운 규칙을 통해서 조사하고 있다. 암스트롱은 상이한 문화적 생산물 간의 담론적 연계망을 수단으로 사회 구조변화 과정을 고려하면서 텍스트와 콘텍스트 간의 상호의존적 연계망뿐만 아니라, 연구 대상으로 삼은 서사텍스트들의 특수한 문학성과 가정소설의 장르적 관습들을 보다 상세히 밝히는 데 성공했다. 암스트롱의 『욕망과 가정소설』에서 특히 인식에 도움이 되는 것은 한편으로는 문학사와 정치사의 연결이며, 다른 한편으로는 문학사와 성(性)의 역사(혹은 여성사)의 연결인데, 겉으로 보면 이데올로기적으로 동기유발 되지 않은 것처럼 보이는 가정소설이라는 장르의 정치적 차원이 이로 인해서 분명히 드러난다. 암스트롱이 실제로 해낸 것 같은 문화사와 문학사의 모범적 연계는 그것의 인식적 가치로 인해서 **문화사적** 내러톨로지로 향하는 노정(路程)에서 결정적 이정표로 간주될 수 있다.

암스트롱의 연구가 이론적·방법론적 근거를 빠짐없이 제시하고, 문화론적 적용에 관한 이론적 토대구축과 방법론적 정교화를 달성한다면, 그녀의 연구는 더욱 빛을 발할 것이다. 그뿐만 아니라 내러톨로지에 의해 제공된 모델과 분석범주, 특히 페미니즘 내러톨로지의 모델과 분석범주의 적용에 박차를 가한다면[31] 최고의 효과를 볼 수 있을 것이다. 그러면 특히 시각 구조, 초점화 기술, 내적 세계의 표현기술 같은 서사기법적 측면이 여성적 권위의 구성에 어느 정도까지 관계하고 있는지가 드러날 수 있을 것이다.

문화사적 문제 제기와 내러톨로지적 텍스트 분석을 결합해야 한다는 절실한 요구는 특히 벤더의 『교도소를 떠올리며』에 의해 채워진다. 암스트롱이 주로 주제, 인물표현, 플롯의 구조, 언어 스타일, 그리고 "영어를

---

[31] 페미니즘 내러톨로지의 토대와 분석범주 그리고 잠재력에 관해서는 본서에 실린 「페미니즘 내러톨로지」 참조.

위한 새로운 고상한 기준의 형성"(1989[1987]: 138) 같은 언어적 조형규칙들을 연구한 반면, 벤더는 주제 분석 외에도 현대적 징벌기관의 탄생과 이를 가능케 한 문학 특유의 서사전략이 18세기 문화생산물에서 어떻게 탄생했는지 밝히려는 연구 속으로 다름 아닌 사실주의적 표현전략과 서술방식을 끌어들인다.

벤더는 기어츠에 기대어 문화를 '텍스트'로 이해한다. 그래서 그는 자신의 연구에서 팸플릿, 도덕철학 텍스트, 법 텍스트, 건축설계도, 그림, 장편소설 같은 상이한 자료들을 기호학적 시각으로 '읽는다'. 그의 분석의 중심에는 대니엘 디포와 헨리 필딩의 장편소설이 자리 잡고 있으며, 그 밖에도 존 게이의 『거지의 오페라』(1728)와 윌리엄 호가드의 연속화(連續畵)가 분석되는데, 이것들은 내러티브적 요소들 덕분에 장르의 범위를 뛰어넘는 의미심장한 성향을 보이고 있다.32 벤더는 이런 원천자료를 이용해서 서사텍스트의 전략과 그림의 전략이 현대적인 형집행(刑 執行)을 비로소 가능하게 했다는 테제를 세운다. 벤더에 따르면, 감옥 장면의 테마화 외에도 특히 사실주의적 표현 전략, 그리고 내러티브를 통한 주체성 구성은 징벌집행기관이 고안되고 결국에는 제도화되는 데 한 몫을 담당했다. 그의 견해에 따르면(1987a: 7) 언어가 체험을 배열하고 구조화하는 기능을 행함으로써, 특히 인과율적이고 논리적인 내러티브 문장구조가 이런 기능을 행함으로써, 장래의 사회적 현실을 만들어내는데 결정적 작용을 하는 심성 구조와 감정 구조가 생성될 수 있었다.

---

32 호가트의 연속화에서 나타나는 내러티브 경향에 대해서는 Wolf(2002)도 참조.

형태의 변화, 새로운 주제의 출현, 예술 바깥에 있던 기법의 채택은 더욱 폭넓게 문화적 변화를 일으킬 수 있다. 하지만 우리가 예술작품에서 볼 수 있는 것은 단순한 반영(反映) 이상의 것이다. 예술작품은 주어진 순간의 감정특징의 구조를 훤히 보여주고 그럼으로써 미래에 도래할 감정특징의 구조를 풀어낸다. 이것이야말로 예술작품이 문화 변혁의 매체로 기능하게 되는 특별한 측면이다. 예술작품이라는 문화 변혁의 매체를 통해 사회라는 이미지, 새로운 여러 문화체제가 시야(視野)에 들어오고 실체화되기 때문이다.

사회적 교환과정에 대한 이러한 새로운 해석은 권력의 쟁취·유지·행사가 제도에 결부되어 있다는 전통적 역사관을 극단적으로 의문시한다. 벤더가 분명히 밝히듯이 그에게서 문제의 관건은 사실주의적인 글쓰기 방식의 고착화와 교도소의 제도화 사이에 인과율적 관계를 구성하는 것이 아니다. 다만, 인물들의 의식 속까지 뚫고 들어가는 이질서사세계적 heterodiegetisch 서술자(전지적 서술자)의 도입과 체험화법(자유간접화법) 같은 형태적-내러티브적 표현기법들이 눈에 보이지 않는 통제 메커니즘의 표상을 선취했다는 점을 강조한다. 벤더의 견해에 따르면(같은 곳: 5) 직접적으로 통제하지 않으면서도 통제기관의 존재를 의식하게 함으로써 통제가 이루어지는 '보이지 않는 권위'라는 관념은, 모든 것을 관통하며 문화 전반을 지배하게 되며, 이는 상승하는 중간계층의 이득을 도모하는 체계라고 할 수 있다. "교도소라는 관념"의 이상적 이미지는 벤담 Jeremy Bentham의 판옵티콘에서 그 형태를 가져온 것이다.(같은 글: 23f. 참조) 벤더의 이런 논리는 한편으로는 설득력이 있다. 그러나 다른 한편으로 혁신적인 내러티브 서술방식과 벤담의 구상에서 실체화되었던 형 집행체제의 관념을 성급히 연결하여 이들 사이의 구조적 유비관계를 만든 것은 문제가 있다.

> 사실주의 소설에서, 허구적(작중인물의) 의식은 자유간접화법이라는 장치에 의해 마치 그 사람의 생각에 직접 들어간 듯한 투명성을 통해 실상(實狀)으로 체험된다. 이 기법은 언어의 보편적 특성도 아니고 내러티브의 고유성도 아니다. 그것은 역사적인 것이고 전 유럽의 내레이션에서 거의 동시적으로 일어난 현상이다. **상호관계적으로 보면** 형집행기관은 비인간적인 삼인칭 인물을 무대에 올리는데 [...] 이는 실제적 캐릭터와 의식을 변화 가능한 허구로 재현하기 위해서이다. 교도소가 훈육을 행하는 데 동원하는 기술적 실천과 장치는 자유간접화법의 장치와 유사하다. 문학적 생산과 사회적 제도는 형태 면에서 서로 **연관되는** 이미지들을 보여준다. 문학 생산과 사회 제도는 유사한 구조의 전시공간 안에서 스타일링 되어 있다. (같은 글: 203; 굵은 글씨는 글쓴이의 강조)

이런 문제점은 콘Dorrit Cohn(1995)에 의해서도 언급되었는데, 그는 벤더가 내러톨로지 범주를 사용할 때 정교함이 부족하며 그의 독서 방식이 피상적이라고 비난한 바 있다.[33] 콘은 체험화법이 19세기 중반 플로베르의 작품에서 비로소 완전한 형태를 갖추었으며, 따라서 자유간접화법(체험화법)이 의식의 표현을 위한 성숙한 기술을 갖추지 못한 18세기 영국

---

[33] Cohn(1995: 35) 참조: "나의 비판은 벤더가 문화사를 구성하기 위해서 내러톨로지적 콘셉트를 사용했다는 점에 대해서가 아니라 그 콘셉트를 잘못 사용하고 있다는 점을 문제 삼은 것이다. 즉 벤더는 소설가가 등장인물들과 맺는 관계와 판옵틱 권력을 잘못된 방식으로 손쉽게 유비관계로 묶어놓았다."

장편소설의 장르적 특징으로 간주될 수 없다고 제대로 지적했다.[34] 이처럼 내러톨로지 상의 궁핍에도 불구하고 서사화의 전략으로 인해 어떻게 새로운 사회문화적 코드가 형성되는지를 벤더가 인상 깊게 보여주고 있음은 분명하다. 이때 그에게 중요한 것은 내러톨로지 현상들에 대한 자세한 기술이 아니라, 18세기의 장편소설에서 사실주의적 표현기법에 의해 기획된 내러티브적 현실 콘셉트에 대한 포괄적인 문화적 해석이다. 그렇기 때문에 벤더의 프로젝트는 문화사적 내러톨로지라기 보다는 내러톨로지적 문화사로 이해될 수 있다.

벤더와 암스트롱의 신역사주의적 연구는 내러톨로지와 문화사의 결합이 실제에서 어떤 모습을 띨 수 있는지, 그리고 그런 접근이 어떤 잠재적 통찰을 내포하는지 보여준다. 특히 텍스트/콘텍스트 관계에 대한 역동적 콘셉트는 매우 생산적인 바, 그에 따르면 문학은 현실을 단순히 모사하지 않고 심성과 사회의 구조화 과정에 능동적으로 참여한다. 그런 까닭에 내러티브 형태의 초지일관한 역사화와 콘텍스트화 그리고 대중적 장르와 매체를 함께 고려하는 것이 인식에 도움이 된다. 나아가서 사회 권력의 구조와 계층·젠더 같이 문화적으로 결정되어 있는 범주를 고려하고, 심성사·여성사·일상사처럼 문화사적으로 서로 연관되는 주제와 내러톨로지적 텍스트 분석을 생산적으로 결합시킴으로써 소설의 역사에서 정전(正典)으로 불리는 작품들에 대한 새로운 통찰이 가능해진다. 그로 인해 문화의 사회적·물질적·정신적 차원의 복잡한 관계망과 상호 관계에 대한 통찰도 가능해진다. 그러나 문화사적 내러톨로지의

---

[34] 이러한 서사기법 전략의 점진적인 형성에 대한 벤더의 불충분한 지적을 참조. (1987a: 177-78 그리고 1987b: 183)

이론적·방법적 정교화의 관점에서 볼 때 특히 요구되는 것은 문화이론의 적용, 그리고 요청된 텍스트/콘텍스트 관계의 이론화이다. 그밖에도 본고에서 소개한 연구들은 고전적, 포스트고전적 내러톨로지에 의해 마련된 모델과 분석범주의 정교한 사용 그리고 내러티브 형태의 초지일관된 역사화가 문화사적 내러톨로지에 아주 중요하지만 아직도 부족한 부분임을 보여준다.[35]

4.2. 내러티브 형태의 통시적 차원: 플루더닉의 『'자연적' 내러톨로지를 향해』

내러티브 형태를 수미일관하게 역사화하는 것이 플루더닉의 '자연적' 내러톨로지(Fludernik 1996 참조)의 목적 중 하나이다. 그렇다고 해서 서사형태의 통시적 차원이 예전의 구조주의 범주에서는 아무런 관심도 끌지 못했다고 주장한다면 그건 틀린 얘기이다. 이미 1955년과 1979년에 출판된, 소설의 유형적 서술상황에 관한 슈탄첼 Franz Stanzel의 연구들은 광범위한 역사적 자료들을 토대로 한 것이었다. 슈탄첼의 유형학은 역사적이고 종합적인 접근에 기초하고 있다. 그는 주석적 서술상황, 인물시각적 서술상황, 일인칭 서술상황이라는 세 서술상황이 "역사적으로 성장한 전형들의 주류 편에서 실용적, 역사적으로 결정한"(Stanzel 1955[1979]: 87) 결과임을 강조한다. 그가 이론을 세울 때 이렇듯 그 기초를 역사적으로 설정했음에도 불구하고 내러티브 형태의 역사적 차원은 그의 주요

---

[35] 신역사주의와 내러톨로지의 궁극적인 결합이 가진 잠재성에 대해서는 A. Nünning(1992)을 참조.

관심사가 아니었다.

서사 형태를 초지일관하게 역사화하고 그것의 시대적인 특수 기능에 대해 물어보는 연구상의 숙원은 1990년대에 슈탄첼의 제자인 플루더닉에 의해 『'자연적' 내러톨로지를 향해』(1996)에서 비로소 해소되었다. 플루더닉이 구성주의적이고 인지론적인 시각에서 만든 내러티버티 narrativity 개념의 극단적인 새로운 콘셉트는 내러티브 형태의 극단적인 역사화와 긴밀한 관계에 있다. 그래서 플루더닉(1996: xi)은 이미 도입부에서 다음과 같이 강조한다. "새로운 패러다임은 명시적이고 의도적인 의미에서 **역사적**이다." 그렇기 때문에 플루더닉의 글은 '자연적 내러톨로지'의 기본윤곽을 기획하는 목적을 지닌 이론적 논문일 뿐만 아니라[36] 영국 문학에 나타난 서사형태와 서사기능의 발전사이기도 하다.

'자연적' 내러톨로지는 독자적이고 포스트고전적인 내러톨로지로 이해될 수 있다. 그것은 무엇보다도 내러티버티에 대한 새로운 정의로 인해 고전적 접근들과 구분된다. 플루더닉의 정의에서 핵심적 범주는 더는 플롯이나 서술적 중개가 아니라 경험성이다. "내러티버티는 문학텍스트가 행하는 하나의 기능이고, 인간 같은 자연물이 갖는 경험성에 기반을 두고 있다."(같은 곳: 26) 인간 경험에 대한 표상들은 물론 초역사적이지 않고 시대에 따라 변한다. 플루더닉은 수용에 기반한 모델인 내러티브화 narrativization를 자신의 이론에 통합시킴으로써 이러한 통시적 측면을 반영한다. 즉 독자들이 수용과정에서 의미를 부여하고 텍스트에 경험성을 부여한다는 것이다. 독자들은 우선 선재(先在)하는 어떤 인지적 내러티

---

[36] 이에 관해서는 본서에 실린 「서사론의 인지적 전환: 인지적·'자연적' 내러톨로지」 참조.

브 패턴을 토대로 그렇게 한다. 문학 외적 현실에서의 심리적 동기유발과 전형적인 행동방식에 대한 표상, 그리고 문학텍스트의 내러티브 형태와 구조에 대한 심성적 콘셉트가 인지적 내러티브 패턴에 포함된다. 이런 도식이 문학텍스트의 수용을 조종한다. 그러나 거꾸로 문학텍스트 또한 새로운 종류의 인지 구조의 형성에 기여할 수 있다. 『'자연적' 내러톨로지』에서 서사형태의 통시적 변화들(문화의 물질적 차원의 일부로서 문화적 객관화들)에 대한 연구는 역사적인 수용방식(문화의 심성적 차원의 일부로서 인지 스키마)에 대한 가설과 결합되고, 또한 두 영역(통시적 변화와 역사적 수용방식)의 상호작용에 대한 가설과 결합된다.

플루더닉은 서술형태 발전의 다섯 단계를 언급한다. 즉 중세의 서술방식에서 르네상스 산문으로의 전이, 17세기 말 장편소설의 탄생, 18세기와 19세기 의식소설의 발전, 모더니즘에서 도달한 내러티브 사실주의의 정점, 마지막으로 오늘날의 독자에 의해 내러티브화되기 힘든 포스트모던한 서술양식의 형식실험물이다.

자신의 경험이나 다른 사람들의 이야기를 내러티브 텍스트의 형태로 코드화한다는 것은 오늘날 우리에게는 자명하지만 중세에는 전혀 그렇지가 않았다. 플루더닉(같은 곳: 93)은 산문은 "민중문학에서는 늘 뒤늦게 나타나는 현상"이라고 말한다. 중세의 산문 텍스트에서는 구술성의 구조적 특징에 대한 모방이 여전히 관찰된다. 구술적인 일상의 서사물은 수많은 짧은 에피소드들의 모음으로 특화되는데, 이것들은 다음의 두 범주를 충족시켜야 한다. 즉 그것들은 언표화될 수 있는tellable 것이어야 하며, 따라서 흥미롭거나 새로운 것을 전달해야 하며, 그리고 하나의 요점point을, 즉 소통 상황을 위한 뜻, 의미 내지는 이야기의 도덕을 제시해야 한다. 일반적으로 구술성이라는 매체에서 배경은 서술하려는 경험과 뒤섞여 있다. 그것을 구분하는 것은 - 이를테면 시제를 달리하여 - 불필요하다. 왜냐하면 어떤 것이 배경정보이고 어떤 것이 사건범주인지는 어조(語調)에 의해 분명해지기 때문이다. 구술적 서술의 구조적 특징을 여전히 띠고 있는 최초의 산문텍스트들 - 캑스턴 William Caxton의 성담(聖譚)이나 토마스 말로리의 『아더 왕의 죽음』같은 산문 모험이야기 등 - 은 한편으로는 수많은 짧은 에피소드들의 모음이라는 특성을 지니고, 다른 한편으로는 오늘날의 독자가 종종 거의 따라갈 수 없는 혼란스러운 배경정보와 줄거리 요소들이 뒤섞여 있다는 특징을 지닌다. 구술적 서사물의 단순한 '문자화'가 갖는 이 두 특징은 비교적 커다란 사건들이 표현되어야 할 때 더 문제가 된다. 이전에 오직 구술로 혹은 운문형태로 전승된 사건들을 민중적 언어의 산문 서사물이라는 매체로('문자화'로 혹은 매체적 코드전환medial transcoding으로) 재현하는 데 그치지 않고, 이 매체에 **걸맞게**('문서화' 혹은 콘셉트에 따른 코드전환conceptual transcoding) 재현해내는 시도는 르네상스 때 비로소 최초로 성공을 거둔다.

플루더닉은 애프라 벤Aphra Behn에 의해 비로소 오늘날의 의미에서의 장편소설이 탄생했다고 말한다. 이런 장편소설은 이야기의 포커스를 단순 행동으로부터 의식 내용으로까지 이끌어가는 로망스 등의 다양한 원전에서, 자율적으로 행동하는 악당이 등장하는 악한 이야기에서, 그리고 플롯구조가 엄격하고 장면 유닛이 비교적 큰 엘리자베트 시대의 드라마에서 자양분을 얻는다. 벤은 이 요소들을 새로운 종류의 표현형태로 생산적으로 결합하는데, 이 새로운 표현형태가 앞으로 나타날 소설의 수많은 특징들을 선취한다. 그녀의 서사텍스트들은 이를테면 새로운 종류의 보고와 장면의 패턴 report-cum-scene pattern으로 두드러진다.(즉 매크로 에피소드 안에 응축된 줄거리요소와 배경정보는 이제 분명하게 구분된다) 의식 장면 consciousness-scene에서 벤은 서술심급의 주석적 전지(全知)와 등장인물의 주관적 의식의 표현을 결합한다.

의식소설 consciousness novel의 발전은 18세기에 시작된다. 그러나 18, 19세기에는 대부분의 경우 주석적(국외의) 서술자들이 주인공의 내면세계를 - 이를테면 생각의 보고 report나 체험화법을 통해서 - 표현했던 반면, 작중인물들의 의식에 초점을 맞추는 인물시각적 서술상황은 20세기 초 모더니즘과 더불어 나타난다. 이것은 플루더닉에게는 내러티브 사실주의의 최정점이기도 하다. 왜냐하면 주관적이고 파편화된 현실지각(知覺)의 묘사는 독자의 생활세계적 경험현실에 상응하는 것이기 때문이다. 모더니즘이 진행되면서 특히 반영자화(化) reflectorization와 초점인물화(化) figuralization[37]의 현상이 생겨나는데, 이런 현상은 사실주의적 묘사의 토대를 허물어뜨리고 포스트모던한 글쓰기 방식을 선취하였다. 왜냐하면 이것들로 인해서 목소리와 시각이 명백히 담화 discourse에 속한 것인지 아니면 스토리 story에 속한 것인지, 서술심급에 속한 것인지 아니면 성찰 인물에 속한 것인지 인식 불가능하게 되기 때문이다.

경험성이 내러티브적으로 상연되는 다양성 사이를 개별적으로 오고가는 것은, 독자들이 기존의 표현수법에 익숙해져 있거나, 플루더닉의 말을 빌리자면, 독자가 표현수법을 아무 문제 없이 내러티브화할 수 있다면 언제나 가능한 것이 되었다. 이렇게 해서 들은 것을 말로 옮기는 구술적인

---

[37] [역주] 플루더닉은 『'자연적' 내러톨로지를 향해』의 제 5장 「반영자화와 초점인물화」에서 두 현상에 대해 상세히 논의하고 있다.

서사물 Hören-Sagen-Erzählungen의 토대에서 심리 내레이션 psycho-narration을 통해 여타 인물들의 의식 속을 들여다보는 전지적 서술자가 생겨날 수 있었다. 내면세계를 표현하는 이런 형태―아마도 사실주의적이라고 생각하기 힘든―에 독자들이 적응했고, 또다시 형태실험이 계속되었다. 이제 체험화법과 내적독백은 등장인물의 생각과 지각과정을 직접 들여다보고 있다는 환상을 불러일으킨다. 이런 류의 형태들을 내러티브화(化)하는 것이 1900년의 독자층에게는 아직 어려웠겠지만, 오늘날의 우리에게는 '사실주의적' 표현방식의 뻔한 수단으로 통용된다. 반면 오늘날의 독자들은 포스트모던한 형태실험에 의해 도전을 받는다. 즉 수용자로 하여금 서술된 것을 생활세계에서 자연화될 수 있는 내러티브 도식과 일치시키기 어렵게 만드는 '기이한' 인칭대명사들(이인칭 서사물, 삼인칭 복수의 서사물)과 동사형태들(명령법, 접속법)이 섞여 있는 서사물이 그런 것들이다.

플루더닉의 '자연적' 내러톨로지에서는 중세부터 포스트모던에 이르는 내러티브 형태의 발전사가 서술된다. 문학형태의 의미화가 얼마나 동시대의 수용방식에 달려 있는지를 보여준 것은 플루더닉의 업적 중 하나이다. 결국 서사형태의 연구에서 필요한 것은 서사형태를 초지일관하게 역사화하는 작업이다. 게다가 플루더닉은 내러티버티 개념을 확장시킴으로써 전승되어 온 학제의 경계를 허물어뜨린다. 허구적 내러티브 서사텍스트뿐만 아니라 드라마·시·영화도 역시 경험을 담고 있고, 그렇기 때문에 산문텍스트 외에 여타 장르와 여타 매체의 작품들도 내러톨로지적으로 분석될 수 있다. 또한 그녀의 연구는 내러톨로지 범주들의 본질을 해체시키고 학문사적 자기성찰을 진행시킨다. 왜냐하면 플루더닉은 스토리/담화의 이분법 같은 내러톨로지의 기술(記述) 범주의 경우에 이것들이 결코 초역사적 상수(常數)가 아니라, 학자들이 자신들의 서사전략을 토대로 고안한, 문화적으로 역사적으로 변화할 수 있는 구성물임을 여러 번에 걸쳐 강조하고 있기 때문이다.38 이렇게 해서 플루더닉의 연구는 대상 영역을 역사적으로 관찰하는 방식이 다시 이론형성에 영향을 끼칠 수 있으며, 이론에 대해 비판적인 물음을 가능하게 하고, 궁극적으로는 이론을 풍부하게 할 수 있음을 보여준다.

그러나 본 논문에서 추구하고 있는 것이 내러톨로지와 문화사의 융합 프로파일링이라는 점을 염두에 둔다면, 플루더닉이 콘텍스트화 없이 역사화를 하고 있다는 점을 강조하지 않을 수 없다. 내러티브 형태의 변화들이 비록 상세하게 묘사되어 있다곤 하지만 그때그때의 문화적 콘텍스트와의 연계망은 대체로 조명되지 않은 채 남아 있다. 문학의 표현형태들이 문화 담론에 어떻게 반응하는지, 이것을 어떻게 선취하는지 혹은 이것에 어떻게 작용하는지, 이 표현형태들이 어떤 이데올로기적인 내포를 가지고 있는지, 그것들이 어떤 사회적 기능을 갖고 있는지 같은 질문들은 플루더닉의 문화**역사적 내러톨로지**의 범주에서는 거의 제기되지 않았다.39

---

38 플루더닉(1996: 221)은 "스토리와 담화, 화자와 성찰자, 분명히 가상적인 fictive 이런 개념이 사용되기 시작한 것은, 내러톨로지의 이론적 차원에서 내러티브화 narrativization가 끈질기게 계속된 결과이다"라고 말한다.

39 내러티브 형태의 발전과 문화적 의미세계들의 변화가 서로 얽혀있음은 플루더닉(1996: 129)에 의해 예컨대 악한 소설에서 자율적으로 행동하는 주인공들의 탄생과 연관해서 주마간산격으로 언급되고 있다. "중세적 정신은 인간을 신의 간섭에 의해 조종되는 존재로 봤다면 르네상스적 인간은 대리자로서의 짐을 스스로 지고, 자신의 고유한 환경과 행동 영역을 만들어내고, 자기 주변의 세계를 통제한다."

4.3. 심성사적 연구: 심성(心性) 프로세스의 역사화

플루더닉이 『'자연적' 내러톨로지』에서 시도했던, 생산방식과 수용방식의 연결에는 다음의 가정(假定)이 깔려 있다. 즉 심성의 프로세스 mental process는 결코 보편적 상수가 아니라 역사적 변화에 예속되어 있는 것이고, 그때그때의 문화적 콘텍스트에 의해 결정된다는 것이다. 역사학은 이 원칙에서 출발하여 이미 1940년대 중반 이후부터 인간을 관찰의 중심에 두는 새로운 콘셉트와 물음을 발전시켰다. 점증하는 이런 역사 **고쳐쓰기**에 대한 요구를 충족시킨 역사의 **인간학화** Anthropologisierung[40] (Raulff 1986 참조)는 프랑스 아날학파 Annales School에서 나온 심성의 역사 histoire des mentalités가 아주 잘 보여 준다.[41]

프랑스에서 기원한 심성사는 사건의 역사 및 정치적·경제적·지적 엘리트를 위주로 하는 역사기술의 풍토를 분명히 거부한다. 그 대신 심성 mentality의 개념에 포괄되는 것들, 즉 집단적이고 부분적으로는 무의식적인 현실 콘셉트, 의미부여의 틀, 표상, 사고방식과 느낌의 방식, 행동을 유도하는 가치와 규범, 지난 문화에서 주어진 이런 것들에 관심을 둔다.[42] 이념사와는 반대로 심성사는 한편으로는 인지적 바탕 및 감정적

---

[40] 레페니에스 W. Lepenies(1975: 325) 참조. 아날학파의 역사적-인간학적 물음에 관해서는 에르베 M. Erbe(1984) 참조.
[41] 아날학파는 이미 1929년에 결성되었으나 1947년에 이르러서 비로소 확고히 자리를 잡았다. 특히 호네거 C. Honegger(1977) 참조.
[42] 이때 상상 imagination은 강하게 작용하는 역사 요인으로 간주된다. 아날학파 사학자들은 "물질적 현실에 부여하는 만큼의 '실재성'을 인간의 표상에 부여하며, 그래서 물질적 현상과 심성적 현상의 상호 의존성을 자신들의 역사관의 토대로 삼는다."(Jöckel 1987: 153)

성향을 연구대상으로 끌어들이고,[43] 다른 한편으로는 연구의 초점을 광범위한 대중의 심성으로 옮겨 놓는다.[44] 이에 따라 문화적 활동과 생산의 상하위계질서는 다양한 실제 현실과 원전(原典)의 동등한 병존(竝存)을 위해서 지양된다. 허구적이고 비허구적인 텍스트들의 폭넓은 스펙트럼 외에 제식(祭式)이나 일상적 행동방식 같은 모든 종류의 인위적 생산물들도 관찰의 대상이 된다. 최근 연구에서는 의미 있는 사례들의 탐구를 위해 직렬적 정량화 방식은 포기된다.[45] 이로써 심성사는 세대 간에 연결된 심성의 연속물로 역사를 기획하던 세계적인 경향에 제동을 걸고, 그 대신 그룹 특유의 심성, 계층 특유의 심성, 성별 특유의 심성이 한 시대에 나란히 존재하는 복합적 이미지를 구상한다.[46]

심성사는 인간학의 기본 상수(常數)인 '의미창출의 인간행위'가 중심적 역할을 감당한다고 본다. 그렇기 때문에 지난 시대에 인간들이 **무엇을** 생각했고 느꼈는지 뿐만 아니라 언어를 수단으로 의미를 **어떻게** 생산했는지를 연구한다.(Burke 1989[1987]: 127 참조) 이때 심성사는 먼저 각 시대의 특수한 현실구성과 의미 만들기를 가능하게 했던 역사적으로 변화하는 틀 조건의 분석에 집중했다. 이런 접근 방식에는 다음의 통찰이

---

[43] 라울프 U. Raulff(1986b[1987]: 10) 참조. 반면 감정과 심리를 심성사 연구에 포함시키지 말자는 주장은 젤린 V. Sellin(1985: 590) 참조.

[44] 엘리트 문화에 대한 문화사적인 새로운 평가에 관해서는 Sellin(1983: 591), Vovelle(1989[1987]: 126), Jöckel(1987: 173) 참조.

[45] 이 두 방법의 장점과 단점에 관해서는 Vovelle(1989[1987]) 참조.

[46] 총체적 역사 histoire totale에 대한 푸코의 비판에 관해서는 무엇보다 Jöckel(1987: 155-156) 참조. 이에 반대하는 입장에 관해서는 Meyer(1989: 87)를 참조하기 바라는데, 그녀에 따르면 여기서 문제의 관건은 심성사 콘셉트의 약점이 아니라 너무나 편파적인 적용방식이라는 점이다.

바탕에 깔려 있다. 즉 그때그때의 집단적 심성을 토대로 이루어진 경험현실에 대한 인간의 인식과 해석에는 특정한 한계가 있다는 것이다.[47] 인간학적-기호학적 문화개념에서 출발하는 최근 연구에서는 집단적 표상, 느낌의 방식, 사고 틀과 행동 틀의 **기술**(記述) 외에도 문화 전체의 콘텍스트에서 문화적 생산물과 문화적 실제 현실들에 대한 **해석**도 나타난다.[48]

최근의 심성사는 이러한 목표설정에서 문화사적 내러톨로지와 마주치는데, 후자는 그때그때의 역사적 콘텍스트의 조직(組織)을 명료하게 분석하는 것을 넘어서서 그것을 고려하면서 내러티브 형태의 해석을 시도한다. 이때 문화사적 내러톨로지는 상호영향이라는 복잡한 과정에서 출발하고, 이 과정에서 내러티브적 현실 생산과 의미 만들기의 능력 그리고 이것들과 함께 이루어지는 사회와 관계있는 방향설정기능의 특별한 능력을 토대로 서사텍스트에 특출한 역할을 부여한다.(Jöckel 1987: 172; Burke 1989[1987]: 141 참조) 심성사학자들이 서사텍스트를 무엇보다도 기록과 정보의 원천으로 끌어들이는 반면, 심성사에 기반한 내러톨로지 연구에서는, 역사적으로 변화하는 선택 과정과 표현 전략들을 수단으로 해서, 세계가 형성되고 재현되며 의미가 만들어지는, 문학 특유의 현실 콘셉트를 분석하는 것이 핵심 사안이다.

1980년대 중반 이후로 독문학자, 불문학자, 영문학자들이 문화이론적

---

[47] Sellin(1985: 598), Chartier(1989[1982]: 77), Raulff(1989b[1987]: 11) 참조: "심성사는 그때그때 인간에게 가능한 것의 역사적 현상학이다."
[48] 가설의 설정(設定)에서 망설이는 연대기-역사학자들에 관해서는 Schulze(1985: 262) 참조. 문화에 대한 폭넓은 정의의 필요성에 관해서 그리고 심성사에서 구성주의적-기호학적 문화개념의 수행능력에 관해서는 Schulze(1985: 266), Chartier(1989[1982]: 94) 참조. 기호학적 콘셉트에 대한 푸코의 비판에 관해서는 예컨대 Jöckel(1987: 154-55) 참조.

도전을 받아들여서 문학연구적 콘셉트를 발전시켰는데, 이것들은 - 개별 전공의 전통을 토대로 - 심성사의 문제 제기와 내러톨로지적 분석범주/기술범주들의 연계를 보여준다.49 심성사 콘셉트에 부족한 이론부분이 수많은 문제를 제기하는 반면 - 무엇보다도 텍스트와 콘텍스트의 연계 가능성, 그룹 특유의 서로 경쟁하는 여러 심성의 동시성, 문화의 변화가 이루어지는 조건들이 그렇다 - 심성에 대한 포괄적 정의는 문화사적 내러톨로지를 위해 아주 유용한 것으로 입증된다.50 이 둘 간의 의견일치는 '심성'의 경우에, 인지적·윤리적·감정적 차원들을 포함하면서 상대적 안정성만 갖고 있는, 집단적이면서 부분적으로 무의식적인 현상이 중요하다는 점일 뿐이다.51

심성사에게 기반한 내러톨로지에게 안내자 역할을 수행하는 것은 심성사학자들과는 정반대로 푸코의 이론에 기대어 텍스트생산물(광의의 문학)을 기록물 document이 아닌 기념물 monument로 관찰하라는 요구이다.(Meyer 1989 참조) 이에 따르면 장르, 텍스트구조, 표현방식은 더는 심성의 특별한 생산물로 읽어서는 안 된다. 오히려 서사 구조를 특정 그룹의 심성 구조와 관계 안에 넣고서 텍스트 구조와 언어 구조가 심성

---

49 Peters(1985), Jöckel(1987), Meyer(1989), Dörner/Vogt(1997[1990]), A. Nünning 1998b[1995]: 177) 참조. 뉘닝에게는 "대상 영역과의 연관에서뿐만 아니라 방법론적 관점에서도" "영문학의 전통과 연계해서 문학연구를 심성사적으로 물음을 제기하는 문화학적 문학연구로 확장하는 것이" 의미 있게 보인다.
50 심성사 콘셉트의 부족한 이론부분에 관해서, 부족한 개념적 정교화와 해결되지 않은 방법적 문제에 관해서는 예컨대 Sellin(1985: 558-61, 568-69)과 Schulze (1985: 261-63) 참조. 작업의 정의에 관해서는 Schulze(1985: 259) 참조.
51 심성 개념의 주된 특징들에 관해서는 Jöckel(1987: 151)과 Reichardt(1978: 132)를 참조. 심성들의 상대적인 지속성에 관해서는 Le Goff(1989[1974]: 23)와 Braudel (1977[1972])의 장기지속 longue duree이라는 시간콘셉트를 보기 바람.

프로세스의 구조화를 어느 정도까지 형태화하고 유지시키는지 알아내야 한다. 이 콘셉트에 따르면 텍스트, 특히 문학텍스트는 심성을 모사하는 것이 아니라 심성 프로세스를 형태화하고, 안정시키며, 전수하며, 변화시키는 데 결정적으로 기여한다.

> 문학을 기록적 성격에서 기념물적 성격으로 바꿔서 보는 시점의 변화는 분석 대상인 텍스트 구조를 심성의 표현이나 재현으로 간주하기보다는 심성이 생겨나는 현상으로 간주할 것을 요구한다. 이제는 어떤 심성이 문학텍스트들로부터 재구성될 수 있는가가 아니라 특정한 의미론적 혹은 논리적 텍스트 구조가 특정 그룹의 심성 구조와 어떻게 관계를 맺고 있는가가 질문되어야 한다. 특정 그룹의 심성이 특정 텍스트 구조의 생산을 위한 전제조건인지 혹은 문학이 - 어떤 심성 구조를 유지시키는 - 언어적 패턴을 공급하는 것은 아닌지를 어떤 방식으로든 물어보는 것이 필요하다. (Meyer 1989: 90-91)

문화학적으로 정향된 문학연구의 틀 안에서 심성사적 접근을 새롭게 콘셉트화하기 위해서는 역사학적 인식과 방법을 끌어들여서 문화사적 현상을 차별적으로 관찰하는 것뿐만 아니라 내러톨로지의 모델과 방법을 수단으로 공시적이고 통시적인 텍스트 분석을 조심스럽게 하는 것이 필요하다. 뉘닝 A. Nünning은 이렇게 해서 문화 연구Cultural Studies라는 영국적 전통에 대해 의식적으로 경계선을 긋고, 자신이 콘셉트화한 영미 문화학의 연구에서 심성사를 문화사적-문학연구적 연구의 **하나의** 초석으로 통합시키고 있다. 그는 주체종속적인 현실 구성에서 출발하는 극단적 구성주의의 인지론과 연계해서 포괄적이면서 규범적이지 않은 생산적 문학개념과 인간학적-기호학적 문화개념을 토대로 삼는다. '문화'란 "표상·사고 형태·느낌의 방식·가치·의미의 복합체인데, 이 복합체는 상징체계에서 물질화되는 것"(1995: 179)으로 파악된다.

문학에 대한 문화사적 분석의 기초가 되는 것은 장르의 관습과 서술기법의 사용에 있어서 역사적으로 변화하는 전략들이 문제의 관건이라는 통찰이다. 이 전략들이 해석의 틀과 의미부여의 틀을 제공하고 그럼으로써 독자적인 현실 콘셉트를 제시할 뿐만 아니라 점차 이질적으로 복잡하게 변하는 사회에서 문화적 매체로서 방향설정을 도와주는 기능을 갖고 있기 때문이다. 이 견해에 따르면 문학은 문화를 관찰할 수 있고, 시대 특유의 혹은 시대를 넘어서는 심성 mentality에 대한 추론을 가능하게 하는 표현형태이다.[52] 이때 한편으로는 특정 시대에 어떤 주제가 선호되는지 그리고 어떤 주제가 등한시되거나 혹은 금기시(禁忌視)되는지를 알아내야 한다. 다른 한편으로 문학적 텍스트 작업방식에 대한 내러톨로지적 연구는 현실 취득과 현실 생산의 심성적 프로세스에 대한 인식을 가능하게 한다. 이와 같은 문화이론적 접근의 콘셉트화는 담론분석 내지는 상호담론분석, 메타포 연구, 토포스 연구, 개념사, 텍스트언어학, 내러톨로지 같은 상이한 문학연구적/언어학적 방법과 범주들을 함께 끌어들이면서 내러티브 현상을 초지일관하게 역사화하고 콘텍스트화함으로써 방법론적으로 가능해진다.[53]

---

[52] 만일 뉘닝 A. Nünning(1996: 78)의 견해에 따라 텍스트 종류의 목록과 장편소설의 내러티브 형태의 목록이 지난 세기의 사고습관과 현실체험에 대한 통찰을 매개해 준다는 점에서 출발한다면, 장편소설은 문화사적으로 정향된 문학사와 심성사를 위한 원천으로서 독자적인 가치를 얻게 된다.
[53] 「문화사적 관점에서 본 18세기 영국의 장편소설」이라는 논문에서 뉘닝 A. Nünning

서사형태들과 심성의 역사화와 콘텍스트화가 문학의 이해 및 비판적인 학문적 자기성찰을 위해서 얼마나 중요한지는 뉘닝 V. Nünning이 골드스미스의 장편소설 『웨이크필드의 목사』(1766)를 대상으로 행한 문화사적·수용사적 연구가 보여준다. 뉘닝은 '신뢰할 수 없는 서술 unreliable narration'이라고 내러톨로지적 현상을 판단하는 것은, 말로 표명되지는 않지만 자명한 것으로 간주되는 도덕적 표상에 기반하여 반드시 이루어진다는 사실, 그리고 가치에 대한 표상과 규범에 대한 표상도 역사적인 변화에 예속되어 있다는 통찰을 출발점으로 삼아, 골드스미스의 소설을 그것이 탄생한 콘텍스트 속에서 그리고 그것이 수용된 그때그때의 콘텍스트 속에서 콘텍스트화한다. 그녀의 연구에 의하면 수용과정이란, 특히 소설의 가치 구조의 파악과 그에 따른 서술자에 대한 평가는, 즉 그가 미더운지 미덥지 않은지에 대한 평가는, 문화적·역사적으로 결정되어 있기는 하지만, 변화하는 텍스트 외부의 규범과 가치 그리고 그때그때의 인간상(像)에 의해 규정되는 것이다. 수용자들은 자신의 현실모델과 텍스트 전체구조 사이에 불일치를 많이 확인할수록 골드스미스 소설의 서술자를 신뢰할 수 없고 개성이 약하다고 평가하고 소설을 삐딱하게 보는 성향을 보인다. 하지만 이런 불일치가 '신뢰할 수 없는 서술자'로 판단하는 충분조건은 아니다. 결정적인 것은 오히려 서술자의 가치·인지방식·평가와, 특히 주제 선택·어휘선택·서술방식·표현방식의 분석으로 드러

(1996)은 영문학적 문화학 콘셉트를 문학연구적으로 실천에 옮겼는데, 신역사주의의 이론을 기반으로 하여 심성사적 물음을 정교한 내러톨로지적 텍스트 분석과 결합하는 방식을 통해서였다. 심성사의 콘셉트를 문화학으로 통합시킬 수 있는 수많은 연계가능성을 보여주고 있는 Jöckel(1987: 160-173)도 참조.

나는 텍스트 전체 구조가 서로 엇갈린다는 것을 알아내는 것이다. 나아가서 문학과 장르의 이해 그리고 상호텍스트적 연관관계의 인식이 '신뢰할 수 없는 서술자'를 평가하는 데 본질적 작용을 한다. 이 견해에 따르면 모든 수용 행위는 특정한 지각 코드와 실마리 해결 코드, 그룹 특유의 심성과 시대 특유의 심성을 포함한다. 그에 따라 수용사(受容史)에서는 특정 주제나 내러티브 형태를 고려한 강조점뿐만 아니라 의미부여, 즉 텍스트의 형태적 구조의 의미화도 변화한다. 뉘닝은 '신뢰할 수 없는 서술'(Zerweck 2001b도 참조)이라는 내러톨로지 콘셉트에 대한 지금까지의 비역사적이고 보편주의적인 고찰을 역사화하고 콘텍스트화해야 한다고 역설할 뿐 아니라, 실천적 문학연구에서 텍스트에 적용되는 텍스트 외적 범주와 척도들을 밝혀야 한다는 점 역시 줄기차게 주장한다.[54]

여기서 소개된 이론 콘셉트들과 심성사적 문학연구의 적용 사례는, 기초가 다져진 내러톨로지적 연구와 광범위한 문화사적 문제 제기의 결합이, 아직 다루어지지 않고 있지만 많은 인식을 제공하는 연구 분야를 열어줄 것이라는 점을 예시적으로 보여준다. 내러톨로지적 텍스트 분석에 심성의 역사를 끌어들이는 것은 지난 시대의 사고방식과 느낌방식에 대한 통찰을 가능하게 할 뿐만 아니라 내러티브적 표현방식이 현실구성, 문화적 의미형성, 심성 구조의 각인(刻印)에 어느 정도까지 관계하는지에 대해서도 해명해 준다. 심성의 역사가 무엇보다도 사고의 내용·입장·가치·규범에 대해 해명을 해주는 반면, 내러톨로지적 텍스트분석은 그것

---

[54] 심성사 콘셉트의 장점은 바로 지난 시대의 문화적 생산물과 행위들에 대한 해석 시에 시대착오를 범하지 않게 하는 데 있다. 이에 관해서는 예컨대 Dörner/Vogt (1997[1990]: 149) 참조.

에 그치지 않고 서술방식, 그리고 서술방식이 심성구조나 집단적 사고틀과 맺는 관계를 추적할 수 있도록 해준다. 심성사적 시각에서 내러티브 현상의 생산과 수용을 역사화하고 콘텍스트화하는 것은 더 나아가 내러톨로지적 묘사범주의 수정(修正), 학문적 실천에 대한 비판적 자기성찰을 가능하게 해준다.

4.4. 기능사적 연구: 문학 텍스트의 사회적 연관성

기능사적 연구는 1960년대 말에 문학연구의 텍스트 내재적 분석을 사회학적 문제 제기와 결합시키려는 목적하에 탄생했다. 이것은 다음의 두 관점에서 유익했다. 한편으로 신비평주의의 순수한 텍스트 내재적 작업 방식은 상대화되고, 콘텍스트적 요인들이 들어오면서 풍부해지기도 했다. 다른 한편으로 기능사적 연구는 당시에 지배적이었던 마르크스적, 문학사회학적 접근, 이것들의 이데올로기적 특징 혹은 순박한 반영(反映)이론에 대한 비판적인 반응으로도 이해된다. 이로써 기능사는 문학이 문화적 콘텍스트에 포함되어 있고, 역사적 생활세계를 형성하는 하나의 요인이라는 점, 그러나 동시에 그 자신의 상징체계에 따라 의미를 만들어낸다는 점을 인식할 것을 요구했다. 문학에 특정한 기능을, 예컨대 넓은 독자층에 새로운 지식을 전달하고, 정치적·사회적 진행 과정에 간섭하며, 신화 형성이나 민족적 정체성 형성에 함께 영향을 끼치는 기능을 부여함으로써 문학의 사회적 연관성에 대한 진술이 이루어진 것이다.[55]

---

[55] 이를테면 Wolff(1980[1964]), Voßkamp(1983), Broich(1984) 참조. 비교적 최근의 연구동향에 관해서는 Fluck(1997)과 Stratmann(2001) 참조.

1790~1900년의 미국 장편소설에 대한 플룩 Winfried Fluck의 기능사는 현재 가장 혁신적이고 이론적으로 가장 성찰적인 기능사적 역사기술 시도이다. 그의 저서 『문화적 상상』(1997)은 예컨대 문화사적 시각화를 문학사 기술(記述)의 픽션이론적, 영향미학적 토대설정과 결합시키는 가능성을 보여 준다. 플룩의 접근은 문학텍스트가 문화 현실에 영향을 끼칠 수 있고 특수한 사회적 기능을 수행할 수 있다는 가정에 기반을 두고 있다. 그러나 플룩은 미국소설에 대한 기존의 기능사와는 달리, 서사적-허구적 텍스트들이 – 합목적적인 모델로 (예컨대 '민족적 정체성의 형성'이나 '심미적 혁신을 통한 예술 체계의 극대화') 추적할 수 있는 – **하나의** 지배적인 기능을 충족시키는 것이 아니라는 점에서 출발한다. 오히려 그는 문학 기능의 다양성과 변화가능성을 강조한다. 플룩(1997: 11)에게 "미국소설의 역사는 [...] 픽션의 사회적, 문화적, 심미적 가능성들에 관해 서로 경쟁하는 표상들의 긴장된 (그리고 긴장감이 팽배한) 역사"이다.

인식의 관심을 장편소설의 문화적 '사용가치' 쪽으로 이끈다는 것은 한편으로는 소위 '고급문학'의 새로운 이해에 도달한다는 것인데, 즉 사회적 기능에 대한 물음을 수단으로 고전적 텍스트들의 재역사화도 시도한다는 것이다. 다른 한편으로는 문학의 사회적 연관성이 정전(正典)에 국한되지 않는다는 점이 분명하게 된다. 소위 말하는 '통속문학 내지 대중문학'도, 아니 바로 '통속문학 내지 대중문학'이 사회적 의미생산과정에 깊숙이 참여한다. 그러므로 기능사의 틀에서는, "등한시되고 잊혀진 아니면 심미적으로 가치 없는 것으로 버려졌던 그런 장편소설 형태의 사용가치와 성과의 개념이 다시 획득될 수 있다. 하지만 정전화된 문학의 기능 개념도 다시 얻을 수 있다."(같은 곳: 10) 연구를 위한 플룩의 가설은 "장편소설의 모든 개별적인 특징적 형태에는 원칙적으로 독자적인 사용가치가 있음이 틀림없으며, 이것은 해석을 통해 접근해야 한다"(같은 곳: 11)는 것이다. 이 가설은 기능사적 역사기술의 방법적 접근 방식과 관련해서 다음의 두 가지를 내포하고 있다. 첫째로는 형태적 분석을 문학의 사회적 기능에 관한 문화사적인 가설과 결합시키기이고, 둘째로는 해석적 작업방식이다. 왜냐하면

> 경험적으로 확인할 수 있는 사회적 영향이라는 엄격한 의미에서 볼 때, 기능의 개념은 문학에는 전혀 적용될 수 없을 것 같기 때문이다. 따라서 기능의 개념은 사변적으로 사용될 수밖에 없고, 보통 문학의 사회적 연관성을 주장할 때, 혹은 문학의 사회적 연관성을 실재적인 것으로 증명할 때 기능의 개념이 사용된다. (같은 곳: 12)

플룩은 심미적 구조와 사회적 기능의 결합을 어떻게 기획하고 있을까? 플룩은 모든 문학 텍스트들이 "작용하기 위해서, 그래서 자신을 다른 텍스트와 차별화시키기 위해서는 소재를 특정하게 내적으로 조직하는 것이 필요하다"고 강조한다. "그것의 사회적 기능은 다른 말로 표현하면 오직 심미적 작용구조를 통해 현실화될 수 있다"(같은 곳: 10)는 것이다. 문학 텍스트의 '심미적 작용구조'를 플룩은 이저 Wolfgang Iser의 픽션이론과 영향미학과 연결함으로써 그리고 이것과의 긴밀한 대화를 통해 발전시킨다. 이런 방식으로 그는 '픽션'이라는 문화적 표현 형태의 특색과 작용메커니즘을 그것의 사회적 기능과 결합시키는 모델을 만든다.

이저의 '꾸미는 행위'(Iser 1993 참조)라는 개념은 픽션과 실재라는 일반적인 이분법을 삼분법으로 확장하는 데 기초해 있다. 이저는 허구적

텍스트가 가리키는 두 방향을 구분한다. 첫째로 허구적 텍스트는 '실재적인 것', 즉 문화 현실의 요소들과 연관되며, 둘째로 그것은 '상상적인 것'(혼란스러운 것, 문화적으로 표현될 수 없는 것 혹은 아직 표현되지 않은 것)을 포함한다. 문학 텍스트는 이 양극을 중재한다. 왜냐하면 픽션이라는 매체에서 상상적인 것은 구조화된 연관관계 속으로 들어가기 때문이다. 즉 상상적인 것이 형태를 갖게 되고 그럼으로써 특정한 실재성을 갖기 때문이다. 반면에 실재적인 것은 문화적 현실성 속에 있는 본래적 연관관계에서 떨어져 나와 픽션이라는 매체로 옮겨 감으로써 특정한 정도로 '비실재화'된다. '실재적인 것'과 '상상적인 것'의 그때그때의 특수한 연결을 통해서 문화적 인지방식은 새롭게 구조화되며 그럼으로써 심미적 체험 가능성이 만들어진다. 플룩(1997: 13)은 이저에 기대면서 "즉, 픽션은 인간이 시험적으로 그리고 실제로 부담이 덜한 형태로 자신의 그때그때의 삶의 정황에서 벗어나는 것을 허용하는 의사소통형태"라고 말한다. 플룩이나 이저에게 상상적인 것은 인간학적 상수(常數)이다. 그러나 모든 개인이 상상적인 것에 대한 성향을 갖고 있음에도 불구하고 그것이 표현되지 않았기에 개별의 상상적인 것은 문화적 의미세계의 대상이 될 수 없다. 픽션이라는 매체를 통해서 비로소 개별의 상상적인 것은 형태를 갖는다. 그리고 이때 개체성의 일부를 또한 상실한다. 왜냐하면 개별의 상상적인 것은 허구에서 실재적인 것, 즉 집단적 상징적 의미세계의 요소들과 결합하므로, 개체적으로 상상적인 것으로부터 **문화적으로** 상상적인 것이 되기 때문이다.(같은 곳: 20 참조)

장편소설은 문화적으로 상상적인 것의 표현형태이므로 중요한 사회적 기능을 수행할 수 있다. "왜냐하면 상상적인 것이 부가됨으로써 현실성은 가능성이 되고, 상상된 가능성에서 새로운 현실이 태어나기 때문이다."(같은 곳: 21) 그래서 픽션은 문화적 변화 가능성의 조건으로 나타난다. 그렇기 때문에 장편소설은 "문화적 자기인식의 매체"로서 이해될 수 있고 "종교, 도덕철학, 철학 같은 기존의 문화적 의미형성 체계들과 나란히 집단적 의미 형성의 독자적 형태"(같은 곳: 18)로 등장한다.

심미적 작용구조와 사회적 작용, 역사적 기능변화를 통합시키는 플룩의 시도는 스토의 장편소설 『엉클 톰의 오두막』(1852)에 대한 해석을 통해 설명될 수 있다. 엄청난 대중성과 영향력을 지닌 이 미국 사회소설의 작용구조에 대한 플룩(1997: 147)의 설명은 "문학의 사회적 기능과 심미적 기능이 떼어놓을 수 없이 서로 결합되어 있다"는 점을 보여준다. 스토의 소설에서는 노예제도라는 사회적 실천에 대해 맹렬히 비판하고, 도덕적 질서와 사회적 질서의 붕괴위험이 지적된다. 이 소설의 가장 중요한 문화적 성과는 문화적 기호를, 즉 검은 피부색의 '의미를 바꾼 것'이다. 동시대 문화적 해석 행위의 틀에서 행해지는 것과는 달리 스토의 소설에서 검은 피부색은 - 엉클 톰이란 인물에서 보이듯이 - 도덕 패러다임과 결합되어 있다.

기표/기의의 새로운 배열은 심미적 작동구조를 통해 지지되는데, 바로 이 작동구조가 소설의 탄생 시점에 엄청난 인기를 불러일으켰다고 플룩은 말한다. 이 작동구조는 다음의 요소로 구성되어 있다. 흑인 시각의 묘사, 감상주의 소설에서 유래한 비유법(가족의 비유-이를 통해 국가란 보호와 박애를 제공하는 사회적 네트워크이고 여기에는 백인과 흑인 모두가 속해있다고 생각하게 한다), 멜로드라마적인 줄거리 요소, 노예제도가 미국 사회의 모든 분야에 파괴적 작용을 한다는 것을 보여주는, 역사소설에나 나옴직한 파노라마식 표현방식이 그것이다. 플룩은 소설의 역사적 수용에서 나타나는 소설의 기능적 변화에 관해, 이후의 시대에 소설의 수용을 어렵게 만드는 것은 특히 – 성경과의 유비관계를 만들어서 등장인물들과 사건들에 도덕적 의미를 부여하는 – 소설의 유형적 서술방식이라고 단언한다. 왜냐하면 20세기에 "도덕적 질서의 유형적인 입증은 현대 독자가 의지할 수 있고 의지하려는 코드가 더는 아니기"(같은 곳: 156) 때문이다.

기능사는 문화사적 내러톨로지에 중요한 자극을 줄 수 있다. 왜냐하면 그것은 의미화된 문학 형태와 문학의 사회적 영향 사이의 연관관계를 혁신적인 방식으로 콘셉트화할 뿐만 아니라 이론에 기초한 해석의 실천적 사례를 제공하기 때문이다. 기능사를 쓴다는 것은 플룩에게 문학연구적 형태 분석과 문화사적 시각화의 결합을 의미한다. 이때 텍스트와 콘텍스트의 연결고리는 문학의 사회적, 문화적 기능에 대한 가설이다. 이렇게 플룩의 기능사적 콘셉트는 선구적 이론틀이다. 이 이론틀 안에서는 역사적 제 문화의 물질적, 심성적, 사회적 차원들의 얽힘에 대한 진술이 이루어질 수 있다. 왜냐하면 문학 형태를 통해 표현되는, 문화적으로 상상적인 것이 "현실을 다시 정의하게 하는 추동력이며 [...] 이것이 이후에 광범위한 제도적, 사회적인 결과를 끌어오기"(같은 곳: 21) 때문이다.

좀머 Roy Sommer가 개념적 정교화를 행한 덕분에 기능사 콘셉트가 내러톨로지에서 가동할 수 있게 되었다. 플룩의 연구와 연계하면서 좀머는 기능 개념의 상이한 네 가지 측면을 구분하는데, 이 측면들은 내러티브 텍스트의 소통모델의 측면 및 심급(A. Nünning 1989 참조)과 다시 연결된다. 첫째 작가의 의도, 둘째 작용잠재성을 지닌 텍스트 내적 현상, 셋째

동시대 독자층에 미치는 역사적 작용, 넷째 문학사 기술(記述)의 틀에서 기능의 소급 부여이다. 그렇지만 좀머는 내러톨로지의 분석범주로 기술될 수 있는 텍스트의 작용 잠재성에 있어서는, "기억해서 얘기할 수 있도록 문학텍스트의 내용을 구조화하고 조직함으로써 의미 형성에 결정적인 역할을 담당하는 서사 전략의 **가능한** 효과들은, **근거를 댈 수 있는** 가정"(Sommer 2000: 328, 강조된 부분은 글쓴이에 의한 것임)이어야 한다고 말한다. 이는 텍스트 내적 분석에 바탕을 두고서는 이렇다 할 만한 잠재적 영향력을 결코 확정 지을 수 없고, 잠재적 영향력은 그때그때 상이한 방식으로 텍스트가 다양하게 활성화되는 범주 안에서 나타날 수 있다는 것을 의미한다.

5. 요약과 전망

본 논문에서 소개된 이론 콘셉트와 방법론을 보면 내러톨로지적, 문화이론적, 문화사적 부분이 각각 상이하게 혼합된 비율로 나타나고 있음을 알 수 있다. 내러톨로지적 분석과 문화사적 물음을 결합시키는 시도는 1980년대 미국의 신역사주의적 연구에서 처음으로 착수되었다. 암스트롱과 벤더는 이때 푸코의 권력 콘셉트와 담론 콘셉트를 재수용하면서 내러티브 텍스트의 정치적 차원을 밝혔다. 이 두 연구는 문학이 사회의 구조변화와 정당화 과정에 능동적으로 참여하고 국가의 통제 메커니즘의 제도화를 가능하게 한다는 사실을 본보기적으로 확실히 보여주고 있다. 서술방식을 **내러톨로지적으로 분석할 때 정치적 차원을 고려**하게 되면, 텍스트/콘텍스트 이분법을 지양하라는 신역사주의의 요구가 이렇게 (아주 설득력 있게) 충족될 수 있다. 물론 암스트롱과 벤더의 연구에서 문제점으로 입증된 바는, 정교한 표현에도 불구하고 텍스트/콘텍스트 관계에 대해 기초가 확립된 이론콘셉트가 없다는 사실이다. 게다가 내러톨로지적 모델과 분석범주를 적용함에 있어서 구분의 예리함과 정교함이 없다. 특히 암스트롱의 담론(서술방식)분석 연구에서 서술이론 콘셉트가 등한시되거나 부분적으로 생각 없이 사용되고 있는 것이 보인다.

반면에 플루더닉의 『'자연적' 내러톨로지를 향하여』는 토대가 되는 이론적 조건들의 명증성과 수준 높은 성찰로 인해 특화되고 있다. 플루더닉은 문학적 의미가 구성될 때 수용과정의 중요성을 강조한다. 그녀는 문학 형태의 역사적 변화가능성을 설명하기 위해 인지주의 내러톨로지의 콘셉트를 이용한다. 자신의 새로운 내러톨로지 콘셉트를 토대로 수행된, 중세부터 포스트모던에 이르기까지의 텍스트들에 대한 연구는 문학적 조형방식의 통시적 차원에 대한 통찰을 제공한다. 물론 플루더닉의 **문학 형태의 역사화**는 문화이론적 접근들과의 연계가능성을 거의 보여주지 못한다. 문화적 콘텍스트란 물질적·심상적·사회적 현상 간의 복합적 네트워크이고, 변화하는 이러한 문화적 콘텍스트에 대해 문학 텍스트가 맺는 관계가 문학 텍스트의 문화사적 차원이라고 할 때, 플루더닉에게서는 문학 텍스트의 문화사적 차원이 거의 눈에 띄지 않는다.

플루더닉의 『'자연적' 내러톨로지를 향해』가 독자적인 포스트고전적 내러톨로지로 평가될 수 있는 반면, 본 논문에서 소개된 심성사적 연구와 기능사적 연구는 문학연구 및 문화연구의 이론 구성, 구체적인 문화역사적 탐구를 행함에 있어서 고전적 내러톨로지의 카테고리들을 적용한다는 것이 요체이다. 심성사적 연구와 기능사적 연구는 문학 텍스트가 공시적, 통시적 관점에서 문화 조직 속에 자리하고 **있음**과 **어떻게** 자리하고 있는지 보여줄 수 있다. 즉 문학은 집단적 심성 및 사회적 사건들과 대화적으로 연결되어 있는바, 문학이 심성과 사건들이 지닌 문화적 특유성을 표현하고 비판적으로 성찰하며 선취하고 함께 만들어내는 것이다. 인문과학적 개념과는 반대로, 심성사적-문학연구적 연구에서는 강조점이 심성 프로세스의 재구성으로부터 **심성 구조들이 형성되고 안정화될 때 서술 방식이 담당하는 조형의 역할**로 옮겨 간다. 그리고 이전의 기능사적 연구와는 달리 플룩의 접근은 **문학 형태에 의한 문화적으로 상상적인 것의 생산이 어떻게 역사적으로 변화하는 사회적 기능**을 충족시키는지 보여주고 있다.

문화사적으로 중요한 인식에 도달하기 위해서 심성사적 연구와 기능사적 연구는 텍스트 생산과 수용 행위에서 수행되는 의미부여를 그때그때 문화적 역사적으로 변하는 생산과 수용의 콘텍스트 안에 정초시킨다. 심성사적 연구와 기능사적 연구는 문화사적 내러톨로지 쪽에 서 있다. 왜냐하면 이것들은 문학연구의 인식관심을 문화사 쪽으로 확장시키는 동시에 고전적-구조주의적 내러톨로지의 확장에 관심을 갖고 있기 때문이다. 이들의 주된 초점은 문화적 형태화에서 내러티브 텍스트들의 수행 능력에 맞추어져 있다. 심성사적 연구와 기능사적 연구는 현재 가장 혁신적이고 전도유망한 문화사적 내러톨로지의 선구자들이다. 이것들은 명증성 있는 텍스트-콘텍스트의 이론 콘셉트와 내러톨로지적으로 기초가 확립된 분석에 의해 특화된다.

문화사적 내러톨로지는 페미니즘 내러톨로지나 인지주의 내러톨로지가 보여준 것 같은 정교하고 포괄적인 이론체계를 아직 정립하지 못했다. 하지만 넓은 의미에서 문화사적 내러톨로지라고 할 만한 여러 연구물이 보여주듯이, 서사론적 형태분석을 문화학적 이론 구축 및 역사인식과 결합하려는 소망은 이미 많은 경우에 성취되었다. 본 논문에서 소개된 접근방식들이 문학연구에서 굳건한 자리를 차지하게 되더라도, 문화사적 내러톨로지는 앞으로도 여전히 도전에 직면할 것이다. 아무리 시야가 확장되고 이론의 다원주의가 이루어지더라도, 문화이론적으로 심도 있는 예리함과 문화사적 지식과 인식, 그리고 내러톨로지적 정교함이 부족해서는 안 된다는 것이다. 부족함이 없는 이런 문화사적 내러톨로지가 이루어진다면 그 능력은 자명하다. 한편으로는 문화 조직 안의 내러티브 현상을 초지일관하게 역사화하고 콘텍스트화함으로써 내러톨로지 연구가 보다 강력히 상호학제적이고 문화이론적인 방향으로 나가게 될 것이고, 다른 한편으로 문화사적 내러톨로지는 문화연구 분야의 새로운 접근들을 이론적으로 방법론적으로 풍부하게 만들 수 있다. 예컨대 경험사 혹은 문화적 기억의 이론들은 내러톨로지적 시각화로부터 많은 인식을 얻을 수 있다. 왜냐하면 무엇보다 이 이론의 대표자들이 집단적 의미세계의 형성에서 내러티브 형태들의 중요한 공헌을 비록 강하게 강조하고 있긴 하지만, 문화적 내러티브의 상이한 형태들과 기능들 혹은 문학이라는 상징체계의 특수한 수행능력에 대해 아직까지는 신경을 쓰지 않았기 때문이다.

참고문헌

Armstrong, Nancy. 1989 [1987]. *Desire and Domestic Fiction: A Political History of the Novel*. New York/Oxford: Oxford UP.

Bachtin, Michail M. 1981. *The Dialogic Imagination: Four Essays*. Austin, TX: University of Texas Press.

Mal, Mieke. 1983. "The Narrating and the Focalizing: A Theory of the Agents in Narrative." In: *Style* 17.2: 234-69.

Baßler, Moritz (Hg.). 1995. *New Historicism: Literaturgeschichte als Poetik der Kultur*. Frankfurt a.M.: Fischer.

Bender, John. 1987a. *Imagining the Penitentiary: Fiction and the Architecture of Mind in Eighteenth-Century England*. Chicago/London: The University of Chicago Press.

_____. 1987b. "Prison Reform and the Sentence of Narration in *The Vicar of Wakefield*." In: Felicitz Nussbaum & Laura Brown (Hgg.) *The New Eighteenth Century: Theory, Politics, English Literature*. New York/London: Methuen. 168-88 und 298-301.

_____. 1992. "Eighteenth-Century Studies." In: Stephen Greenblatt & Giles Grunn (Hgg.). *Redrawing the Boundaries: The Transformation of English and American Literary Studies*. New York: The Modern Language Association of America. 79-99.

Brannigan, John. 1998. *New Historicism and Cultural Materialism*. Basingstoke/London: Macmillan.

Braudel, Fernand. 1977 [1972]. "Geschichte und Sozialwissenschaften. Die longue durée." In: Claudia Honegger (Hg.). *M. Bloch, F. Braudel, L. Febvre u.a.: Schrift und Materie der Geschichte: Vorschläge zur systematischen Angeignung historischer Prozesse*. Frankfurt a.M.: Suhrkamp. 47-85.

Broich, Ulrich (Hg.). 1984. *Functions of Literature: Essays Presented to Erwin Wolff on tHis Sixtieth Birthday*. Tübingen: Niemeyer.

Bruner, Jerome S. 1990. *Acts of Meaning*. Cambridge, MA: Harvard UP.

Burke, Peter. 1989 [1987]. "Stärken und Schwächen der Mentalitätengeschichte." In: Raulff 1989a [1987]. 127-45.

Chartier, Roger. 1989 [1982]. "Intellektuelle Geschichte und Geschichte der Mentalitäten." In: Raulff 1989a [1987]. 69-96.

Clifford, James & George E. Marcus (Hgg.). 1986. *Writing Culture: The Poetics and Politics of Ethnography*. Berkeley: University of California Press.

Cohn, Dorrit. 1995. "Optics and Power in the Novel." In: *New Literary History* 26: 3-20.

Currie, Mark. 1998. *Postmodern Narrative Theory*. Basingstoke/London: Macmillan.

Daniel, Ute. 2001. *Kompendium Kulturgeschichte: Theorien, Praxis, Schlüsselwörter*. Frankfurt a.M.: Suhrkamp.

Dörner, Andreas & Ludgera Vogt. 1997 [1990]. "Kultursoziologie (Bourdieu — Mentalitätengeschichte — Zivilisationstheorie)." In: Klaus-Michael Mogdal (Hg.). *Neue Literaturtehorien: Eine Einführung*. Opladen: Westdeutscher Verlag. 134-58.

Echterhoff, Gerald. 2002. "Geschichten in der Psychologie: Die Erforschung narrativ geleiteter Informationsverarbeitung." In: V. Nünning/A. Nünning 2002a. 265-90.

Engel, Manfred. 2001. "Kulturwissenshaft/en — Literaturwissenschaft als Kulturwissenschaft — kulturgeschichtliche Literaturwissenschaft." In: *KulturPoetik* 1.1: 8-36.

Engel, Manfred, Bernard Dieterle, Dieter Lamping & Monika Ritzer. 2001. "*KulturPoetik*- Eine Zeitschrift stellt sich vor." In: *KulturPoetik* 1.1: 1-3.

Erbe, Michael. 1984. "Historisch-anthropologische Fragestellungen der Annales-Schule." In: Hans Süssmuth (Hg.). *Historische Anthropologie: Der Mensch in der Geschichte*. Göttingen: Vandenhoeck & Ruprecht. 19-31.

Erll, Astrid. 2002. "Literatur und kulturelles Gedächtnis: Zur Begriffs- und Forschungsgeschichte, zum Leistungsvermögen und zur literaturwissenschaftlichen Relevanz eines neuen Paradigmas der Kulturwissenschaft." In: *Literaturwissenschaftliches Jahrbuch* 43: 253-80.

Fluck, Winfried. 1997. *Das kulturelle Imaginäre: Eine Funktionsgeschichte des amerikanischen Romans 1790-1900*. Frankfurt a.M.: Suhrkamp.

Fludernik, Monika. 1996. *Towards a 'Natural' Narratology*. London: Routledge.

_____. 1999. "'When the Self is an Other': Vergleichende erzähltheoretische und postkoloniale Überlegungen zur Idenitäts(de)konstruktion in der (exil)indischen Gegenwartsliteratur." In: *Anglia* 117: 71-96.

Freiburg, Rudolf. 1991. Rez. Bender 1987a. In: *Anglia* 109: 230-38.

Blauser, Jürg & Annegret Heitmann (Hgg.). 1999. *Verhandlungen mit dem New Historicism: Das Text-Kontext-Problem der Literaturwissenschaft*. Würzburg: Königshausen & Neumann.

Goodman, Nelson. 1978. *Ways of Worldmaking*. Indianapolis, IN: Hackett.

Grabes, Herbert. 2001. "Literary History and Cultural History: Relation and Difference." In: *REAL* 17 (*Cultural History: Forcefields and Tensions*) 1-34.

Greenblatt, Stephen. 1988. *Shakespearean Negotiations: The Circulation of Social Engergy in Renaissance England*. Berkeley: University of California Press.

_____. 1995, "Kutlur." In: Baßler 1995. 48-59.

Hebel, Udo J. 1992. "Der amerikanische *New Historicism* der achtziger Jahre: Bestandsaufnahme einer neuen Orthodoxie kulturwissenschaftlicher Literaturinterpretation." In: *Amerikastudien* 37: 325-47.

Höfele, Anreas. 1992. "New Historicism/Cultural Materialism." In: *Jahrbuch der deutschen Shakespeare-Gesellschaft* 1992: 107-23.

Honegger, Claudia. 1977. "Geschichte im Entstehen: Notizen zum Werdegang der Annales." In: dies. (Hg.). *M. Bloch, F. Braudel, L. Febvre u.a.: Schrift und Materie der Geschichte: Vorschläge zur systematischen Aneignung historischer Prozesse*. Frankfurt a.M.: Suhrkamp. 7-44.

Iser, Wolfgang. 1993 [1991]. *Das Fiktive und das Imaginäre: Perspektiven literarischer Anthropologie*. Frankfurt a.M.: Suhrkamp.

Jahn, Manfred. 1998 [1995]. "Narratologie: Methoden und Modelle der Erzähltheorie." In: Ansgar Nünning (Hg.). *Literaturwissenschaftliche Theorien, Modelle und Methoden: Eine Einführung*. Tirer: WVT. 29-50.

Jameson, Fredric. 1981. *The Political Unconscious: Narrative as a Socially Symbolic Act*. London: Methuen.

Jaeger, Stephan. 2002. "Erzähltheorie und Geschichtswissenschaft." In: V.

Nünning/A. Nünning 2002a. 237-63.

Jöcke, Sabine. 1987. "Die 'histoire des mentalités': Baustein einer historisch-soziologischen Literaturwissenschaft." In: *Romanistische Zeitschrift für Literaturgeschichte* 11: 146-73.

Lancer, Susan Sniader. 1992. *Fictions of Authority: Women Writers and Narrative Voice*. Ithaca, NY: Cornell UP.

Le Goff, Jacques. 1989 [1974]. "Eine mehrdeutige Geschichte." In: Raulff 1989a [1987]. 18-32.

Lepenies, Wolf. 1975. "Geschichte und Anthropologie: Zur wissenschaftshistorischen Einschätzung eines aktuellen Disziplinenkontakts." In: *Geschichte und Gesellschaft: Zeitschrift für Historische Sozialwissenschaft* 1: 325-43.

Lotman, Jurij M. 1993 [1972]. *Die Struktur literarischer Texte*. München: Fink.

Lugowski, Clemens. 1976 [1932]. *Die Form der Individualität im Roman*. Frankfurt a.M.: Suhrkamp.

Meyer, Friederike. 1989. "Literary History and the History of Mentalities: Reflections on the Problems and Possibilities of Interdisciplinary Cooperation." In: *Poetics* 18: 85-92.

Montrose, Louis A. 1989. "Prefessing the Renaissance: The Poetics and Politics of Culture." In: H. Aram Veeser (Hg.). *The New Historicism*. New York/London: Routledge. 15-36.

_____. 1992. "New Historicisms." In: Stephen Greenblatt & Giles Gunn (Hgg.). *Redrawing the Boundaries: The Transformation of English and American Literary Studies*. New York: MLA. 392-418.

Nünning, Ansgar. 1992. "Narrative Form und fiktionale Wirklichkeitskonstruktion aus der Sicht des *New Historicism* und der Narrativik: Grundzüge und Perspektiven einer kulturwissenschaftlichen Erforschung des englischen Romans im 18. Jahrhundert." In: *ZAA* 40.3: 197-213.

_____. 1998b [1995]. "Literatur, Mentalitäten und kulturelles Gedächtnis: Grundriß, Leitbegriffe und Perspektiven einer anglistischen Kulturwissenschaft." In: ders. 1998 [1995]. 173-97.

_____. 1996. "Der englische Roman des 18. Jahrhunderts aus kulturwissenschaftlicher Sicht: Themenselektion, Erzählformen, Romangenres und

Mentalitäten." In: ders. (Hg.). *Eine andere Geschichte der englischen Literatur: Epochen, Gattungen und Teilgebiete im Überblick.* Trier: WVT. 77-106.

_____. 2001b. "Kulturwissenschaft." In: ders. 2001a [1998]. 353-56.

_____. 2001c. "Semantisierung literarischer Formen." In: ders. 2001a [1998]. 579-80.

_____. 2001d. "No Literary or Cultural History without Theory: Ten Teutonic Theses on the Deconstruction and Reconceptualisation of Two Complex Relationships." In: *REAL* 17 (*Literary History/Cultural History: Forcefields and Tensions*): 35-66.

Nünning, Vera. 1994. "Die Feminisierung der Kultur: Kulturgeschichtliche Bedingungen für den Wandel der Wertschätzung der Frau im England des 18. Jahrhunderts." In: *Archiv für Kulturgeschichte* 76: 135-63.

_____. 1998: "*Unreliable narration* und die historische Variabilität von Werten und Normen: *The Vicar of Wakefield* als Testfall für eine kulturgeschichitliche Erzählforschung." In: Nünning/Surkamp/Zerweck 1998. 257-85.

_____. 2001. "*New Cultural History*/Kulturgeschichte." In: A. Nünning 2001a [1998]. 473-75.

Nünning, Vera & Ansgar Nünning. 2000b. "Von 'der' Erzählerperspektive zur Perspektivenstruktur narrativer Texte: Überlegungen zur Definition, Konzeptualisierung und Untersuchbarkeit von Multiperspektivität." In: diess. 2000. 3-38.

Peters, Ursula. 1985. "Literaturgeschichte als Mentalitätsgeschichte?" In: Georg Stötzel (Hg.). *Germanistik — Forschungsstand und Perspektiven. Vorträge des deutschen Germanistentages.* Bd. 2. Berlin/New York: de Gruyter. 179-98.

Posner, Roland. 1991. "Kulturals Zeichensystem: Zur semiotischen Explikation kulturwissenschaftlicher Grundbegriffe." In: Aleida Assmann & Dietrich Harth (Hgg.). *Kultur als Lebenswelt und Monument.* Frankfurt a.M.: Fischer. 37-74.

Posner, Roland & Dagmar Schmauks. 2001. "Kultursemiotik." In: A. Nünning 2001a [1998]. 350-51.

Prince, Gerald. 1982a. *Narratology: The Form and Functioning of Narrative*. Berlin: Mouton.

Raulff, Ulrich (Hg.). 1986. *Vom Umschreiben der Geschichte: Neue historische Perspektiven*. Berlin: Wagenbach.

_____ (Hg.). 1989a [1987]. *Mentalitäten-Geschichte: Zur historischen Rekonstruktion geistiger Prozesse*. Berlin: Wagenbach.

_____. 1989b [1987]. "Vorwort: Mentalitäten-Geschichte." In: ders. 1989a [1987]. 7-17. Reichardt, Rolf. 1978. "'Histoire des Mentalités': Eine neue Dimension der Sozialgeschichte am Beispiel des französischen Ancien Régime." In: *Internationales Archiv für Sozialgeschichte der deutschen Literatur* 3: 130-66.

Rüsen, Jörn. 1994. *Historische Orientierung: Über die ARbeit des Geschichtsbewußtseins, sich in der Zeit zurechtzufinden*. Köln: Böhlau.

Said, Edward W. 1994 [1993]. *Culture and Imperialism*. London: Vintage.

Schmid, Wolf. 1977a. *Der ästhetische Inhalt: Zur semantischen Funktion poetischer Verfahren*. Lisse: Peter de Rider Press.

_____. 1977b. "Die Semantisierung der Form: Zum Inhaltskonzept Jurij Lotmans." In: *Russian Literature* 5: 61-80.

Schulze, Hagen. 1985. "Mentalitätsgeschichte ― Chancen und Grenzen eines Paradigmas der französischen Geschichtswissenscahft." In: *Geschichte in Wissenschaft und Unterricht* 36. 12: 247-70.

Sellin, Volker. 1985. "Mentalität und Mentalitätsgeschichte." In: *Historische Zeitschrift* 241: 555-98.

Sommer, Roy. 2000. "Funktionsgeschichten: Überlegungen zur Verwendung des Funktionsbegriffs in der Literaturwissenschaft und Anregungen zu seiner terminologischen Differenzierung." In: *Literaturwissenschaftliches Jahrbuch* 41: 319-41.

Spencer, Jane. 1986. *The Rise of the Woman Novelist: From Aphra Behn to Jane Austen*. Oxford/New York: Blackwell.

Stratmann, Silke. 2001. "Funktionsgeschichtliche Ansätze." In: A. Nünning 2001a [1998]. 200-01.

Surkamp, Carola. 2002. *Die Perspektivenstruktur narrativer Texte: Theorie und*

Geschichte der Perspektivenrelationierung im englischen Roman zwischen Viktorianismus und Moderne. Trier: WVT.

Thomas, Brook. 2001. "Figuring the Relation between Literary and Cultural Histories." In: *REAL 17* (*Literary History/Cultural History: Forcefields and Tensions*) 341-58.

Voßkamp, Wilhelm. 1983. "Literaturgeschichte als Funktionsgeschichte der Literatur (am Beispiel der frühneuzeitlichen Utopie)." In: Thomas Cramer (Hg.). *Literatur und Sprache im historischen Prozeß: Vorträge des deutschen Germanistentags, Aachen 1982*. Tübingen: Niemeyer. 32-54.

Vovelle, Michel. 1989 [1987]. "Serielle Geschichte oder 'case studies': Ein wirkliches oder nur ein Schein-Dilemma?" In: Raulff 1989a [1987]. 114-26.

Watt, Ian. 1957. *The Rise of the Novel: Studies in Defoe, Richardson, and Fielding*. London: Chatto & Windus.

White, Hayden. 1973. *Metahistory: The Historical Imagination in Nineteenth Century Europe*. Baltimore/London: Johns Hopkins UP.

_____. 1978. *Tropics of Discourse: Essays in Cultural Criticism*. Baltimore/London: Johns Hopkins UP.

Wolff, Erwin. 1980 [1964]. *Der englische Roman im 18. Jahrhundert*. Göttingen: Vandenhoeck & Ruprecht.

이 밖에 본 논문에 해당되는 참고문헌으로서 본서 마지막에 실린 책과 논문은 다음과 같다.

Bal 1997[1985], 1990, 1999; Banfield 1982; Chatman 1978; Cohn 1978; Genette 1980[1972], 1988[1983]; Gutenberg 2000; Herman 1999b: Jahn 1998[1995]; A. Nünning 1989, 1998[1995], 2001a[1998], 2000; Nünning/ Surkamp/Zerweck 1998; V. Nünning/A. Nünning 2000, 2002a; Prince 1982a; Richardson 2000; Ricœur 1984-86; Rimmon-Kenan 2002[1983]; Stanzel 1955, 1995[1979]; White 1987; Wolf 2002; Zerweck 2001b.

GO-BETWEEN

포스트식민주의 서사론

한네 비르크·비르기트 노이만 지음
송민정 옮김

오늘날 전 세계에 살고 있는 사람의 4분의 3 이상은 식민주의 경험으로부터 깊이 영향을 받은 삶을 살고 있다. (Ashcroft 외 1989: 10)

1. 도입

이 글은 포스트식민주의에 관한 **하나의** 이론 또는 **유일한** 이론을 다루는 것이 아니라 위의 인용문이 시사하고 있듯이 그 다양한 양상으로 인해 전체적 조망이 힘든 포스트식민주의 현상에 주목한다.[1] 이 논문의 주

---

[1] 본 저자들은 Sophie Boldt, Gerald Echterhoff, Bärbel Oetken, Udo Spöri와 아울러 "서사론의 새로운 경향들: 콘셉트, 방법, 전망"이라는 주제로 열린 학회의 모든

된 목적은 포스트식민주의이론의 선별된 여러 콘셉트와 이와 관련된 내러톨로지 범주 사이의 몇몇 중요한 교차지점을 소개하는 데 있다.[2] 말하자면 텍스트 내재적이면서도 형식지향적인 구조주의에 기원하는 내러톨로지가 주제 및 콘텍스트 중심의, 이데올로기 비판을 행하는 포스트식민주의 연구에 유익할 수 있음을 보여주는 것이다. 이는 구조주의적 범주들이 필연적으로 학제적 경계를 넘나들면서 발전해야 함을 보여준다.[3] 따라서 여기서 소개하는 '경계 넘나들기 Go-Between'는 이론들 간의 관계지우기의 시도인 동시에 두 이론이 따로 또 같이 작용하는 특징을 갖는 혼종의 기획이다. 포스트식민주의 서사론은 형식과 기능 사이의 1:1 관계나 형식의 기능화 내지 기능의 형식화로부터 출발하는 것이 아니다. 오히려 의미화된 서사형식과 그 기능 사이의 관계는 복합적이고 다가(多價)적으로 파악되어야 함을 의미한다. 의미의 영역은 다양한 서사방식을 통해 전달되고 내러티브 형식들은 여러 함축적 의미를 전달하는 기능을 수행하기 때문이다(V. Nünning/ A. Nünning 2000b: 31 참조).[4]

참가자들의 조언과 비판에 감사의 말을 아끼지 않는다. 또한 이 논문 작업을 독려했을 뿐 아니라 많은 귀중한 논평과 조언을 아끼지 않은 Ansgar Nünning과 Vera Nünning에게도 각별한 고마움을 표하는 바이다.

[2] 이데올로기 비판적이고 정치적인 성향 때문에 포스트식민주의 이론은 페미니즘 내러톨로지와 많은 유사성을 띤다(Gymnich 2000; 2002 참조). Gymnich에 따르면 포스트식민주의 서사론은 허구적 텍스트와 비허구적 텍스트에서 정체성과 타자성 및 민족적 귀속성, 계급과 젠더 등이 어떻게 구성되는지 또는 해체되는지를 분석하는 데 목표를 둔다.

[3] 이런 상호학제성의 단초는 내러톨로지의 일반적인 발전경향에 속한다고 할 수 있다. Walter Grünzweig와 Andreas Solbach에 따르면(1999b: 2) "미래의 내러톨로지는 끊임없는 경계넘기와 복잡한 상호학제성의 추구를 그 특징으로 한다." 이러한 상호학제적 경향을 보다 분명히 설명하기 위해 본 논문에서는 '포스트식민주의 서사론'이라는 개념을 가져온다. '내러톨로지'라는 용어는 프랑스에서 기원한 구조주의적 개념의 서사론과 더 깊이 연관된 인상을 주기 때문이다.

사이드 Edward Said(1978)에 따르면 포스트식민주의 이론은 콘텍스트를 중시하는 문학개념에서 출발하므로 포스트식민주의 이론에서 문학작품의 문화적·사회적·역사적 생성조건을 살펴보는 것은 매우 필요하다. 아울러 포스트식민주의적 해석은 구성주의 문학관에 기반을 둔다는 점에서 텍스트는 현실을 그대로 모사하는 것이 아니라 문화적인 자기이해의 표현으로서, 사회적 현실에 대한 구성물의 생성이라고 파악되며 이에 따라 포스트식민주의 해석은 "세계생성방식"(Goodman 1984)을 내러톨로지적으로 분석하는 것을 목표로 한다. 이러한 배경을 이해할 때야 비로소 몇몇 식민지 소설들이 제국주의 이념 형성에 얼마나 기여했는지 연구할 수 있고 포스트식민주의 소설이 주변부 세계의 현실을 수정주의적으로 그려내는 전략을 어떻게 사용하는지 추적할 수 있다. 동시에 이러한 작업은 포스트식민주의 문학이론이 갖는 이중적 목표를 내비친다. 즉 식민주의 담론뿐만 아니라 포스트식민주의적 또는 디아스포라적 담론에 대한 이데올로기 비판적 분석을 행하는 것이다.

다음에서는 먼저 포스트식민주의 이론의 근간이 되는 콘셉트인 정체성, 타자성, 혼종성에 대해 소개할 것이다(2장). 이를 전제로 하여 포스트식민주의가 제기한 문제와 내러톨로지의 분석범주 사이의 연결지점 및 마찰지점을 다루게 될 것이다(3장).[5] 마지막 장인 조망(4장)에서는 미(未) 연구

---

[4] '형식의 의미화'란 "형식적 테크닉이 단순히 텍스트의 구조적 요소가 아니라 고도로 의미화되어 문화적 구성 과정에 개입한 내러티브 모드로서 분석된다"는 것을 뜻한다(A. Nünning 2000: 360).

[5] 이러한 텍스트 예들은 해석가능성에 대한 비교적 짧은 참조사항에만 국한할 것이다. 주로 소설 장르를 중심으로 살필 것이다. 소설의 장르특수적인 재해석의 가능성을 근거로 "소설은 유연한 서사형식과 다성적인 대화적 특성(바흐친의 의미에서)으로 인해, 경쟁하는 여러 담론의 토론장으로서 적합하다"(A. Nünning 1998b[1995]:

영역뿐 아니라 부분적으로는 서로 모순되는 여러 이론영역 사이를 오가는 데서 피할 수 없는 난제들을 다루게 될 것이다. 이 논문은 일차적으로는 주제 중심의 후기구조주의적 연구이며 이차적으로는 포스트식민주의 이론과 구조주의적인 분석범주의 결합을 시도하는 연구이다.[6] 예를 들면 바바 Homi Bhabha의 포스트식민주의 이론은 데리다의 '차연 différance' 개념과 같은 후기구조주의 개념들을 사용한다. 양자의 입장이 나타내는 불일치를 간과하지 않는다는 점에서, 이 논문은 포괄적인 포스트식민주의 서사론을 상세하게 다루기보다는 오히려 양쪽 이론들을 생산적으로 연관시킬 수 있는 가능성을 탐색하는 데 역점을 둔다.

2. 포스트식민주의 문학이론의 주요개념과 목표

> 한때 세계를 주름잡던 서구의 대도시들은 전후 밀려드는 이민자와 난민들의 유입을 통해, 피식민지 국가의 정체성을 이루는 토착적인 내러티브이기도 한 포스트식민주의 역사와 대면하지 않을 수 없다.
> (Bhabha 1994: 6)

유럽열강에 의해 이루어졌던 식민지의 해체와 독립 및 그사이 생겨난 독립국가들 안에 잔존하는 식민지 유산의 영향력이야말로 포스트식민주의 문학이론이 다루는 역사적 지점이다(Kreutzer 1998[1998]: 199 참조). 포스트식민주의 문학비평은 바로 위와 같은 역사적 지시성과 사회·문화

---

191)라는 전제에서 출발한다.
[6] 후기구조주의 서사론에 대해서는 이 책의 Sandra Heinen의 논문 참조.

적 근거를 갖는 콘텍스트 중심의 문학관을 요구한다. 그것은 문화사적인 전제와 물질적 조건을 강조함은 물론이고 한 텍스트가 갖는 정치적 연관성 및 이데올로기적 전제조건을 밝히고자 하는 것이다(Loomba 1998: 1-19 참조). 따라서 문학적 형식은 초역사적이거나 불변의 항수로서 구상되기보다 오히려 사회적인 현실구조의 표현물로서 역사와 이데올로기에 의해 구속받는다.[7] 이러한 구성주의적 문학관에 따르면 문학적 텍스트는 단지 고착화된 집단관념이나 인지메커니즘을 모사하는 것이 아니라 허구적 묘사수단에 의해 적극적으로 세계를 전유하고 해석하는 매체로서 이해되며 텍스트의 독자적인 현실모델을 보여준다(Bhabha 1994: 23 참조).[8] 문학을 이같이 이해한다면 문학텍스트 분석은 사회·문화적으로 각인된 사고범주를 해명해줄 수 있는 작업임이 분명하다. 마찬가지로 포스트식민주의적 문학비평의 목표는 "근대 유럽식민주의 역사에 그 뿌리를 두고 경제적·문화적·정치적으로 작용하는 국가·인종·문화 간의 지배와 피지배 관계를 중개하면서 이에 도전하고 또한 이를 반영하는"(Moore-Gilbert 1997: 12) 문화적 형식 및 텍스트 매체를 분석하는 일이 될 것이다. 그러므로 포스트식민주의 문학비평의 중심에는 다층적인 상호작용, 즉 식민지 지배세력과 피지배자 사이에 복합적으로 구축된 지배와 억압의 경향과

---

[7] 문화사적 내러톨로지에서도 문학은 사회적 상징체계이며 문화이해에 기여할 수 있다는 전제에서 출발한다. 이 책에 실린 Astrid Erll과 Simone Roggendorf의 논문 참조.

[8] 사이드 Edward Said(1978) 등의 구성주의적 입장을 참조. 그는 오리엔트에 관한 텍스트들이 기존의 지식을 전달한 것만이 아니라 묘사하려고 한 그 현실을 생산해냈다는 점을 강조한다. 마찬가지로 홀 Stuart Hall은 재현의 전략이 언제나 구성적이며 단순한 반영의 역할만 하는 것은 아니라고 역설한다. "이것은 문화와 이데올로기에 대한 질문들과 주체성, 정체성, 정치 같은 재현의 시나리오들에 형태구성적인 성격 및 표현적인 성격을 부여한다."(Hall 1994: 17)

그 결과가 문학적으로 어떻게 표현될 수 있는가 하는 문제가 자리하게 된다.

넓은 의미에서 볼 때 포스트식민주의 개념은 역사적인 한 시기로서 식민지 상황이 갖는 양 측면, 즉 제국주의 중심지와 그 변방에 위치한 수많은 주변부 세계를 포함한다. 여기서 '포스트'라는 단어는 포스트식민주의가 제국중심지로부터 문화적·경제적·학문적 독립을 목적으로 식민주의 유산을 비판적으로 분석하려는 지속적인 과정임을 명백하게 보여준다(Döring 1996: 9). 이러한 의미에서 포스트식민주의 문학은 반제국주의적 담론의 표현으로서 문학, 문화, 역사, 인종, 정체성 등 기존의 고착화된 유럽적 개념들에 저항하는 것으로 이해될 수 있다.[9]

'포스트식민주의적'이라는 개념이 식민주의자와 그 피지배자 사이에 이루어지는 다층적인 상호작용의 과정을 포괄하기 때문에 포스트식민주의 문학비평은 원칙적으로 두 종류의 상호보완적인 목표를 갖는다. 첫 번째로 식민주의 문학을 수정주의적이고 이데올로기 비판적인 관점에서 재해석하는 것이다. 제국주의적·유럽중심적 인지모형과 더불어, "고유한 것과 낯선 것의 차이를 절대화시키는"(Sommer 2001: 60) '식민지 타자'라는 사회적 오명이 부여되는 방식이 드러나야 한다. 다른 하나는 포스트식민주의 비평이 당시 대영제국에 속한 영어권 문학을 해석하는 것을 목표

---

[9] 포스트식민주의 비평의 패러다임과 구상은 여러 측면에서 비판받았다. 무엇보다도 '포스트식민주의' 개념이 소위 정복당한 식민지와 정복한 식민지 사이에서 매우 폭넓은 역사적 차이들을 균등하게 만든다는 점이다(Childs/Williams 1997: 10-12). 또한 포스트식민주의적 비평이 이원적인 대립들에 의존하고 있으며 따라서 이원론적인 구분을 미리 행함으로써 그들이 무효화하고자 하였던 정태적이고 본질주의적 범주를 재생산할 위험이 있다고 비판받는다(Young 1995: 5).

로 한다는 것이다. 이들 문학은 역사적 유산에 대한 비판적 분석의 결과이기 때문에 그 분석에 있어서 식민주의 흐름 속에서 파괴된 문화적 정체성이 어떻게 재구성되고 확립되는지에 중점을 둔다(Antor 2001[1998]: 161 참조). 따라서 포스트식민주의 문학비평의 두 가지 방향은 상호문화적 교류, 즉 고유의 것과 낯선 것과의 만남 및 이들의 충돌이 낳은 결과가 문학적으로 구체화된 것에 초점을 둔다.[10]

이러한 목표로부터 포스트식민주의 문학비평의 중심적 개념들이 생겨나는바, 개인적·문화적 정체성 형성, 타자성을 인지하고 구성하는 방식, 그리고 이것이 정체성 구성에서 갖는 의미를 분석하는 일이다. 결국 포스트식민주의 문학비평은 텍스트로부터 문화전이적 혼종성의 유무를 판단하는 연구가 된다.[11] 이러한 중심적인 개념들 이외에도 인종성, 다문화성, 문화전이성, 젠더, 계급, 국가와 디아스포라와 같은 개념을 다루는 다른 연구 분야들 또한 마땅히 포스트식민주의 연구 안에 포괄되어야 할 것이다. 그리하여 포스트식민주의적 서사론의 목표는 사회문화적 범주들과 형식적 내러톨로지 분석범주가 어떻게 서로 연관될 수 있는지를 보여주는 것이 된다. 맨 먼저 문학텍스트를 형식적 측면뿐 아니라 내용적 측면에서 동시에 고려할 때 비로소 그 텍스트가 재현하는 낯선 것과 고유한 것의 다양한 기능이 드러날 수 있으며 종국에는 문화사적으로 콘텍스트화 될 수 있다(Sommer 2001: 61 참조).

---

[10] 홀(1997: 228)에 따르면 식민주의 담론뿐 아니라 포스트식민주의 담론에서도, 식민화하는 사회와 그 타자들과의 조우를 구체적으로 묘사할 수 있는 다양한 가능성이 문제가 된다.

[11] 정체성과 타자성 구성과 관련하여 Birgit Neumann의 프로젝트인 "현재 캐나다 역사소설에 나타난 역사, 문화적 기억 및 정체성에 대한 내러티브 구상" 참조.

2.1. 개인적 정체성과 문화적 정체성의 구성

정체성 구성은 포스트식민주의 서사론에 있어서 두 가지 이유에서 각별히 중요하다. 첫 번째로 정체성은 "말의 표현, 목소리, 말의 행위능력부여"(Assmann/Friese: 1998b: 13)와 밀접하게 관련된다는 점에서, 서로 상이한 정체성 구성 및 특성부여는 개인적·문화적 자기규정 또는 자기소외의 근거가 되기 때문이다. 두 번째로는 앞의 맥락으로부터 유추되듯이 정체성이란 본질적으로 담론의 생성, 다시 말해 담론의 가장 강력한 형태인 이야기를 통해 구성되고 완성된다는 점이다. 따라서 서사론의 설명범주는 정체성의 내러티브적 구성으로 눈을 돌리도록 만든다. 이리하여 서사론 모델들은 "주제와 이데올로기 관점에서 형성되는 동일화과정을 언어와 내러티브로써 텍스트화하는 수단들"을 보다 자세하게 기술할 수 있게 된다."(Fludernik 1999a: 87)

지난 십 년간 문화학 및 사회학 연구 분야에서 정체성이라는 주제에 대한 관심이 크게 고조되었다. 어떻게 개인적·집단적 정체성이 생겨나며 그것이 어떤 특성을 갖는가 하는 물음은 심리학, 심리분석 및 사회학으로부터 시작하여 민족서지학을 경유해 포스트식민주의 및 페미니즘 분야에 이르기까지 우리 시대의 다양한 전문분야를 망라하여 논의되고 있는 실정이다. 이들 분야에서 다양하게 고안된 정체성 개념의 스펙트럼에는 상당한 편차가 존재함에도 불구하고 몇몇 공통적인 기본 전제를 찾아볼 수 있다. 그것은 무엇보다 공통적으로 정체성에 대한 규범적인 표상을 거부한다는 점이다. 그러한 규범적 개념의 근저에는 완전한 자아, 기성의 완결된 자아, 즉 매우 상이한 삶의 상황과 맥락에서도 불변하는 존재의 핵심이자 동일성을 갖는 자아의 근거로서 정체성을 거부하는 것이다. 홀 Stuart Hall(1994: 181)은 "계몽주의시기 이후 우리 존재의 핵심이자 본질로 규정되고 확실시되는 본질주의적인 정체성 기획은 이제 과거의 것이 되었다"고 역설한다.

그 자체로 충족되고 자율적이며 "분리될 수 없는" 주체라는 정체성 개념(Hall 1994: 188)은 홀이 말하는 의심을 받지 않는 독백적·남성중심적 정체성과 마찬가지로 포스트식민주의와 페미니즘 시각에서 가장 많은 비판을 받는 대상이다. 이러한 이데올로기 비판을 통해 자칭 보편적이라고 주장된 정체성은 성별과 민족 사이의 위계적인 권력관계를 재생산하며 공고히 만드는, "독재적이고 이해관계에 좌우되는 가부장적 성격과 결합된 유럽중심적 구성물"(Horatschek 2001[1999]: 267)로서 폭로된다.[12] 그러한 백인 남성의 성격모델에 따라 정체성을 구성하려는 의도의 목적은 지배집단의 지위와 특권을 정당화시키기 위해 다른 사회구성원으로서 타자가 갖는 진정한 지위를 모두 제거하려는 데에 있다(Sampson 1993: 4). 따라서 이들 비평에서는 규범적인 정체성 기획이라는 프로파간다를 반대한다. 왜냐하면 이러한 기획이란 보편적으로 통용되는 논리를 좇을 뿐 아니라 안정되고 일관된 자아상을 "찾아내거나" 또는 "정형화하는 것"을 목적으로 하기 때문이다(Gergen/Gergen 1988: 36).

이제 정체성을 과정적 모델, 즉 역동적이고 불연속적이며 사회문화적으로 근거지어진 구성물로서 이해하는 입장이 기존의 존재론적이며 정형화된 모델을 대신하게 된다. 예를 들어 스튜어트 홀, 호미 바바, 가야트리

---

[12] Spivak(1999: 112), Mannoni(1956), Benhabib(1995: 10) 참조.

스피박, 에드워드 사이드의 모델에서 보듯이 포스트식민주의의 정체성 이론이 주장하는 바는 무엇보다 "결코 완성되지 않으면서 항상 진행 과정에 있는 개인적 정체성"의 지속적인 변동성이다(Hall 1994: 26).[13] 지속적인 전유라는 의미에서 개인적인 정체성뿐 아니라 문화적 정체성 또한 어떠한 동질적 특성을 나타내는 것이 아니라 항상 새로운 자아발견을 향해 나아가는 종결될 수 없는 과정을 나타낸다(Sommer 2001: 53).[14] 사이드는 인간의 정체성을 구성주의적으로 개념화할 것을 다음과 같이 강령적으로 선언한다(1995: 3). "인간의 정체성이란 자연적이고 안정적인 것이 아니라 구성되는 것이며 때로는 즉흥적으로 발명되는 것이기도 하다." 따라서 정체성은 항상 괴리된 자아경험, 세계경험들을 심리적으로 통일시키고 상황과 콘텍스트에 따라 그 자신을 규정하려는 시도의 잠정적인 구성물이 된다.

이를 통해 정체성에 관한 탈본질화는 필연적으로 자아의 파편화와 복수화를 가져오게 된다. 주체는 단 하나의 정체성에 근거하지 않고 다양하면서도 때로는 모순적이기까지 한 정체성에 기반을 둔다. 즉 "주체는 세대가 거듭되면서도 일관되게 유지되는 **자아**를 중심으로 통일될 수 없기 때문에 다양한 정체성을 형성하게 된다."(Hall 1994: 183) 포스트식민주의의 정체성은 문화전이적인 경계지역에서 생겨나기 때문에 그 주체구

---

[13] 사회심리학에서의 정체성 이론에서도 역시 인간 정체성의 과정적 측면을 강조한다. 이에 대해서는 Gymnich(2000: 특히 28-43), Straub(1998b: 73-104), Keupp 외(1999) 참조.

[14] Bhabha(1994: 51) 역시 다음과 같이 강조한다. "정체성은 결코 선험적인 것이 아니며 완성된 생산물도 아니다. 그것은 다만 총체성의 이미지에 접근해가는 문제적 과정일 뿐이다."

성 역시 탈중심화되고 이질적이며 불안정한 것으로서 구상된다(Bhabha 994: 13, 38 참조). "주체에 있어서 부단한 해체·전환·새로운 형성의 과정은 본질적이다."(Lützler 1995: 95) 왜냐하면 주체는 임의적으로 주체를 버리거나 대체할 수 있을 뿐 아니라, 극대화·극소화할 수 있는 갖가지 정체성의 위기 안에서 끊임없이 활동하고 있기 때문이다. 이같이 개방적이고 유동적인 정체성 개념에서 진정한 내면적 핵심을 추구하는 것은 더는 유효하지 않다. 그 대신 정체성은 "움직이는 축제"(Hall 1994: 182)가 되거나 유연하고 변화무쌍하게 부분요소들을 편성할 수 있는 "패치워크" 또는 "꼴라쥬"(Bronf/Marius 1997: 24)가 된다.

포스트식민주의 이론에 따르면 개인적 정체성과 마찬가지로 문화적 정체성도 구성적일 뿐 아니라 과정적이며 역동적이다. 문화적 정체성은 집단 특유의 문화형태 발전과 완성에 밀접하게 관련되며 주체성에 대해 집단이 관여하는 지분을 나타낸다. 즉 "개인이 특정집단에 소속될 때 발생하는 것이며 성별, 문화, 인종, 국가에 의해 규정되는"(Assmann/Friese 1998b: 12) 주체성의 성격이다. 바바는 문화적 정체성이 초역사적 실체 내지는 본질주의적인 실체를 나타내는 것이 아니라, 문화적 차이에 대한 언어적 표현을 통해 담론적으로 생성된다고 강조한다(1994: 1). 따라서 문화적 정체성은 상호문화적인 의사소통 내에서 협상된 이미지이며 한 집단이 자체적으로 구상한 것으로서, 하나의 동종성이라는 표상에 근거한 단지 잠정적으로만 동일시될 수 있는 이미지에 불과한 것이다. "문화적 정체성이란 역사와 문화에 대한 담론 내에서 형성되어 불안정하게 동일화된 지점 내지는 봉합점이다. 즉 본질적인 것이 아니라 하나의 관점화 Positionierung인 것이다."(Hall 1994: 30) 문화적 정체성을 구성하는 일은 개별 주체가 "세계이해와 자기이해의 공통분모"(Straub 1998b: 103)를 규정하는 것이기 때문에 문화적 정체성 구성을 통해서 집단은 문화적·역사적·언어적 공간에 자신을 자의식적으로 설정될 수 있다. 문화적 정체성은 유럽 중심적이고 규범적인 정체성 개념에서 벗어나서 지배적인 백인의 콘텍스트에 맞서는 자기주장의 도구로서 빈번히 작용할 수 있기 때문에(bell hooks 1989; Hall 1994 참조) 무엇보다 피지배자인 소수 민족 집단에게 결정적인 역할을 한다.

문화적 정체성과 마찬가지로 개인적 정체성 구성에 있어서 자기 이야기는 매우 중요한 의미를 갖는다. 왜냐하면 이야기는 구성적인 도식의 중심이면서 특히 연속성과 통일성을 부여하는 연관관계를 만들기 때문이다. 이러한 연관관계는 이전의 분리되고 우연적인 사건과 행위들을 의미 있게 재현하는 형식으로서 드러난다. "이질성의 통합을 위한 사후적 자기구현"(Straub 2001: 270)인 이야기를 통해 개인과 집단은 자기 자신과 타자 및 주변 세계와 유기적으로 관계를 맺고 그 관계에 의미를 부여한다. 따라서 서술된 이야기는 개인과 집단이 자신들에 대해 서로 이해하고 현재라는 시간 맥락 속에 자신을 위치시키는 핵심적 매개가 된다(Straub 1998a: 128). 이러한 내러티브적 가공과정에서 끊임없이 만들어지는 잠정적 생산물은 자아로서 통합되는 정체성이자, 자신의 행위에 의미를 부여할 수 있도록 만드는 이야기인 것이다(Polkinghorne 1998: 28).

이와 같이 의미를 부여하는 이야기 도식이 특수한 문화적·사회적 환경을 통해서야 비로소 중개되기 때문에 '문화적으로 사용 가능한 해석적 플롯이 무엇인가'라는 질문은 포스트식민주의 이론에서 매우 중요하다. 포스트식민주의 서사론에 대한 요청, 즉 식민주의 소설뿐 아니라 포스트식민주의 소설에서 문화적으로 우세한 서사구조의 모형이 제시되고 그러한 플롯에 의해 등장인물들이 인종·성별·계급에 따라 어떠한 역할을 부여받는가 하는 것들이 분석되어야 한다. 따라서 포스트식민주의 이론에서 개인적 또는 집단적 정체성을 갖는 등장인물의 성격이 주변과의 상호작용에 의해 끊임없는 형성과정에 있다 할지라도, 사회적 현실을 형상화하는 데 갖는 정체성의 의미와 중요성은 퇴색되지 않는다. 의식적이고 전복적으로 지배적 담론에 간섭하기 위해서, 명백히 존재하지만 보이지 않게 차별받는 주변 세계에 대해 "전략적 본질주의"(스피박)의 의미에서 고유한 정체성이 강조되어야 한다.15 포스트식민주의 이론에서 정체성 구성은 표현가능성 및 행위가능성을 동반하기 때문에 그것이 사회적 콘텍스트 안으로 의식적으로 수용될 때 또한 저항의 매개체로서 작용할 수 있다.16 그러므로 포스트식민주의 서사론은, 정체성 개념을 내러티브적으로 표현하는 데 사용되는 여러 서사전략을 규명할 뿐 아니라 묘사기술과 텍스트에 미치는 영향 사이의 다양한 관계를 보여주어야 한다(Sommer 2001:

---

[15] 이와 관련하여 Antor(2000: 254) 참조: "우리의 정체성은 지속적으로 변화하면서 구성되는 재구성 과정임에도 불구하고, 우리의 일상적 존재와 행동은 의도된 바에 따라 충분히 통합될 수 있다는 주체성의 환상을 기반으로 하여 이루어진다."

[16] 이와 관련하여 Benedict Anderson(1983)은 민족국가라는 개념을 통해 집단적인 정체성이 결코 태초의 본질주의적이고 초시간적으로 주어진 것이 아니라 상상된 집단으로서 역사적으로 조건 지워진 구성물을 묘사한다는 것을 훌륭하게 보여주었다. 이 구성물이란 의미와 귀속성에 대한 근본적인 요구를 충족시킨다. 「시간, 내러티브 그리고 현대의 민족국가」(1994: 139-170)라는 논문에서 Bhabha는 민족의 구성적 성격에 관한 Anderson의 견해에 동의하지만 한 걸음 더 나아가 민족국가가 갖는 불가피한 내적인 분열성을 설명한다. 이러한 방식으로 민족국가는 그들을 통일시키는 결합력을 상실하고 문화적 차이를 구체화하는 길을 마련한다. Ernst Renan 또한 이미 1882년에 "민족국가란 무엇인가"라는 강령적 글에서 민족국가가 결코 자연적으로 생겨난 구성물이 아니라는 점을 언급하였다(Renan 1990 [1882] 참조).

68). 이러한 관계분석을 통해 포스트식민주의 소설의 등장인물 상황에서 서구 주인공의 부재가 드러나기도 한다. 왜냐하면 이러한 주인공의 부재는 서구의 우월성에 대항하고 자신들의 권리를 주장하려는 소수 민족 집단의 시도로서 재의미화될 수 있기 때문이다(Fludernik 1999a: 75 참조).

2.2. 타자성과 정체성의 역동적 상호작용

개인적 정체성 및 문화적 정체성의 형성방식과 그 특성에 대한 물음은 곧 타자성 개념과 직결된다. 왜냐하면 여러 현대작가들의 견해에 따르면 '나'를 구성한다는 것은 타인에 대한 이미지와 부단히 맞물려 있기 때문이다. 즉 "타자라는 개념 없이 '나'의 개념이 결코 있을 수 없듯이, '우리'라는 의식 또한 다른 집단 없이는 존재할 수 없다는 것이다."(Dundes 1983: 239; J. Assmann 1999[1992]: 154 재인용)[17] 타자성은 상대적이다. 그것은 "타인, 다른 것 또는 낯선 것에 대한 주관적 생각"(Antor 1995: 323)에 의해 규정되기 때문에 나와 타자의 관계에 대한 물음은 타인의 '본질'을 문제 삼지 않는다. 오히려 문화적으로 지배적인 인지모형과 문학적인 '타자성' 담론에서 유효하게 작동하는 내러티브 구성에 주목해야 한다(Sommer 2001: 22 참조). 그리하여 포스트식민주의 서사론의 과제는 낯선 것을 정형화시키는 재현에서 작동하는 서사전략을 기술하고 그 기능들을 분석하는 데에 놓인다.

자아정체성과 타자성 사이의 역동적 관계라는 개념이야말로 정체성이

---

[17] Ashcroft 외(2000: 12) 참조. "식민지를 개척하는 주체의 자기 정체성, 실제로는 제국 문화의 정체성은 식민화된 타자의 타자성과 분리될 수 없다."

란 타인과의 긴밀한 공동작용, 즉 사회적인 환경과 자아의 상호행위 안에서 구축되고 공고해지는 것임을 보여준다. 말하자면 정체성이 항상 타인과의 대화에서 합리적으로 경험될 수 있다는 점에서 그 개인적 실존은 대화적일 수밖에 없다(Keupp 외 1999: 95f. 참조). 이러한 방식으로 타자는 '자아'의 공동창조자로서 정체성을 형성하는 데 있어서 필수 불가결하다.[18] 따라서 정체성 구성이란 '사실로서 간주되는' 유사성과 차이성이 결정되는 대화적 과정이라고 이해될 수 있을 것이다(Vester 1996: 99 참조). 곧 정체성에 대한 물음은 "나는 누구인가"가 아니라 오히려 "타인들과 관계에서 나는 누구인가, 나와의 관계에서 타인들은 누구인가"(Gossiaux, Keupp 외 1999: 95 재인용)여야 한다.

무엇보다 포스트식민주의 이론에서 상호주관적이고 상호문화적 관계들은 파트너들이 서로 동등하게 상호작용할 수 있는 중립적 영역이 아니라는 점이 지적되어야 할 것이다. 이들 관계는 이미 식민주의 시기에 그러했듯이 오히려 규범적인 위계화와 지배집단의 권력구조화를 통해 규정되었고 오늘날 이는 더욱더 심화되었다(Mannoni 1956 참조). 문화적 정체성 형성이란 타인과의 의식적인 경계지우기 행위로서 빈번히 묘사될 수 있으며 더욱이 집단소속 의식은 여기에 속하지 않은 사람들, 소위 아웃사이더 집단과 자신을 구분 짓는 관념을 포함한다. 특히 사이드가 『오리엔탈리즘』(1978)에서 상세하게 다루었듯이, 이러한 경계지우기 과정에서 정체성이란 가치평가의 대립을 통해서 구성된다. 이러한 대립화

---

[18] 이러한 상호행위적 사회학적 주체 개념은 G.H. Mead(1934)의 전통에 근거한다. 그는 객체로서 나me와 주체로서 나I를 포괄하는 자아 개념을 통해 정체성의 이러한 이중적 측면을 살펴보았다.

에서 타인에게 사회적 오명을 씌우거나 깎아내리는 폄하적인 수사학이 빈번하게 일어난다(Antor 1995: 323 참조). 따라서 우리/그들이라는 도식에 따라 작동하는 정체성/타자성의 구성은 이분법적으로 설정된 비교를 바탕으로 타인에 대한 변하지 않는 표상을 만들어낸다. 이러한 표상은 내부와 외부 사이의 이항대립을 본질적인 것으로 묘사하고 확인시킨다(Said 1978; 1995 참조). 이러한 인종중심적인 이분법 모델에서는 더 높은 평가를 얻은 쪽이 정체성과 연결되고 낮은 평가를 얻은 쪽은 타자성과 연결된다(Horatschek 1998: 64 참조). 또한 문화적 타자성을 양극화를 통해 부정적으로 구성하려는 의도는 자기 자신의 정체성을 공고히 함과 아울러 자신의 우월성을 확인하는 데에 있다. "이항대립의 논리는 종속과 지배권 행사의 논리이기도 하다."(Benhabib 1995[1992]: 26)[19] "마니교적인 알레고리"(JanMohamed 1995[1985]: 18f.)는 식민지 타자를 야만적이고 미개한 것, 원시적인 것, 비합리적인 것으로 조작하기 때문에 동시에 식민주의를 "문명화의 사명"(Bhabha 1994: 83)이라는 의미로 뒤바꾸어 도덕적 정당화를 가져온다.

이렇게 정체성과 타자성의 이분법적인 구성은 인물성격의 정형화, 서술자의 논평, 타자에 대한 부정적인 유형화에 나타나는, 이미지와 이데올

---

[19] 이와 관련해서는 사회심리학의 대화적 콘셉트 또한 참조. E.E. Sampson(1993)은 유용한 타자라는 개념을 도입하는데 이 개념은 자신의 정체성을 확립하고 공고히 만들기 위해 고안된 것이다. "서구역사의 상당 기간 동안 [...] 주요한 고안자들은 남성이자 백인이었으며 교육받은, 사회의 지배 계층에 소속된 자들이다. 반면에 지배집단이 아닌 모든 사람들은 그들의 지배 대상이다. [...] 이런 구성은 비록 의식적으로 그렇게 한 것은 아닐지라도 타자에게서 그들의 진정한 지위를 박탈하고 이를 통해 지배집단에게는 더 자유롭게 행동할 수 있는 권리와 자기 자신에 대한 인정을 가능케 해줄 뿐 아니라 자신들의 특권을 더 잘 보전하게 해준다."(1993: 4; Keupp 외 1999를 번역함)

로기가 결합한 반복적인 표현 imagologische Topoi을 통해 서사적으로 중개될 수 있다. 그뿐만 아니라 의미화의 서술전략은 관점구조 및 서술자 중개성의 구체화와 마찬가지로 정체성과 타자성을 구성하는 데에 결정적으로 작용한다(Sommer 2001: 71 참조).

파농 Frantz Fanon은 특히 정형화와 평가절하를 가져오는 타자성 구조가 식민화의 대상인 소수 민족에게 야기하는 심리적 결과들을 강조한다 (1986[1952]). 헤게모니적 담론에서 일어나는 인종주의적 낙인은 흑/백, 참/거짓, 선/악 사이의 극복될 수 없는 태생적 차이를 만들어내고 이를 확립시키려고 흑인 주민들을 인종적 속성으로 환원시킨다. 이제 이러한 허구의 정형화된 유형은 식민지 하위주체를 이미 부정적으로 각인된 타자로서 묘사할 뿐만 아니라 하위주체 스스로도 자신에게 부여된 이러한 속성 및 유럽중심적인 권력담론의 가치를 내면화한다(Fanon 1986[1952]: 109 참조). 자기 자신을 타자로서 내면화하는 것은 개인적·문화적 정체성을 형성하는 데에 있어서 더욱 심각한 결과를 초래하는데, 내면적으로 주체성의 상실을 가져오고 그 결과로서 자기를 소외시키며 지배문화에 동화되도록 만들기 때문이다(Fanon 1981[1961] 참조).[20]

이로부터 포스트식민주의 서사론의 목표가 도출된다. 타자성의 내면화로 귀결되는 이러한 속성들이 어떻게 문학적으로 구체화되는지를 연구하는 것이다. 기본적인 내러티브 전개방식으로서 다음과 같은 것들이

---

[20] Charles Tayler(1993 [1992]: 12) 또한 인정과 정체성 사이의 긴밀한 연관성에 주목한다. 그는 "인간 또는 인간집단은 주위 사람들이나 사회가 자신에 대한 이미지를 제한적이며 비방조로 또는 경멸적으로 반사해서 보여줄 때 실제적인 손상을 받을 수 있고, 실제적인 변형을 겪을 수 있다"고 강조한다.

대상이 된다. 인물의 의식과정을 분석하거나 서술자와 등장인물 사이의 언어적 차이 및 상호침투 그리고 타자정형화와 자기정형화 사이의 상호작용을 다루게 된다. "식민주의 시나리오는 전유를 특징으로 한다. 이것은 바로 자신의 자기정형성으로서 그에게 부과된 부정적 타자성을 식민지 주체의 일부로서 받아들이는 것이다."(Fludernik 1999c: 31)

그러나 정체성 형성이 타자성을 이중적이며 경직된 방식으로 구분짓는 것에 의해 결정되어서는 안 된다. 이러한 타자성은 정체성을 위해 부정적으로 도구화된 배경으로 작용하기 때문이다. 오히려 다양하고 역동적인 문화적 혼합형태가 생길 수 있는 길을 열어주는, 개방적이면서도 유연한 정체성 형성을 또한 고려해 볼 수 있다. 그러한 탈중심적인 과정적 모델은 본질주의적인 적대적 정체성 개념에 대항하면서 오히려 지속적으로 이루어지는 잠정적인 정체성의 갱신과 중첩을 강조하게 된다. 이러한 모델에 따르면 정체성이란 타자와 동일시하는 다층적이고 양가적인 과정을 통해 형성되며 따라서 단일하다고 주장되는 서구의 정체성 또한 타자의 정체성과 선명하게 구분될 수 없게 된다. "동일화의 요구는 하나의 타자에 대한 것이다. 결과적으로 타자의 질서를 차별화하는 과정에서 자신을 재현하게 된다."(Bhabha 1994: 45)[21] 동일화의 양가적인 구조 안에서 욕망과 공포의 대상인 타자와의 만남은 바로 자신의 정체성에서 거부된 요소와의 만남이라고 할 수 있다(같은 곳: 73-76 참조). 이제

---

[21] 이와 관련하여 Bhabha(1994: 162) 참조. "주체는 [...] 타자의 궤적을 통해 구성된다. 여기서 알 수 있는 것은 동일화의 대상이 모호하다는 사실과 보다 정확히 말해 동일화의 수행자 역시 순수하거나 총체적이지 않으며 항상 대체, 치환 또는 투사의 과정으로 구성된다는 것이다.

'나'와 타자 사이의 상호의존 및 상호침투에 의해 정체성과 타자성 두 입장 모두 근본적으로 불안정성과 내적분열이라는 특징을 갖는 부분적 존재로서 드러난다. 타자는 결코 나의 정체성 너머에 위치하는 것이 아니라 오히려 자아의 통합적 부분으로서 이해되기 때문에 개인의 모든 정체성 안에는 내적인 차이가 각인되어 있다. 즉 "나와 타자가 아니라 내 안의 타자성이 매번 잘못 고쳐 써진 식민지 정체성이라는 양피지에 각인되어 있다."(같은 곳 44)

이제 정체성의 반대 개념인 차이는 더 이상 정체성의 타자로서 이해되는 것이 아니라 오히려 정체성 내부에 자리한다. 왜냐하면 데리다의 차연 개념에 비추어 볼 때 바바에게 차이란 환원될 수 없는 개념이 아니라 부단히 자신을 구분 짓는 과정이기 때문에 단순히 전유나 변증법적인 종합에 의해서 해소되어질 수 없다. 정체성과 타자성의 긴장된 상호침투 또는 "자기 안의 타자성의 집요함"(Gehrke 1999: 16)은 결국 양극화된 타자성 모델을 극복하도록 만든다. 이제 문화적 정체성은 결국 관점화와 협상의 끊임없는 과정으로 이해된다. 그 과정 안에서 문화적 타자성은 동시에 자기 자신을 스스로 해체한다. 왜냐하면 자신의 것과 낯선 것 사이의 경계면이 지속적으로 변하기 때문이다(Sommer 2001: 53). 생산적 경계면에 대한 경험은 고착된 문화적 정체성 너머에서 고유한 것과 낯선 것을 더는 절대화하지 않는, 다층적이고 혼종적인 형태의 존재들을 구성한다.

이러한 타자와의 동일화과정과 그에 따르는 정체성과 타자성 사이의 상호침투작용은 다중시각 Multiperspektivität과 다성성을 통해 내러톨로지적으로 포착될 수 있다. 여기서는 개별 관점들 사이의 대조 및 상응관계를 기술하고 관점의 위임과 역동적인 중첩을 밝혀내어 다양한 발화주체들의 언어적 배치 및 상호영향 관계를 분석하는 것이 관건이 된다. 그러나 또한 인종차별적인 상투어가 아이러니적으로 인용되거나 유희적 배경물로서 사용될 때 양극화된 타자화 모델은 극복될 수 있다(Fludernik 1999a: 75 참조).

2.3. 혼종성

소위 문화적 정체성이 갖는 혼종성 문제는 포스트식민국가뿐 아니라, 특히 제3세계로부터 유입되는 이주민에 의해 점차 다문화적으로 변모해가는 과거 식민지국가의 대도시에서 제기될 수 있다. 스튜어트 홀, 로버트 영, 압둘 쟌모하메드와 호미 바바가 제기한 혼종성 이론은 문화 간 경계 및 중첩이 나타나는 지역과 자아/타자, 중심/변방, 서양/동양, 백/흑, 선/악과 같은 이항대립의 극복을 위한 비판에 관심을 두고 있다.[22] 바바가 생각하는 상호문화적인 접촉은 동등한 권한을 갖는 자연집단 사이에서 행해지는 다문화적인 병렬도, 대립적 양극현상의 변증법적인 종합도 아니다. 오히려 정체성/타자성 및 중심/변방 사이의 불가분한 문화전이적 공동작용이 구상된다. 그는 문화 사이의 경계에 위치하는 소수자집단의 관점으로부터 문화적 차이를 말할 수 있는 '제3의 발화 공간' 즉 '사이-속 공간 in between space'이라는 개념을 구상하였다. 이같이 다양한 중첩과정

---

[22] 특히 식민지시대에 부정적으로 간주되었던(Young 1995 참조) 혼종성 개념에 대한 평가절상은 포스트식민주의 이론가들의 덕분만은 아니다. 바흐친 Michail Bachtin(1981)도 혼종화의 전복적 잠재성에 주목하였는데 혼종화가 주류문화의 단성적 언어를 약화시킬 수 있기 때문이다.

을 통해 생겨나는 사이-속 공간에서 문화적 가치, 관심, 지식과 의미화의 전략들 간의 협상이 이루어진다(Bhabha 1994: 2 참조). '문화적 의미화라는 과업'(같은 책: 38)를 지고 있기도 한 이 영역에서 "문화 간의 편견, 규범 및 갈등을 고착시킬 수 있는 것들"(Goetsch 1997: 143)을 동요시킴으로써 문화적 혼종화가 촉진된다. 이밖에도 양가적이면서 긴장된 이 영역에서 문화전이적인 번역 및 전이의 과정을 통해 문화적 정체성의 새로운 혼종적인 형태가 생겨난다. 바바에 따르면(1993: 37) 이러한 혼종형태로 인해 '순수하고' 진정한 문화라는 위계적·전체주의적 모델은 의심스러운 것으로 변모한다. 다양한 문화적 요소를 창의적으로 가공함으로써 지속적으로 새로운 의미가 생겨날 뿐 아니라 자아/타자, 내부/외부, 중심/주변, 소수/다수 등과 같은 이분법적인 통속적 대립은 와해된다(Bhabha 1994: 35 참조). 따라서 바바는 혼종성을 이분법적으로 구성되는 정체성과 대비되는 긍정적인 대립개념으로 이해한다. 이러한 혼종성은 개인 또는 집단의 자화상을 타자와의 구분을 통해 규정하는 것이 아니라 오히려 타자와의 경계를 해체한다. 혼종성이란 더는 '우리'가 알지 못하는 타자의 특수성이 아니라 나와 타자의 상위에 놓이거나 나와 타자 사이에 내재한 "제3의 상태"이다(Leggewie 1994: 59 참조). 또한 문화적 혼종화는 저항의 가능성으로도 파악될 수 있다. 왜냐하면 이것은 소수자의 관점으로부터 전승된 사회적 표상과 확고한 의미모형을 새로이 형성하고 재의미화하는 데 목적을 두기 때문이다(Bhabha 1994: 162 참조).[23]

---

[23] 바바는 혼종성을 모든 식민지 담론의 내재적 효과로서뿐 아니라 저항의 적극적인 도구로서 이해한다는 점이 지적되어야 할 것이다(Loomba 1998: 178; Fludernik 1998: 30). 바바의 혼종성 개념은 여러 차례 비판받았다. 비판의 핵심은 그녀가

바바 역시 홀과 마찬가지로 상이한 문화와 역사 사이에 정주하고 있는 이주민들에게 문화적 혼종화의 중심적인 역할을 부여한다. 또한 벤야민 Walter Benjamin의 의미에서 이들 토착적 지식인들은 '번역가'로서 이해될 수 있을 것이다. 그들은 다른 문화의 지식과 가치, 전통, 역사와 언어만을 습득하는 것이 아니라 자신들의 목적에 맞게 이것들을 창의적으로 수정하기 때문이다.[24] 이러한 번역은 원본을 변형시키고 낯설게 만듦으로써 양립 불가능한 상이한 문화적 현상을 드러내고 이것을 지배적 담론 안으로 끌어들인다(Bhabha 1994: 163; Hall 1994: 218). 바바와 홀은 이주민을 "여러 문화 사이를 오가며 '안정적 불안정성'을 유지하는 그들 경험에 근거하여"(Goetsch 1997: 143)[25] '고향 없는 경계인'으로서 설명한다. '제3의 공간'에 위치한 이주민들, 그 가운데 특히 예술가들은 경계영역이 갖는 전복적인 관점을 생산적으로 전환시키고 문화전이를 도모함으로써 지배적인 묘사형식에 대항할 수 있게 된다.[26]

심리분석 모델로 회귀함으로써 혼종성이 보편주의적이고 비역사적인 범주가 되어버려 식민화의 대상과 주체 사이의 차이를 없애버린다는 점이다. 나아가 그녀의 혼종성 개념이 여전히 그것의 반대 극인 해체 가능한 이원적 대립항과 본질주의적 구성에 의존한다는 점에서도 비판받는다. Loomba(1998: 178-181), Childs/Williams (1997: 143-145), Moore-Gilbert(1997)에게서 이런 비판적인 견해들이 조망될 수 있다.

[24] 루시디(1991) 참조. 그는 자신과 같이 두 세계에 속하는 이주 작가를 '번역된 인간'이라고 부르고 있다.

[25] 특히 이와 같이 긍정적으로 해석된 '고향없음'의 상태는 지속적으로 날카로운 비판을 받았다. 예컨대 Sommer(2001: 15)는 이주자가 쓴 많은 영국소설들이 이와 반대로 소속감의 의미로 자신의 문화 안에서 '안전한' 곳에 대한 동경을 중심테마로 삼는다는 점을 지적한다.

[26] Rajan(1997: 96) 또한 경계인 특성의 전복적 가능성을 강조한다. "본질주의/구성주의에 근거한 정체성형성의 정책 또는 식민지와 제국에 위치한 그들과 우리들의 논쟁, 심지어 이성애와 동성애의 양극화마저 경계에 있는 지식인들을 바라보는

이러한 문화적인 혼종화 과정을 서사적으로 기술하도록 하는 데 사용되는 분석범주로서 다음과 같이 세 가지를 제시할 수 있다. 먼저 문화전이적 상호작용이 등장인물들에게 일어날 수 있는가 또는 바람직한가에 관한 인물배치의 문제, 두 번째로 개별 관점들이 어느 정도 분리되어 있고 어느 정도 상호 의존적인가라는 관점구조의 문제, 마지막으로 공간묘사의 문제를 들 수 있다. 여기서는 경계들이 견고한지, 침투 가능하게 묘사되었는지, 문화적으로 위반이 가능하고 바람직한 것으로 묘사되었는지, 고향과 망명지처럼 여러 장소들이 상호 대비적인지, 사이-속 공간 in-between space은 어떤 역할을 하는지와 같은 문제를 포함한다.

3. 서사적 구체화의 형태와 기능: 정체성, 타자성, 혼종성

포스트식민주의 서사론의 전개가 당면한 과제는 서사론의 분석범주[27]와 포스트식민주의 이론의 중심개념을 서로 연결시키는 일이다. 이럴 경우에 비로소 정체성, 타자성, 혼종성을 서사적으로 구체화하는 다양한

것을 통해 회피될 수 있다."

[27] Fludernik은 포스트식민주의 서사론의 일련의 연구범주를 언급하였는데 이 가운데 한 단락을 소개한다면 다음과 같다. "전체의 정체성과 타자성의 구성은 한 텍스트 안에서 다양한 방식으로 생산된다. 텍스트 층위에서 묘사나 서술자의 평가적 언술에서 드러나는 도상학을 통해 또는 의도된 선별과 무대배치와 줄거리, 인물복합체의 배열을 통해, 문체적이고 민족언어적인 또는 지역적인 이념소를 갖는 기록물을 통해, 초점화 방식 및 전략적으로 선택된 인물들의 내적 세계에 접근하기 위한 체계적 조정으로 통해, 인물의 계급, 성, 소속 및 시간적 장소적 상황과 같이 서술자의 관점 선택을 통해, 그리고 정체성과 타자성의 담론과 결부되거나 또는 경계지우기를 통해서 생산될 수 있다."(Fludernik 1999a: 71f)

형태 및 그 기능을 분석하고 해석할 수 있기 때문이다.[28] 따라서 어떤 내러톨로지 범주가 서사론의 이론복합체와 포스트식민주의의 이론복합체 사이의 교차면을 제시하는 데에 필요한지, 즉 포스트식민주의에서 말하는 정체성, 타자성, 혼종성의 서사적 중개를 연구하는 데 적합한지에 대해 물어야 할 것이다. 덧붙여 담론 층위에 있는 서사론 분석범주와 서술된 세계층위와 관계되는 분석범주 사이의 근본적인 차이가 인정되어야 할 것이다. 그리하여 서술행위, 초점화, 인물묘사, 관점구조, 공간묘사 그리고 시간구조와 같은 범주들이 포스트식민주의적 콘텍스트를 이해하는 데 모두 생산적으로 사용될 수 있게 된다. 이 외에도 언어수단을 연구하기 위한 분석 가능성 또한 소개될 뿐 아니라 상호텍스트성 현상의 중요한 측면들이 부각될 것이다. 먼저 각각에 상응하는 내러티브 형태를 기술한 후, 개별 텍스트의 예시를 통해 이러한 범주들이 텍스트에 작용하는 가능성에 대해 상세하게 다룰 것이다.

3.1. 서술행위와 초점화

제일 먼저 제기할 수 있는 질문은 서사적 중개의 어떠한 범주가 서사적으로 구체화된 포스트식민주의의 정체성 및 타자성을 분석하는 데에 적절한가 하는 문제이다. 사회적으로 제약되고 통시적으로는 변화될 수 있는 세계관의 측면들과 아울러 각각의 가치와 규범들이 서사형태에서 드러날 수밖에 없다는 사실로부터 포스트식민주의 이론이 출발한다는

---

[28] 포스트식민주의 서사론 발전에 선구적 역할을 한 Fludernik(1999a; 1999c)과 Sommer(2001)의 논문을 참조할 것.

점에서, 텍스트의 서술상황을 연구하는 것은 서사적 중개형태의 이데올로기적 배경을 폭로하는 일이 될 것이다.

전지적 서술상황에 잠재된 텍스트의 작용성이 그 선명한 사례로서 제시될 수 있다. 전지적 서술자는 편재성과 전지성이라는 특권을 갖기 때문에 이 서술심급은 정체성과 타자성을 서사적으로 구체화하는 데 가장 적합하다. 전지적 서술자가 갖는 편재성과 전지성의 권한은 식민주의 관점으로 질서화된 세계의 명백한 가치와 규범체계를 수용자가 받아들이도록 하는 데에 쓰일 수 있다. 이러한 특권이 남용되면 이데올로기적으로 작용하는 의존 및 위계관계 혹은 (포스트)식민주의적 권력양상이 내러티브적으로 구체화되는 결과를 가져온다. 서술심급이 '상위질서의 중심심급'[29]으로서 텍스트 응집력을 구성할 뿐 아니라 독자의 공감을 조정하기 때문에 서술심급의 특징이 무엇이며 그것이 어떻게 구체적으로 형상화되는지를 연구하는 일은 매우 유용할 것이다. 텍스트 표면에 드러나는 서술심급에서 이러한 기능이 잘 수행될 수 있는데 "특히 서술자의 명시적인 입장설정이 가치평가의 척도를 전달하기 때문이다. 인물에 대한 비판적·아이러니적 주석, 일반화하는 발언 및 독자를 향한 말, 서술자의 호소적인 발언 등 모두가 여기에 속한다."(Sommer 2001: 70)

정체성, 타자성, 혼종성의 내러티브적 구체화를 설명해주는 서술자 중개성에 대한 분석을 위해서는 서술행위 narration와 초점화 focalization와 구

---

[29] Gymnich(2002)와 Lanser(1999: 171) 참조: "내러톨로지에서 자주 지적되었듯이, 서술자는 작중인물들에 비해 우월한 위치를 차지한다. 스토리가 생겨나는 것은 말 그대로 서술자의 행위에 의한 것이고, 등장인물의 말보다 서술자의 말이 훨씬 큰 권위를 지니고 있기 때문이다. 다시 말해 작중세계를 설명함으로써 구조적으로 서술자는 늘 작중사건을 내려다보는 위치에 서게 된다.

분되는 또 다른 범주가 필요하다. 이는 주네트가 이끌어낸 세 번째 범주인 목소리이다. 목소리라는 개념은 서사과정에서 언어로 실현되는 화자와 관련하여 서술심급의 언어행위를 양적·질적으로 연구하는 것을 가능하게 만들었다.[30] 이러한 맥락에서 랜서 Susan Lanser의 서술자 목소리에 대한 유형학(1992)[31]은 서사론 영역과 (포스트) 식민주의의 정체성 및 타자성이라는 주제 영역 사이를 연결하는 데 중요한 접점으로서 평가된다. 랜서는 공적인 목소리와 사적인 목소리를 구분함으로써 공공성에 접근하기 위한 언어적 기본조건을 제시하였으며 이러한 구분은 피식민지의 하위주체가 갖는 언술적 자유와 침묵이라는 주제와 다시 결부된다. 이에 따르면 전지적 목소리 개념에는 남성성뿐 아니라 제국주의의 지배성이라는 의미가 함축되어 있는 반면에, 자신의 체험을 전달하려는 서술심급을 대변하는 개인적 목소리의 경우는 이를테면 포스트식민주의 생활상을 다루는 허구의 전기를 해석하는 데 사용될 수 있다. 마찬가지로 공동체 목소리 현상을 분석함으로써 인종적으로 구분되어 있는 공동체 목소리의 영향력과 정치적으로 작용할 가능성 등을 보다 정확하게 포착할 수 있을 것이다.[32]

이와 같이 서술자 및 등장인물의 지각방식인 초점화가 서사적으로 구체화된다는 점에서 볼 때 포스트식민주의 콘텍스트에서 서술자와 등장

---

[30] 주네트의 카테고리인 '목소리'에는 진술주체, 말하기 행위의 장소 및 시간이 포함된다.
[31] Lanser의 개념은 본고에서 극히 축약되고 단순화되어 언급되었다. 보다 포괄적인 개념구상을 보려면 본서에 실린 Allrath와 Gymnich의 논문 「페미니즘 내러톨로지」를 참조.
[32] 페미니즘 내러톨로지에서 부각되는 여러 개념의 정의를 보려면 본서에 실린 「페미니즘 내러톨로지」를 참조할 것.

인물의 관계는 분명히 '권력관계'로 파악될 수 있다. 그 권력관계 안에서 "서술심급의 권위는 서술자가 등장인물들에게 초점화를 허용하거나 허용하지 않는 방식으로 드러날 수 있다."(Gymnich 2000: 79) 다수의 식민주의 소설에서는 식민주의 타자가 초점화 심급으로서 기능할 수 없거나 또는 식민주의자들만이 말과 인지능력에 대한 독점적 지위를 가지는 방식으로 제국주의적 세계관의 우월성을 서사적으로 구체화하는 특징을 보여준다. 이러한 방식으로 타자는 언어를 상실하고 인지능력마저 빼앗긴 채 객체로 전락하여 유형화된다.[33]

서술행위뿐 아니라 초점화와도 관계되는 현상으로서 다중시각 서술은 서사론과 포스트식민주의적 담론 사이를 연결하는 고리가 된다. 다중시각 서술의 잠재적 기능에 대해서는 바흐친이 말한 소설에서의 담화다양성 개념이 설명해 준다. 특히 그의 다성성과 대화성 개념은 바로 다중시각의 소설에 나타나는 '담화적 다양성의 소우주'(Bachtin 1979: 290)를 가리킨다. 왜냐하면 수렴되거나 경쟁하거나 분화하는 방식으로 다양한 여러 목소리를 텍스트 안에서 확인할 수 있기 때문이다.[34] 서술자의 언어적 층위뿐 아니라 관점의 서사적 전달에서도 나타나는 다성성의 현상을 통해 정체성 및 타자성 개념이 다중시각적으로 구체화될 수 있다. 포스트

---

[33] 가치평가적인 서사 언술을 증명하기 위해서는 내적 초점화가 이용되는 경우도 있고, 이데올로기로 점철된 계층구조를 확고히 하기 위해서 여러 가지 동정유발 전략이 도입되기도 한다. Nünning(1989: 104쪽 이하) 참조.

[34] 바흐친(1979: 213)에 따르면 "그것이 어떤 형태로 도입되든 간에, 소설에 소개되는 다양한 담화는 작가 의도의 서투른 표현인 낯선 언어로된 낯선 담화로서 드러난다. 이러한 담화 속 단어들은 이중의 목소리를 갖는다. [...] 따라서 결과적으로 소설장르 내의 담화는 이중적 목소리로서 내적인 대화를 수행하는 특징을 나타낸다. 그 안에는 두 개의 목소리, 두개의 세계관, 두 개의 언어 사이의 대화가 아직 전개되지 않은채, 잠재적으로 농축되어있다."

식민주의 콘텍스트에서 다중시각 서술이 갖는 기능 중 하나는, 가치와 규범체계의 보편적 통용성을 주장하는 제국주의적 요구와 이에 수반되는 객관성이라는 그들의 허상에 맞서서, 이로부터 다양한 현실상과 현실해석을 제시하는 것이다. 특히 분화하는 다양한 목소리가 등장한다면 이것의 서사적 현상 중 하나로서 제국주의적 해석의 독점을 문제화하는 것이 가능해진다. 왜냐하면 관점의 복수성이 형식적으로 구체화될 때 모든 인지능력의 주관적인 제한성이 드러나기 때문이다. 대안적인 현실개념의 다양성과 다중적 목소리가 중개될 때야 비로소 제국주의의 일방적인 세계인식이 단지 이데올로기에 불과한 것으로 폭로될 수 있는 것이다.

3.2. 인물묘사와 관점구조

포스트식민주의 주제에 대한 서사적 구체화를 분석할 때, 서술자의 중개층위 discourse와 마찬가지로 서술된 세계층위 story에 대해서 중요한 서사론 범주들이 존재한다. 예컨대 인물묘사라는 서사론적 범주를 들 수 있다. 정체성과 타자성이 등장인물들에게 어떻게 부여되는지가 인물묘사 범주와 결부될 때 등장인물들 간의 대비와 상응관계에 대한 분석을 명확하게 행할 수 있다. 예를 들어 정체성 및 타자성을 어느 정도까지 안정되고 완결된 실체로서 구상하는가에 따라 식민주의의 "지배적 세계해석"이 얼마만큼 허구화되었는지를 알 수 있다. 물론 등장인물의 관계분석을 통해서도 서술된 세계에서 혼종적 생활형태가 출현할 수 있는지 없는지를 알아차릴 수 있다(Sommer/Surkamp 2000: 205, 211).

이 밖에도 등장인물의 구상, 배치, 특징화와 같은 서사적 범주들을 통해서도 인물층위에서 정체성과 타자성 개념이 서사적으로 어떻게 연출되는지를 정밀하게 분석해 낼 수 있다.35 등장인물의 구상에서 본다면 인물들이 역동적인가 정태적인가 또는 다면적인가 유형적인가에 대해 물어볼 수 있다. 만약 한 인물이 지속적으로 유형화된 방식으로 그려졌다면 그 인물은 상당한 정도로 인종적 내지 민족적 정형화로서 기능할 것이다.

포스트식민주의 콘텍스트에서 인물들의 위치와 그들 상호 간의 관계를 나타내는 인물배치 구상은 소설 등장인물들 사이의 역동적인 구조변화에 대한 분석을 가능하게 만든다. 이미 식민주의자와 피지배자 사이의 잠재적 갈등이 인물배치에 반영되어 있음은 명백하다. 인물의 특징묘사를 통해 명시적 내지 암시적으로 이루어지는 인물들 간의 자기성격 및 타자성격 형성 및 인물특징을 부여하고 가치평가를 매기는 서술자의 논평은 정체성과 타자성 개념의 서사적 구체화에 중요한 역할을 한다. 서술자는 인물을 특징화하는 발언을 통해 정체성/타자성을 부여하는 데 영향을 줄 뿐 아니라 그들에 대한 평가적 언급을 통해 독자의 수용과 공감을 조정할 수 있다. 인물 특징화 기법의 서사적 분석과 아울러 인물관점의 의미론적 차원의 연구는 포스트식민주의가 제기하는 문제와 직결된다. 왜냐하면 이들 인물들의 관점에 이미 이데올로기적 방향성이 녹아 있기

---

35 여기에 Hanif Kureishi의 『교외의 붓다』(1990)를 예로 들 수 있다. 1인칭 서술자인 카림 아미르는 적어도 두 세계 사이에서 움직인다. "이 때문에 그는 다문화적 정체성의 문학적 대표자가 된다."(Sommer 2001: 115) 이 점은 특히 인물배치에서 드러나는데 그는 세 가족의 연결망 속에서 성장한다. 더 나아가 주인공이 연극 배역 속에서 정체성 찾기를 시도하는 것에서 정체성 논의가 중복적으로 허구화되어 있음을 알 수 있다(Sommer 2001: 116 참조).

때문이다.

따라서 모든 개별 관점 사이의 관계를 기술하는 관점구조의 분석은 텍스트에서 중개된 "태도와 감정에 깃든 이데올로기적 구조"(레이몬드 윌리암스)로 귀결될 수 있다. 이때 개별 관점의 선택뿐 아니라 관점구조의 양적·질적 측면들이 함께 연구되어야 하며 아울러 포스트식민주의 콘텍스트에서 어느 정도, 어떤 범위에서, '타자'의 관점방식이 허구세계 속으로 스며들어 있는지가 중요한 논제가 된다.[36]

포스트식민주의적 정체성과 타자성 개념의 서사적 중개에 있어서 또 하나의 추론을 가능케 하는 것은 열린 관점구조와 닫힌 관점구조 사이의 차이이다. 예컨대 "전지적 시각에서 의도된 수용자 관점"(Pfister 2001 [1977]: 90)은 등장인물의 중심 관점을 나타내기도 하고, 개별 관점들이 사라질 때 유일하게 타당한 집단적 가치질서로 수렴되는 소실점으로서 작용할 수도 있다. 타당한 집단적 가치는 부가적으로 이질서사세계의 서술자가 사용하는 어법이나 서술자의 일반화를 통해 고안되고 강조될 수 있다. 닫힌 관점구조는 식민주의 소설에서 정체성과 타자성 구성을 가장 동질적이고 안정적으로 보이게 만들며 이에 근거한 위계화와 타자에 대한 차별화를 뒷받침해 준다.

예를 들어 대니엘 데포우의 식민주의적 여행을 하는 모험소설인 『로빈슨 크루소』(1719)의 관점구조는 고도의 폐쇄성을 특징으로 한다. 이 서사텍스트에서는 전적으로 크루소의 관점만이 반영되고 대화가 거의

---

[36] Sommer/Surkamp(2000) 논문 참조. 이 논문에서는 관점구조의 역사적 변화를 분석함으로써 사이드가 말한 '태도와 지시관계의 구조'가 통시적 변수임을 보여주었다.

묘사되지 않을 뿐 아니라, 프라이데이가 영어를 사용하지 못한다는 점에서 동질서사세계의 서술자가 의미와 방향설정의 유일한 규범적인 중심으로서 작용한다. 이 소설에서 관점구조의 폐쇄성은 유럽적 정체성과 인종적 타자성 사이의 양극화된 차이를 구성하는 것과 밀접하게 연동한다. 이러한 폐쇄성은 형식적 층위에서 영국의 시각 방식을 조성하고 따라서 제국주의적 생각을 무비판적으로 선전하여 이를 구속력 있는 현실질서로서 참칭하도록 만드는 데 일조한다(Sommer/Surkamp 2000: 204-14).

이와 반대로 열린 관점구조의 경우에는 개별 인물 관점뿐 아니라 전지적으로 의도된 수용자 관점 또한 통일적이거나 확정적으로 남아 있지 않는다. 이같이 동등한 권리가 병렬적이거나 분화되는 관점으로 서사적으로 표현될 때 생겨나는 다성성은 동질적·위계적으로 설정된 세계관을 다양한 이질적 현실모델로 대체하고 결과적으로 혼종적 정체성 및 혼종적 생활개념으로 나아가도록 길을 열어준다(Sommer/Surkamp 2000: 219). 즉 "이러한 구조는 의문의 여지가 없는 규범을 전달하는 것이 아니라 의심스러운 규범에 대한 문제를 제기할 수 있는 것이다."(Pfister 2001[1977]: 103)[37]

이에 따르면 다중시각에 의해 초점화한 키플링 Rudyard Kipling의 식민

---

[37] 그밖에도 포스트식민주의 소설에서는 특히 아이러니 혹은 신뢰할 수 없는 서술이 이용될 수 있다. 아이러니 기법 혹은 신뢰할 수 없는 서술이라는 현상을 이용하면 거리를 두고 작중세계를 관찰함으로써 텍스트에 잠재된 집권적 권위를 파기할 수도 있고, 복수적 의미부여 과정을 연출할 수도 있다(Sommer 2001: 70 참조). 포스트식민주의 소설에서 신뢰할 수 없는 서술이 이용된 인상적인 사례로는 살만 루시디의 소설 『자정의 아이들』(1981)을 들 수 있다. 서술자 살만은 항상 논리적 비일관성에 빠져 모순적이거나 틀린 발언을 하고 시간적 순서에서도 오류를 범한다(Hirsch 2001: 31 참조). 신뢰할 수 있는 서술심급이 사라짐으로써 역사적 진실이 상대화되고 모든 권위적 담론의 오류성이 환기된다.

주의적 소설 『킴』(1901)에는 "작중 사건에 대해 논평하면서 영국적 세계관의 문화적 특징을 드러내고 상대화하는 관점을 갖는 토착민이 등장한다."(Sommer/Surkamp 2000: 214) 이로써 열린 관점구조를 통해 식민주의 상황의 양가성이 구체화되고 있다. 이 소설의 특별함은 주인공 킴을 인도와 영국문화 사이의 경계인으로 설정하여 서술자의 양가적인 의견을 드러나게 한다는 것과 또한 여러 인도의 목소리를 언술화하고 있다는 점에 있다. 이 목소리는 식민주의 상황에 대한 명백한 평가를 불가능하게 만드는 데 결정적으로 기여한다.[38]

3.3. 공간묘사와 월경현상

공간에 대한 문학적 묘사는 많은 경우 의미론적으로 작용하기 때문에 공간묘사 분석을 위한 범주에 있어서 포스트식민주의 문학이론과 서사론적 구상 사이에 상당히 밀접한 연관성을 찾을 수 있다. 이 범주하에서 서술된 공간의 선별, 관계구성, 구조 그리고 공간적 대비 또는 그 상관성이 분석대상이 된다. 무엇보다 포스트식민주의적 콘텍스트의 경계구성과 경계넘기 현상들이 정체성 및 타자성의 서사적 중개에 있어서 중요한 역할을 하는데 이러한 현상들이 사회적·정치적·철학적 측면에서 의미화되어 있을 가능성이 크기 때문이다.[39]

---

[38] 작중사건이 개방적이고 다중시각적으로 연출되면 이를 통해 이질적인 인물관점들이 상당히 불일치하면서 공존하게 되고, 이는 종종 복수적 세계상을 수반하며 결과적으로 고유성과 타자성의 경계를 허물어지게 만든다. 이를 명백히 보여주는 것이 킹 Thomas King의 소설 『푸른 들판, 달리는 강물』(1993)이다. 이 소설에서는 서로 다른 시각이 동등하게 경쟁하고 역동적으로 중첩됨으로써 문화적 정체성의 혼종화가 형식적 층위에서 강화된다.

의미론적으로 해석되는 공간을 중심으로 포스트식민주의의 정체성과 타자성 개념이 내러티브적으로 어떻게 구체화되는지를 분석하는데 있어서 한편으로 주관적인 공간인지를 통해 중개되는 정체성형성이 인물들이 공간과 맺는 심리적 관계(Gymnich 2000: 85 참조)로서 관찰될 수 있다. 즉 "생각, 감정, 지각을 통해 만들어지는 주체와 공간의 관계는 정체성의 발전, 위기, 확립의 본질적인 요인"(Würzbach 2001: 117)이 된다. 다른 한편으로 주관적으로 경험된 공간 내의 정체성 구성은 지각주체의 사회적 위치와 상호의존적인 관계에 놓여 있으며 이 경우 사회적 합의로서 공간의 함축적 의미가 정체성 구성에 영향을 미친다.[40] 따라서 경계구성에 대한 서사론 분석은 텍스트가 함의하고 있는 정체성 및 타자성 개념에 대한 추론을 가져올 수 있다. 이를 위한 전제로서 '경계' 현상은 문화적 구성물로서 파악된다. 그리고 이 경계의 개념은 단계적으로 진행되는 연속성을 의미하며, 점진적일 뿐 아니라 대립적이라는 이중적 의미를 나타낸다. "경계와 월경 현상은 자아와 타자 사이의 상호보완적인 속

---

[39] 이외의 단초들은 여기서 간단히 언급만 하겠다. 포스트식민주의 콘텍스트에서의 정체성과 타자성의 서사적 중개에 대한 분석이 서술된 공간의 "의미창출 기능"을 보다 면밀히 파악할 수 있기 위해서는 또한 그것이 갖는 "여러 전형적인 묘사형태에서 주관적이고 사회 관습적인 의미화와 담론적 준거들, 주체와 공간 사이의 정체성을 형성하는 상호관련성, 영토화와 경계넘기의 심리적·사회적·상징적 의미"(Würzbach 2001: 121f.)들을 조사하여야 한다. 이에 덧붙여 인물의 공간인지나 공간에서의 인물의 움직임을 서사적으로 중개함으로써 의미화되는 공간은 인물에 대한 특성 분석에도 유용하다는 점이다. 또한 공간 묘사는 이야기의 구성을 도울 뿐 아니라 사회적 공간이라는 관점에서 다시 이야기 동인의 배경을 제시한다(같은 책 참조). '기억의 공간들'(A. Assmann)이라는 개념은 정체성과 타자성의 서사적 중개와 공간묘사의 분석 사이에서 또 다른 연결점들을 제공한다.

[40] Ashcroft 외(1989: 9) 참조. 포스트식민사회가 정착 및 침략 또는 그 양자가 교체되는 과정에 의해서 만들어졌던 간에 항상 장소와 이동의 변증법이라는 특징이 나타난다.

성 부여를 관찰할 때 비로소 명백하게" 드러난다(Gehrke 1999: 18).[41] 경직된 경계가 이분법적인 정체성 및 타자성 구성에 상응하는 반면 투과적인 경계는 이들의 혼종화를 가져올 수 있다. '월경인' 또는 '경계 넘나들기 Go-between'[42]란 포스트식민주의적 담론에서 예컨대 고유한 것과 낯선 것 사이의 엄격한 경계를 불식시키는 혼종적 개인을 가리킨다. "혼종적 개인은 전이과정 속에 있도록 설정된 주체로서 타향을 고향으로 삼는 자, 차이들 사이를 넘나드는 월경인이기도 하다(Fludernik 1999b: 107). 월경인은 그 사이 어딘가에 장소가 지정되지 않은 곳에 위치하기 때문에 월경인 현상은 또한 디아스포라적 상황과 연결될 수 있다. 왜냐하면 디아스포라란 곧 한 국가 영토 내에서 고립된 인종적 소수집단을 나타내기 때문이다. "이들은 의식적이건 무의식적이건 또는 인종적 편견이 있는 영토 내의 정치적 자기이해 때문이건 스스로를 이동하는 상태로 살아가는 집단이라고 규정한다."(Mishra 1996: 423)

따라서 공간묘사를 서사론적으로 분석하는 일은 디아스포라 문학의 핵심적 측면,[43] 즉 이동과 망명성의 내러티브적 전환을 포착하여 이를

---

[41] 따라서 공간적인 대치는 의미론적인 대치를 위한 모델이 될 수 있다(Pfister 2001[1977]: 339). 그 예로서 Witi Ihmaera의 단편에서 공간과 경계의 의미화가 나타나는데 유럽 태생의 뉴질랜드인들과 마우리 원주민가족 간에 놓인 이웃관계의 경계가 양 주민 집단 사이의 경계지우기를 미시적으로 드러내기 때문이다. "출발부터 그것은 전쟁의 확대와 축소 그리고 조약의 체결과 파기의 연속이었다." (『벽 너머 다른 편』: 59)

[42] 키플링의 작품 『킴』(1901)의 주인공에 대한 묘사인 "세상 모두의 작은 친구"에서 그 예를 발견한다. 왜냐하면 그는 힌두어로 생각하는 아일랜드 소년이며 거리의 부랑자이자 또한 인도의 귀족으로도 간주된다. 그리고 영국과 인도의상 사이에서, 언어와 정체성 사이에서 갈팡질팡한다(Childs 1999: 237). 인도-앵글어로 소설 내지 앵글로-인도어 소설의 '풍경 설명'과 '공간 은유'를 통한 혼종성에 대한 내러티브적 구체화와 관련해서는 Dannenberg(1999: 431) 참조.

정체성과 타자성 개념과 연관선상에 놓는 것이다. "디아스포라에 살고 있다는 것은 자의건 타의건 망명 상태에서 사는 것을 의미하며 망명 생활이란 일반적으로 심각한 정체성 혼란과 신/구 문화와 고향으로부터의 소외를 정체성에 반영하려는 문제를 야기한다."(Bharucha 2001: 70f) "정체성 문제를 **방향설정**의 문제로 파악"(Straub 1998b: 86)한다면 디아스포라 문학에서 '장소없음'의 토포스와 서사적 공간묘사에도 반영되어 있는 디아스포라의 정체성이라는 주제 사이에 하나의 교차점이 생겨난다.44 이러한 배경 하에서야 비로소 포스트식민주의 문학이론에 있어서, '상상의 고향'(루시디)으로서 공간에 대한 허구적 창작을 다루는 서사론적 분석이 매우 자명한 것임이 확인된다.

포스트식민지주의 문학이론과 의미화된 공간분석을 위한 내러톨로지 범주 사이를 연결할 수 있는 또 하나의 가능성은 "지구상의 빈 공간"(『암흑의 핵심』: 22)이라는 토포스에서 발견된다. 이 토포스가 갖는 의미는

---

43 『이주에 관한 이야기들』(Sommer 2001)에서 역동적인 공간묘사들은 주변부에서 중심으로 옮겨오는 움직임을 서사적으로 구체화된다. 이때 경계공간들은 위기와 전복의 상황에서 중요한 신호로서 기능한다. 『교외의 붓다』(1990)의 2부에서 카밈이 주변부에서 런던 중심부로 이사하는 것은 다문화적인 개인이 중심부로의 이동 및 '주변'과 '중심'이라는 용어적 대립의 해체를 내러티브적으로 연출하는 것이라고 할 수 있다. 이러한 맥락에서 Kaleta(1998: 82f.)는 통과의례소설 분석에 있어서도 1970년대의 런던이라는 무대 설정에 대한 적절한 해독이 필수적임을 지적한다. Würzbach(2001: 119-21)의 "움직임과 경계넘기" 단락 참조

44 Fludernik(1999c: 52) 참조. "망명 그 자체는 최상의 조건에서도 노스텔지어, 향수 혹은 방향성 상실을 일으킨다." 상기할 점은 다음과 같다. 주변/중심, 혹은 무위치성/고향이라는 완고한 대립개념뿐 아니라 '디아스포라문학'에 동질성이 내포된다는 가정 혹은 디아스포라 소수민족 문학과 토착문학의 교착화 또한 디아스포라현상의 다양성이라고 설명하기에 적합지가 않다(Sommer 2001: 10f. 참조). 또한 무위치성이 디아스포라 텍스트의 보편적 특성이라고 전제해서도 안 될 것이다 (Sommer 2001: 14 참조).

식민주의자가 식민지화하는 땅을 아무도 살지 않는 땅으로 간주하고 이로써 원주민들에게서 그들의 땅을 빼앗을 뿐 아니라 그들 존재 전체를 부정한다는 것을 말해준다.

> 식민주의는 기획적으로 식민지의 주민을 제거하는데, 그 방법은 토착민을 인간 이하의 존재로 범주 자체를 강등시키거나 혹은 마치 투명인간인 듯 취급함으로써 그들의 존재를 부인하는 것이다. 이는 "침략"과 반대되는 것으로서 지금 논의되는 제국주의적 정착이 내세우는 '아무도 살지 않는 땅'이라는 주장에 호소력을 부여하기 위한 필요한 조처였다. 빈 공간만이 정착의 대상이 될 수 있고 그러기 위해서는 원주민을 못 본 척하던가 인간으로 취급하지 않음으로써 빈 공간으로 만들어야 했던 것이다. (Tiffin/Lawson 1994: 5)

이에 따르면 식민지국가를 아무도 살지 않는 땅으로 만들어 버림으로써 정복을 단순한 정착이라고 도덕적으로 정당화하거나 은폐를 도모하게 된다.

이러한 맥락에서 제국주의 기획의 이름 붙이기 전략은 중요한 역할을 한다. 왜냐하면 이름 부여를 통해 공간이 언어적으로 취득되고, 이름의 도움으로 인지적으로 처리되어 소위 식민지 세계지도에 수용되기 때문이다. 이름을 통해 명명된 영역은 처분 가능하게 되고 식민화의 주체에게 종속된다(Ashcroft 1995c: 391f. 참조).

비슷한 방식으로 지도화 과정에서 "문학적 지도제작"을 통해 자국 영토가 또한 개척될 수 있다(Kreutzer 1999[1993]: 424).[45] 애트우드 Margaret Atwood의 소설 『부상(浮上)』(1972)에서 북퀘벡의 미개간지는 이름 없는 여주인공이 행하는 원형적 탐색의 배경이자 그녀의 과거 공간으로서 의미론적으로 설정되며, 그녀의 내면여행의 틀 안에서는 그녀의 인격성의 확장으로서 경계넘기와 연동하게 된다. 여기서 허구적 공간은 해명되지 않는 영역으로 구상되는데 그래야만 미개간지를 소설 안에서 지도화할 수 있으며 주인공의 내면세계 혹은 심리적 공간으로서 허구화시킬 수 있기 때문이다.

3.4. 시간구조와 기억

서사텍스트의 시간구조 연구에 대한 내러톨로지 분석범주는 포스트식민주의가 제기한 문제들을 다루는 데에 특히 유용하다. 왜냐하면 서사적 분석을 통해 개인적 기억과 문화적 기억[46]이 어떻게 서사적으로 형상화되었는지를 알 수 있기 때문이다. 포스트식민주의적 담론의 중심개념인 정체성은 기억이 지닌 정체성 구성의 기능을 통해 중개된다.[47]

---

[45] Kreutzer(1999: 424)의 말에 따르면 지도화 전략은 특히 캐나다 문학과 오스트레일리아 문학에서 효과적으로 사용된다. 이것은 토착거주자의 관점으로부터 볼 때 철저히 '장소없음' 현상으로서 이해될 수 있다. 캐나다의 지도제작 과정과 관련하여 또한 지역적 특징이 남긴 뚜렷한 영향을 관찰할 수 있다. 예를 들어 Al Purdy와 Margaret Laurence의 관련 텍스트에서 나타나 있다(Kreutzer 1998[1993]: 211 참조). Kreutzer는 여기서 한걸음 더 나아가 공간적 의미화에 근거하는, 포스트식민주의 문학의 주제복합체를 본격적으로 다루었다. 예로서 카리브 문학에 나타나는 섬나라의 배타성과 산책길들, 오스트레일리아와 뉴질랜드의 '대척자' 개념을 들 수 있다.

[46] '문화적 기억'이라는 개념은 여기서 아스만의 '문화적 기억력' 개념에 근거하여 사용된다. 즉 "문화적 기억은 텍스트, 그림과 제의 등에 담긴 각 사회와 시대에 따른 특징적인 요소들을 포괄하는 개념이다. 이들을 '돌봄'으로써 각 사회와 시대는 자신의 모습을 견고히 하고 그들의 통일성과 특수성을 위한 근거로서 (반드시 이것만은 아니겠지만) 과거에 대해 집단적으로 공유할 수 있는 기억을 중개한다."(1998: 15)

텍스트의 시간구조를 분석하는 서사범주 중에서는 서술시간과 서술된 시간 사이의 관계를 나타내는 '지속 duration', 또는 사건이 주제화되는 '빈도 frequency'[48] 이외에 사건요소들을 나열하거나 조직하는 '순서 order'가 보다 중점적으로 다루어진다. 왜냐하면 이 순서개념은 기억의 서사적 형상화를 기술하고 해석하는 데에 적합하기 때문이다.[49]

포스트식민주의적 담론에서는, 역사적이거나 통시적인 발전들이 개인적 또는 문화적 층위에서 중개되는 수단인 기억을 어떤 식으로 내러티브로서 연대기적이거나 비연대기적으로 구체화하는지가 중요하다. 기억의 구성이 개인의 정체성 구성에 중요한 역할을 차지하듯 과거 식민지화된 문화의 정체성 재구성은 고유역사의 재획득과 식민주의 역사기술의 수정에 근거하여 이루어진다. 이러한 주제를 다루는 소설들은 특히 "역사, 기억, 회고, 시간, 역사적 인식에 대한 변화된 사유"(A. Nünning 1995: 269)를 전달한다. 따라서 포스트식민주의적 역사소설은 기억의 형상화를 통해 '정전' 수정을 위한 여러 **복수의** '대항 역사'를 삽입한다. 이렇게 회고적으로 의미를 형성하고 이로부터 식민주의적 역사해석에 대한 수

---

[47] 포스트식민주의 맥락에서 '기억'에 대한 구체화 및 주제화와 그것이 갖는 동일화 기능 사이의 관계에 대해서는 Schmidt(1991: 393)를 참조: 전자의 경우 "한 공동체의 '사회적 자서전', 역사구상 및 자기 확인의 과정에 그치지 않는다. 즉 문화 안에서 사회적 정체성 구성은 대체로 기억에 근거한 서사와 함께 작동하기 때문이다. 경계구성으로서 서술하기는 문화들의 경쟁에서도 대체할 수 없는 역할을 맡기도 한다. [...] 또한 서술하기는 옮겨질 수 있는 낯선 경험이란 의미에서 집단적인 처리과정을 가능케 한다."

[48] 다양한 시간층위와의 관련을 통해 '기억'이 내러티브적으로 연출되는 것에 집중하기 때문에 빈도의 범주가 적용될 가능성에 대해서는 자세히 다루지 않기로 한다. 그러나 이것은 식민지나 인도 또는 포스트식민주의 관점의 다양한 주제화와 관련해서 매우 의미심장해 보인다.

[49] 이 맥락에서 순서의 범주는 여러 층위의 시간과 관련될 때만 유용함을 밝혀둔다.

정과 비판을 이끌어냄으로써 비로소 제국주의 중심국가에 대항하여 자신의 정체성을 내세울 수 있게 된다.[50] 수정주의적 역사소설은 문화적 기억의 서사적 구체화를 통해 정체성 개념을 중개하는 데 있어서 다양한 시대 사이의 긴장관계 및 현재와 과거의 부단한 교체를 묘사하는 데 기반을 둔다. 그러므로 '순서'라는 서사적 범주는 얼마만큼 문화적·개인적 정체성이 연대기적 또는 비연대기적인 기억의 형상화를 통해 뒷받침될 수 있는지를 보여준다. 개인적 층위에서뿐 아니라 문화적 층위에서도, 예를 들면 과거의 현존이 서술된 현재 속에서 구조적으로 부각될 수 있다. 과거의 현존이 부각됨으로써 현재에 미치는 과거의 영향력을 보여주거나 문화적 정체성이 어떻게 형성되는지를 보여주는 것이다.[51]

포스트식민주의 소설에서 시간구조를 통해 중개되는 정체성과 타자성의 또 다른 측면은 개개의 시간관념에 투영된 문화적 특수성으로부터 생겨난다. 이미 언급된 시간구조 분석의 서사범주들은 연대기적으로 측정 가능한 시대 분석에 기반을 두고 있다는 점에서 제한적이다. 반면 인물 의식 안에 있는 심리적 시간 mind time이나 순환적 시간 cyclical time

---

[50] Loomba(1998: 13)는 "지배적 서사" 대신에 "역사의 복수성"을 이야기한다. 루시디는 『자정의 아이들』(1981)에서 '역사의 인도영어화'라는 개념을 들여왔다.

[51] 현재의 관점에서 자신의 전기를 재구성하는 일은 종종 사건의 비연대기적 서술로 귀결되곤 한다. 이를 보여주는 것이 루시디의 메타역사기술 소설 『자정의 아이들』이다. 이 소설에서는 사건의 진행이 선형적으로 그려지는 것이 아니라 시간 궤도로부터의 탈선이 지속적으로 일어나고, 현재와 과거 사이를 급격히 오고가는 일이 벌어진다(Nünning 1998b[1995]: 335 참조). 전반적으로 볼 때, 거듭되는 이 탈은 역사를 선형적이고 목적론적 과정으로 보는 서양의 역사관에 의문을 야기한다. 이런 면에서 사건의 순환적 질서는 힌두의 시간관을 상기시킬 뿐만 아니라 구전서술의 전통을 일깨워준다. 구전전통과 문자전통의 융합, 이전의 서양과 동양 시간관의 융합은 포스트식민주의 시대의 인도의 정체성 갈등을 내러티브 층위에서 반영하고 있는 것이다(Hirsch 2001: 30).

같은, 문화적 조건에 종속된 다른 시간 개념은 이것과 구별되어야 한다.52

문화특수적이면서 역사적인 사건을 비선형적으로 제시하는 시간개념은 한편으로 서구의 목적 지향적 시간개념과 연속성 개념에 대한 비판으로 이해될 수 있다. 다른 한편으로 비순차적 서술은 구전서술 전통이 갖는 가치를 드러나게 만들 수 있다. 비순차적 서술은 문어적 재현과 달리 반복, 이탈, 회상이 많이 사용되는 플롯과 느슨한 시간구조를 그 특징으로 삼는다. 따라서 그 요소들은 구어적 전통에 통합될 수 있으며 이를 통해 포스트식민주의의 문화적 정체성 구성이라는 틀 안에서 그 함축적 가치를 인정받게 된다.

3.5. 상호텍스트성

허구적 혹은 비허구적인 원전 텍스트를 가리키는 상호텍스트적 지시관계에 대한 분석 역시 포스트식민주의 소설의 정체성과 타자성 개념에 대한 정보를 제공한다. 상호텍스트적 지시관계는 개별 텍스트를 넘어서 원전 텍스트로 작용하는 여러 다른 텍스트들을 가리킨다(Gymnich 2000: 88f 참조). 무엇보다 식민주의적 텍스트를 가리키는 상호텍스트적 지시관계는 정체성과 타자성의 달라진 개념을 표현하기 위한 중요한 서술전략이다. 자기규정적인 정체성 구상은 본질적으로 자기이해와 자기해석을 자유롭게 구체화하는 것에 달려 있기 때문에 식민주의적 문학 원전과

---

52 Hanne Birk의 박사논문 참조. 이 논문은 '신 영국문학'의 몇몇 장편소설을 사례로 하여 기억의 서사적 구체화에 나타난 문화특수적 형태와 기능들을 다룬다.

그것의 포스트식민주의적 변형에서 목소리 범주를 분석하여 유형화할 때 변화된 정체성과 타자성 개념이 해명된다. 목소리 범주에 대한 상호텍스트적인 비교는 서사텍스트에서 정체성과 타자성이 구성되는 여러 방식에 주목할 뿐 아니라 원전 텍스트와 고쳐 쓴 텍스트에 나타난 자기인지과 타자인지 사이의 유사점과 차이점을 또한 보여준다. 따라서 상호텍스트적인 비교분석을 행할 때 다음과 같은 문제를 제기할 수 있다. 포스트식민지 텍스트에서 누구에게 목소리가 허용되는가? 사회문화적 범주로서 서술심급이 갖는 인종적 특성은 어떠한 역할을 하는가? 서사의 목소리는 개별 텍스트에서 어떻게 작용할 수 있을까? 즉 '개인적 목소리'일 때는 개인적·사회적 영역의 새로운 경계로 환원되는 한편 '작가적 목소리'일 때는 공적인 헤게모니 담론 안에 의식적으로 개입할 수 있지 않은가? 목소리 사이의 상호텍스트적인 대조와 일치의 관계성에 대한 기술은 또한 인물들의 행위와 표현의 여지가 역사적으로 변화하였는지, 변화되었다면 어떻게 변화되었는지를 보여줄 수 있다.

상호텍스트적인 참조가 갖는 중요성은 우선 수용자 측면에서 텍스트 외부의 의미해석 틀과 인지모형을 식민주의의 대안적 텍스트의 분석을 위해 상호적으로 활성화시킴에 따라 문학적 내지는 역사적 원전으로부터 생산적인 이탈에 주목하게 만든다는 점이다(Gymnich 2008: 89 참조). 따라서 창의적인 대안 서사에서 나타나는 상호텍스트성은 흔히 식민주의 텍스트에서 보이는 토착민에 대한 평가절하의 서술을 달리 해석하고 비판하여 종국에는 이에 맞선 대안적인 정체성 개념을 제시하게 된다. 따라서 기존의 텍스트에서 나타나던 인종적인 타자성에 대해 가치를 깎아내리는 구성을 대신해, 토착적인 정체성을 대변하는 수정된 기획이 들어선다. 이러한 기획은 인종적 귀속성의 의미를 긍정적으로 전환시킬 뿐 아니라 심지어 때로는 백인 문화보다 우월한 것으로 묘사한다. 이와 같은 방식으로 상호텍스트적인 연관성은 사회적 정체성과 텍스트적인 형상화 사이의 밀접한 상관성을 강조하고 정체성 기획의 사회사적인 생성 조건들인 상대성과 문화적 제약을 명료하게 보여 준다(Gymnich 2000: 90 참조).[53]

3.6. 언어의 탈식민지화: 표준영어 대신 다양한 영어들

인종, 젠더, 계급, 정체성과 타자성과 같은 중심 범주들이 대부분 언어적으로 구성되어 있기 때문에 서술자와 등장인물의 언어에 대한 질적·문체적 분석은 문학 텍스트에 근거한 정체성과 타자성 기획을 이해하는 데에 큰 도움을 준다. 따라서 주네트의 범주인 '목소리'를 질적인 측면으로 확대하는 것은 바람직할 것이다. 포스트식민주의 서사론에서 중요한 몇몇 문체수단 가운데 특히 식민주의 소설뿐 아니라 포스트식민주의 소설에서도 나타나는 지역적·방언적 변형의 사용 및 그것의 위상은 정체

---

[53] 정체성과 타자성 개념의 재해석과 하위주체 목소리의 서사적 구체화에 대한 예를 리스 Jean Rhys의 소설 『광활한 사르가소 바다』(1966)에서 찾을 수 있다. 이 작품은 브론테의 『제인 에어』(1847)를 원전으로 하고 있는데 목소리 범주의 측면에서 볼 때 두 텍스트가 정체성과 타자성 구성에서 상반된 전략을 구사하고 있음을 확인할 수 있다. 『제인 에어』에서는 목소리가 없고 동물적인 존재로 묘사되었던 로체스터의 부인이 『광활한 사르가소 바다』에서는 상당 부분 서술자 목소리로 기능한다. 그러나 『광활한 사르가소 바다』는 다시쓰기라는 관점에서 대안적 이야기를 전개하고 원전을 비판적으로 변형하는 데에만 그치지 않는다. 이 소설은 원전에 대해 시간적으로 선행하는 이야기를 담고 있다. 이런 허구적 연대기만으로도, 광기가 가부장적이고 식민주의적인 억압에서 유발된 현상임을 드러내고 하위주체에게 목소리를 부여하는 포스트식민주의적 비판을 가능하게 만든다.

성과 타자성 구성을 인식하는 데 있어서 중요하게 작용한다. 그러므로 개인의 지역적 언어사용이 갖는 텍스트적 영향력을 분석하기 위해서는 그 분포를 고려하고 서술자의 언어와 등장인물의 언어를 비교하는 것이 요구된다.

식민지시기의 영국소설에서 식민지 타자는 초점화 심급 내지는 서술자로 기능하는 일이 매우 희소하였기 때문에 대체로 유럽 중심 관점이 투사된 '말 없는 객체'로서 전락한다(JanMohamed 1995[1985]: 19 참조). 토착민들에게 자신을 표현할 가능성이 주어질 경우에 이들 향토 언어는 대부분 대화로서 등장한다. 대체로 이 언어는 통사적·어휘적 혼합어이자 영국표준어의 변형으로서 식민지 지배층의 규범적인 정확한 영어사용과는 대조를 이룬다. 따라서 결함이 있는 언어구사는 원주민들의 지적· 문화적 열등함을 표현하게 된다(Mair 1992 참조). 이렇게 원주민에 대해 폄하하는 서술은 식민지 담론의 두 가지 측면에서 상호보완적인 기능의 수행을 분석하는 데 중요하다. 하나는 지배문화 입장에서 자신들의 문화적· 지적인 우월성을 확인하는 것이고 다른 하나는 식민지 통치를 "문명화의 사명 내지는 백인 남성의 책무"(Bhabha 1994: 83 참조)로서 도덕적으로 정당화하여 종국에는 이를 은폐하는 것이다.

식민주의소설에서 지역적이거나 방언적인 영어형태의 사용이 대체로 문화적 타자성을 부정적이고 불명예스러운 것으로 만드는 반면, 수많은 포스트식민주의 문학에서는 표준어와 방언을 수정주의적으로 전도시킨다는 특징을 갖는다. 목소리와 정체성 구성 사이의 밀접한 연관성이 인정되면서, 문화적 탈식민지화를 통해 토착적으로 변형된 그들의 영어, 즉 대영제국의 규범적인 표준영어와 대립하는 소위 '영어들englishes'(Ashcroft 외

1995b: 4)이 발전하여 주장되기에 이른다.[54] 즉 폐기와 전유라는 보완적인 원칙을 통해, 식민지제국의 담론은 그에 부여된 정통파로서 의미와 이념적 전제들과 함께 전복되고 거부된다. 따라서 이제 이 담론은 창조적으로 전유되어 토착적인 담론으로 발전한다. 이 담론은 지역에 따라 달라지는 언어학적인 예외성을 특징으로 한다(Ashcroft 외 1989: 38f). 이렇게 형성된 혼종성 및 바흐친의 다성성 개념을 통해, 주류문화의 독백적인 언어는 대화적으로 구성되면서 탈위계화를 거치게 된다.

토착적인 목소리가 내는 주장은 소설 매체 안에서 광범위한 문체적 스펙트럼을 보여준다. 이때 외국어 표현, 그것의 번역(Ashcroft 외 1989: 61-64), 등장인물이나 서술자에 의해 사용되는 지역적·사회적 기록 등이 중요하다.[55] 이러한 경우 서사적 전략은 매우 이질적 기능들을 수행할 수 있다.[56] 토착적인 이름 붙이기가 인물과 서술자의 언어에서 번역되지 않은 채 텍스트에 통합될 때 이를 통해 대체적으로 토착적인 문화와 영국문화 사이의 문화적인 차별이 사라지기 때문이다. 이러한 처리방식은 명백히 정치적 의미를 함축하고 있다. 왜냐하면 영어 표준어가 의식적으로 거부되는 방식으로, 한때 식민지였던 주민들의 문화적·언어적 독자성

---

[54] Ashcroft 외(1989: 38) 참조: 권력의 매개로서 언어의 가장 중요한 기능이 요구하는 것은 포스트식민주의적 글쓰기가 중심부의 언어를 장악하여 식민화된 장소에 완전히 적합한 담론 안에 이를 재배치하는 것을 본령으로 삼으라는 것이다.

[55] Ashcroft 외(1989: 38-77)는 이러한 문체적 다양성의 폭에 관한 매우 생산적인 개관을 제공한다.

[56] 텍스트의 잠재적 효과에 대한 규정은 그 해석학적 전통에서 볼 수 있듯이 본질적으로 주체적 수용과정과 독자 개인의 사전지식에 달려 있다는 점을 지적할 수 있다. 예를 들어 인지적 습득과정과 관련해서는 이 책의 Bruno Zerwerck의 글과 Echterhoff(2002)를 참조하기 바라며 이러한 기능에 대한 명쾌하고 자세한 개관은 Gymnich(2002)가 제공할 것이다.

이 강조될 수 있기 때문이다(Ashcroft 외 1989: 64-66 참조). 그밖에도 외국어 개념을 받아들임으로써 주류 영국문화가 갖는 문화특수적 현상들을 무반성적으로 수용하는 것이 저지된다.

이와 반대로 외국어적 요소가 두 문화 사이를 중개하는 인물을 통해서 혹은 서술심급을 통해 번역된다면(Ashcroft 외 1989: 61 참조) 이러한 서술전략은 심지어 상호문화적인 낯섦과 거리를 강조하게 될 것이다. 그러나 이러한 번역은 동시에 규범적인 것으로 느껴지는 영국문화에 대한 분명한 지향성을 표현하기도 한다. 즉 "이국적인 요소들의 번역이 어떻게 성취되든 간에 '중심'언어와 '중심'문화에 대한 선호경향을 나타낸다. 왜냐하면 이국적 요소의 번역에는 도착어를 제공하는 '중심'에 대한 지향성을 내포하고 있기 때문이다."(Gymnich 2002: 68)

포스트식민주의적 문학에서 지역 특유의 영어가 텍스트에서 어떤 작용을 할 수 있는지를 밝히기 위해서는 이러한 언어 요소들의 분포를 분석하는 일 또한 매우 유용할 것이다. 즉, 지역 특유의 영어가 서술자의 층위에서 사용되는지 인물의 언어 층위에서 사용되는지 조사해 보는 것이다. 예를 들어 이질서사세계의 서술심급이 표준영어를 사용하고, 반면 한 명 혹은 몇몇 등장인물들만이 지역적이거나 사회적인 방언들을 사용한다면 이것은 구어적 언어와 문어적 언어 사이의 엄격한 구분을 암시하여 결국에는 표준어의 규범을 확인하게 만든다. 서술심급이 방향설정을 의미하는 인격화된 중심으로서, 구속력 있는 가치와 규범체계를 전체 텍스트 안에 구축하는 데 상당한 역할을 한다는 점에서 이러한 언어적 배치는 빈번하게 정형화된 타자성을 구성하게 된다. 또한 이러한 방식으로 등장인물 세계에 대한 서술자의 상대적인 거리 및 소외가 표현될 수 있다. 따라서 만일에 이질서사세계에서 서술자가 갖는 특권적 위치에 근거하여 서술자가 변형된 특수한 언어를 사용한다면 이는 더욱더 의미심장하게 해석될 여지가 있다. 이전에는 이러한 모델이 비록 드물게 나타났으나 이 모델은 언어적·문화특수적 개성의 동등한 가치와 독립성을 확인시키고 다양한 문화적 정체성을 드러내는 데에 매우 적합하다(Gymnich 2002 참조). 포스트식민주의 서사론을 위해서는 낯선 시각방식과 발화에 대한 양적 고려를 분석하는 것만이 중요한 것이 아니라, 등장인물과 서술자의 질적·문체적 특성이나 그들 사이의 차이와 의존성을 분석하는 것 또한 정체성과 타자성 개념의 문학적 구체화를 설명하는 데 중요하게 작용함을 확인할 수 있다.

4. 전망

포스트식민주의 문학비평이 지금까지는 주로 내용과 콘텍스트를 중심으로 수행되었다면 이제 문학텍스트의 **형식적** 측면을 고려하는 내러톨로지적 분석범주와 결합함으로써 보다 생산적인 가능성을 얻게 되었다. 무엇보다 관점구조, 서술자의 중개성, 공간묘사, 언어적 기법에 대한 연구 등은 "겉으로는 무해해 보이는 문체와 서술의 변수들이 사실은 정치적이라는 사실을 확인시켜주며 이데올로기적인 의미들을 은밀하게 전달하고 있음을 뚜렷이 보여준다."(Fludernik 1999a: 87) 포스트식민주의 이론에서 서술방식의 의미와 기능화에 대한 분석이 아직까지 포괄적으로 다루어지지 않았기 때문에 미래의 연구발전은 이것과의 생산적인 접목에 달려 있다. 그러나 의미의 무한한 지연이라는 후기구조주의의 기본입장을 좇아 의식적으로 분명한 정의를 회피하려는 포스트식민주의 이론의 개념들을 내러톨로지적으로 파악하기란 쉽지 않아 보인다. 예를 들어 바바가 역동적이며 과정적이라고 설명한 '모방' 및 '양가성' 개념의 경우 또한 이에 해당한다. 따라서 내러티브의 권위를 항상 탈중심화되고 지연된, 고정될 수 없는 것으로서 파악하는 후기구조주의적 내러톨로지와 이러한 개념들을 연관시키는 연구는 바람직할 뿐만 아니라 또한 많은 성과를 낼 것으로 기대된다.[57] 이와 같이 이론과 방법론의 연계 및 수정을 통해 최종적으로 도달하려는 목표는 연구대상 영역을 정확히 이해하고, 각각의 연구 콘셉트들이 갖는 방법론적·이론적·개념적 전제에 대한 철저한 자기성찰을 수행하는 것이다.

포스트식민주의적 내러톨로지가 미래에 행해야 할 작업에서 반드시 전제되어야 할 또 다른 필수과제는 다른 포스트 고전내러톨로지와 연계성을 구성하는 것이다. 우선 포스트식민주의적 내러톨로지와 페미니즘적 내러톨로지 사이에서 그리고 포스트식민주의적 내러톨로지와 인지주의 서사론 사이에서 연계성을 설명해야 할 것이다. 특히 젠더라는 범주를 고려하는 것은 매우 중요한 과제로서, 젠더는 정체성과 타자성 구성에 있어 본질적이고도 직접적인 영향력을 갖기 때문이다.[58] 포스트식민주의 관점에서 목소리 범주를 확대·발전·분화시킨다면, 정체성 및 사회문화

---

[57] 책의 Sandra Heinen의 글 참조.
[58] 포스트식민주의와 페미니즘 이론 간의 내용적인 상호의존성은 여성 하위주체의 이중적 식민화에 주목했던 스피박의 명제(1988)에서 분명하게 드러난다. 이에 따르면 여성 하위주체는 가부장적 억압의 희생자이면서 동시에 제국주의 식민화의 희생자이기도 하다.

적 범주인 젠더와 인종 사이의 복합적인 상호작용을 분석할 때 분명 큰 성과를 얻을 수 있을 것이다. 포스트식민주의 서사론의 새로운 개념화와 서사적 목소리의 유형화와 관련해서는 무엇보다 어떤 인종이 서술심급을 위임받는가에 대한 질문 및 서술심급과 허구적 수신자 사이의 다양한 관계가 다루어져야 할 것이다. 문화사적인 이론의 측면[59]에서 본다면 이러한 서술상황, 서술전략 및 수용자 측의 의미구성을, 생산과 수용이 놓인 각각의 문화적 콘텍스트와 관련시키는 것이 요구된다.

마지막으로 포스트식민주의와 인지주의 내러톨로지를 연결하는 것은 다음과 같은 전제에 바탕을 둔다고 할 것이다. 무엇보다 문화특수적이며 동시에 역사적인 가변성과 개인적 다양성을 갖는 콘텍스트, 경험, 지식, 성향 그리고 인지구조가 문학작품을 생산하고 수용하는 데에 직접적으로 연관된다는 점이다. 인지주의 내러톨로지에서 독서과정이란 일차적으로 도식화된 인지모형에 의해 의미를 구성하는 과정으로 파악되기 때문에 포스트식민주의 서사론에 있어서도 다음과 같은 질문이 제기될 수 있다. 즉 독서과정에서 문화특수적 차이가 어떤 역할을 하느냐는 것이다. 텍스트 정보를 해석하기 위해 참조되는 인지적 서사모형은 태어나면서부터 주어진 것이 아니라 특정한 문화적·사회적 영역에 의해서 간접적으로 전달된다는 사실이 이미 바틀렛 Fredric Bartlett(1932)의 인지도식에 의해 밝혀졌다. 그는 도식에 근거한 구성적 기억수행에 대한 연구 분야에서 선구적인 업적을 남겼을 뿐 아니라 이후에 비교문화적으로 수행된 연구인 텍스트 이해, 판단, 결정 그리고 문제해결과 같이 보다 높은 수준의

---

[59] 책의 Astrid Erll과 Simone Roggendorf 참조.

인지과정에서도 그의 이론이 유효하다는 사실이 확인되었다. 따라서 정체성과 타자성 구성을 분석하는 데 매우 중요하다고 할 수 있는 관점구조에 대한 인지론적 재개념화를 포스트식민주의 이론과 연결시키는 일은 매우 고무적인 결과를 가져올 것으로 기대된다. 개별 등장인물들 및 서술자의 관점조차 여전히 텍스트에 설정된 것으로 파악되지만 실상은 관점의 구성과 의미를 연관 짓는 일이 독자의 인지모형에 따른 독서과정에서 비로소 일어나기 때문이다(Surkamp: 2002 참조).

이같이 여전히 열려 있는 많은 문제들과 언급된 여타의 포스트 고전내러톨로지와의 연결지점은 포스트식민주의적 서사론이 아직 발전의 초기 단계에 놓여 있음을 보여준다. 내러톨로지에서 콘텍스트화 및 커져가는 학제적 개방의 추세는 포스트식민주의 서사론에 있어서도 유익한 자극을 제공할 것이다. 반대로 포스트식민주의 서사론이 새로운 내러톨로지 콘셉트를 위한 자극이 되기도 할 것이다. 이를테면 서사텍스트에서 정치적 측면의 강조를 들 수 있다. 이렇듯 현대의 서사론들이 서사범주의 정밀화를 통해서뿐만 아니라, 포스트식민주의 서사론을 통해서도 더욱 풍요롭게 발전될 수 있기를 기대하는 바이다.

■ 참고문헌

1. Primärliteratur
Conrad, Joseph. 1995 [1902]. *Heart of Darkness*. London: Penguin
Ihimaera, Witi. 1995 [1972]. "The Other Side of the Fence." In: ders. *Kingfisher Come Home*. Auckland: Reed. 51-71.

2. Sekundärliteratur

Anderson, Benedict. 1983. *Imagined Communities: Reflections on the Origin and Spread of Nationalism.* London/New York: Verso.

Antor, Heinz. 1995. "Alterität als literaturtheoretisches Problem." In: Rüdiger Ahrens. Wolf-Dietrich Bald & Werner Hüllen (Hgg.). *Handbuch Englisch als Fremdsprache.* Berlin: Erich Schmidt. 323-25.

_____. 2000. "Postcolonial Pedagogy, or Why and How to Teach the New English Literatures." In: Bernhard Reitz & Sigrid Rieuwerts (Hgg.). *Anglistentag 1999 Mainz: Proceedings.* Trier: WVT. 245-62.

_____. 2001 [1998]. "Ethnizität." In: A. Nünning 2001a [1998]. 161-62.

Ashcroft, Bill, Gareth Griffiths & Helen Tiffin. 1989. *The Empire Writes Back: Theory and Practice in Post-Colonial Literatures.* London: Routledge.

_____ (Hgg.). 1995a. *The Post-Colonial Studies Reader.* London/New York: Routledge.

_____. 1995b. "General Introduction." In: Ashcroft/Griffiths/Tiffin 1995a. 1-4.

_____. 1995c "Part XII Place: Introduction." In: Ashcroft/Griffiths/Tiffin 1995a. 391-93.

_____. 2000. *Postcolonial Studies: Key Concepts.* London/New York: Routledge.

Assmann, Aleida & Heidrun Friese (Hgg.). 1998a. *Identitäten: Erinnerung, Geschichte, Identität.* Frankfurt a.M.: Suhrkamp.

_____. 1998b. "Einleitung." In: diess. 1998a. 11-23.

Assmann, Jan. 1988. "Kollektives Gedächtnis und kulturelle Identität." In: Jan Assmann & Tonio Hölscher (Hgg.). *Kultur und Gedächtnis.* Frankfurt a.M.: Suhrkamp. 9-19.

_____. 1999 [1992]. *Das kulturelle Gedächtnis: Schrift, Erinnerung und politische Identität in frühen Hochkulturen.* München: Beck.

Bachtin, Michail. 1979. *Die Ästhetik des Wortes.* Frankfurt a.M.: Suhrkamp.

_____. 1981. *The Dialogic Imagination.* Austin: University of Texas Press.

Bartlett, Frederic C. 1932. *Remembering: A Study in Experimental and Social Psychology.* Cambridge: Cambridge UP.

Bell hooks. 1989. *Talking Back: Thinking Feminist, Thinking Black.* Boston: South End Press.

Benhabib, Seyla. 1995 [1992]. *Selbst im Kontext*: Gender Studies. Frankfurt a.M.: Suhrkamp.
Bhabha, Homi K. 1994. *The Location of Culture*. London/New York: Routledge.
Bharucha, Nilufer E. 2001. "Real and Imagined Worlds: Salman Rushdie as a Writer of the Indian Diaspora." In : Liselotte Glage & Rüdiger Kunow (Hgg.). *"The Decolonizing Pen"*: *Cultural Diversity and the Transnational Imaginary in Rushdie's Fiction*. Trier: WVT. 69-87.
Birk, Hanne. in Vorbereitung. "Fictions of Memory: Kulturspezifische Formen und Funktionen der narrativen Inszenierung von Erinnerung in ausgewählten Romanen der New English Literatures." Dissertationsprojekt, Justus-Liebig-Universität Gießen.
Bronfen, Elisabeth & Benjamin Marius. 1997. "Einleitung." In: Bronfen/Marius/ Steffen 1997. 1-25.
Bronfen, Elisabeth, Benjamin Marius & Therese Steffen (Hgg.). 1997. *Hybride Kulturen: Beiträge zur angloamerikanischen Multikulturalismusdebatte*. Tübingen: Stauffenburg.
Childs, Peter (Hg.). 1999. *Post-Colonial Theory and English Literature: A Reader*. Edinburgh: Edinburgh UP.
Childs, Peter & Patrick Williams (Hgg.).1997. *An Introduction to Post-Colonial Theory*. London: Prentice Hall.
Dannenberg, Hilary P. 1999. "Begegnungen auf beweglichen Grenzen: Darstellungen von Nationalität und Weiblichkeit im zeitgenössischen indo-anglischen bzw. anglo-indischen Roman." In: Fludernik/Gehrke 1999. 427-47.
Döring, Tobias. 1996. *Chinua Achebe und Joyce Cary: Ein postkoloniales 'Rewriting' englischer Afrika-Fiktionen*. Pfaffenweiler: Centaurus.
Echterhoff, Gerald. 2002. "Geschichten in der Psychologie: Die Erforschung narrativ geleiteter Informationsverarbeitung." In: V. Nünning/A. Nünning 2002a. 265-90.
Fanon, Frantz. 1986 [1952]. *Black Skins, White Masks*. London: Pluto Press.
_____. 1981 [1961]. *Die Verdammten dieser Erde*. Frankfurt a. M.: Suhrkamp.
Fludernik, Monika. 1998. "The Constitution of Hybridity: Postcolonial

Interventions." In: dies. (Hg.). *Hybridity and Postcolonialism: Twentieth Century Indian Lirerature.* Tübingen: Stauffenburg. 19-55.

_____. 1999a. "When the Self is an Other: Vergleichende Erzähltheoretische und Postkoloniale Überlegungen zur Identitäts- (De)Konstruktion in der (Exil)Indischen Gegenwartsliteratur." In: *Anglia* 117.1: 71-96.

_____. 1999b. "Grenze und Grenzgänger: Topologische Etuden." In: Fludernik/Gehrke 1999. 99-109.

_____. 1999c. "Cross-Mirrorings of Alterity: The Colonial Scenario and Its Psychological Legacy." In: *Ariel* 30.3: 29-62.

Monika Fludernik & Hans Joachim Gehrke (Hgg.). 1999. *Grenzgänger zwischen Kulturen.* Würzburg: Ergon.

Gehrke, Hans-Joachim. 1999. "Einleitung: Grenzgänger im Spannungsfeld von Identität und Alterität." In: Fludernik/Gehrke 1999. 15-27.

Gergen, Kenneth J. & Mary M. Gergen, 1988. "Narrative and the Self as Relationship." In: Leonard Berkowitz (Hg.). *Advances in Experimental Social Psychology.* New York: Academic Press. 17-56.

Goetsch, Paul. 1997. "Funktionen von 'Hybridität' in der postkolonialen Theorie." In: *LWU* 30.2: 135-145.

Goodman, Nelson. 1984. *Weisen der Welterzeugung.* Frankfurt a.M.: Suhrkamp.

Gymnich, Marion. 2000. *Entwürfe weiblicher Identität im englischen Frauenroman des 20. Jahrhunderts.* Trier: WVT.

_____. 2002. "Linguistics and Narratology: The Relevance of Liguistic Criteria to Postcolonial Narratology." In: Marion Gymnich, Ansgar Nünning & Vera Nünning (Hgg.). *Literature and Linguistics: Approaches, Models, and Applications. Studies in Honour of Jon Erickson.* Trier: WVT. 61-76.

Hall, Stuart. 1994. *Rassismus und kulturelle Identität.* Hamburg: Argument.

_____. 1997. "Wann war der 'Postkolonialismus'? Denken an der Grenze." In: Bronfen/Marius/Steffen 1997. 219-46.

Hirsch, Bernd. 2001. *Geschichte und Geschichten: Zum Verhältnis von Historizität, Historiographie und Narrativität in den Romanen Salman Rushdies.* Heidelberg: Winter.

Horatschek, Annegreth. 1998. *Alterität und Stereotyp: Die Funktion des Fremden in den 'International Novels' von E.M. Forster und D.H. Lawrence.* Tübingen: Narr.

_____. 2001 [1998]. "Exotismus." In: A. Nünning 2001a [1998]. 163-64.

JanMohamed, Abdul R. 1995 [1985]. "The Economy of Manichean Allegory." In: Ashcroft/Griffiths/Tiffin 1995a. 18-23.

Kaleta, Kenneth C. 1998. *Hanif Kureishi: Postcolonial Storyteller.* Austin: Unversity of Texas Press.

Keupp, Heiner, Thomas Ahbe, Wolfgang Gmür, Renate Höfer, Beate Mitzscherlich, Wolfgang Kraus & Florian Straus. 1999. *Identitätskonstruktionen: Das Patchwork der Identitäten in der Spätmoderne.* Reinbek: Rowohlt.

Kreutzer, Eberhard. 1998 [1995]."Theoretische Grundlagen postkolonialer Literatur-kritik." In: A. Nünning 1998 [1995]. 199-215.

_____. 1999 [1993]. "Die neuen englischsprachigen Literaturen." In: Hans Ulrich Seeber (Hg.). *Englische Literaturgeschichte.* Stuttgart: Metzler. 394-463.

Lanser, Susan S. 1992. *Fictions of Authority: Women Writers and Narrative Voice.* Ithaca: Cornell UP.

_____. 1999. "Sexing Narratology: Toward a Gendered Poetics of Narrative Voice." In: Grünzweig/Solbach 1999a. 167-83.

Leggewie, Claus. 1994, "Ethnizität, Nationalismus und multikulturelle Gesellschaft." In: Helmut Berding (Hg.). *Nationales Bewußtsein und kollektive Identität: Studien zur Entwicklung des kollektiven Bewußtseins in der Neuzeit.* Frankfurt a.M.: Suhr-kamp. 46-65.

Loomba, Ania. 1998. *Colonialism/Postcolonialism.* London/New York: Routledge.

Lützeler, Paul Michael. 1995. "Vom Ethnozentrismus zur Multikultur: Europäische Identität heute." In: Michael Kessler & Jürgen Wertheimer (Hgg.). *Multikulturalität: Tendenzen, Probleme, Perspektiven.* Tübingen: Stauffenburg. 91-105.

Mair, Christian. 1992. "Literary Sociolinguistics: A Methodological Framework for Research on the Use of Nonstandard Language in Fiction." : In: *AAA* 17: 103-23.

Mannoni, Octave. 1956. *Prospero and Caliban: The Psychology of Colonization.*

London: Methuen.
Mead, George H. 1934. *Mind, Self, and Society*. Chicago: University of Chicago Press.
Mishra, Vijay. 1996. "The Diasporic Imaginary: Theorizing the Indian Diaspora." In: *Textual Practices* 10.3: 421-47.
Moore-Gilbert, Bart. 1997. *Postcolonial Theory: Contexts, Practices, Politics*. London: Verso.
Neumann, Birgit. in Vorbereitung. "Narrative Entwürfe von Geschichten, kulturellen Erinnerungen und Identitäten im kanadischen historischen Roman der Gegenwart." Dissertationsprojekt, Justus-Liebig-Universität Gießen.
Nünning, Ansgar. 1989. *Grundzüge eines kommunikationstheoretischen Modells der erzählerischen Vermittlung: Die Funktionen der Erzählinstanz in den Romanen George Eliots*. Trier: WVT.
_____. 1995. *Von historischer Fiktion zu historiographischer Metafiktion. Bd.1: Theorie, Typologie und Poetik des historischen Romans*. Trier: WVT.
_____. (Hg.). 1998 [1995]. *Literaturwissenschaftliche Theorien, Modelle und Methoden: Eine Einführung*. Trier: WVT.
_____. 1998b [1995]. "Literatur, Mentalitäten und kulturelles Gedächtnis: Grundriß, Leitbegriffe und Perspektiven einer anglistischen Kulturwissenschaft." In: A. Nünning 1998 [1995]. 173-99.
_____ 2000b. "Von 'der' Erzählperspektive zur Perspektivenstruktur narrativer Texte: Überlegungen zur Definition, Konzeptualisierung und Untersuchbarkeit von Multiperspektivität." In: V. Nünning/A. Nünning 2000. 3-38.
Polkinghorne, Donald E. 1998. "Narrative Psychologie und Geschichtsbewußtsein: Beziehungen und Perspektiven." In: Jürgen Straub (Hg.). *Erzählung, Identität und historisches Bewußtsein*. Frankfurt a.M.: Suhrkamp. 12-45.
Rajan, Gita. 1997. "(Con)Figuring Identity: Cultural Space of the Indo-British Border Intellectual." In: Gisela Brinker-Gabler & Sidonie Smith (Hgg.). *Writing New Identities: Gender, Nation, and Immigration in Contemporary Europe*. London/Minneapolis: University of Minnesota Press.

Renan, Ernest. 1990 [1882]. "What is a Nation?" In: Homi Bhabha (Hg.). *Nation and Narration*. London/New York: Routledge. 8-22.
Rushdie, Salman. 1991. *Imaginary Homelands: Essays and Criticism 1981-1991*. London: Granta.
Said, Edward W. 1978. *Orientalism*. London: Penguin.
_____. 1995. "East isn't East: The Impending End of the Age of Orientalism." *Times Literary Supplement* 4792: 3-6.
Sampson, Edward E. 1993. *Celebrating the Other: A Dialogic Account of Human Nature*. Boulder, CO: Westview Press.
Schmidt, Siegfried J. 1991. "Gedächtnis - Erzählen - Identität." In: Aleida Assmann & Dietrich Harth (Hgg.). *Mnemosyne: Formen und Funktionen kultureller Erinnerung*. Frankfurt a. M.: Fischer. 378-98.
Sommerm Roy & Carola Surkamp. 2000. "Der Wandel der Perspektivenstruktur in der englischen Erzählliteratur zwischen Viktorianismus und Moderne am Beispiel aus- gewählter Kolonialromane von G.A. Henty, Rudyard Kipling und E.M. Forster." In: V. Nünning/A. Nünning 2000. 199-225.
Spivak, Gayatri Chakravorty. 1988. "Can the Subaltern Speak?" In: Cary Nelson & Lawrence Grossberg (Hgg.). *Marxism and the Interpretation of Culture*. Basingstoke: Macmillan. 271-313.
_____. 1999. A *Critique of Postcolonial Reason: Toward a History of the Vanishing Present*. Cambridge, MA: Harvard UP.
Straub, Jürgen. 1998a. "Geschichten erzählen, Geschichten bilden: Grundzüge einer narrativen Psychologie historischer Sinnbildung." In: ders. (Hgg.). *Erzählung, Identität und historisches Bewußtsein*. Frankfurt a.M.: Suhrkamp. 81-169.
_____. 1998b. "Personale und kollektive Identität: Zur Analyse eines theoretischen Begriffs." In: Assmann/Friese 1998a. 73-104.
_____. 2001. "Identität." In: Nicolas Pethes & Jens Ruchatz (Hgg.). *Gedächtnis und Erinnerung: Ein interdisziplinäres Lexikon*. Hamburg: Rowohlt. 269-72.
Surkamp, Carola. 2001. "Perspektivenstruktur." In: A. Nünning 2001a [1998]. 421.

____. 2002. *Die Perspektivenstruktur narrativer Texte: Theorie und Geschichte der Perspektivenrelationierung im englischen Roman zwischen Viktorianismus und Moderne*. Trier: WVT.

Taylor, Charles & Amy Gutmann (Hgg.). 1993 [1992]. *Multikulturalismus und die Politik der Anerkennung*. Frankfurt a.M.: Fischer.

Tiffin, Chris & Alan Lawson (Hgg.). 1994. *De-Scribing Empire: Postcolonialism and Textuality*. London: Routledge.

Vester, Heinz-Günter. 1996. *Kollektive Identitäten und Mentalitäten*. Frankfurt a.M.: IKO.

Würzbach, Natascha. 2001. "Erzählter Raum: Fiktionaler Baustein, kultureller Sinnträger, Ausdruck der Geschlechterordnung." In: Helbig 2001. 105-31.

Young, Robert J. 1995. *Colonial Desire: Hybridity in Theory, Culture, and Race*. London: Routledge.

이 밖에 본 논문에 해당되는 참고문헌으로서 본서 마지막에 실린 책과 논문은 다음과 같다.

Grünzweig/Solbach 1999a, 1999b; Helbig 2001; A. Nünning 2001a[1998], 2000; V. Nünning/A. Nünning 2000, 2002a; Pfister 2001[1977]; Sommer 2001.

내러톨로지와 가능세계이론

대안세계로서 내러티브 텍스트

카롤라 주어캄프 지음
권선형 옮김

1. 들어가는 말: 서사론의 미(未) 연구 분야인 내러티브 텍스트의 의미론적 차원

학제적으로 정초한 내러톨로지의 미(未) 연구 분야 중 하나는, 구조주의 서사론에 의해 등한시된 내러티브 텍스트의 내용적 측면 및 현실 관련성을 파악할 수 있게 해주는 모델들과 분석범주들을 발전시키는 일이다 (Margolin 1990b: 843 참조). 이 과제의 수행을 위해 지금까지는 특히 철학적 서사론이 많은 기여를 해왔다. 철학적 서사론은 형식에 초점을 맞추면서 텍스트 중심적인 구조주의적 내러톨로지와는 달리 서사적 중개의 속성이나 줄거리 구조에 관심을 두지 않고 서사텍스트의 의미론적 측면들과 지시관계를 관찰의 중심 대상으로 삼기 때문이다. 예를 들어 라이프니츠 Gottfried Wilhelm Leibniz의 '가능한 세계' 콘셉트에 기초한 가능세계이론 possible-worlds theory은 내러티브 텍스트가 대안세계를 그린다는 사실에 착안한다.[1] 가능세계이론의 통찰들과 콘셉트들을 이렇게 내러톨로지에 접목시킴으로써 패러다임에 변화가 일어났다. 즉, "내러티브를 단순한 텍스트에서 하나의 대안세계로 재고(再考)하게 되었고, 층위들과 대리인들에 대한 정적인 묘사에서 내러티브 텍스트에 의해 창조된 세계를 전체론적이고 체계 지향적인 측면에서 이해하게 되었다."(Fludernik 2000a: 87) 이로써 내러톨로지 연구의 관심은 형식적이며 텍스트 내재적인 분석에서 내러티브 구조의 의미론과 내적 역학을 기술(記述)하고, 내러티브 텍스트의 의미차원을 파악하는 쪽으로 이동하게 되었다.[2]

원래 가능세계이론은 내러톨로지와는 무관하게 분석철학에서 발전한 것으로, 분석철학에서 양상 논리학의 의미론적 문제들을 해결하는 데 사용되었다. 가능세계이론이 문학이론과 서사론에 적용되기 시작한 것은 1970년대 말 에코 Umberto Eco와 파벨 Thomas Pavel, 돌레첼 Lubomír Doležel

---

[1] 가능세계이론 내부에서 허구적 텍스트들은 대안세계의 구성을 위한 기호학적 메커니즘으로 간주된다. 허구적 텍스트는 현실을 모방적으로 모사하지 않고, 현실과 병존(竝存) 관계에 있는 세계들을, 예를 들면 길항하는 형태로 그린다. "허구세계는 실제세계의 모방이나 재현이 아니라 가능성 있는 자주적인 세계이다. 마찬가지로 허구세계는 실제세계에 대해 다양한 관계를 확립하고 자신을 현실과 가깝거나 먼 거리에 위치시킨다."(Doležel 1998b: 788)

[2] Herman(1999b: 23)은 가능세계이론이 내러티브 구조의 의미론을 이론적으로 파악하는 데 적합하다는 것을 강조한다. "포스트고전주의 내러톨로지는 가능세계 의미론으로부터 자극을 받아 허구적 담론의 발화내적, 의미론적, 거시 구조적 지표들을 보다 정확하게 기술해준다." 가능세계이론에 대한 이해를 위해서는 Ryan(1992)과 Ronen(1994)의 책들 참조. 이 글은 상당 부분 라이언 Marie-Laure Ryan의 견해에 근거하고 있다.

에 의해서였다. 이들은 가능한 상태들 및 접근성 정도와 같은 양상적 콘셉트들이 허구세계와 관련하여 설명 능력이 있음을 발견했다.[3] 그 이래로 가능세계이론의 콘셉트들은 네 영역에 적용되고 있다(Ryan 1992 참조). 첫째는 허구성 이론 및 허구성의 의미론, 둘째는 장르 이론 내지 내러티브 세계의 유형학, 셋째는 내러티브 의미론, 특히 플롯, 인물묘사, 다중시각적 서술에 대한 이론, 넷째는 포스트모더니즘 시학이다. 이 글의 목적은 가능세계이론의 기원과 근본 전제를 소개한 다음 가능세계 문학이론의 네 가지 적용 영역들을 제시하고, 가능세계이론의 가장 중요한 콘셉트들과 범주들, 모델들을 설명하며, 가능세계이론의 토대 위에서 내러티브 텍스트의 분석을 위한 다양한 접근 방식들을 소개하는 것이다. 끝으로 가능세계이론의 내러톨로지 관련성을 비판적으로 조명하고 꼭 필요한 발전방향들과 관련하여 전망을 제시하고자 한다.

2. 가능세계이론의 기원과 근본 전제들

가능세계에 관한 철학 이론에는 과거의 사건 및 상황들이 다른 흐름을 취할 수도 있었다는, 그래서 세계의 개체들은 실재(實在)하고 있는 것과 다를 수도 있었다는 전제가 깔려 있다. 따라서 실재란 다수의 세계로 구성된 양상Mode 시스템으로 간주된다. 이 시스템을 구성하고 있는 것은

---

[3] 가능세계 문학이론과 관련된 대다수의 연구들은 내러티브 텍스트를 그 대상으로 한다. Pavel(1979/80; 1985)과 Semino(1997)처럼 가능세계이론을 드라마 내지 시 텍스트에 적용하는 가능성에 대한 연구들은 산발적이다.

우리가 살고 있는 현실세계, 그리고 활성화(실재화)되지 않은 가상세계(가능세계)인데, 가능세계는 가능한 대안으로서 현실세계 주변을 맴돌고 있다. 이런 견해를 토대로 하여 미국의 논리학자 크립키 Saul Kripke는 1960년대 초반 언어와 세계의 관계를 연구하기 위해 가능세계모델 M-Model을 발전시켰다.

> 솔 크립키의 모델 구조는 요소들의 집합인 K와 이 집합 중에서 선택받은 요소인 G, 집합의 요소들 사이의 관계를 나타내는 R로 구성되어 있는 논리적 구조물이다. 라이프니츠의 가능세계라는 개념으로 해석을 하면, 집합 K는 가능세계들의 집합으로, 특권 받은 멤버 G는 현실세계로, 그리고 관계 R은 시스템 K에 속하는 다양한 세계들과 K 내의 가능한 대안들을 연결해주는 연결선으로 간주될 수 있다. (Pavel 1986: 44)

이 모델은 만약 어떤 사건이 현실과는 다르게 전개되었을 경우 어떤 일이 일어났을지에 대해 문제를 제기하는, 현실에 반(反)하는 조건문장들의 논리를 설명하는 데 사용되었다. 현실세계가 유일한 관련 틀을 제시하는 '단일 세계 모델'의 토대 위에서는, "만약 나폴레옹이 러시아 정복을 시도하지 않았더라면 그의 제국은 20년은 더 존속했을 것이다"(Ryan 1992: 529)와 같은 사실에 반하는 조건문장의 경우, 여기에 가능한 진실성분이 있는지 혹은 필연적인 진실성분이 있는지는 규명될 수 없다 (Bradley/Swartz 1979: 13 참조). 그에 반해 크립키는 현실세계에 대한 가설적 대안들을 또 하나의 지시틀로 끌어들이는 가능세계모델을 통해 "어떤 역사적 발전들은 현실로 전개되지는 않았지만 충분히 가능했을 수 있고, 어떤 역사적 발전들은 개연성이 적은 것으로 평가될 수 있으며, 또 어떤 발전들은 불가능한 것으로서 배제시킬 수 있다는 것을" 보여주는 데 성공했다(Martinez/Scheffel 2002[1999]: 130). 이런 식으로 크립키는 "가능성"과 "필연성"이라는 양상 범주들의 기능방식을 구체화했고, 가능세계의 지시성 문제와 인식론적 접근성 문제를 해명했다. 따라서 사실에 반하는 조건문장이라도 그것이 양상 시스템의 가능세계들 중 **하나의** 세계에서 참일 경우 크립키의 M-모델에 의거하여 가능한 진실성분을 부여받는다. 그리고 시스템 내의 모든 가능세계에서 참일 경우 필연적으로 참인 것으로 간주된다(Bradley/Swartz 1979: 13-18 참조).

철학에서 현실에 대한 대안적 세계는 현실세계와 모종의 접근가능성 안에 있을 때 가능세계로 간주된다. "만약 어떤 세계가 현실 시스템의 중심 세계에서 접근할 수 있는 것이라면, 그건 현실 시스템 안의 가능세계이다."(Ryan 1991b: 557) 가능한 세계와 불가능한 세계 사이의 구분은 '접근성'이라는 개념의 정의에 근거한다. 양상 논리학에서는 이것을 논리 법칙들의 준수, 즉 수미일관성의 충족 및 배중률[4] excluded middle*의 원칙 준수로 이해한다(Ryan 1991: 31; Ronen 1994: 54 참조). 자체적으로 모순을 지니고 있지 않다면 가능세계는 현실세계로부터 접근 가능하다. 예를 들어, 어떤 하나의 가능세계에서의 명제 p는 동시에 진실이면서 거짓일 수는 없다. 진실이거나 거짓 둘 중 하나여야만 한다. "(p OR -p) AND NOT (p AND -p)" (Ryan 1991b: 557; Scholz 1984: 78f. 참조).

하지만 무엇에 의해 현실세계가 유일무이한 중심적 지위를 갖게 되는

---

[4] [역주] 임의의 명제에 대해 그 명제가 성립하든가 성립하지 않든가 둘 중 하나이지 그 중간은 있을 수 없다는 것을 논한 논리학의 한 법칙.

지에 대해서는 철학적 가능세계이론 내에서 의견이 분분하다(Ryan 1992: 529 참조). 현실세계와 여러 가능세계들 사이의 관계를 어떻게 묘사할 수 있는지와 현실화되지 않은 세계들이 양상 시스템 내에서 어떤 지위를 차지하는지에 대해서는 의견이 일치하지 않는다. 이런 문제들에 답하기 위해 두 개의 철학적 설명 모델이 관철되었다. 한 편에는 소위 양상실재론 modal realism/possibilism의 추종자들이 있는데, 그들은 루이스David Lewis(1978)처럼 '현실'을 실제의 생활세계와 연관 짓지 않는다. 그들에게 '현실'은 상대적인 개념, 즉 관찰자의 입장에 따라 상대적인 것으로 간주된다. 이런 견해에 따르면 가능세계들은 합목적성을 지닌 자율적이며 병존하는 세계들이다. 그것들은 현실세계와 동일한 실제성 및 존재론적 지위를 소유하고 있으며, 그럼으로써 특권을 갖지 않는다. 다른 한편에는 온건한 실재론(현실론) actualism이 자리하고 있다. 예를 들어 레쉬 Nicholas Rescher(1979)와 크립키(1980)는 현실세계는 유일무이하게 자율적인 존재임을 증명하는 한에서 존재론적 지위 면에서 그저 가능한 세계들과 구분된다는 견해를 대변한다. 여타의 세계들은 정신적 활동의 산물(꿈, 소원, 가설, 허구 등등)이고, 그래서 가설적이며 가능한 구조물들이다.[5] 결과적으로 가능세계들은 객관적으로 명백한 지시세계인 현실세계에 종속되어 존재한다. 그러니까 양상실재론적 관념에서처럼 모든 세계들 사이의 병존 관계가 상정되는 것이 아니라 분명한 위계 관계가 확립

---

[5] 라이프니츠는 가능세계가 초월적인 지위를 점하고 있고 인간의 상상력 및 지적인 노력에 의해 발견될 수 있다고 생각한 반면에, 크립키(1980: 44)는 소위 이런 망원경 이론에 반대하면서 가능세계는 발견되지 않고 인간 정신의 창조적 행위에 의해 구성된다고 강조한다. "가능세계는 규정되는 것이지 강력한 망원경에 의해 발견되는 것이 아니다."

되는데, 이런 위계 관계 속에서 현실세계는 상위에 위치하는 존재론적 지위를 부여받는다.

따라서 철학적 가능세계이론은 명료하게 정의되는 콘셉트와 개념들로 구성된 통일적인 이론이 아니다. 이것은 철학적 가능세계이론이 내러티브 가능세계이론의 다양한 영역에 적용되는 것에서도 드러난다. 앞으로 밝혀지겠지만, 가능세계에 대한 철학 이론 중에서 무엇보다도 세 개의 이론적 콘셉트 내지는 견해가 확연히 다른 방식으로 서사론에 자양분을 공급한다. 즉, 가능세계의 의미론적 콘셉트, 세계의 복수성에 대한 가정, 현실세계와 그 대안들을 구분하게 해주는 양상의 콘셉트가 그것이다. 내러티브 가능세계이론의 대표자들은 "내러티브 세계 이론, 내러티브 세계의 기본 유형들과 내부 구조 및 하부 규칙들"(Margolin 1990b: 846)을 구상(構想)하는 것을 목표로 삼는다.

3. 허구성 이론 및 허구성 의미론: 허구적 진술의 진실성

가능세계이론이 내러톨로지에 득이 되는 이유는, 구조주의적 접근 방식들은 미처 고려하지 못했던 내러티브 현실의 사실성 규정이나 허구적 진술의 진실성 규정과 같은 문제들을 가능세계라는 콘셉트로 규명할 수 있다는 점 때문이다. 가능세계이론은 내러티브 세계를 가능세계로 파악하고 소위 "허구의 패러독스"(Thürnau 1994: 26), 즉 "허구의 고유명사들은 의미는 갖고 있지만 의미대상은 갖고 있지 않다"(Spree 2000: 626)는 문제를 해결하려고 시도함으로써 기존의 허구성 개념을 세분화할 수 있다. 문학적 가능세계이론에 따르면 서술자나 등장인물이 언어화하는 허구적 고유명사, 특징묘사, 진술뿐만 아니라, 내러티브 텍스트의 등장인물과 사건에 대해 이론적 논의에서 표명되는 진술 역시 "개별 텍스트가 구성하는 가능세계의 인물·객체·사태"에 관한 것들이다(같은 책: 624).[6]

그런데 현실에 대한 루이스의 양상실재론적 의미에서 볼 때 내러티브 텍스트는 단순한 대안, 즉 텍스트 밖의 현실에 대한 양상적 확장으로 간주되지 않는다. 오히려 내러티브 텍스트는 텍스트적 현실세계 textual actual world라는 형태로, "독자인 우리가 독서하는 동안 (즉, 콜리지 Samuel Tayler Coleridge가 말한 '불신의 자발적 중지'를 염두에 둘 경우) 관여하게 될 새로운 시스템, 즉 가능성과 현실화라는 새로운 시스템"(Gutenberg 2000: 48)을 확립한다.[7] 따라서 내러티브 텍스트는 의미론적으로 완전히 상이한 영역들로 구성되며, 현실세계 및 현실세계의 가능한 대안들로 구성된 나름의 양상구조를 소유한다. "허구 작품들의 의미론적 영역은 그저 단수의 가능세계를 포괄하는 것이 아니라 허구 작품 자신의 현실세계를 둘러싸고 있는 온전한 양상 시스템, 텍스트적 우주를 망라한다."(Ryan 1992: 535)[8] 텍스트 밖의 현실에서 볼 때 내러티브 텍스트 안에 그려진

---

[6] 허구적 텍스트 내에서의 진술들과 내러티브 텍스트가 그린 허구적 현실에 대한 비문학적 담론의 진술들을 서로 구분하기 위해 Pavel(1975/76)은 후자를 "대리 문장들"이라고 명명한다. "허구 내적 발언"과 "메타허구적 발언"을 세분화한 Scholz(1984: 73f.)도 참조.

[7] Ryan(1991: 21ff.)은 새로운 중심으로서의 텍스트적 현실세계의 독서과정에서 발생하는 양상시스템의 재정립을 재중심화 행위라고 명명한다. Ryan(1992: 535) 참조. "허구 게임의 참가자들은 정말로 현실인 세계는 하나만 존재한다는 것을 알고 있지만 게임을 하는 동안에는 다른 세계가 현실세계라고 생각하는 데 동의한다."

[8] Ryan(1992: 540) 참조. "만약 실제 시스템이 복수의 세계로 이루어져 있다면, 내러티브적 재현 또한 그러하다." Ronen(1994: 29) 참조. "가능세계가 그러하듯 허구

텍스트적 현실세계는 그럼에도 불구하고 당연히 하나의 가능세계일 뿐이다(Gutenberg 2000: 48 참조). 하지만 텍스트 자체 내에서는 "허구의 고유명사와 표현들의 지시 영역, 즉 허구의 진술들이 '실제' 세계와 관련하여 참이지도 거짓이지도 않은 진실성분을 갖게 하는 그런 지시 영역을 형성한다."(Spree 2000: 624; Doležel 1989: 230 참조) 그러니까 내러티브 텍스트의 명제들에 대해 일체의 진실성분을 부인하는 대신에 가능세계 이론의 텍스트적 현실세계라는 콘셉트의 도움에 힘입어 허구적 진술의 진실성을 판단할 수 있게 해주는 새로운 지시 영역이 만들어지는 것이다(Lewis 1978 참조). 내러티브 현실의 사실 규정에 도움이 안 되는 가정, 즉 허구텍스트는 진실과는 무관하다는 비생산적 가정을 세분화하여 주는 허구성 개념이 이렇게 가능세계이론에 의해 발전하였다. "논픽션 텍스트는 현실세계를 묘사하고 허구텍스트는 대안적 가능세계를 묘사한다는 솔깃하지만 잘못된 일반화에 빠지지 않으면서도 허구성을 특징화하는 데 현실세계와 가능세계 콘셉트를 사용할 수 있도록 해준 것은 바로 실재 시스템의 복수성 개념이었다."(Ryan 1991: 24)

그래서 허구의 진술들은 가능세계 문학이론의 틀 안에서 상이한 지시세계와 관련해서 그 진실성이 검토될 수 있다. 내러티브 텍스트의 인물이나 사건에 대한 진술은 텍스트 밖의 현실세계와 관련해서는 어떤 진실성분도 가지지 못할 수 있다. 하지만 "에마 보바리는 가상과 현실을 구별할 수 없었다."와 같은 진술은 플로베르 Gustave Flaubert의 소설 『보바리 부인』(1856)에 그려진 텍스트적 현실세계에서 참인 것으로 간주될 수 있다.

세계도 그 안에 일련의 사실들과 하부세계, 대립세계를 갖고 있다는 점에서 실제세계와 유사하다."

반면에 "에마 보바리는 가족을 위하여 자신의 갈망을 포기했다."와 같은 진술은 텍스트적 현실세계와 일치하지 않기에 거짓인 것으로 판명되어야 한다. 또한 가능세계이론은 내러티브 텍스트를 분석하는 데 있어서 중요한 사실을 간과한다. 즉 등장인물이 마음속으로 바라는 소망 같은 허구세계 속의 내면화법에서는 그 어떤 허구적 사실로 자리 잡을 진술이 행해지는 것이 아니라 양상시스템의 가능세계로서의 텍스트적 현실을 묘사하는 진술이 이루어질 수 있다는 점이다. 따라서 허구의 진술들은 그것이 묘사한 사건들이 우리의 현실세계에서 일어날 수 있는지가 아니라 그것이 허구적 현실 내에서 일어날 수 있는지 또는 일어날 수 있었는지 여부에 따라 평가되어야 한다(Ronen 1994: 9 참조).

내러티브 텍스트에는 사건을 중개하고 평가해 주지만 상호 모순되기도 하는 심급들이 존재하는데, 그것들의 권위가 상이하기 때문에 독자는 허구적 진술들의 진실성을 규정하는 데 있어서 어려움을 겪을 수 있다. 라이언 Marie-Laure Ryan(1992: 533)은 바흐친 Michail Bachtin의 대화성 Dialogizität 콘셉트를 끌어들여 이런 사실을 지적한다.

> 허구세계의 사실들을 확립함에 있어서 텍스트가 가장 권위 있는 것으로 간주되어야 하지만, 권위가 하나의 힘에서만 나오는 것은 아니다. 권위는 미하일 바흐친이 대화성이라고 칭한 복수의 내러티브 목소리의 복수성 사이에 배분된다. 이런 목소리들이 서로 반박하고 있기 때문에 텍스트의 진술에서 손쉽게 허구적 진실을 도출할 수가 없다.

내러티브적 현실이 여러 인물, 서술자에 의해 중개될 경우 종종 "텍스트 내적 인식심급들이 사건을 주관적으로 해석하거나 평가함으로써 다소 모순적이거나 다의적인 의미론"(Gutenberg 2000: 94)이 발생하기도 한다. 이런 의미론은 보통 형식적-구조주의적 접근에서는 텍스트 분석의 대상이 아니다. 특히 다중시각적인 텍스트의 경우에는 중개심급의 다중성으로 인해 양상구조를 확립하기가 어렵다. 경우에 따라서는 상호 모순되는 여러 개의 허구적 현실이 텍스트적 현실세계일 때도 있기 때문이다.[9]

허구적 현실의 사실들과 관련한 불확실성은 해소될 수 있다. 이를 위해 가능세계이론은 서사론의 통찰들에 기대면서 서사기법적 전략들로부터 조언을 구해야 하는데, 그런 전략들을 통해 허구적 현실의 여러 버전 중 하나가 텍스트적 현실세계로 결정될 수 있다. 이런 이유에서 돌레첼(1988: 482)은 의미론을 지향하는 가능세계이론이 텍스트이론들과 결합할 것을 주장한다.

> 가능세계 의미론의 개념 시스템을 기계적으로 차용할 경우 문학적 허구에 관한 포괄적인 이론이 출현할 수 없다는 점이 [...] 강조되어야 한다. 문학의 허구세계들은 문학텍스트 안에 구체화됨으로써 그리고 문화적 가공품으로 기능함으로써 특수한 성질을 지니게 된다. 가능세계의 의미론과 텍스트이론이 통합되어야 문학적 허구에 관한 포괄적인 이론이 생겨날 것이다.[10]

---

[9] 가능세계이론의 관점에서 보는 다중시각적 서술에 대해서는 이 논문의 5.3.을 참조.

[10] Ryan(1992: 533) 참조. "가능세계이론에 의해 고무된 의미론적 모델들은 허구적 진실들을 결정하는 텍스트 요소에 대한 평가 부분을 개선해야 한다."

내러티브 텍스트의 개별 중개심급들의 권위 정도가 어떠한지, 아울러 내러티브 텍스트의 허구적 현실에 대한 진술들의 진정성 정도가 어떠한지를 위계 구조상에서 구분하는 기준들은 가능세계이론 내부에서 '입증 authentication'(Doležel 1980 참조) 내지 '입증화 authentification'(Ryan 1992: 534 참조)라는 상위 개념하에서 통합된다.[11] 무엇보다도 문학적 관습에 근거하는 심급들, 예를 들어 서술상황과 같은 심급들이 그 하위에 위치한다. 전지적 서술상황의 텍스트에서 서술자에 의해 중개된 사건들은 서술자의 시간적, 공간적, 인격적 특권에 근거해서 구속력 있는 좌표를 차지한다. 그것들은 일인칭 서술자와 인물들의 진술에 비해서 처음부터 허구세계의 사실들로 간주된다.[12]

> 문학에서 권위는 하나의 관습으로 간주된다. 외부의 발화자에게는 구성의 힘이 더 많이 배분되고, 내부의 제한적인 발화자에게는 적게 배분된다. 일단 발화자가 전지와 전능을 옆구리에 차고 허구세계 밖에 있으면, 그가 이야기하는 사건과 상황들은 독자에 의해 허구세

---

[11] 허구적 진술의 진실성은 문학 텍스트와 문학 외적 현실 사이의 일치를 의미하는 것이 아니라 하나의 진술이 서술된 세계의 사건들과 관련해서 갖는 진실성분을 의미한다.

[12] Martinez-Bonati(1981) 참조. 그런데 서술하는 자아가 "체험과 서술 사이의 (상이한) 시간적 거리로 인해 인물들에 비해 모종의 특권을 소유하는" 한에 있어서 일인칭 서술자와 인물들 사이에 차이가 있어야만 한다. "인물들은 항상 서술된 세계의 그때그때의 현재적 차원에 존재하고, 그로써 성찰하고 평가하는 회고의 기회를 갖지 못하기 때문이다."(Gutenberg 2000: 55) 이런 이유에서 구텐베르크(같은 책)는 일인칭 서술상황의 경우 체험하는 자아와 인물들이 공유하는 텍스트적 현실세계 옆에 시간적으로 늦은, 또 하나의 부차적 텍스트적 현실세계를 위치시킨다. 이 텍스트적 현실세계'는 존재론적으로가 아니라 단지 통시적 관점에서 전자와 구분되며, 서술하는 자아는 이것으로부터 시간적으로 뒤에 놓여 있는 체험하는 자아의 텍스트적 현실세계를 코멘트하고 평가한다.

계의 사실들로 받아들여질 가능성이 크다. 간단히 말해, 발화자가 갖는 권위가 발화자로부터 발원하는 발의의 신빙성과 사실성 정도를 결정한다. (Ronen 1994: 176)

전지적 서술자는 서술된 사건의 진정성을 보증하는 특별한 권위를 지닌다. 이는 사건에 연루되지 않은 서술자에게 전지성과 무한한 신뢰를 부여하는 내러티브 관습에서 연원한다. 그래서 전지적 서술자가 중개하는 것들은 자동적으로 텍스트적 현실세계가 된다. 반면 일인칭 서술자 같은 여타 유형의 서술자는 보통 사람의 인식론적 물리적 한계를 지니고 있어서 훨씬 더 주관적이고 때로는 신뢰할 수 없으므로, '검증 신뢰성' 면에서 본질적으로 훨씬 낮은 등급이 부여된다(Doležel 1988: 490 참조).[13]

아모로스 Alvarez Amorós(1991)가 밝힌 것처럼 서술자의 발언을 신뢰할 수 없을 경우 허구적 현실에 부합하지 않는 텍스트적 현실세계로서의 가능세계에 대해 진정성 문제가 제기된다. 아모로스는 서술자의 발언을 '틀 텍스트'라고 부르는데, 인물들의 발언에 대한 직간접적인 재현 및 의식묘사 등을 포괄하는 '삽입 텍스트'와 구분된다(같은 책: 51 참조). 서술자는 어떤 사건을 그것이 그런 식으로 전개되지 않았다고, 즉 내러티브 사건들의 두 번째 버전이 있다고 중개하는데, 그것은 서술자가 포기하

---

[13] 일인칭 서술자가 묘사한 세계에 비해서 전지적 서술자가 묘사한 세계가 구속력을 조금 더 갖는다 할지라도 일반적으로 일인칭 서술자는 신뢰할 수 없다고 간주될 수는 없다. 더욱이 전지적 서술자와 관련해서도 신뢰성 문제가 제기될 수 있다. 서사적 신뢰성의 상이한 형태에 대해서는 Nünning/Surkamp/Zerweck(1998)의 책을 참조. 특히 상이한 서술상황에서 신뢰할 수 없음의 현상에 대해서는 Jahn(1998)을 참조.

고 싶지 않거나 의식하지 못한 텍스트적 현실세계이다. 하지만 일반적으로 독자는 서술자의 발언에 포함된 부가적인 정보들을 통해서 인물들 차원에서 실제로 어떤 일이 일어났는지 추론할 수 있다. 이런 부가적인 정보들은 신뢰할 수 없는 서술자가 종종 매우 병적이고, 때로는 규범에서 벗어나는 관점을 갖고 있음을 인식하게 해 준다.[14] 그러므로 가능세계이론의 관점에서 볼 때 신뢰할 수 없는 서술자라는 현상은, 인물들은 소원, 꿈, 가설을 통해 단지 텍스트적 양상 시스템의 가능세계들만 그리는 반면에 서술자의 진술들은 텍스트적 현실세계를 묘사한다는[15] 내러티브 관습에 근거하는 가정과 상반된다. "서술자-인용자가 가능한 하위세계를 허구적인 방식으로 참이라고 증명하고, 틀 텍스트상에서 표명되는 것만을 근거로 삼아 자신의 진술에 표면적 내러티브 권위를 부여한다면, 그럴 때 그것이 신뢰할 수 없는 서사이다."(같은 책: 53f.) 신뢰할 수 없는 서사는 이로써 "틀 텍스트의 입증 능력"(같은 책: 57)을 파괴한다.

일인칭 서술자에 비해 전지적 서술자가 더 많은 권위를 갖는다는 것은 상이한 서술상황에서 서술자의 발언이 수행하는 서로 다른 기능들을 통해서도 설명된다. 라이언(1981: 530)에 따르면 일인칭 서술자가 등장하는 텍스트는 법칙과 장르 특성적 틀조건으로 자신을 구속하고 있는, 자신이 속해 있는 세계에 대해 그가 행하는 '세계를 성찰하는 진술들'로 이루어진 텍스트이다. 반면에 전지적 서술자의 텍스트에 나오는 서술자의 진

---

[14] 신뢰할 수 없는 서술적 중개에 대한 텍스트적 신호에 대해서는 Nünning/Surkamp/Zerweck(1998)의 이론 부분을 참조.
[15] Alvarez Amorós(1991: 52) 참조. "가능세계는 오랜 문학적 관습으로 인해 굳어진 미세구조의 요인들에 전적으로 의존하여 입증된다. 그래서 가능세계가 틀 텍스트에서 나타날 경우에는 간단하게 입증된다." Doležel(1980: 12)도 참조.

술들은 "훨씬 자유로운 조건들을 근간으로"(Jahn 1998: 100) 하는 진술들이며, "필연적 진실로 간주되거나 상황을 만들고 구현하는 것으로 간주되어야 하는" '세계를 창조하는 진술들'이다(같은 책: 99).

> 개인적 서술자[일인칭 서술자에 대한 라이언의 용어임]의 발언이 기존의 일반 장르에서 이루어진 것이라면 장르마다 일련의 규범과 준수사항이 있게 마련이다. 예를 들어 전기일 경우, 서술자는 자신의 정보에 대한 원천이 있어야만 한다. [...] 비개인적 서술자[즉, 전지적 서술자]의 경우, 그는 완전한 자유를 누린다. 자기가 원하는 것을 다 말해도 적절성 조건에 위배되지 않고 신뢰를 잃지 않는다. 그는 [...] 그것을 전부 다 아는 사람처럼 말해도 되고, 자기가 말하는 모든 것의 진실을 보장할 수 있다(그의 정보의 원천에 대해 묻는 건 말도 안 되는 것이리라). [...] (Ryan 1981: 525)[16]

로넨Ruth Ronen(1994)은 성찰인물이 인지하는 대상들과 사건들의 진정성에 대해 연구하면서 중개심급들이 지니는 차별적인 권위와 관련하여 의미 있는 보충작업을 시도한다.[17] 로넨(같은 책: 177)은 커뮤니케이션

---

[16] Gutenberg(2000: 57) 참조. "텍스트적 현실세계 외부에 위치한 서술심급들은 세계를 창조하는 진술들을 발화함으로써 허구의 세계시스템을 만들어낸다. 텍스트적 현실세계 차원에서 존재하는 모든 지각(知覺)심급 및 발화심급들도 대안세계들을 만들어낼 수 있지만, 결국에는 자신들의 세계시스템의 중심인 텍스트적 현실세계의 여건들에 얽매이게 된다."

[17] Ronen(1994: 175) 참조. "세계 구성요소들의 서열은 [...] 말하는 주체들의 배후 권위에 의해서만 결정되는 것은 아니다. 한 음성에 의해 허구세계로 전달되기에 앞서서 세계의 구성요소들은 지각(知覺)하는 주체들 및 초점자와 의사소통한다. 초점자는 사실성 정도를 결정하는 주된 요인으로 작용한다. 서술 대상들이 서술 양식에서 추출될 수 없는 곳에서는 초점화와 초점화된 대상이 서로 분리될 수 없다."

모델에서 초점화하는 주체의 위치(서술적 중개의 외부 vs. 인물 차원의 내부)와 초점화 과정의 양식(예를 들면, 허구적 현실에 대한 인식, 이전 사건들에 대한 기억, 대안적인 사건경과 묘사하기)은 본질적으로 어떤 심급이 갖는 권위 정도에 영향을 미치며, 아울러 이 심급에 의해 중개된 내용들을 '실제' 또는 '가능한' 것으로 보는 경향에도 영향을 미친다는 점에서 출발한다. "초점화의 유형들(외부, 내부-지각적, 내부-비지각적 초점화)과 존재들의 실제화 정도(어떤 존재가 허구세계의 현시점에 존재하는지) 사이에는 정말 주목할 만한 상관관계가 존재한다."(같은 책: 194) 예컨대 일반적으로 내부의 초점화 심급보다 외부의 초점화 심급에게 더 많은 권위가 부여된다. 그리고 인지하는 심급의 기억, 소원, 꿈속에서만 존재하는 배경, 인물, 사건들은 그다지 현실세계로 여겨지지 않는 반면, 인지하는 심급을 직접적으로 둘러싸고 있는 허구적 현실은 보다 '현실적인' 세계로 간주된다.

 내러티브 텍스트 속 세계들은 양상 논리학의 가능세계에 비해 존재론적으로 불완전하다. 그 때문에 내러티브 텍스트 중개 심급의 복수성(複數性) 및 이 심급들의 권위에 관해 논하는 것뿐만 아니라 허구적 진술의 진실성분을 규정하고 텍스트의 현실세계를 확립하는 것 또한 어려울 수 있다.[18] 철학적 가능세계에서 대상들은 "모든 견지에서 완전하게 결정되어 있기에 항상 특정 성격이 부여되거나 또는 부여되지 않는"(Spree 2000: 625) 반면에,[19] 내러티브 세계의 인물이나 객체, 사건들은 모든 견

---

[18] Pavel(1986: 105-13), Doležel(1989: 233f.), Ronen(1994: 114-22) 참조.
[19] Currie(1990: 54), Scholz(1984: 77f.) 참조.

지에서 규정되어 있는 건 아니다.[20]

　독자는 허구적 텍스트 속 현실들의 불분명한 지점들을 해명하기 위해 실제세계에 대한 자신의 지식을 이용한다는 점에서 출발함으로써 라이언은 문학적 가능세계의 존재론적 불완전성이라는 문제를 논하려고 한다. 라이언(1980; 1991: 48-60)의 독자는 '최소한의 이탈 원칙'에 따라 텍스트의 현실과 그들 자신의 생활세계가 근본적으로 일치한다고 가정한다. 적어도 텍스트가 이와 관련하여 다른 정보들을 주기 전까지는 말이다. "허구세계의 내용을 재구성하는 데 있어서 우리는 다른 방식으로 분명하게 언급된 경우 외에는 허구세계가 실제세계와 동일한 속성들을 공유하고 있다는 근본적인 가정하에 작업한다."(Semino 1997: 64)[21] 허구세계를 재구성할 때 텍스트의 신호들에 따라 약간 수정해야 할지라도 라이언의 원칙에 따르면 독자는 텍스트 속 세계의 다른 모든 여건은 텍스트 밖의 현실과 일치한다는 것에서 출발한다. "우리는 오디세이에 초자연적인 개입을 허용하는 한편 율리시즈의 배가 실제 배들과 동일한 자연적, 물리적 법칙에 종속될 것으로 기대한다."(같은 책; Pavel 1986: 105f.도 참조).

---

[20] 작가에게는 자신이 만든 허구세계의 "피할 수 없는 불완전성"을 최소화하거나 최대화할 수 있는 선택권이 있다는 것을 관찰한 파벨(1983: 51ff.)은 문화학적으로 흥미로운 테제를 제시한다. 즉, 불안하고 불안정한 과도기의 문학 텍스트들은 불완전성을 많이 노출하는 반면에 상대적으로 안정적인 문화와 시대들은 허구세계의 불완전성을 최소한으로 유지한다는 테제이다. 돌레첼(1998: 169f.)에 의하면 허구세계의 불완전 내지 '충만' 정도는 텍스트 구조에 의해 산정된다. "허구적 텍스트의 조직은 세계의 충만 상태를 결정하면서 여러 방법 및 정도로 불완전성을 조종한다. [...] 틈새들은 [...] 허구세계의 필수적이자 보편적인 특징이다. 그러나 특정 허구적 텍스트들은 틈새의 수와 정도, 기능들에 변화를 준다. [...]"

[21] Waltons(1990: 144-61)의 '현실 원칙'도 참조.

그런데 라이언의 이론적 성찰들은 두 가지 문제점을 내포하고 있다. 첫째, 인식론적-내러톨로지적 연구에서 강조되는 것처럼 "순전히 텍스트가 제공하는 정보들을 넘어서서 텍스트 세계의 이해를 위한 좀 더 완벽한 정신적 모델"(Gutenberg 2000: 54)을 구축하기 위해서 독자는 여러 가지의 텍스트 외적 연관틀을 지시체계(준거체계)로서 소환하게 되는데, 준거체계의 근거가 되는 것은 독자 자신의 다양한 전제(前提) 시스템이다. 전제 시스템이란 예컨대 독자 자신의 개인적인 세계지식, 심리 규범들, 문화적 역사적으로 규정된 개성이론 등등이다. 이렇게 함으로써 "동일한 텍스트에 대해서 질적으로나 양적으로 서로 다른 텍스트적 현실세계가 재구성"(같은 책: 55)될 수 있는 것이다.[22] 다른 한편, 독자가 아무리 의미를 부여하는 패턴을 총동원한다 해도 허구적 현실의 불완전성이 전부 다 해소되지는 않는다. 이런 맥락에서 가능세계이론 내부에서 계속 거론되는 고전적인 예가 있는데, 그것은 독자인 우리가 맥베드 부인의 애가 몇 명인지 모른다는 사실이다. 왜냐하면 셰익스피어의 드라마는 우리에게 이에 대해서 그 어떤 실마리도 제공하지 않기 때문이다(Wolterstorff 1980: 131-34; Pavel 1986: 75, 107 참조).

철학적 의미에서의 가능세계들과 문학적 의미에서의 가능세계들 사이의 또 다른 차이점은 문학 텍스트들은 모순적인, 즉 논리적으로 불가능한 세계들도 그릴 수 있다는 점에 있다(Wolterstorff 1980: 155ff.; Doležel

---

[22] 인식론적 내러톨로지는 독서과정을 독자가 인식론적, 의미부여적 기본틀 frames이라는 형식 하에서 가설을 구성하고 투영한 것으로 이해한다. 이 기본틀은 생활세계의 실제 상황을 해석하는 데에도 적용된다. 내러톨로지 내부의 인식론적 접근들에 대해서는 이 책의 브루노 체르벡 Bruno Zerweck의 글 참조.

1989: 238ff. 참조). 이런 차이점 때문에 허구적 진술의 진실성에 대한 의문이 언제나 분명하게 해소되는 것은 아니다. 양상 논리학의 가능세계들에서는 사실에 반하는 가능성들을 문제 삼는 반면에, "문학에서는 대부분 어떤 순수한 '직관'과 추상화를 통해 획득된 가능성을 문제 삼는다."(Spree 2000: 625; Hoche 1990: 162-74도 참조) 이 가능성은 철학적인 견지에서 볼 때 "때로는 불가능하다."(Spree 2000: 625; Eco 1992: 272-77 참조) 문학에는 예를 들어, 수미일관성의 논리 법칙과 배중률의 근본원칙에 상반해서 허구의 진술들과 그에 대한 부정이 같은 정도로 참인 허구세계들이 존재하기 때문이다. "신뢰할 수 없는 서술자나 문체적 모순성이라는 형식을 상정하더라도"(Martinez/Scheffel 2002[1999]: 131) 모순들이 해결되지 않는 그런 불가능한 세계들이 있는데, 예를 들면 누보로망에서 발견된다. 돌레첼은 이런 맥락에서 로브그리예 Alain Robbe-Grillet 의 소설 『밀회의 집』(1965)을 거론한다. 이 소설의 서술세계에는 다수의 모순이 존재하는데, 홍콩은 소설의 무대인 동시에 아니기도 하다. 그리고 동일한 사건이 상이한 버전과 상이한 연대기적 순서에 의해 서술된다. 동일한 대상이 허구의 사실들로, 그림으로, 무대상연 등 상이한 존재형태들로 나타난다(Martinez/Scheffel 2002[1999]: 131 참조).

앞서 나는 양상 논리학적 의미에서의 가능세계와 문학적 의미에서의 가능세계가 어떻게 다른지 설명했다. 논의의 결과는 다음과 같다. 한편, 가능세계이론이 기존의 허구성 콘셉트들의 명료화에 기여하려면 가능세계에 대한 철학 이론의 핵심 콘셉트가 수정되어야 한다. 다른 한편 내러티브 텍스트의 상이한 중개심급의 권위를 규정하는 것에서 나타난 것처럼 가능세계이론 콘셉트는 서사론적 범주들과 결합되어야만 한다. 그래야 원래 철학 이론에서 유래하는 가능세계이론이 내러티브 텍스트에 생산적으로 적용될 수 있다. '가능세계', '현실세계', '접근성'과 같은 콘셉트들을 내용적으로 새롭게 규정하거나 확대함으로써 서사론과 관련해서 어떤 생산적인 가능성들이 생성되는지는 다음의 두 장에서 제시하려 한다.

4. 가능세계이론의 역량: 장르이론 혹은 내러티브 세계의 유형 연구

다중시각적이고 신뢰할 수 없는 서술의 경우에는 특히 허구적 진술의 진실성 문제가 제기되는데, 이런 문제에 대응하는 데에 가능세계이론이 크게 기여할 수 있다. 그뿐만 아니라 가능세계이론은 내러티브 세계의 내적 구조를 의미론적으로 묘사하는 데에도 도움이 될 수 있다. 현실세계와 가능세계의 접근성을 철학의 가능세계이론처럼 오직 논리 법칙의 토대 위에서만 규정하지 않고 접근성 연관의 스펙트럼을 확장해서 볼 경우, 가능세계이론은 서사텍스트에 묘사된 현실들을 묘사하는 데에 이용될 수 있다. 또한 그로써 내러티브 세계의 유형학을 기획하거나 서사텍스트의 장르를 규정하는 데에도 이용될 수 있다(Gutenberg 2000: 45; Ryan 1991: 31-47 참조). 따라서 접근성 콘셉트를 내러티브 텍스트에 적용하기 위해서는 이 콘셉트를 수정할 필요가 있다. 왜냐하면 논리적 가능세계와 같은 범주는 서사론에 적용하기에는 한편으로는 너무 방대하기 때문이다. 이 범주는 매우 상이한 내러티브 세계들을 포괄할 것이며, 사실적 텍스트들과 동화, 공상과학소설도 포함하게 된다(Semino 1997: 81 참조).

논리적 가능세계와 같은 범주는 다른 한편으로는 너무 협소할 것이다. 왜냐하면 포스트모더니즘 소설들의 경우와 부조리극, 난센스 시, 에서 M.C. Escher의 그림 같은 경우에는 논리적인 의미에서 불가능한 세계들이 그려지기 때문이다(같은 책: 참조). 그래서 내러티브 텍스트 속의 상이한 세계들을 포착하려면 접근성 개념을 확대할 필요가 있다.

접근성 콘셉트의 수정을 위한 토대로 매트르Doreen Maitre(1983)는 '우리의 현실에 적용되는 물리적 법칙의 준수'와 '물질적 인과성'이라는 기준을 사용한다. 매트르는 내러티브 텍스트를 텍스트 밖 현실과의 거리에 따라 규정하면서 내러티브 텍스트의 유형을 네 가지로 구분한다. 이 유형에는 현실세계와 텍스트세계 사이의 거리가 점점 더 벌어지는 특성이 있다.

(1) 다수의 실제 역사적 사건들을 포함하거나 그런 사건에 대해 매우 특별한 방식의 연관성을 지닌 작품들(같은 책: 79)
(2) 실제일 수 있는 사건들의 상상적 양태를 다루는 작품들(같은 책)
(3) 실제일 수 있는 세계와 결코 실제일 수 없는 세계 사이에서 진동하는 작품들(같은 책)
(4) 결코 실제일 수 없는 사건들의 양태를 다루는 작품들(같은 책)

처음 두 범주는 주로 역사적으로 증명된 사건들과 실제 인물들의 운명이 묘사되는 역사소설, 허구적 전기, 실화소설, 논픽션 소설 같은 서사텍스트들과 또 매우 사실적인 텍스트들을 포괄한다. 이 사실적 텍스트의 세계는 모든 점에서 고안된 것이긴 하지만 우리의 생활세계와 동일한 물리적 법칙이 지배한다. 이와 반대로 세 번째와 네 번째 범주의 텍스트들에서는 우리의 실제 세계에서 벗어나는 허구적 현실들, 즉 환상적인 텍스트들 내지 동화와 공상과학소설에 나오는 현실들이 등장한다.

라이언(1991: 32ff., 45f.; 1991b)은 누구보다도 접근성 관계의 스펙트럼을 보다 세분화해서 확대하는 데에 기여했다. 그는 텍스트적 현실과 텍스트 밖 현실 사이의 거리를 논리적, 물리적 일치 정도로만 측정하는 것이 아니라 구성요소의 일치성 및 연대기적, 분류학적, 분석적, 언어학적, 역사적, 사회경제적, 범주적 일치성이라는 요소들도 끌어들여서 측정한다.[23] 이렇게 수정된 접근성 콘셉트의 토대 위에서, 허구적 현실과 실제 현실 사이에 존재하는 접근성 연관의 수에 따라 상이한 내러티브 장르들이 구분될 수 있다. 접근성 관계의 수가 많으면 많을수록 텍스트세계와 현실세계 사이의 거리는 좁혀진다(Ryan 1992: 536 참조). 따라서 논픽션 소설 속 세계는 공상과학소설의 허구적 현실들에 비해서 접근성 관계의 수가 많기 때문에 현실에 매우 근접해 있다. 예를 들어 사실적 텍스트와 환상적 텍스트의 대립과 같은 이원적 대립에 근거하는 유형학에 비해서 라이언의 모델이 지니는 본질적인 장점은 접근성 관계가 개별 텍스트에서 상이하게 활성화되는 정도를 고려한다는 점이다. 그리고 그로써 등급에 따른 장르분류도 가능하다는 데 있다.

그런데 내러티브 세계들은 "층이 지거나 분할된 존재론"(Ryan 1992: 539)을 제시할 수도 있다(Doležel 1976; Pavel 1986 참조). 이런 경우에는

---

[23] 예를 들어 연대기적 일치성은 "시간적 지점을 규정할 필요 없이 (공상과학소설에 나오는 것 같은 미래세계들은 배제한다)" 허구세계가 현실세계로부터 접근 가능하다는 것을 의미한다(Gutenberg 2000: 45). 라이언이 기획한 접근성 연관의 스펙트럼에 대한 상세한 설명은 Ryan(1991: 32ff., 45f.; 1991b)과 Gutenberg(2000: 45)를 참조.

텍스트 속 세계가 상이한 영역들로 분할되는데, 예를 들어 각각 자신의 법칙에 순응하는 성스러운 세계와 세속적인 세계가 병존하거나 환상적인 세계와 현실적인 세계가 병존하게 된다. 그래서 마르티네츠-보나티 Felix Martinez-Bonati(1983)는 내러티브 세계를 그 내적 형태에 따라서 구분한다. 보나티에게 있어서 내러티브 세계들은

> 동질적이거나 이질적이다. 즉, 한 개 또는 병렬적으로 한 개 이상의 현실 시스템을 포함하고 있다. 현실들은 순수하거나 오염되어 있다 (즉, 삐딱해졌고 소원해졌고 낯설어졌다). 순수하면서 오염된 현실들은 사실적이거나 환상적이다. 문맥상의 유희(다른 시스템을 환기시키는 모티브들을 통해서)나 시스템의 텍스트 내적 충돌 혹은 시스템의 파괴로 인해 오염된 현실들이 존재한다. (같은 책: 193)[24]

내러티브 텍스트 속 세계들은 가능세계이론 내에서 하나 이상의 세계로 구성된 서사적 우주로 간주된다(Semino 1997: 72 참조). 이것은 소위 말하는 "분할된 존재론"(같은 책)에만 적용되는 것이 아니라 내러티브 텍스트 일반에 적용된다. 허구성 이론과 허구성 의미론에 대한 장에서 밝힌 것처럼 서사텍스트의 우주들은 서사텍스트 고유의 다성성(多聲性)에 근거해서 여러 개의 개별 세계들로 이루어진다. 여기서 이 세계들 중 한 세계는 그 주위에 다수의 현실화되지 않은 가능세계들이 존재하는 현실세계로 작용할 수 있다(Pavel 1986: 64; Ryan 1985 참조). 내러티브 텍스트 안에는 서로 다른 세계들이 존재한다는 복수성에 대한 통찰이

---

[24] Martinez/Scheffel(2002[1999]: 127ff.) 참조. 여기에는 내부가 상이하게 형성된 서사 세계들이 존재하는 텍스트 예들이 몇 개 제시되어 있다.

플롯과 인물묘사, 다중시각적 서사에 대한 기존 이론을 혁신적으로 수정하는 데에 얼마나 기여할 수 있는지는 다음에서 보여주고자 한다.

5. 내러티브 의미론: 플롯, 인물묘사, 다중시각

5.1. 의미론적 플롯 모델로서 가능세계이론

가능세계이론은 다음의 경우 내러톨로지에 특히 득이 된다. 현실세계와 그것의 가능한 대안들에 대한 구분을 텍스트 밖의 세계와 허구적 현실 사이의 관계를 묘사하는 데에 사용하는 것이 아니라 내러티브 텍스트 자체 내부에 적용할 때이다. 예를 들어 라이언(1991)은 줄거리 차원에서 실제로 일어나는 사건들을 텍스트적 현실세계라는 개념 하에 통합했다. 그리고 허구세계 양상시스템 내의 여러 가능세계를 인물들이 현실에 대해 갖고 있는 주관적인 관점과 연결시켰는데, 이로써 내러티브 텍스트 안에 있는 상이한 세계들의 복수성을 플롯이론과 관련해서 개념화했다. "서사적 양상시스템의 세계들은 두 개의 주요 범주로 분류된다. (1) 절대적 또는 자율적 존재 특성을 지닌 범주들과 (2) 누군가에 종속되는 특성을 지닌, 즉 인물의 정신적 행위를 통해 존재하는 범주들"(Ryan 1985: 720).[25] 현실화되지는 않은 채 단지 인물들에 의해 상상, 희망, 소망된

---

[25] Ryan(1992: 543) 참조. "나는 내러티브 텍스트의 의미론적 영역을 양상적 우주로 간주한다. 이 우주는 물리적 사건들이 현실화된 왕국이라 할 수 있는 중심 행성과 그것을 둘러싸고 있는, 인물들의 사적 세계들이라는 행성들로 이루어져 있다." Gutenberg(2000: 51) 참조. "서사적 우주는 [...] 일반적으로 (허구 내에서) 절대적으로 존재하는 세계, 곧 사실적 진술이 행해지는 세계인 텍스트적 현실세계와 양

사건들이 인물의 행위에 미치는 전략적 의미를 강조한 토도로프 Tzvetan Todorov(1977: 114f.)와 브레몽 Claude Bremond(1980: 388)과의 연관성 속에서 라이언(1992: 540)은 텍스트의 현실세계뿐만 아니라 인물들의 상이한 가능세계들도 같이 끌어들여서 서사텍스트의 플롯구조를 묘사한다. 그래서 가능세계이론에 기초를 둔 라이언의 플롯이론에서 서사적 우주는 "가능한 (행위)상황들과 불가능한 (행위)상황들의 얽힘 상태이다."(Gutenberg 2000: 49) 이로써 라이언은 서사텍스트의 사건들도 여러 개의 가지들로 구성되어 있는 현상, 즉 어떤 줄거리는 현실화되고 가능한 대안들은 가상에 머무르는 현상을 고려하게 된다. 그뿐만 아니라 현실화되지 않은 가능성들이 플롯 구조뿐만 아니라 줄거리 흐름에 대한 독자의 기대와 관련해서도 중요하다는 점 또한 고려한다(Dannenberg 1995: 63 참조). 라이언에 따르면 "가능한 사건들의 잘 짜인 네트워크(즉, 다수의 대안적 가능세계들)는 실제 사건들과 마찬가지로 스토리의 진술능력을 위해 본질적인 전제조건"(같은 책)이 된다.[26]

라이언(1991: 111-19)은 허구세계 양상시스템의 대안적 가능세계들이 인물들의 어떤 인식 과정에 의해 생성되는지에 따라서 상이한 세계유형들을 구분한다. 지식-세계, 소원-세계, 의무-세계, 의도-세계들과 상상의

상화된 진술들로 특징 지워지는 인물종속적인 세계들(종속 세계들)로 양분화되어 있다."

[26] 지난 몇 년 사이에 새로운 매체로 인해 다수의 대안적인 줄거리가 있는 텍스트에 대비할 수 있는 기술적 가능성들이 생겨났다. 그것은 하이퍼픽션과 인터랙티브 사이버 텍스트들(모험게임, 머드게임 multi-user dungeons, 온라인 소설) 같은 직선적이지 않은 서사텍스트들인데, 이런 테두리 안에서 "독자/사용자에 의해서 개인적이고 가능성 있는 줄거리들과 세계들이 현실화된다."(Martinez/Scheffel 2002 [1999]: 132) Ryan(2001)도 참조. 이런 새로운 서사형태들에 대한 내러톨로지 관점에 대해서는 Seibel(2002) 참조.

우주들이 그것이다. 지식-세계는 인물의 지식, 학식, 능력을 포괄하는 반면에 의무-세계는 인물의 가치시스템과 규범시스템, 인물의 도덕관과 윤리관, 인물이 내면화한 의무들과 관습들을 특징짓는다. 그리고 소원-세계는 인물의 소원과 욕구로 구성되며, 인물의 의도와 계획은 인물의 의도-세계를 구성한다.27 이런 부분세계들은 하나의 전체로써 인물의 주관적인 현실모델을 형성하는데, 라이언(같은 책)은 이런 주관적인 현실모델을 "인물의 사적 영역"(인물 영역)이라 명명한다. 그리고 이런 현실모델은 가능세계이론 내에서 내러티브 텍스트의 전체 의미구조 중 가장 작은 의미론적 단위를 형성한다.28

만약 이것을 넘어서 서사적 중개의 차원에서 개인화할 수 있는 분명한 발화자를 만들어낼 수 있다면, 라이언에 따르면 이런 발화자에 대해서도 개인적인 현실모델, 소위 서술자의 현실세계가 형성된다. 하나의 텍스트를 의미론적 단위들로 분할할 때는 이런 세계가 고려되어야만 한다. "서술자의 사적 영역의 세계는 텍스트적 우주를 구성하는 한 부분이다. 독자는 서술자의 신념, 기획, 소원, 의견들을 인물들의 그것과 대등하게 존재

---

27 꿈, 환상, 허구적 이야기와 관계하는 한에서 상상적 우주는 특별한 경우이다. 인물의 상상적 우주는 실제 세계와 가능한 대안들로 구성될 수 있는 독자적인 세계시스템이다. 라이언(같은 책: 118)은 부가적으로 인물의 '진짜 세계 authentic worlds'와 '거짓 세계 pretended worlds'를 구분하는데, 이것은 모든 개별적인 부분세계들에 적용될 수 있는 구분이다. 즉, 라이언은 인물의 견해와 인식 정도 혹은 인물의 가치들과 내면화된 규범들에 실제로 상응하는 세계들과 인물이 다른 인물들에게 자신의 견해, 지식 혹은 가치, 규범이라고 주장하는 세계들을 구분한다. 인물 세계의 상이한 유형들에 대해서는 Ryan(1991: 111-19)과 Gutenberg(2000: 51-53)에 상세히 설명되어 있다.
28 Doležel(1988: 487) 참조. "행위자의 영역은 내러티브 세계의 의미론적 분할과 관련해서 중요한 예를 제공한다."

하는 것으로 간주한다."(Ryan 1991: 70)[29] 하지만 서술심급들이 텍스트의 현실세계의 확립에 관여하는 정도가 상이하다는 점이 고려되어야 한다(Gutenberg 2000: 55 참조). 즉, 일인칭 서술심급은 그 자신 사건에 연루되어 있기에 대부분 텍스트적 현실에 대해 주관적인 이미지를 보여준다. 이 이미지는 텍스트의 현실세계와 완전히 일치하지는 않는다. 반면에 전지적 서술심급에서는 보통 서술자의 현실세계와 텍스트의 현실세계 사이에 완전한 일치가 일어난다(같은 책: 55f. 참조.). 내러티브 텍스트의 상이한 세계들의 복수성은 라이언의 이론적 접근에 따르면 전체적으로 다음과 같이 묘사된다.

---

[29] Ryan(1985: 751) 참조. "만약 그[서술자]가 개인화되었을 경우, 구조면에서 인물 영역과 유사한 서사 영역의 존재를 추측해 보시오. 만약 그가 인격을 갖추지 않고 보고하는 목소리일 경우, 서사 영역을 만들어낼 필요가 없다." Margolin(1990a: 457f.) 참조. "말하기의 창작자들로서 그들[서술자들]은 말하는 것과 관련해서 가능한 한 포괄적으로 정보와 견해들(지식과 신념 경향들)을 부여받아야 한다."

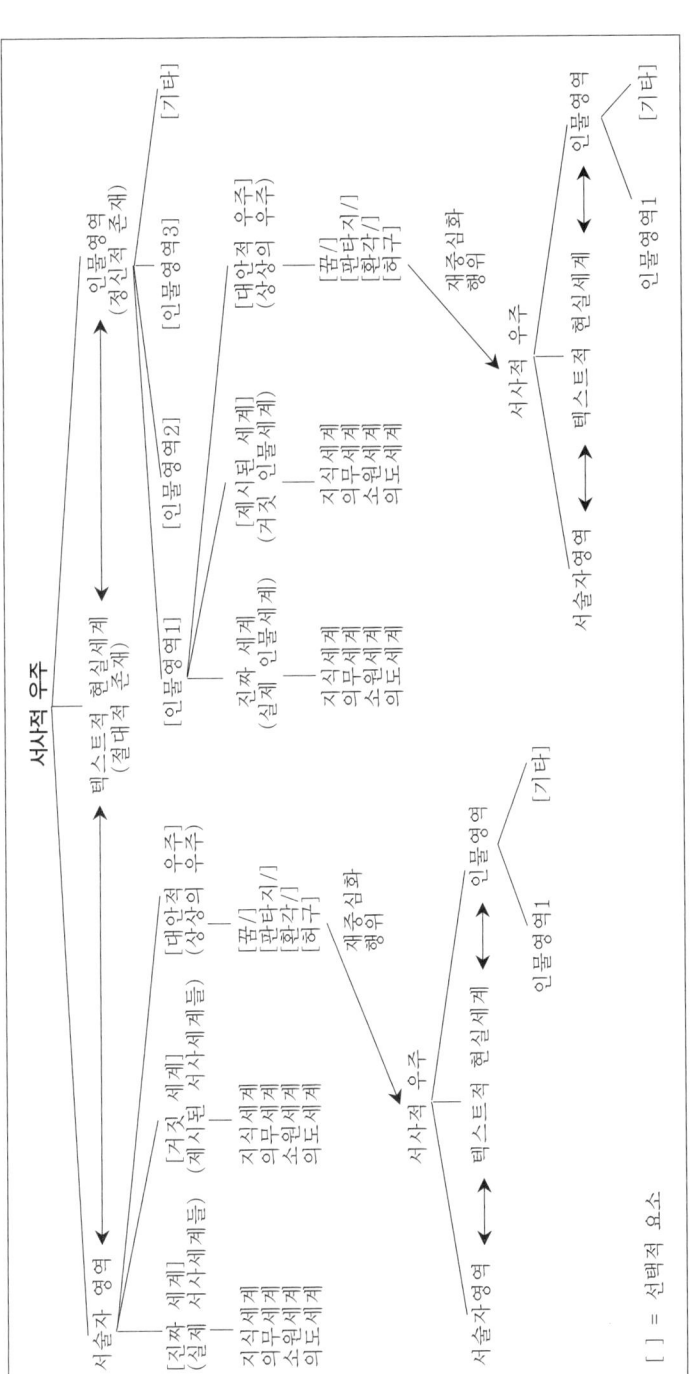

[그림 1] 서사적 우주의 양상구조(Gutenberg 2000: 50)

내러티브 텍스트에 대한 이런 콘셉트 하에서 라이언은 의미론적 플롯 이론을 기획한다. 그는 플롯을 내러티브 텍스트 속 상이한 부분세계들 내지 인물영역과 서술자영역 사이에서 벌어지는 갈등들의 합주 내지 결과로 파악한다. 라이언의 경우 한 텍스트의 플롯은 어떤 유희에 비교된다. 인물들의 시각에서 볼 때 이 유희의 목적은 전략적인 행동을 통해서, 즉 여러 행동 대안들 중 선택할 수 있는 '행마(行馬)'를 통해서 자신이 원하고, 희망하고, 계획한 가능세계들을 현실화시키고, 또 그로써 텍스트적 현실세계를 자신의 개인적인 관념에 근접시키는 데에 있다.

> 참여자의 관점에서 볼 때 내러티브 게임의 목표는 [...] 텍스트적 현실세계를 자신의 사적 세계 중 가능한 한 많은 세계와 일치시키는 것이다. [...] 이런저런 행마들은 등장인물들이 세계들 사이의 관계를 바꾸고자 시도하는 행위들이다. [...] 선택하지 않은 대안들은 예상 투사도에서의 분기점들이다. 텍스트적 우주에서 각각의 세계들이 갖는 상대적인 위치가 게임의 전략적 상황이며, 이 게임의 규칙은 각자의 행마를 센터 쪽으로 더 가까이 가도록 하는 것이다.
> (Ryan 1991: 119f.)

이로써 내러티브 텍스트의 플롯은 인물의 지식세계, 소원세계, 의무세계, 의도세계들 사이의 관계를 포착한다. 이 세계들은 정적이지 않다. 변화에 내맡겨져 있다. "내러티브 시스템의 세계들 사이의 관계는 정적이지 않다. 이 상황에서 저 상황으로 변화한다. 플롯은 텍스트적 우주 내에서 이 세계들의 움직임이 남긴 흔적이다."(같은 책: 119) 이와 달리 서사적 우주 내에 어떤 갈등도 존재하지 않으면, 즉 텍스트에서 모든 인물의 소원과 계획이 충족되고 인물의 지식과 가치, 규범들이 텍스트적 현실세계에 의해서 확증되면, 긴장을 자아내는 플롯이 전개될 수 없다(Dannenberg 1995: 63f. 참조). "움직임이 일어나고 플롯이 시작되기 위해서는 텍스트적 우주 안에 어느 정도의 갈등이 있어야만 한다."

라이언(같은 책: 119-23)은 이어서 서사텍스트의 개별 세계들 사이에 존재할 수 있는 상이한 유형의 갈등들을 묘사하는데, 이런 방식으로 플롯 유형학을 기획한다. 그는 텍스트적 현실세계와 인물세계들 중 한 세계 사이의 갈등을 "갈등의 기본 단계"(같은 책)로 본다. 반면에 한 인물영역 내부, 단일 인물세계 내부의 상이한 부분세계들 사이나 상이한 인물들의 부분세계들 사이에서 "두 번째 갈등"(같은 책)이 발생한다. 많은 이야기들에 나오는, 텍스트적 현실세계와 개별 인물세계들 중 한 세계 사이의 갈등 중 하나는, 예를 들어 인물의 소원세계가 현실화되지 않음으로써 발생하는데, 라이언에 따르면 이것은 모든 탐구 qeust-이야기의 토대가 된다(같은 책: 121 참조). 또 다른 플롯유형의 경우에는 한 인물의 지식세계가 이 인물의 정보부족으로 인해 텍스트적 현실세계와 갈등관계 속에 있는 것이 그 특징이다. 오류가 있는 플롯(비극), 수수께끼가 있는 플롯(범죄소설), 속임수가 있는 플롯(코미디, 스파이소설, 동화)이 그런 경우다(같은 책: 참조). 이와 달리 동일한 인물영역의 상이한 부분세계들 사이의 갈등은 "다른 세계의 희생을 통해서만 하나의 세계가 충족될 수 있기"(Gutenberg 2000: 66) 때문에 유발된다. 예를 들어 한 인물의 욕구가 인물의 도덕적 확신과 일치할 수 없을 때, 이 인물의 소원세계와 의무세계 사이에 갈등이 일어난다. 많은 사랑플롯(구혼플롯, 성인소설들)의 근본에 이런 갈등이 놓여 있다(같은 책: 참조). 라이언에 따르면 내러티브 텍스트의 가장 생산적인 갈등유형은 상이한 두 인물의 부분세계들 사이의 불일치성(예를 들어 주인공과 적대자의 상황이 그 전형이다)인데, 왜냐하면 한 인물의 계획이 현실화됨으로써 다른 인물에게는 어떤 결핍이 발생할 수 있기 때문이다.30

구조주의 플롯이론들은 서사텍스트 속의 사건들을 통합적으로 syntagmatic 배열하고, 순수 형식주의적이고 종종 규범적이기도 한 스토리 문법strory grammatic을 만들어 냈던 반면, 가능세계이론에 토대를 두고 구성한 라이언의 갈등 유형학은 "의미의 조직원리인 플롯을 기능의 측면에서 탐구하게"(같은 책: 1) 해준다. 플롯을 서사적 우주의 상이한 세계들 사이의 운동으로 파악하고 또 현실화되지 않은 대안적 행위도 끌어들임으로써 플롯구조의 내적 역학과 의미론을 종래의 서사론보다 훨씬 더 유연하게 묘사할 수 있게 됐다. 하지만 라이언은 갈등유형을 두 개의 차원으로 위계화했다. 즉 구텐베르크(같은 책: 65)가 정당하게 지적한 것처럼 외적 행위가 내적 행위보다 상위에 위치하는 두 개의 차원으로 말이다. 그런데 이런 위계화는 특히 여성소설의 플롯 같은 특정 플롯유형에는 들어맞지 않는다. 그래서 구텐베르크는 상이한 갈등유형들의 탈위계화를 옹호하고, '젠더'와 '콘텍스트'라는 변수들을 끌어들임으로써 라이언의 이론을 발전시킨다. 그리하여 플롯구조의 "잠재적인 이데올로기적 함의들"을 가시화하고, 가능세계이론을 도입하여 영국 여성소설에서 행위구조가 의미를 이끌어내는 기능을 행한다는 것을 밝히기 위함이다. 의미론적 플롯 모델에 관한 구텐베르크의 기획은, "일부 서사텍스트들에는

---

30 서사적 우주 내부의 "시스템의 균형에 대한 장애들"로서 상이한 갈등유형들에 대해서는 Ryan(1991: 121-23)과 Gutenberg(2000: 64-68)의 상세한 설명 참조.

'플롯이 없고' 그래서 결함이 있다는 꼬리표 — 특히 여성 애정소설에 대해 그러하다 — 를 붙이는 것에 대한 명시적 대안이라"(같은 책: 6) 하겠다.[31]

5.2. 인물묘사에 대한 의미론적 이론

라이언의 플롯이론은 구조주의적 내러톨로지와는 달리 가능세계이론 내부에서 인물들과 관련해서 변화된 콘셉트를 보여준다. 구조주의적 모델에서 인물은 기능적인 행동역할(예를 들어 프롭 Valdimir Propp의 경우 주인공, 조력자, 적대자 같은) 아니면 발화자로서의 위치 및 서사적 중개 임무들에 국한된다. 인물의 개인적이고 심리적인 특징들은 이론형성에 거의 고려되지 않는다.[32] 이와 달리 가능세계이론은 문학적 인물들을 가

---

[31] Gutenberg(2000: 69f.) 참조. "가능세계이론으로 인해 플롯의미론을 가상에 머무는 줄거리옵션과 현실화된 줄거리옵션 사이의 긴장관계로 묘사할 수 있는 플롯모델이 제시된 것은 페미니즘 관점에서 볼 때 특별한 이득이다. 페미니즘 연구는 여성에 관한 텍스트에서 공백이 갖는 중요성에 대해 자주 암시하긴 했지만, 플롯분석을 위한 정식 구성성분으로 간주하진 않았다." 이로써 가능세계이론은 내러톨로지 분석범주들이 페미니즘 서사론의 관점에서 지속적으로 발전하는 데에도 크게 기여할 수 있다. 성차(性差)의 문화적 구조라는 콘텍스트에서 내러티브 묘사방식을 연구하는 페미니즘 내러톨로지에 대해서는 이 책에 있는 가비 어레스 Gaby Allrath와 마리온 짐니히 Marion Gymnich의 글 참조.

[32] Margolin(1990b: 844) 참조. "행위자로서의 인물은 어떤 행위나 행동을 성취하거나 경험하는 사람을 포함하는 순수 기능적인 범주이다. 따라서 그는 내러티브 상황 문법과 그것의 역할이라는 관점에서 정의된 행위자이다." 또 "인물은 주로 하나의 내러티브 실례로써 모습을 갖추게 되고, 의사소통적 행위들 및 그 속성들 그리고 상호관계들의 관점에서 정의된다. 따라서 행위자는 나레이터/피나레이터/내러티브 narrator/narratee/narrative 행위자를 구분하는 이 모델뿐만 아니라 자기서사세계적/등질서사세계적/이절서사세계적 auto-/homo-/heterodiegetic 양상을 위해서도 근본적으로 중요한 의미를 갖는다. 그래서 여기서는 정보이전(移轉)의 과정과 그런 정보 공급자들에 대해, 즉 초점화, 다른 말로 하면 인식에 관한 접근과 신뢰성에

상의 세계에서 살고 있는 허구적으로 구성되고 현실화되지 않은 개인(비현실적 개인)으로 간주한다. 이런 인물들은 가능세계이론에 따르면 그 성향 면에서 적어도 부분적으로는 실제 인간들과 비교될 수 있기 때문에, 즉 "상상의 인물로서 가상의 정체성"(Koch 1991: 235)과 "현실재현의 높은 등급"(Nieragden 1995: 25)을 소유하고 있기 때문에 개인적인 인격 특성을 지니는 것으로 볼 수 있다.

> 문학적 인물은 [...] 가능한 인물의 이미지로, 적어도 인간과 유사한 가상의 존재로 이해된다. [...] 텍스트에서 제시되는 개인의 속성은 특성으로 간주되고, 인물 또는 존재에 대한 환상을 만들어내기 위해 종합된다. 우리는 이런 비실제적인 개인을 사건과 세계의 어떤 비실제적인, 허구적 상태의 한 구성원으로 간주할 수 있다. 이런 비실제적이고 허구적인 상태 안에서 비실제적인 개인은 시공의 장소에 속하고, 놓일 수 있으며, 가장 다양한 종류의 ― 즉, 물리적, 행위적, 사회적, 의사소통적, 정신적인(심리적인) ― 인간적인 혹은 인간과 같은 특성과 관계를 소유할 수 있다. 또한 그런 가상의 존재는 내적 상태와 지식, 신념, 기억, 태도, 의도, 즉 의식과 본성 또는 인성을 부여받는다. (Margolin 1990a: 454f.)

대해 큰 주의가 요청된다."(같은 책) Margolin(1983: 2)도 참조. "우리는 둘러싸인/위계화된 거시적 발언 행위들/진술들의 내러티브 모델로부터 출발한다. 그리고 화자(또는 화자 타입)를 시제, 인물, 지시(指示)와 같은 텍스트적 요소의 토대 위에서 위계질서의 각 단계에 할당한다. 그러므로 우리는 시점, 목소리, 초점화, 서술자, 서술자로서 인물이라는 범주들을 획득한다. 내러톨로지는 인물에 대한 이런 콘셉트의 핵심이다." 서사텍스트의 인물들을 이론적으로 콘셉트화하는 여러 가능성들에 대해서는 Margolin(1990a)을 참조.

이런 식으로 문학적 인물을 비실제적 개인으로 기획하는 것은 인물묘사에 관한 구조주의적 접근에 비해 세 가지 면에서 커다란 장점이 있다. 첫째, 문학적 "종이 존재들"(Barthes 1975: 261)의 인간화를 통해서 그리고 개별적인 지식세계, 소원세계, 의무세계, 의도세계로 구성되어 있는 개인적인 인물영역의 규정을 통해서 인물에 대한 구조주의적 내러톨로지의 (그리고 서사적 현실세계를 고려할 때 그에 상응하게 서술자에 대한) '의미론적 비우기'가 저지된다.[33] 가능세계이론의 테두리 안에서 인물들은 줄거리 진행자와 중개심급의 기능을 넘어서 서사텍스트의 중요한 내용적 구성성분이 된다. 둘째, 인물묘사에 대한 의미론적 이론은 문학 심급들의 '환상능력'(Grabes 1996 참조)과 '(유사) 현실'을 참작한다. 독자는 이런 것들에 근거해서 인물에 대한 이미지를 형성하고 인물에게 감정이입하게 된다(Ryan 1992: 546 참조). 그리고 셋째, 문학적 인물의 독자적인 삶에 대한 가능세계이론의 생각은 소위 말하는 크로스오버 인물에 대한 분석도 가능하게 해준다. 즉, 인물들은 원래 등장했던 텍스트에서 지녔던 기능과 상관없이 상이한 서사적 우주 속에서 다시 등장할 수 있다는 상호텍스트적 현상에 대한 분석도 가능하게 한다. 예를 들어 나보코프 Vladimir Nabokov의 롤리타가 그런 경우인데, 롤리타는 소렌티노 Gilbert Sorrentino의 소설에서도 인물로 줄거리에 관여한다(Ryan 1992: 549 참조). 하나의 서사적 우주에서 다른 서사적 우주로 '옮겨 간' 이런

---

[33] 예를 들어 리먼 키넌 Rimmon-Kenan(1989: 164) 참조. "서술자와 초점제공자는 자신들의 의미론적 내용을 비워 왔는데, 특히 외부지시적일 때 더욱 그랬다. 그래서 그들은 내러톨로지적 사례들 이상은 되지 못했다. 챔버스 chambers는 그것을 '빈 구멍 empty slots'이라고 불렀다."

인물은 텍스트에서 그때그때 형태에 따라서 "그들의 원형(原型)과 세상을 뛰어넘어 일치하는"(McHale 1987: 36) 것으로 또는 "그냥 이름만 같은"(같은 책) 것으로 특징화된다. 실제로 존재하는 개인들과 그들의 허구적인 자화상들 사이에서도 이런 식의 비교가 가능하다(Doležel 1998 참조).[34]

5.3. 가능세계이론의 관점에서 본 내러티브 다중시각[35]

가능세계이론의 의미론적 인물콘셉트는 라이언의 독창적인 플롯이론과 결합함으로써 다중시각적 서술이론을 세분화할 수 있는 생산적인 가능성을 제공한다. 구조주의적 서사모델은 내러티브 다중시각과 관련하여 오로지 형식적인 문제, 즉 다중시각적 텍스트에서 어느 정도까지 중개심급의 다중화가 일어나는지에만 매달린다. 반면에 가능세계이론으로부터 '인물영역' 내지 '서술자영역', '가능세계', '양상구조'라는 콘셉트들을 도입함으로써 허구의 현실에 대한 인물시각 및 서술자시각의 내용적인 측면에 대한 묘사가 가능해졌다. 또 다중시각적 서술방식에 의해 기획된 사건들의 상이한 버전과 시점상대화의 의미론적 영역도 파악할 수 있게 되었다.

지금까지는 전적으로 형식적인 측면에만 한정되었던 서사론적 시점개념이 인물영역 내지 서술자영역에 대한 가능세계이론의 콘셉트 덕분에

---

[34] 문학적 인물들과 그들의 상이한 버전들, 즉 텍스트 내적, 상호 텍스트적, 텍스트 외적 차원에 대해서는 Margolin(1996)을 참조.
[35] 가능세계이론의 관점에서 본 내러티브 다중시각의 기획에 대해서는 Surkamp (2000; 2002: Kap. II.2)의 상세한 설명을 참조.

내용적으로도 규정 가능하게 됐다. 그런 점에서 가능세계이론은 인물시점과 서술자시점에 대한 내러톨로지적 범주들의 세분화에 기여한다. 인물과 서술자는 내러티브 의사소통과정에서 이야기 속의 허구세계를 단지 모방적으로 모사하는 단순한 기능수행자가 아니다. 그들의 묘사와 인지는 그들의 주관적인 시점에 좌우된다. 그런데 지금까지는 내러톨로지에서 인물시점과 서술자시점을 규정하는 데에 인식론적, 심리적, 이념적 측면들은 거의 고려되지 않았다. 라이언(1991)이 기획한, 한 인물 내지 서술자의 주관적인 현실모델을 구성하는 지식세계, 소원세계, 의무세계, 의도세계라는 세분화는 여기에 크게 기여할 수 있다. 라이언에게는 서술적 중개 구조가 전면에 놓여 있는 것이 아니라 한 문학적 심급의 지식, 정보수위, 가치, 규범, 소원, 의도로 구성되는 개인적인 현실모델이 전면에 놓여 있다. 이 현실모델의 토대 위에서 인물 또는 서술심급은 허구적 현실에 대한 특정 그림을 기획한다. 그래서 가능세계이론을 다중시각적 서술이론에 끌어들임으로써 문학적 심급들을 텍스트 의사소통 시스템의 한 특정 차원에 귀속시킬 수 있다. 그리고 그 외에도 시점의 다양성을 파악함에 있어서 서술자와 인물이 한 텍스트에서 지니는 기획적-이념적 입장도 고려할 수 있다.

또한 "시점보유자들과 그들의 가치관을 통해서, 즉 '주체 중심화'를 통해서 그리고 시점적 시각들의 대상영역과 내용을 통해서, 즉 '객체 중심화'를 통해서 다중시각을 보다 자세하게 규정하라"는 볼프 Werner Wolf(2000: 85)의 요구도 가능세계이론으로 인해 참작할 수 있게 되었다. 가능세계이론에 걸맞게 다중시각적 텍스트의 중개심급들은 구두 묘사와 자신의 모든 지각적, 인식적, 감정적 과정들을 통해서 상이한 사적 영역을 만들어낸다. 이 사적 영역은 그 나름의 지식세계, 소원세계, 의무세계, 의도세계 및 상상의 우주들로 구성되어 있으며 주관적 구성물이라는 특성을 지닌다. "우리가 정신적 작업을 통해 가능세계를 조종하는 것처럼 허구적 우주의 거주자들도 그렇게 한다. 그들의 실제 세계는 그들의 지식과 신념에 투영되고, 그들의 소원 속에서 수정되며, 그들의 꿈과 환상속에서 새 현실에 의해 밀려난다."(Ryan 1991: 22)36 이로써 의미론적 관점에서 볼 때 내러티브 다중시각은 서술된 세계를 다수의 가능세계들로, 즉 인간화된 시점보유자가 동일한 사건에 대해 내리는 해석가능성들로 세분화된다. 허구적 시점보유자가 동일한 사건에 대해 언어적, 정신적 재현을 통해서 그려낸 여러 가능세계는 이저 W. Iser(1994a [1972]: 108)가 강조한 것처럼 "동일한 것을 얼마나 상이하게 볼 수 있는지"에 대한 관심을 유발한다. 이로써 개별적인 시점보유자의 주관성으로부터 "시점적으로 반영된 상황 자체로", 즉 "개별 인물들에 의해 발견된 상이한 가능성들에로"(같은 책: 109) 중점이 이동한다.

텍스트 양상시스템 내에는 여러 세계가 존재하는데, 이것은 중개심급이 사건에 대해 기획한 상이한 버전들이다. 이 세계들, 버전들을 조사해보면 개별 인물과 서술자의 주관적인 현실모델들이 위치한 좌표뿐만 아니라 시점들의 거대한 협주에 대해서도 정보를 얻을 수가 있다. 가능세계 이론의 '양상성' 콘셉트는 다중시각적 텍스트에 기획된 현실버전들 사이

---

36 라이언(1991: 19)은 어떤 가능한 인물세계와 텍스트의 허구적 현실 사이에서 확인되는 모순들에 근거해서 인물의 현실모델을 "절대적으로 존재하는 존재가 아닌 정신적 구조물로" 보아야 한다고 강조한다. "세계의 시점-종속성"을 강조한 Ronen(1994: 175)도 참조. "실제 세계를 포함한 모든 세계는 시점 종속적이다. 따라서 현실의 버전들만이 존재한다."(같은 책)

의 의미론적 대립을 그 존재론적 지위에 따라서 측정할 수 있게 해주었다. 그리고 개별 세계들 사이의 위계화나 균질화가 이루어졌는지, 어느 정도 이루어졌는지라는 시점들의 병렬 및 합병과 관련한 주요 질문에도 답할 수 있게 되었다. 상이한 가능세계들은 예를 들어 텍스트적 현실세계와의 접근성에 의해서 또는 텍스트적 현실세계에서의 현실화 가능성에 의해서 서로 구분될 수 있다. A라는 인물의 소원이 B라는 인물의 소원과 달리 줄거리의 흐름 속에서 충족될 경우, A 인물의 소원세계는 B 인물의 소원세계와는 달리 현실적인 존재론적 지위를 획득한다. 따라서 가능세계들을 텍스트 조직 내에서의 그 존재론적 지위에 따라 구분함으로써 다음의 사실이 해명될 수 있다. 즉, 사건이 상이한 버전들로 쪼개짐으로써 의미론적 차원에서 현실에 대한 여러 견해가 동등하게 병존하게 되고 세계해석의 다양성이 야기되는지, 또는 이런 버전들 중 어느 하나에게 '텍스트적 현실세계'라는 지위가 인정되는지가 해명될 수 있다. 만약 후자의 경우라면 그것은 가능한 개별 세계들의 의미론적 위계화를 야기한다. 그래서 가능한 개별 세계들은 동등한 가치를 지닌 것으로 간주될 수 없는데, 왜냐하면 허구적 현실의 '사실들'에 대한 묘사로서 텍스트적 현실세계에 특권적인 지위가 부여되기 때문이다. "내러티브 논리에 첨가된 양상적 구별들로 인해 사건과 상태 중 어느 한 영역에 내러티브 우주의 현실적 영역이라는 특권이 부여되는 위계적 특성이 생겨난다."(Ronen 1994: 171) 하지만 다중시각적인 텍스트들에서 양상구조가 확립되면 개별 세계들의 균질화가 야기될 수도 있다. 내러티브 텍스트에서 인물들이 공동의 지식과 가치를 소유하고 또 다수의 공동 경험과 의미견본을 소환할 수 있게 되면 전체적으로 집단적인 현실모델이 개인적인 개별 세계들을 지배하게 된다. 그런 경우 인물의 부분세계들 사이에서 위계적으로 높은 단계에 위치한 어떤 텍스트적 현실세계가 생겨날 수 없고, '공유된 현실세계'라는 의미에서 허구적 현실에 대한 공동의, 상호주관적인 관념이 개별 인물들을 결합시킨다.

구조주의적 모델을 가능세계이론과 결합시키면 개인적인 인물시점과 서술자시점의 내용적인 양태에 대한 묘사와 다중시각적인 서술의 의미론적 차원에 대한 묘사를 넘어서 다음의 사실도 고려될 수 있다. 즉, 시점들 상호 간의 관계에서만 긴장이 야기되는 것이 아니라 개별 시점 내부에서도 긴장이 야기될 수 있다는 사실이다. 바흐친의 '다성성 소설' 콘셉트와 '대화성' 콘셉트를 통해 분명해진 것처럼 내러티브 텍스트의 시점들은 내부적으로 대화적일 수 있다. 즉, 단일 인물 안에서도 상이한 현실모델들 사이에 논쟁이 벌어질 수 있다. 이런 내부적 대화성이 가능세계이론의 도움으로 서술자영역이나 인물영역의 상이한 부분세계들 사이의 갈등으로 세분화해서 묘사될 수 있다. 그래서 만약 한 인물의 의무세계가, 즉 사회가 그에게 부과한 규범체계가 그의 지식세계와 예를 들어 그의 신앙교리와 갈등관계에 놓일 경우 상이한 담론들과 현실모델들이 서로 충돌할 수 있다.

6. 포스트모더니즘 시학

가능세계이론의 중심에는 중심으로서의 현실세계와 그것을 둘러싸고 있는 현실화되지 않은 가능세계들이라는 양상구조로서의 세계가 자리하고 있다. 그래서 얼핏 보기에 가능세계이론은 헤게모니와 이성중심주의 그리고 주변부에 대한 부정적인 평가 일체에 반대하는 포스트모더니즘 내러톨로지와 양립할 수 없는 것처럼 보인다(Ryan 2001: 100 참조).37 굿맨 Nelson Goodman(1978)은 가능세계이론의 계발적인 잠재성 일체를 부인하는데, 가능세계들에 대한 믿음은 현실세계의 존재나 적어도 그것에의 접근성을 전제 내지 수용하는 것으로써 현실세계는 현실화될 수 있었던 최상의 세계이거나 또는 적어도 유일한 세계이기 때문이다. 굿맨에 따르면 이것은 포스트모더니즘 시대에는 문제 있는 생각으로, 포스트모더니즘 시대는 안정적인 실제가 아니라 서로 경쟁하는 다수의 현실 버전들에서 출발하기 때문이다.

하지만 다시 살펴보면 다름 아닌 가능세계이론의 콘셉트를 통해 포스트모던 내러티브 텍스트의 파괴적이고 자기 성찰적이며 유희적인 특성이 포착될 수 있다. 맥헤일 Brian McHale(1987: 9f.)에 따르면 포스트모던 텍스트들은 주로 인식론적 문제 제기를 다루는 모더니즘 소설들과는 달리 서술된 현실의 존재론적 지위에 대해 회의적이다. 라이언(1992: 548f.; 1998)이 설명한 것처럼, 내러티브 실험에 의해 연출된 이런 허구적 현실의 존재론적 불안정성은 가능세계이론의 도움으로 설명이 가능해진다. 몇몇 포스트모던 소설들은 안정적인 현실 콘셉트에 대한 도전이기도 하다. 예를 들어 보르헤스 J. L. Borges의 『갈라지는 골목의 정원』(1941)처럼 모든 가능한 줄거리 가지들이 현실화되거나, 파울즈 J. Fowles의 『프랑스 중위의 부인』(1969)처럼 종결부의 상이한 형성가능성들이 현실화됨으로

---

37 내러톨로지의 포스트모던적, 후기구조주의적 해체에 대해서는 이 책에 나오는 잔드라 하이넨 Sandra Heinen의 글 참조.

써 텍스트적 현실세계가 여러 개 병존하는 것으로 기획된다. 이런 기획으로 인해 존재론적 중심으로서 텍스트적 현실세계와 가능하지만 현실화되지 않은 대안세계들이 더는 명백하게 구분되지 않는다. 또한 인물들이 자신의 허구성에 대해 성찰하고 또 자신이 실제로 존재하는지 아니면 그저 고안된 것인지에 대해 질문함으로써 묘사된 현실의 존재론적 불안정성이 연출될 수도 있다. 사실주의적 서술관습에 따르면 인물들은 보통 자신이 상위에 존재하는 중개심급에 의한 서술대상이라는 것을 의식하지 못한다. 또한 『프랑스 중위의 부인』처럼 전지적 서술자가 인물들의 층위에 등장하는 텍스트에서도 "존재론적 위계질서의 일탈"(Ryan 1992: 548)이 나타나는데, 이는 더는 현실세계라는 의미에서 그 어떤 중심도 존재할 수 없다는 결과를 초래한다.

7. 종합과 전망

가능세계이론은 세계시스템으로서 내러티브 텍스트라는 콘셉트 하에 서사텍스트의 의미론과 내적 역학, 현실 관련성에 시선을 돌린다. 이로써 구조주의적 내러톨로지의 주로 묘사적인 인식관점을 뛰어넘었고, 지금까지 등한시된 서사론의 부분영역들이 범주와 모델을 생산적으로 발전시킬 수 있는 가능성을 제시했다. 접근성이라는 양상논리적 콘셉트를 개선함으로써 내러티브 세계의 유형학에 기여한 것 외에도 가능세계이론은 다음과 같은 중요한 내러톨로지 부분영역들을 새롭게 기획했다. 첫째, 스토리와 담론 사이의 관계이다. 서술자 진술과 인물 진술에서 허구적 진술이 지니는 진실성에 대한 질문은 서사적 중개의 '어떻게'와 서술된 내용의 '무엇' 사이의 관계를 해명하는 데에도 기여한다. 진실성에 대한 질문은 허구적 현실 내에서 무엇이 실제로 존재하고, 무엇이 단지 상상 또는 소원으로만 기획된 것인지를 결정하게 해준다. 둘째, 가능세계이론으로 인해 플롯 모델 연구의 관심이 이동했다. 줄거리 구조에 대한 형태적인 분석이 아니라 내러티브 양상들에 대한 의미론적 묘사가 전면에 놓이게 됐다. 셋째, 비슷한 방식으로 가능세계이론은 내러티브 다중시각을 탐구함에 있어서 중개심급의 증대나 의사소통 시스템의 상이한 차원을 형태적인 면에서 다루는 것이 아니라 의미를 구성하는 상호작용을 분석하는 쪽에 관심을 두었다. 이 상호작용은 다중시각적인 텍스트에서 서로 보충해주고 수정해주거나 또는 서로 모순되는 시점들 사이에서 발생한다. 마지막으로 넷째, 가능세계이론은 서사텍스트 인물들에 대한 이해를 근본적으로 달리하게 했다. 왜냐하면 가능세계이론은 인물을 줄거리 진행자로서의 기능을 넘어서 내용적으로 규정된, 가상의 현실 속에 존재하는 현실화되지 않은 개인으로 이해하기 때문이다. 가능세계이론에 정초한 허구성이론과 플롯이론, 다중시각이론, 인물이론은 이것을 넘어서 텍스트 내재적인 구조주의적 내러톨로지와는 달리 - 인식론적·내러톨로지적 접근들과 마찬가지로 - 텍스트의 의미영역을 파악하는 독자의 역할도 고려할 수 있다는 장점도 갖고 있다.

가능세계이론의 콘셉트들을 내러톨로지에 전이시킴으로써 얻은 인식의 소득을 강조할 때 주의해야 할 것이 있는데, 바로 '세계'라는 개념이 메타포라는 것이다. 가능세계이론에 정초한 많은 내러톨로지 연구들은 지금까지 이 개념을 세분화하지 않고 자의적으로 다루었다. 철학적 가능세계이론의 '가능세계' 콘셉트는 추상적인 범주와 관계하는 반면에, 서사론에서는 구체적인 텍스트적 현상을 명명하는 데에 이 추상적인 범주를 사용한다는 점이 근본적으로 다르다. 이런 이유로 인해 뤼링Lutz Rühling(1997[1996]: 32)은 가능세계이론을 텍스트분석에 적용하는 것 일반에 대해서조차 회의를 표명한다.

따라서 내러톨로지와 가능세계이론의 경계선에 있는 장래의 연구들은 '현실세계'와 '가능세계', '양상구조' 같은 의미론적 콘셉트들이 서사적 묘사기법의 분석에 명확하게 이용될 수 있게 가능세계이론을 지금보다 더 텍스트이론과 결합시키는 것을 과제로 삼았으면 한다. 무엇보다도 내러티브 텍스트가 어떤 방식으로 가능세계들을 확립할 수 있는지 밝혀야겠다. 돌레첼(1999: 261f.)이 강조한 것처럼 내러티브 텍스트에서 담론에 의해 가능세계들이 구성된다면, 가능세계이론에 정초한 접근들은 한편으로는 이야기하기와 초점화 과정에 관한 주네트Gérard Genette의 세분화 및 인물의 내면을 묘사하는 의식묘사에 관한 상이한 기법들을 끌어들여 자신의 이론을 형성해야 한다. 다른 한편 서사적 우주의 양상구조를 규정하기 위해서는 인물의 지식세계, 소원세계, 의무세계, 의도세계의 진정성을 위한 서사 전략들이 폭넓게 논의되어야 한다. 이런 서사 전략으로는 중개심급의 권위와 관련한 상이한 등급들 외에도 인물들 사이의 정세와 종결부 제시, 시점구조 및 공감을 유도하는 상이한 기법들을 들 수 있다. 이렇게 의미론적 콘셉트와 내러톨로지 콘셉트가 결합함으로써 구조주의적 서사론뿐만 아니라 종종 내용적으로만 방향을 잡은, 때때로 내러티브 현실콘셉트의 특성을 약화시켰던 문학적 가능세계이론도 득을 보게 될 것이다.

앞에서 언급한 세계 개념의 문제성과 이 개념의 서사론에의 전이에도 불구하고 가능세계이론에 정초한 내러톨로지는 서사텍스트의 의미영역을 중심에 내세우고 서사구조의 의미론을 묘사해주는 범주들을 제공함으로써 전체적으로 볼 때, 순수하게 텍스트 내재적이며 구조주의적인 형식 분석에서 벗어날 수 있게 해 주었다. 내러티브 텍스트의 현실성 연관과 내용적 측면을 끌어들임으로써 가능세계이론은 지시관계와 존재론, 재현이라는 문제들과 관련해서 서사론의 방향을 다시 설정할 수 있는 토대를 마련했다. 새로운 내러톨로지들, 특히 페미니즘적, 탈식민주의적 서사론의 경우 바로 이런 문제들에 대한 답변이 그 중심을 구성한다. 플루더닉 Monika Fludernik(2000a: 87ff.)이 주제론적, 언어학적, 후기구조주의적 내러톨로지 연구 방향들과 함께 네 개의 새로운 서사론 학파 중 하나로 간주하는 가능세계이론은 이로써 학제적으로 정초한 서사론을 향한 중요한 발걸음을 의미한다.

■ 참고문헌

Allén Sture (Hg.). 1989. *Possible Worlds in Humanities, Arts, and Sciences: Proceedings of Nobel Symposium* 65. New York/Berlin: de Gruyter.

Alvarez Amorós, José Antonio. 1991. "Possible World Semantics, Frame Text, Insert Text, and Unreliable Narration: The Case of *The Turn of the Screw*." In: *Style* 25.1: 42-70.

Barthes, Roland. 1975. "An Introduction to the Structural Analysis of Narrative." In: *New Literary History* 6: 237-72.

Bradely, Raymond & Norman Swartz. 1979. *Possible Worlds: An Introduction to Logic and Its Philosophy*. Oxford: Blackwell.

Bremond, Claude. 1980. "The Logic of Narrative Possibilities." In: *New Literary History* 11.3: 387-411.

Currie, Gregory, 1990. *The Nature of Fiction*. Cambridge/New York: Cambridge UP.

Doležel, Lubomír. 1976. "Narrative Modalities." In: *Journal of Literary Semantics* 5.1: 5-14.

_____. 1980. "Truth and Authenticity in Narrative." In: *Poetics Today* 1.3: 7-25.

_____. 1988. "Mimesis and Possible Worlds." In: *Poetics Today* 9.3: 475-96.

_____. 1989. "Possible Worlds and Literaty Fictions." In: Allén 1989. 221-42.

_____. 1998b. "Possible Worlds of Fiction and History." In: *New Literary History* 29.4: 785-809.

_____. 1999. "Fictional and Historical Narrative: Meeting the Postmodernist Challenge." In: Herman 1999a. 247-73.

Eco, Umberto. 1992. *Die Grenzen der Interpretation*. München: Hanser.

Goodman, Nelson. 1978. *Ways of Worldmaking*. Indianapolis: Hackett.

Grabes, Herbert. 1996. "Ethics and Aesthetics in the Reception of Literary Characters: The Case of Nabokov's *Lolita*." In: *Estudios Ingleses de la Universidad Complutense* 4: 23-40.

Hoche, Hans-Ulrich. 1990. *Einführung in das sprachanalytische Philosophieren*. Darmstadt: Wissenschaftliche Buchgesellschaft.

Iser, Wolfgang. 1994a [1972]. *Der implizite Leser: Kommunikationsformen des Romans von Bunyan bis Beckett*. München: Fink.

Jahn, Manfred. 1998. "*Package Deals*, Exklusionen, Randzonen: Das Phänomen der Unverläßlichkeit in den Erzählsituationen." In: Nünning/Surkamp/Zerweck 1998. 81-106.

Koch, Thomas. 1991. *Literarische Menschendarstellung. Studien zu ihrer Theorie und Praxis*. Tübingen/Stauffenburg.

Kripke, Saul A. 1963. "Semantical Considerations on Modal Logic." In: *Acta Philosophica Fennica* 16: 83-94.

_____. 1980. *Naming and Necessity*. Cambridge, MA: Harvard UP.

Lewis, David K. 1978. "Truth in Fiction." In: *American Philosophical Quarterly* 15: 37-46.

Loux, Michael J. (Hg.). 1979. *The Possible and the Actual: Readings in the Metaphysics of Modality*. Ithaca/London: Cornell UP.

Maître, Doreen. 1983. *Literature and Possible Worlds*. London: Middlesex Polytechnic Press.

Margolin, Uri. 1983. "Characterization in Narrative: Some Theoretical Prolegomena." In: *Neophilologus* 67: 1-14.

_____. 1990a. "The What, the When, and the How of Being a Character in Literary Narrative." In: *Style* 24: 453-68.

_____. 1990b. "Individuals in Narrative Worlds: An Ontological Perspective." In: *Poetics Today* 11.4: 843-71.

_____. 1996. "Characters and Their Versions." In: Calin-Andrei Mihailescu & Walid Hamarneh (Hgg.). *Fiction Updated: Theories of Fictionality, Narratology, and Poetics*. Toronto: University of Toronto Press. 113-32.

Martínez-Bonati, Felix. 1981. *Fictive Discourse and the Structures of Literature: A Phenomenological Approach*. Ithaca: Cornell UP.

_____. 1983. "Towards a Formal Ontology of Fictional Worlds." In: *Philosophy and Literature* 7: 182-95.

McHale, Brian. 1987. *Postmodernist Fiction*. London/New York: Routledge.

Nieragden, Göran. 1995. *Figurendarstellung im Roman: Eine narratologische Systematik am Beispiel von David Lodges* Changing Places *und Ian McEwans* The Child in Time. Trier: WVT.

Pavel, Thomas G. 1975/76. "'Possible Worlds' in Literary Semantics." In: *The Journal of Aecthetics and Art Criticism* 34: 165-76.

_____. 1979/80. "Narrative Domains." In: *Poetics Today* 1: 105-14.

_____. 1983. "Incomplete Worlds, Ritual Emotions." In: *Philosophy and Literature* 7: 48-58.

_____. 1985. *The Poetics of Plot: The Case of English Renaissance Drama*. Manchester: Manchester UP.

_____. 1986. *Fictional Worlds*. Cambridge, MA: Harvard UP.

Rescher, Nicholas. 1975. *A Theory of Possibility: A Constructivist and Conceptualist Account of Possible Indviduals and Possible Worlds*. Oxford: Blackwell.

_____. 1979. "The Ontology of the Possible." In: Michael J. Loux (Hg.). *The Passible and the Acutal: Readings in the Metaphysics of Modality*. Ithaca/London: Cornell UP. 166-81.

Ronen, Ruth. 1994. *Possible Worlds in Literary Theory*. Cambridge: Cambridge UP.

Rühling, Lutz. 1997 [1996]. "Fiktionalität und Poetizität." In: Heinz Ludwig Arnold & Heinrich Detering (Hgg.). *Grundzüge der Literaturwissenschaft*. München: dtv. 25-51.

Ryan, Marie-Laure. 1980. "Fiction, non-Factuals, and the Principle of Minimal Departure." In: *Poetics* 9: 403-22.

_____. 1981. "The Pragmatics of Personal and Impersonal Fiction." In: *Poetics* 10.6: 517-39.

_____. 1985. "The Modal Structure of Narrative Universes." In: *Poetics Today* 6.4: 717-55.

_____. 1991b. "Possible Worlds and Accessibility Relations: A Semantic Typology of Fiction." In: *Poetics Today* 12.3: 553-76.

_____. 1992. "Possible Worlds in Recent Literary Theory." In: *Style* 26.4: 528-53.

_____. 1998. "The Text as World Versus the Text as Game: Possible Worlds Semantics and Postmodern Theory." In: *Journal of Literary Semantics* 27.3: 137-63.

_____. 2001. *Narrative as Virtual Reality: Immersion and Interactivity in Literature and Electronic Media*. Baltimore et al.: Johns Hopkins UP.

Scholz, Oliver R. 1984. "Fiktionale Welten, mögliche Welten und Wege der Referenz." In: Peter Finke & Siegfried J. Schmidt (Hgg.). *Analytische Literaturwissenschaft*, Braunschweig/Wiesbaden Vieweg. 70-89.

Seibel, Klaudia. 2002. "*Cyberage*-Narratolgie: Erzähltheorie und Hyperfiktion." In: V. Nünning/A. Nünning 2002a. 217-36.

Semino, Elena. 1997. *Language and World Creation in Poems and Other Texts*. London/New York: Longman.

Spree, A. 2000. "Mögliche Welten." In: Harald Fricke (Hg.). *Reallexikon der Deutschen Literaturwissenschaft*. Bd. 2: *H-O*. Berlin/New York: de Gruyter. 624-27.

Surkamp, Carola. 2000. "Die Perspektivenstruktur narrativer Texte aus der Sicht der *possible-worlds theory*: Zur literarischen Inszenierung der Pluralität subjektiver Wirklichkeitsmodelle." In: Vera Nünning & Ansgar Nünning (Hgg.). *Multiperspektivisches Erzählen: Zur Theorie und Geschichte der Perspektivenstruktur im englischen Roman des 18. bis 20. Jahrhunderts.* Trier: WVT. 111-32.

_____. 2002. *Perspektivenstruktur narrativer Texte: Theorie und Geschichte der Perspektivenrelationierung im englischen Roman zwischen Viktorianismus und Moderne.* Trier: WVT.

Thürnau, Donatus. 1994. *Gedichtete Versionen der Welt: Nelson Goodmans Semantik fiktionaler Literatur.* Paderborn/München: Schöningh.

Todorov, Tzvetan. 1977. *The Poetics of Prose.* New York: Cornell UP.

Walton, Kendall. 1990. *Mimesis as Make-Believe: On the Foundations of the Representational Arts.* Cambridge: Harvard UP.

Wolf, Werner. 2000. "Multiperspektivität: Das Konzept und seine Applikationsmöglichkeit auf Rahmungen in Erzählwerken." In: V. Nünning/ A. Nünning 2002a. 79-109.

Wolterstorff, Nicholas. 1980. *Works and Worlds of Art.* Oxford: Clarendon.

이 참고문헌들 외에 이 책의 맨 뒤에 제시된 주요 참고문헌에 있는 다음 문헌들도 사용되었다.

Dannenberg 1998[1995]; Doležel 1998; Fludernik 2000a; Gutenberg 2000; Herman 1999a, 1999b; Martinez/Scheffel 2002[1999]; Nünning/Surkamp/Zerweck 1998; V. Nünning/A. Nünning 2002a; Rimmon-Kenan 1989; Ryan 1991a.

이야기는 어떻게 의미작용하는가*
화용론적 내러톨로지

스벤 스트라슨 지음
배정희 옮김

1. 논의에 앞선 고려사항들

　스스로 '포스트고전적'이라고 자처하는 내러톨로지적 접근은 우선 다음의 두 질문에 답해야 한다. 첫째, 어떤 점에서 고전적 내러톨로지가 문제가 있어서 굳이 포스트고전적 내러톨로지가 필요하게 되었는가? 둘째, 고전적 내러톨로지는 문제가 있음에도 불구하고 왜 포스트고전적 내

---

* 이 논문은 부분적으로 심스 Dagmar Sims의 이전 작업을 기반하고 있다. 그래서 이 논문이 업적으로 인정된다면 그 업적의 일부는 그녀의 것이 마땅하다. 그 외에도 나는 바우어 Anke Bauer, 데이비스 Ingrid Davis, 그리고 특히 벤첼 Peter Wenzel의 진심 어린 도움에 감사드리고 싶다. 이 글에서 어떤 결점이 있다면 그것은 전적으로 나의 책임이다.

러톨로지를 통해 보존, 극복되어야 할 만큼 중요한가? 첫 번째 물음에 대한 화용론적 내러톨로지의 답변은, 내러톨로지 입문수업 시간에 고전적 구조주의 서사론의 분석범주를 학생들에게 가르쳐 본 사람이면 누구나 잘 알 것이다. 강의가 진행되면서 언젠가는 똑똑한 학생들이 이런 질문을 한다. 예컨대 『톰 존스』(1794)와 『프랑스 중위의 부인』(1969)처럼 완전히 상이한 텍스트에 똑같이 다 적용된다면, 대체 무엇 때문에 이질세계서사적[1] 텍스트, 무초점화된 텍스트에 대해 굳이 알아야 하느냐는 것이다. 그럴 때 우리는 20년 전에 스턴버그 Meir Sternberg가 프로테우스 원리라고 명명한 현상에 직면한다. 프로테우스 원리란 같은 형태라도 콘텍스트에 따라 상이한 기능을 수행할 수 있고, 또, 상이한 형태라도 동일한 기능을 할 때가 많다는 원칙이다(Sternberg 1982: 148 참조). 이 때문에 전통적인 내러톨로지는 문학적 언어사용의 어떤 형태들을 아주 세밀하게 기술할 수는 있지만, 이 기술에 의거해서 어떤 구체적인 텍스트 속에서 각 형태가 수행하는 기능을 찾아내지는 못한다. 화용론적 내러톨로지는 이것이 유독 문학적 커뮤니케이션에만 특수한 것은 아니라는 인식에서 출발한다. 언어적 구조를 제아무리 치밀하게 의미론적으로 분석하더

---

[1] [역주] 이질서사세계적 heterodiegetic이란 서술자와 서술된 세계의 관계를 설명하는 용어다. 서술자와 서술된 세계의 관계는 여러 형태를 이룬다. 서술자는 자신이 이야기하는 일차적 이야기 primary narrative 속에 속할 때 서사세계내적 intradiegetic 이라고 하며, 속하지 않을 때 서사세계외적 extradiegetic 이라고 한다. 등질서사세계적 homodiegetic 서술자는 서사세계내적인 서술자가 자신의 이야기를 이야기하는 경우를 의미한다. 서사세계내적 서술자가 자기 이야기를 하지 않는 경우를 이질서사세계적 heterodiegetic이라고 부른다. 자신의 이야기를 말하지만 서술자로서는 어떠한 서사세계에도 속하지 않을 때는 등질서사세계적이며 서사세계외적 etradiegetic 서술자라고 하겠다. 이와 관련하여서는 제럴드 프린스, 『서사론사전』, 이기우, 김용재(역), 민지사, 1992, 130-131쪽을 참조할 것.

라도 다양한 콘텍스트 속의 언어현상이 가진 모든 다양한 의미를 다 밝혀낼 수는 없다는 이러한 인식은 언어학에서도 1970년대부터는 관철되었다. 그래서 캠슨Ruth Kempson(1977: 68)은 이렇게 쓰고 있다.

> 이제 우리가 던져야 할 질문은, 한 언어의 단어와 문장에 대한 의미론적 해석과 언어사용이론이 어떤 세밀한 연관관계를 가지고 있는가이다. [...] 최근 논의에서 나온 하나의 해결책은 화용론을 수립하는 것이다. 이 이론은 이전에 언급된 의미론과 분리되면서도 또 그것에 달려 있다. 이러한 이론의 핵심 목표는, 어떤 언어의 화자가 문장을 사용할 때 그는 그 문장의 언어학적 내용과는 필연적 연관성이 없는 메시지를 전달하고자 함을 설명하는 것이다.

캠슨의 설명은 내러톨로지와의 유사성을 분명히 보여준다. 고전적 내러톨로지가 기술하는 현상에서도 우리가 다루는 언어적 요소들은 그 자체로 의미를 전달하거나 적어도 의미의 차이를 보여주고 있지만, 그러나 그 소통적 기능을 이 의미들로 다 환원하지는 못한다. 여기서 이 글의 서두에 제기되었던 두 번째 질문에 대한 답변이 나온다. 화용론적 내러톨로지는 고전적 내러톨로지의 도구들을 포기하지 않는다는 말이다. 고전적 내러톨로지의 도구를 이용하여 밝혀낸 구조가 곧 분석의 의미론적 기초를 형성하는바, 이 기초에 기반하여야만 비로소 특정 언어구조의 의사소통적 기능에 대한 진술이 가능한 것이다. 수용자 입장에서는 예를 들어 어떤 서사가 연대기적으로 전달되는지, 비연대기적으로 전달되는지, 또 등질서사세계적으로 전달되는지, 아니면 이질서사세계적으로 전달되는지에 따라서 소통적 의미가 형성되기 때문에[2], 이것은 명백하다.

이러한 기본적인 논의에서 다음과 같은 두 번째 결론이 나온다. 즉 화용론적 내러톨로지는 자신의 학문적 과제를 설명함에 있어서 언어학적 화용론과의 유사성 때문에 언어학적 화용론의 인식을 빌려올 가능성이 크다. 프로테우스 원리, 그리고 문학적 의미는 콘텍스트에 달려 있다는 인식에서 미루어 보자면, 다음과 같은 질문을 던질 수밖에 없다. 언어사용에 대한 보편 이론, 언어학적 화용론이 문학적 텍스트의 의미구조도 설명해 줄 수 있지 않을까라는 질문이다. 그래서 프랫 Mary Louise Pratt(1977: XIII)은 『문학적 담론의 화용론을 향하여』라는 그녀의 기념비적 저서에서 진작 이렇게 말했다.

> 나는, 문학적 담론을 언어의 한 종류라기보다는 하나의 사용으로 보아야 한다는 주장을 넘어서서, 문학 이외 언어의 사용에 대해 적절하게 설명해주는 기술적인 도구라면, 마찬가지로 문학적 담론에 대해서도 만족스러운 설명을 해 줄 수 있다는 가정을 발전시켰다. [...] 이와 마찬가지로 내가 관찰한 중요한 사실은, 만일 이 원칙들이 문학적 담론에 대해 적절하게 설명하지 못한다면, 위와 마찬가지의 이유로, 비문학적 담론의 어떤 영역은 설명하지 못한다는 것이다.

물론 부분적으로는 개별적인 제한과 조건을 걸겠지만, 위의 생각은 오

---

2 여기서 유추하여 다른 대장르 영역의 문학연구화용론에도 적용할 수 있다. 그래서 예를 들어 피킹턴 Adrian Pilkington(2000)은 예컨대 은유, 각운, 두운법과 같은 전적으로 관습적인 범주의 기초 위에서 서정시구조의 의사소통적 기능을 연구한다. 문학연구에서의 화용론적 접근이 우선은 일반적인 성찰 단계에서 이루어졌고, '화용론적 내러톨로지'와 같은 하위 범주는 서서히 각인되기 시작했다는 것을 확인할 수 있다.

늘날까지도 문학화용론과 화용론적 내러톨로지의 학문적 인식을 이끌어 가는 출발명제다. 여러 형태의 문학화용론적 시도 사이에서 나타나는 여러 가지 차이점에도 불구하고, 문학은 수많은 여러 의사소통형식 중의 하나로서 언어적 커뮤니케이션의 다른 형태들과 기본적으로 다르게 작동하지 않으며, 따라서 다른 언어적 커뮤니케이션들과 동일한 도구를 사용해서 기술 가능하다는 기본적인 합의가 있다. 이러한 의미에서, 우선 제1단계로서 연구해야 할 것은 언어학적 화용론이 비문학적 언어사용과 관련하여 어떤 이론들을 촉발시켰는가에 대한 것이며, 그다음의 연구는 이론을 문학적 현상에 다양하게 적용하는 것을 소개하는 일이다.

2. 화용론적 내러톨로지의 화용언어학적 기초

화용론이 최근 3, 40년 전부터 관심이 집중된 비교적 젊은 언어학분야가 된 것에는 두 가지 이유가 있다. 하나는, 언어학에서 수십 년을 지배해 온 구조주의 전통 때문에, 언어사용은 결국 파롤의 한 부분이라는 소쉬르의 지적에 따라 언어사용을 다루는 작업은 연구대상 영역에서 아예 제외되어 왔던 때문이다. 다른 하나의 이유는, 화용론은 언어학의 연구영역을 랑그라는 닫힌 체계보다 훨씬 더 복잡하게 체계화되는 영역으로 확장하기 때문이다. 그래서 엔크비스트 Nils Erik Enkvist(1991: 6)는 이렇게 쓰고 있다. "언어학자들이 소쉬르 Ferdin de Saussure의 위생처리된 이상화 랑그를 환호하며 받아들인 뒤, 파롤 혹은 '퍼포먼스'라는 성가신 현실을 해부하는 대신, 랑그를 촘스키의 '언어능력'으로 수정해 버린 것은 그리 놀라운 일이 아니다." 이러한 의미에서 화용론은 텍스트정향된 모델과 코드정향된 모델에서 벗어나 문학의 수용 쪽으로 더 관심을 돌리려 했던 문학연구경향들과 비슷한 문제와 비슷한 저항에 부딪히게 되었다.

이러한 상황 때문에, 인식에 관한 검증된 핵심내용을 갖춘 하나의 학제로서 화용론을 견실하게 만드는 작업은 그리 진척되지 못했다. 40년 역사로 미루어 짐작할 수 있는 발전에는 한참 못 미친다는 말이다. 이는 예컨대, 최근 몇 년 동안 문학화용론에서 점점 그 의미가 커졌던 이론인 스퍼버 Dan Sperber와 윌슨 Deirdre Wilson의 관련성이론(1995[1986])이 차지하는 위상을 보면 분명해진다. 이 이론에서 시도된 바, 커뮤니케이션을 유일한 인지원칙인 관련성원칙으로 환원하는 작업(같은 글: 270 참조)은 마이어 Paul Georg Meyer 등(2002: 140)에 의해 화용론 내 전적으로 우세한 패러다임으로 수용되는가 하면, 탈보 Mary M. Talbot(1998: 778)는 그런 시도는 아무런 지속적 영향력 없으며, 자신이 기대한 통일성 있는 이론도 제공해주지 않는다는 공격을 받았다.

그런데 문학화용론 내에서는 최근 문학 텍스트의 분석에 관련성이론을 생산적으로 적용하려는 수많은 시도가 이루어졌다.[3] 그래서 언어학적 화용론 내의 논의 지점과 무관하게 (그 역시 같은 방향을 가리키는 듯하지만), 써얼 Searle식의 고전적 언어행위이론과 그라이스 H. Paul Grice의 협동원칙, 그리고 관련성이론을 문학연구, 특히 내러톨로지에 가장 중요한 영향을 끼친 언어학적 화용론으로 소개하는 것이 의미 있는 듯하다. 화용론적 문학연구에서 스퍼버와 윌슨이 특별히 집중적으로 수용

---

[3] Clark(1996); MacMahon(1996); Pilkington(1991; 1996; 2000); 피킹턴 등(1997); Sell(2000); Strasen(2001a) 참조.

되었다는 사실은, 이들이 매우 일관되게 인지적으로 논의한다는 것을 반영한다. 바로 이 점이 체르벡 Bruno Zerweck이 「서사론의 인지적 전환: 인지적·'자연적' 내러톨로지」에서 다룬 현대 내러톨로지에서의 인지 이론구성이 차지하는 특별한 입지를 고려할 때 스퍼버와 윌슨의 접근을 각별히 매력적으로 보이게 한다. 앞으로 논의가 진행되면서, 체르벡이 기술했던 바, 일반 화용론에서나 또 화용론적 내러톨로지에서의 인지적 단초가 차지하는 우세한 입지가 분명해질 것이다. 그런 만큼, 현대 내러톨로지에서 인지적 접근은 많은 접근 중의 하나가 아니라, 하나의 상위 패러다임이다라는 체르벡의 명제는 적어도 화용론적 내러톨로지에서는 확인 가능하다.

현대 화용론을 떠받치고 있는 것은 일단 두 개의 기둥이다. 그것은 써얼의 언어행위이론(1969)과 그라이스의 협동원칙(1991[1967])이다. 화용론적 내러톨로지와 관련하여 중요한 차이점이라고 한다면, 써얼은 그라이스 보다 의미론적 의미와 의사소통적 의미 사이의 연관성이 더 밀접하다고 가정한다는 것이다. 써얼은 결국 픽션 텍스트 고유의 의미하기 방법을 인정해야만 했다. 그리하여 예를 들면 셀 Roger D. Sell(2001a: 7) 같은 사람은 써얼이 칸트주의 미학에 사로잡혀있다고 비난하게 된다. 써얼과 그라이스 사이의 이러한 차이는 화용론적 내러톨로지에도 중요한 의미를 지니기 때문에 좀 더 상세하게 다루어져야 한다.

언어행위이론의 기본적인 가정이 무엇인지는 독자도 잘 알고 있을 것이다. 따라서 여기서는 아주 간단하게 요약하겠는데, 브라운 Gillian Brown과 율 George Yule(1983: 232)의 말을 좀 빌려와 보자.

화자가 어떤 문장을 발화할 경우, 그것은 어떤 행위를 수행한 것으로, 혹은 전문적인 용어로, **발화수반 행위** illocutionary act를 수행한 것으로 간주된다. 관습적으로 발화 수반행위와 함께 연상되는 것은, '약속', '경고'와 같은 것을 수행하는 것으로 표현될 수 있는 발화의 힘이다. 문장을 말할 때, 화자는 **발화효과 행위** perlocutionary act도 수행하는데, 이 문장의 특별한 사용으로 화자가 청자에게 주는 효과라고 기술할 수 있겠다.

그라이스는 이미 1950년대에 진술의 의미를 발화효과 행위와 포괄적으로 동일시하자고 제안했다. 이 맥락에서 사용된 그라이스의 고전적인 표현을 보면 다음과 같다. "'[A]가 x를 사용하여 무엇인가를 의미한다'는 말은 '[A]는 청자로 하여금 이 의도를 인지하게 하여 청자의 마음속에서 어떤 효과를 일어나도록 하는 발화 X를 의도한다'는 말과 (거칠게, 대략) 동일하다."(Grice 1971[1957]: 58) 이와 반대로 써얼은 발화효과 Perlokution와 의미 사이의 동일시를 부정한다. 써얼에게 있어서 의미는 규칙, 관습과 훨씬 더 강하게 결부되어 있다. 화용론적 의미는 그라이스의 공식이 말하고 있는 것보다 훨씬 더 의미론적 의미에 달려 있다. 써얼은 이러한 자신의 논리를 초지일관 유지하여 발화의 의미를 발화수반 행위에 둔다(Searle 1969: 43쪽 이하 참조). 써얼이 쓴 두 개의 텍스트에서 따온 인용문은 써얼과 그라이스의 차이를 일목요연하게 보여준다. 써얼은 자신의 입장을 「허구적 담론의 논리적 위상」에서 다음과 같이 기술하고 있다.

언어로 말하든가 혹은 쓴다는 것은 '발화수반 행위'라고 하는 특별한 종류의 언어행위 수행으로 이루어진다고 나는 생각한다. [...] 우리가 말하는 말과 문장의 의미, 그리고 그 말과 문장을 말하면서 우리가 수행하는 발화수반 행위 사이에는 관계성의 체계적 세트가 있다고 나는 믿는다. (Searle 1979: 58)

이와는 대조적으로 『언어행위』에서는 그라이스에 대해서 다음과 같은 말이 나온다. "그라이스와 관련하여, 만약 주변 환경이 적절한 의도를 가능하게 한다면, 그렇다면 어떤 문장이든 어떤 의미로든 다 발화될 수 있다고 할지도 모르겠다. 그러나 이렇게 되면 문장의 의미가 곧 다른 환경이 되는 결과를 낳는다."(Searle 1969: 45) 이 말에서 특히나 불일치의 관련성이 분명해진다. 주변 상황, 즉 콘텍스트만 맞으면, 어떤 문장이건 어떤 의미로도 발화될 수 있다는 명제는 스턴버그의 프로테우스 원리를 떠오르게 한다. 의미론적 의미는 의사소통적 의미를 지정할 때의 수많은 요인 중 하나에 불과한 것이 된다. 이렇게 해서, 인지적 기반 위에 서 있는 화용론적 내러톨로지의 맥락에서는 그라이스의 접근이 다른 것들보다 확연히 더 매력적인 접근이라는 것이 분명해진다. 의사소통적 의미를 의미론적 의미와 발화수반 행위에 강하게 결부시킴으로써, 써얼은 화용론적 내러톨로지의 핵심을 이루는 영역에서 큰 난관에 봉착한다. 문학과 연관하여 의미하기라는 특별 영역을 따로 주장하지 않는다면, 문학적 콘텍스트와 비문학적 콘텍스트 사이, 겉보기로는 동일한 발화수반 행위들 사이에서 나타나는 의미 차이를 써얼은 도대체 설명할 수가 없는 것이다. 「허구적 담론의 논리적 위상」에서 써얼도 이 문제를 숨기지 않는다. 자신의 입장을 간략하게 설명하고 나서 그는 다음과 같이 말한다.

> 허구적 담론이라는 존재는 그런 생각을 하는 누구에게나 어려운 문제다. 어쩌면 우리는 그 문제를 다음과 같은 패러독스의 형태로 표현할 수 있을지 모르겠다. 즉 허구적 스토리 안의 단어들과 여타 요소들이 지니는 뜻은 통상적이라는 것, 그렇지만 그런 단어들과 여타 다른 통상적 요소들에 부여되어 그것들의 의미를 결정짓는 규칙은 지켜지지 않는다는 것, [...] 어떻게 이 두 경우가 다 가능할까? (Searle 1979: 58)

써얼은 허구적 맥락 속의 언어행위를 '~라고 말하는 척하는' 언어행위라고 규정함으로써 이 문제를 해결하고자 했다. 우아한 혹은 행운의 해법으로 보일지 모르겠으나, 다른 문제 하나가 또 생긴다. 즉, 허구적 이야기를 하는 작가들은 말하는 척만 하는 게 아니라, 실제로도 뭔가를 말하려고 한다는 것이다. 이때의 의미를 규정하는 데 있어서 써얼은 실제적으로 더는 도움이 되지 못한다.

> 대부분의 중요한 허구작품은 하나의 '메시지' 혹은 다수의 '메시지들'을 텍스트 **안에서**가 아니라 텍스트에 **의해서** 전달한다. [...] 문학비평은 각각이 특별하고 개별적이라는 전제 아래, 작가가 어떻게 허구의 작품을 이루는 위장된 말하기 행위의 수행을 통하여 진지한 말하기 행위를 전달하는지를 설명해왔다. 그러나 지금까지는 그러한 진지한 발화수반적 의도가 위장된 발화수반을 통해 전해지는 메커니즘에 대한 일반이론은 존재하지 않는다. (같은 글: 74 이하)

일반적으로는 화용론적 문학연구, 특수하게는 화용론적 내러톨로지에서 문제가 되는 것이 바로 이러한 이론, 혹은 최소한 그런 이론을 위한 기반이다. 그런 의미에서, 언어학적 화용론의 논의 단계와는 별도로, 그라이스의 접근, 아니면 문학화용론 안에서 그라이스의 접근을 발전시킨 내용이 거의 보편적으로 수용되는 화용론적 내러톨로지의 이론적 기초라는 사실은 그리 놀랍지 않다.

의미론적으로 동일한 언술이 서로 다른 화용론적 의미를 가질 수 있다는 그라이스의 설명은 협동원칙이라고 하는 단순한 원칙에 근거한다.

> 이제 우리는 (특별한 조건이 없을 경우에) 참여자들에게서 관찰되리라 기대되는 대략의 보편원칙을 만들 수 있을 것이다. 즉, 당신에게 요구되는 만큼, 대화가 일어난 현장에서, 그리고 당신이 참여하게 된 대화의 용인된 목적 혹은 방향에 따라, 대화에 기여해야 한다. 이것을 협동원칙이라고 이름할 수 있을 것이다. (Grice 1991[1067]: 26)

매우 보편적인 이 원칙은 특수한 대화격률을 이용하여 더 구체적으로 파악할 수 있다. 이 격률은 의사소통 행위의 양과 질, 관련성, 방식과 연관된다.

양: 1. 네 말이 (의견교환의 현재 목적에) 요구되는 만큼 정보적이도록 하라.
    2. 네 말이 필요 이상으로 정보적이지 않도록 하라.
질: 1. 네가 틀렸다고 생각하는 것은 말하지 말라.
    2. 적절한 자료를 가지고 있지 않은 것에 대해서는 말하지 말라.
관련성: 1. 적합하라.
방식: 1. 표현상 불명확성은 피하라.

2. 애매모호성을 피하라.
3. 간단할 것(불필요한 장황함을 피하라).
4. 너의 정보를 적절하게 배열하라. (같은 글: 26 이하 참조)

왜 이러한 격률이 원칙적 유효성이 있다고 여겨지는지의 문제에 대해서 그라이스는 그냥 열어 두고 있다. 그라이스는 이러한 격률을 지키는 것이 합리적이라고 추측하지만, 이와 관련하여 논리적으로 완결된 주장을 제시하지는 못했다. 그 때문에 그라이스는 의사소통 파트너들이 보통 그렇게 행동하는 것(같은 글: 29쪽 이하 참조)이 순전히 경험적으로 그렇다고 확언하는 것으로 그친다. 그라이스에 따르면 의사소통상황에서 의사소통 파트너들은 그 반대상황이 입증될 때까지는, 자기의 상대방이 협동원칙을 지킨다는 데서 출발한다. 겉보기에 격률이 위배되고 있는 경우에도, 그 이유가 두 격률 사이의 충돌이라고 추측하거나, 혹은 그러한 위배가 오히려 협동원칙에 더 잘 따르려다 보니 생긴 것이라고 일단 추측한다. 그래서 시간을 묻는 질문에 "8시와 9시 사이"라는 답변은 보통의 경우에는, 첫 번째 질 격률의 파기로서가 아니라, 첫 번째 양 격률을 충족시키려는 시도로 해석된다. 너무 짧고 내용도 빈약한 추천서의 경우에도 대부분의 경우에는 협동원칙의 파기로서가 아니라, 지원자가 특별히 적격자는 아니라는 증거로서 이해된다.

상대방이 겉보기로는 원칙을 위배하고 있음에도 불구하고, 사실은 협동원칙을 지키고 있다고 생각할 수 있기 위해서는, 맥락의 이해에서 비롯된 가정이 활성화되어야 한다. 이러한 가정을 그라이스는 진술의 함의라고 부른다. 이 함의는 화용론적 의미의 일부이다. 그래서 "목수 역시 아주 아름다운 직업이다"라는 문장은 직업상담의 맥락인지, 교수자격시험 준비 세미나의 맥락인지에 따라 완전히 다른 의미를 가진다고 설명된다. 첫 번째의 경우에는 격률들이 충족되었지만, 두 번째의 경우에서는 몇 가지 (그리 어렵지 않게 찾을 수 있는) 부가적 가정을 따로 활성화해야 할 것이며, 그리고 관련성원칙이 저촉된 것이라고 가정하지 않는다. 형식적 정의Definition의 언어로 이 과정을 번역하면 다음과 같이 기술할 수 있겠다.

> p는 그 q를 함축한 거라고 말하거나, 그런 말을 하는 것처럼 구는 사람은 대화상으로 그 q를 함축했다고 간주될 수 있다. 그런데 그러기에는 선제조건이 있다. (1) 그가 대화적 격률들을 준수하고 있다, 적어도 협동원칙은 준수한다고 간주되어야 한다. (2) p라고 말하는 것, 혹은 p라고 말하는 양하는 것이 이러한 추정─p가 q를 함축하고 있다─에 부합되려면, 그 말은 하는 사람이 q가 전제되어 있어야 한다는 것을 알고 있거나, 그렇게 생각하고 있다고 간주되어야 한다. (3) (2)에서 언급한 가정이 요구된다는 걸 알아차리거나 직관적으로 파악할 능력을 청자가 가지고 있다고 화자가 생각하거나, 화자가 그렇게 생각하고 있다고 청자가 믿는 것을 화자로서 기대할 수 있어야 한다. (같은 글: 30쪽 이하)

그라이스의 이론은 문학화용론에서 이미 여러 차례 적용되어 좋은 결과를 얻었는데[4], 그의 이론이 처음 볼 때 아무리 명료해 보인다 해도, 그러나 세부 사항에서 전적으로 설득력이 있는 것은 아니다. 그라이스의

---

[4] 여기에 대해서는 이 글의 단원 3 참조.

이론은 체계적으로 도출된 것이 아니라, 오히려 설득력 있는 직관의 성격을 가지고 있다. 다른 한편으로는, 어떤 발화에 대해서 협동원칙을 준수한다고 추측할 수 있으려면 흔히 하나 이상의 맥락가정이 있다는 것이다. 이것은 첫 번째 것보다 좀 더 비중이 있는 반박이다. 가능성이 있는 두 개의 함의들 중에서 선택하는 작업에 적당한 메커니즘을 그라이스는 제시하지를 못한다. 바로 이 이유 때문에 그라이스의 모델은, 허구적 이야기 분석에서 통상 나오게 되는 특히 복잡한 경우에 실제로 논의를 진척시키는 데 아무 도움을 주지 못한다.

스퍼버와 윌슨의 관련성이론은 그라이스의 접근이 가진 이러한 어려움을 극복하는 시도로서 제시되었다. 그들은 그라이스의 협동원칙과 격률을 인지적으로 기초지어진 하나의 통일된 원칙으로 소급하려 한다. 비록 그 세부사항에서는 아무리 복잡하다 해도 관련성이론의 기초는 상대적으로 쉽게 이해 가능하다. 스퍼버와 윌슨의 출발점은 인간의 지각은 세상에 대한 점점 더 나은 재현을 가능하게 하기 위하여 될수록 많은 정보를 수용하는 쪽으로 방향이 정해져 있다는 것이다. 그러나 인간 뇌의 처리능력은 한정되어 있기 때문에, 인간이 여기저기서 많은 정보를 되는 대로 긁어모아서는 이러한 목표에 도달할 수가 없다. 그렇기 때문에 인간은 주어진 상황에서 특별히 중요한 자극만 처리할 수밖에 없는 것이다. 최선의 경우는 새로운 자극을 원래 가지고 있던 이전의 지식보유량과 결합시켜서 그때 생겨나는 정보의 양이 그 새로운 자극 자체가 가진 정보양보다 커야 한다. 새로운 자극과 기존의 지식보유량과의 그러한 결합에 기인하여 수용자에게 일어나는 현실 재현의 변화를 스퍼버와 윌슨은 '맥락적 효과'라고 부른다. 누군가와 소통을 하는 사람은 정보 처리능력이라는 부족한 재원에 대해 요구하고 있다. 이는 물론, 수신자가 소통된 자극이 처리할 만한 가치가 있다고 전제할 수 있을 때만 성공적으로 이루어진다. 수신자는 인지적 효과가 가능한 한 작은 '대가'로 얻어질 수 있으리라고 기대할 것이다. 즉 수신자는 발신자가 인지적 효과 대비 최소한의 처리비용 Prozeßaufwand을 쓰게끔 자극을 구조화한다고 기대한다. 스퍼버와 윌슨은 처리비용과 인지적 효과의 관계를 하나의 자극의 관련성 정도라고 정의한다. 두 사람이 고려한 핵심은, 송신자는 수신자의 주의를 요구하면서, 그와 동시에 언제나, 소통된 자극의 처리는 그럴만한 (에너지) 투여 가치가 있다고 하는 주장도 함께 소통한다는 것이다. 이 결정적인 원칙인 관련성원칙에 대해 스퍼버와 윌슨은 다음과 같이 말한다. "모든 명시적 의사소통은 그 행위 자체가 최상의 관련성을 가지고 있다는 가정을 소통한다."(Sperber/Wilson 1995[1986]: 158) 이렇게 항상 덧붙여 같이 소통되고 있는 가정은 다음과 같이 표현된다.

최상의 관련성에 대한 가정 (수정본)
(a) 명시적 자극은 수신자가 그것을 처리하는 노력을 들일 가치가 있다고 할 만큼 충분히 타당하다.
(b) 명시적 자극은 의사소통자의 능력과 선호도에 어울리는 가장 타당한 자극이다. (같은 글: 270)

스퍼버와 윌슨의 이론에서 말하는, 언제나 함께 소통되는 바로서의 이러한 배후전제는 그라이스의 이론에서 협동원칙이 가지는 것과 동일한 구조적 지위를 가진다. 배후전제만으로 명시적 소통의 어떤 형식도 다 설명된다는 것이다(같은 글: VII 참조). 이렇게 자신만만한 주장을 인정해줄 용의 유무와는 상관없이, 스퍼버와 윌슨 모델의 장점이 빨리 눈에 들어온다. 이 모델이 출발하는 인지과정에 대한 가정은 설득력이 있다. 복잡한 규칙 같은 것들을 끌고 들어올 필요 없이, 암암리에 가정된 원칙이 저절로, 즉 의사소통 파트너들이 따로 배우거나, 알아야 할 필요가 없이 그냥 작동한다는 것이다.

스퍼버와 윌슨에게 있어서 의미지정 Bedeutungszuweisung이라고 하는 구체적인 행위는 그라이스와 아주 비슷하게 작동한다. 발화는 왕왕 상황적으로 주어지는 출발콘텍스트 속에서 일어나며 최상의 관련성을 가정할 수 있느냐 하는 방향으로 '연구'된다. 최상의 관련성을 생각할 수 없는 경우에는 다른 접근 가능한 맥락을 검색하게 된다. 발화가 그 속에서 충분히 타당해 보이는 하나의 맥락이 발견되면 그 즉시 맥락 검색의 과정은 정보처리경제성의 이유에서 중단된다. 그러니까 누군가가 안부를 묻는 말에 "오늘 날씨 좋네요."라는 말로 대답한 경우, 만일 그 말의 의미를 '제 상태는 나빠요. 하지만 그것에 대해 말하고 싶지 않아요'라고 해석했을 경우, 상대방이 어떤 종류의 날씨를 두고 좋다고 하는지에 대한 정보를 알기 위해 기상학적 맥락을 이리저리 찾아보지는 않을 것이다. 뭐 그런 식으로 해서 과외의 맥락적 효과가 얻어질 수 있다는 것이 명백할 경우라 하더라도 말이다. 이 기상학적 정보도 같이 소통되어져야 했다면, 좀 더 중요한 처리 가능한 자극이 제공되어 있었을 것이다. "에르빈이 큰고양이를 가지고 있어"라는 정보를 듣고 에르빈의 거실에서 호랑이를 볼 거라고 기대할 필요는 없을 것이다. 쉽게 생각할 수 있는 출발콘텍스트는 반려동물일 가능성을 말해주고 있고, '집고양이'의 의미에 대해 관련성부족을 추측하며, 이 맥락을 굳이 간과해야 할 아무런 이유 역시 없기 때문이다. 또 "에르빈은 호랑이를 한 마리 가지고 있다"라는 자극을 주었다면 이 정보를 더 적은 처리비용 processing costs/Prozeßaufwand으로, 그리하여 더 타당하게 전달하는 하나의 자극이 제시되는 셈일 것이다.

화용론적 내러톨로지에 있어서 이 접근은 나중에 이야기하게 될 몇 가지 문제점에도 불구하고, 두 가지 근본적인 이유에서 매우 매력적이다.

첫째, 이 접근은 수용을 보편적 지각구조와 결합시키고 있어서, 따라서 화용론적 코드가 존재할 것이라는 가정을 굳이 할 필요가 없다는 것이다. 환경자극의 의미를 추론적으로 풀어내는 활동이 일어나는데, 이 과정은 의사소통에만 특수한 것은 아니다. 이 사실은 큰 의미를 가지고 있다. 왜냐하면 코드모델에서 출발하는 이론은 모두 프로테우스 원리의 유효성 때문에 실패할 수밖에 없거나, 아니면 가능성이 있는 모든 맥락에 대한 배열규정을 개발해내야 하기 때문이다. 가능성이 있는 맥락은 문자 그대로 수적으로 무한하므로, 이것은 절망적일 수밖에 없는 시도다.

둘째, 관련성이론은 일정한 간격을 두고 재차 제기되지만 그러나 결코 완전하게는 충족될 수 없는 요구, 즉 문학의 과정적 성격을 고려해 달라는 요구에 맞추는 것을 가능하게 해 준다.[5] 의미지정이라는 역동적인 맥락 속에서조차 인지적 효과를 추구하는 늘 새로운 시도라고 보는 이론은 필연적으로 과정정향적으로 작동할 수밖에 없다.

물론, 관련성이론에 몇 가지 문제점도 있다는 것 역시 함구해서는 안 된다. 예를 들어, 스퍼버와 윌슨이 인간의 정보처리에 대하여 환원적이며 (Talbot 1998: 777 참조), 언어의 사회적 차원을 무시하고(Mey 1993: 81쪽

---

[5] 예를 들어 Fish(1980b); Enkvist(1991); Isser(1994b[1976], 특히 I-VIII); 혹은 젊은 시절의 Jahn(1997; 1999; 2000), 그리고 Strasen(2001a; 2001b) 참조.

이하 참조), 지식구성의 사회문화적 관점에 대한 논의를 전적으로 불가능하게 만드는(Talbot 1998: 777 참조) 생각을 퍼뜨린다는 지적이 여러 번 제기되었는데, 이는 맞는 말이다. 스퍼버와 윌슨(1997[1986])은 그러한 비난에 맞서서, 자신들이 소개한 이론을 사회적 연관성과 연결할 수 있다고 반박했다. 그들의 반박이 맞긴 하지만, 두 사람은 그와 동시에, 여러 다양한 사회적 담론적 맥락 속에서의 의미추가 Bedeutungszuschreibung의 특수한 작동방식에 대한 관련성이론의 분석이 아직은 나오지 않았음을 인정하는 셈이다. 따라서 관련성이론적 고찰을 지금까지보다 더 강하게 사회언어학과 담론분석 내 논의현황에 연결시킬 필요가 있을 것이다.

이보다 더 근본적인 것이 두 번째의 반론이다. '관련성 Relevanz = 효과/처리비용'이라는 등식은 대단히 문제가 있다고 한 레빈선 Levinson(1989: 462-64)의 주장은 옳다. 수용자에 의해 추측된 의미가정이 '충분히 관련되어' 보일 경우, 정보처리에 요구되던 처리비용을 정당화하기 위해서 수용자는 소통적 정보의 처리를 중단한다는 것은 관련성이론의 기본가정이다. 그러나 '충분히 관련 있다'고 간주되기 위해서 발화가 어떻게 관련되게 나타나야 하는지에 대해서는 아무 설명이 없다. 그것은 개인적이며 상황적인 요인들에 매우 종속될 것이다. 그러나 예컨대 우리가 관련성의 필수 정도를 위한 하나의 값을 정할 수 있다고 하더라도, 두 변수의 등식이라는 문제는 여전히 남아 있다. 그 문제를 위해서, 우리가 수학 공부에서 알고 있듯이, 당연히 하나 이상의 해답이 있다. 따라서 화용론적 내러톨로지 가운데서도 관련성이론에 많이 의존하는 접근을 생각한다면, 위에서 다룬 두 가지 반론에 어떻게 대처하는가에 대해서도 지속적으로 질문해야 할 것이다.

3. 화용론적 내러톨로지: 학파와 발전경향

화용적 내러톨로지가 비교적 젊은 이론이기 때문에 그 다양한 여러 갈래들이 아직은 그리 심하게 규정되지 않는다. 그런고로, 좀 조망되지 않는 분야를 구조화시키기 위하여 여러 모델이 서로 관계 맺는다는 것이 그리 용이하지는 않다. 그러나 세 개의 문제영역이 자꾸 눈에 띄는데, 그중에서도 맨 마지막의 세 번째 영역이 가장 중요하다고 할 수 있겠다.

첫 번째 문제영역이 생기게 된 것은, 화용론적 내러톨로지의 경우는 학제적 프로젝트로서, 참여한 학자들은 자신의 출발점이 되는 학제의 전통, 처리방식, 기술도구의 상당 부분을 가지고 들어오기 때문이다. 그래서 그 근원을 언어학에 두고 있는 접근들은, 내가 분석의 의미론적 기초라고 부르는 것을 기술하는 과정에서 고전적 내러톨로지의 복합적이고 통합적인 범주를 사용하고 싶어 하지 않는 경우가 많다. 이 접근들이 현재 내러톨로지적 연구근황에 합류할 수 있느냐 못하느냐 하는 문제도 여기서 생겨난다. 그렇기 때문에 내러톨로지와 동일한 문제를 다루기는 하지만, 그러나 서사론의 '악기편성'과는 상당히 동떨어진 모델들이 특히 언어학적 문체론 분야에서 존재한다. 하지만 학제적 경계와는 무관하게 분석의 연계점으로서 고전적 내러톨로지의 범주를 받아들이려는 태도도 여기저기서 다양한 강도로 나타난다.

두 번째, 화용론적 분석들은 미세한 정도가 각각 다를 수 있다. 예를 들어 쇼트Mick Short 등(2000)이 가령 Jane Gardam의 소설『오수(汚水)』의 프롤로그에 대하여 한 문장 한 문장씩 관련성이론적으로 논의하는 분석을 소개하고 있는 것과는 반대로 다른 이론가들은 관련성이론이 기껏해야 메타-

프레임으로서 적당하다고 본다(Green 1997: 134-37, Mackay 2002: 171 참조). 이러한 의견 차이는 관련성이론과 연관되어서만 나타나는 것은 아니고, 화용론적 이론을 문학에 유의미하게 적용하는 것에 대한 입장들에서 특징적이다.

세 번째, 화용론적 문학연구에서 이루어지는 문학의 소통적 기능에 대한 생각은 다음과 같은 결과를 가져왔다. 그러니까 문학연구의 대상영역에서 배제되었던 의사소통과정의 세 요소는 뉴 크리티시즘에서도 또 고전적 구조주의에서도 전면에 나오게 되었다. 그것은 독자, 콘텍스트, 그리고 작가다. 이러한 변화는 "소통 상황은 삼각구도적이다. 둘은 언제나 어떤 제3의 실체에 대하여 소통하고 싶어 한다"(Sell 2001a: 4)라는 순전히 통속적인 인식에서 비롯되었다. 나열된 기호에서 그 원인자를 생각하지 않고는 기호를 인지할 수는 없다[6]는 사실을 진지하게 생각한다는 것과 그 사실로부터 화용론적 내러톨로지는 작가에 의해 의도된 의미를 드디어 만날 수 있게 해주는 도구라는 결론을 도출하는 것은 전혀 별개의 일이다. 기준치를 만들어서, 수용자의 각각의 상이한 의미추가를 불가피한 것으로서 인정하는 화용론적 접근인지, 아니면 이 '문제'는 콘텍스트를 끌고 들어오면 극복 가능하다고 보는 화용론적 접근인지를 범주화시켜 구분할 수 있다. 그 양극을 두고 '화용론적 수용미학', '화용론적 해석학'이라고 부를 수 있을 것이다. 이 축 위에 놓여 있는 여러 다양한 입장들은 틀림없이, 화용론적 내러톨로지 안에 있는 여러 이론적 접근

---

[6] 뻔하긴 하지만, 그러나 오랫동안 무시되어온 이 사실을 예컨대 크납과 미하엘스 Knapp/Michaels(1985: 13-18)가 (포스트)구조주의의 전성기에 발표한 한 논문에서 이미 지적했는데, 그러나 이 논문은 다른 관점에서는 매우 문제가 많은 논문이다.

사이의 근본적인 차이를 보여준다. 이러한 이유 때문에 다양한 이론접근을 기술하는 데에서도 이와 관련된 문제가 전면에 나오게 되는 것이다.

이 마지막 기술 차원상에서 이론적 접근의 입장은 논의의 기반에 깔려 있는 콘텍스트라는 개념에 어떻게 접근하느냐에 자연스럽게 달려 있다. 해석학적 방식을 좌우하는 것은 발화의 타당한 콘텍스트가 비교적 정치하게 알려지느냐다. 이는 타당한 콘텍스트의 요소로 물망에 오른 정보의 영역이 좁게 경계를 지으면 지을수록 그 가능성이 더 커진다. 슈톡웰 Peter Stockwell이 잘 말했듯이, 이러한 협소한 콘텍스트 개념은 문예학에서 오랫동안 지배적이었다.

> 통상 콘텍스트는 일차적으로 역사적인 콘텍스트를 의미하는 것으로 간주되어왔다. 콘텍스트를 바라보는 이러한 좁은 관점은 최근까지도 주로 생산에, 부분적으로는 상황에, 드물게 수용에 초점을 맞추었던 대부분의 문학비평에서 분명히 나타난다. 이와 수미일관하게, 20세기 대부분의 시기 동안 실천되었던 문학 비평은 일차적으로 역사학의 한 특수한 가지로서 존재해 왔다. (Stockwell 2000: 18)

그러므로 콘텍스트를 끌어들이는 것은, 독자와 텍스트 사이의 시간적 거리를 극복하기 위해서 가능한 많은 역사적 사실을 수집해야 한다는 것을 의미할 뿐이다. 예를 들어 화이트 Hayden White(1973)가 보여주었듯이, 역사적인 배경 지식의 수집 역시 오랫동안 사람들이 가정해 온 것처럼 그렇게 아무런 문제 없는 일이 아니라는 사실은 차치하고라도, 최근에는 콘텍스트개념을 훨씬 더 넓고, 더 개별적으로 생각해야 한다는 입장이 점점 더 관철되고 있다. 그리고 그런 이유로 콘텍스트는 명백한 하나의 의미를 밝혀내는 데 기여하는 것이 아니라, 오히려 미확정성의 또 하나의 원천을 보태준다. 그리하여 예컨대 그라프 Gerald Graff는 다음과 같이 쓰고 있다.

> 어떤 발언의 타당한 콘텍스트를 결정하는 것은 해석 과정의 다른 부분과 마찬가지로 추론에 달린 과정일 뿐 아니라, 그러하기에 논란의 여지가 있다. 어떤 발언의 적절한 콘텍스트란 무엇인가에 대해서 우리는 언제나 의견이 분분할 수가 있으며, 이 불일치는 불확정의 가능성을 창출한다. (Graff 1990: 167)

이러한 입장은 문학연구에서는 이제 별로 논란의 대상이 아니다. 그러나 문학화용론 내에서는 본질적으로 이보다 더 나가는 입장이 있다. 그리하여 툴란 Michael Toolan은, 콘텍스트화의 과정은 원칙적으로 종료될 수가 없다는 명제를 내놓는다. "정말이지, 콘텍스트 같은 사물은 존재하지 않는다. [...] 단지 콘텍스트화라는 반복되는 행동만 있을 뿐이다." (Toolan 1996: 4)

어떤 정보가 잠재적 콘텍스트요소인가 하는 문제는 전체 문학화용론과 마찬가지로 화용론적 내러톨로지에도 대단히 큰 의미를 가진다. 그러니까, 화용론의 기본가정이 말하듯이, 어떤 발화의 의미는, 만약 우리가 발화의 의미론적 내용을 어떤 적절한 콘텍스트 속에 집어넣었을 때, 그 의미가 밝혀진다면, 그렇다면 콘텍스트 규정은 의미를 찾아가는 과정에서 완전히 결정적인 단계가 될 것이다. 타당한 콘텍스트를 이런 식으로 규정한다는 것은 문학 분야에서는 당연히 다음과 같은 이유로 어렵다. 그러니까 직접적 소통에서와는 달리, 문학에서는 명료하게 인식 가능한 상황적 콘텍스트가 존재하지 않는다는 것, 그리고 개인소통과는 달리, 생산자가 수용자에 관하여 아무런 확실한 정보를 가지고 있지 못하다는 것이다. 화용론적 내러톨로지의 여러 접근 시도를 소개하려는 나의 작업에서는 일단 이러한 기본적인 고찰에서 출발하여 이제부터는 다음과 같은 논의를 전개할 것이다. 즉 이론적 논의에서는 폭넓게 이해된 콘텍스트개념이 갈수록 강하게 주장되고 있지만, 그러나 실제적인 분석에서는 해석학적 접근이 슬그머니 재등장할 때가 많은데, 해석학적 접근은 광범위하게 파악된 콘텍스트이해 위에서는 사실상 성립될 수가 없는 것이다. 가능성도 있고, 또 설득력도 있는 콘텍스트화전략의 설명에 따르자면, 이런 일이 일어나는 것은 콘텍스트화전략을 결국 해석자의 대리인에 불과한 '독자'의 것으로 규정하려는 유혹이 대단히 크기 때문이다.[7] 나는 마지막 논의 단계에서 다음의 문제에 대해서도 몇 가지 고찰을 덧붙이고 싶다. 즉, 화용론적 도구체계를 투입하면서도 전통적인 해석 역시 완전히 포기하고 싶지 않을 때, 콘텍스트를 독자의 몫으로 되돌리는 현상은 불가피하냐는 문제다.

화용론적 문학연구 가운데 대단히 협소한 콘텍스트개념을 주장하는 접근은 자세하게 소개할 필요가 없을 정도로 고전적 해석학적 해석과 아주 비슷하다. 많은 경우, 이런 접근은 텍스트에 대한 자기 고유의 해석

---

[7] 이 경향의 좋은 예를 한 서평(Mackay 2002)에서 발견할 수 있는데, 그 자체를 상세하게 거론할 만큼 그렇게 중요한 것은 아니다. 논문집 『문맥화된 문체』에 실린 버크 Michael Burke의 논문에는 "그것이 독자들이 의심을 품게 만들 것인지는 의심스럽다 [...]."(Burke 2000: 99)거나 혹은 "그것은 몰두해 있던 독자들을 당장 딱 멈추게 할 것이다."(같은 글: 100)와 같은 표현이 수없이 나온다. 마케이는 이것을 간단명료하게 "여기에는 오로지 딱 한 독자만 상관있는 듯하다. 나는 그 한 독자가 버크 자신이 아닐까 싶다"(Mackay 2002: 171)라는 말로 논평하고 있다.

에 근거를 대기 위해 역사적 배경정보, 그리고 설명이 필요한 문구의 코-텍스트co-Text 분석만 덧붙일 뿐이다. 극단적인 경우에는 '화용론적'이라는 표현이 적절한가 하는 의구심마저 든다. 예컨대 피어Willie van Peer(2000)는 문제성이 있는 부분의 코-텍스트와 역사적 콘텍스트에 대한 몇 가지 정보를 분석해 놓고서는, 오든W. H. Auden의 『미술관』에 대한 유일한 올바른 해석을 발견했다고 주장한다. 이런 입장이 처음 보기에는 단순히 일화적인 관심만 끌 것 같이 보이지만, 사실은 화용론적 해석학과 연관된 모든 접근에 대한 잠재적 위험을 안고 있다. 그리하여 화용론적 내러톨로지의 구성요소를 발전, 적용하고자 하는 광범위하게 포진한 시도인 메이Jacob L. Mey의 『목소리가 충돌할 때』(1999)에 대한 분석에서도 우리는 메이가 일견 보이듯 그렇게 근본주의적 입장들에서 멀리 떨어져 있는 것이 아님을 보게 된다.

메이는 바흐친의 다성성(Bachtin 1981: 262쪽 이하 참조) 개념에서 출발하여, 작가와 독자가 하나의 소설 속 수없이 많고 다양한 목소리(화자의 목소리, 인물의 목소리 등)를 구성하고 구조화시키는 데 어떤 기여를 하는지를 콘텍스트 요소의 고려하에 기술하고자 했다. 불행하게도 메이의 주장은 요약하기가 아주 어렵다. 셀(2001b: 284)의 다음과 같은 한탄을 정말이지 진심으로 동감한다. "이 책은 매우 견실한 첨삭을 좀 붙여 줄 수 있었다면 얼마나 좋을까. 이 책은 장황하며, 반복적으로 되풀이하고, 자가당착적이며, 과녁이 빗나가 있다." 그럼에도 불구하고 이 텍스트는 그 속에서는 아무런 역할을 못하는 수많은 흥미로운 세부분석과 대단히 타당한 원칙적인 고찰을 보여준다. 예컨대 메이(1999: 12)가 제시하는 문학화용론 정의는 시사하는 바가 매우 크다.

문학화용론은 작가가 텍스트생산자로서 언어라는 자원을 이용하여 자신의 관객, 즉 텍스트의 소비자와 하나의 작업 협력을 확립시키려는 노력, 그리고 그것이 일으키는 다양한 종류의 효과에 대해서 연구한다. 그러한 효과는, 만약 그것이 문학작품의 소비자 중 특정한 관객을 겨냥했을 경우, 그 자원들이 이용되는 조건에 대한 정밀한 이해에 달려 있다.

이미 이 노선제시성 문구 속에서 분명해지는 것은 메이가 비록 바흐친의 대화성 개념을 반복적으로 사용하고 있긴 하지만, 그래도 매우 저자 중심적으로 접근한다는 사실이다. 작가는 생산하고, 수용자는 소비하고, 소재 Ressourcen는 특정 독자들을 겨냥한다. 소통과정 내 작가의 우선순위를 이보다 더 명확하게 말할 수 있을까. 하지만 만약 작가가 이 독자들을 정확히 알 수가 없다면, 작가는 특정 관객에 의해 자신의 소재가 이용되는 조건을 어떻게 자세히 이해할 것인가라는 물음이 남는다. 이 사안을 설명하기 위해서 메이는 수용미학의 오래되고-존귀하신 개념에 다시 손을 댄다. 이저 Wolfgang Iser(1994a[1972]:1994b[1976])의 '내포 독자'라는 개념이다. 비록 메이가 이 개념을 사회적으로 좀 더 풍성하게 만들려고 시도하긴 하지만, 그럼에도 이저에서부터 존재하던 이 개념의 특징은 남아 있다. 그것은 텍스트구조다. 이저와의 유사성은 간과될 수가 없다. 그래서 메이(1999: 272)는 이렇게 쓰고 있다. "내포 독자란 그 혹은 그녀가 텍스트에 투사된 것으로서의, 하나의 목소리로 존재하는 것으로서의 독자이며, 그 혹은 그녀가 살고 있는 역사적 사회적 구조와 조응한다." 이저의 글(1994[1976]: 246)에서는 다음과 같다.

독자의 관점이 가능독자의 경험사로 규정될 수 없다는 것은 자명하다. 비록 이러한 경험사가 완전히 가려져도 안 되긴 하지만 말이다. 독자가 독자 경험사에서 분리되어짐으로써 그제야 비로소, 독자에게 어떤 무엇인가가 일어날 수 있기 때문이다. 따라서 독자의 관점은 텍스트에 의해 특정한 방식으로, 텍스트와 함께 장착되어져야 한다는 것인데, 이것은, 의미란 텍스트 구성적일 뿐 아니라, 텍스트를 통하여, 텍스트의 이해됨의 관점을 구성하는 것이기도 하다는 말이다. 이 텍스트의 이해됨의 관점은 독자관점이라는 장치 속에 각인되어 있다.

그러니까 두 단초는 다음과 같이 전제하고 있다. 실제 독자에게는 텍스트구조를 통해서 이미 하나의 결정된 관점이 주어지는 바, 가장 잘 된 경우에 이 텍스트구조는 실제 독자의 출발입장을 계산에 끌고 들어 온 것이다. 그런 경우가 아니라면, 독자로 하여금 자신의 생활세계적 콘텍스트를 떠나 가능한 한 자기 스스로를 텍스트가 보여주고 있는 독자와 비슷하게 바꾸려고 하게끔 해주는 것이 중요하다. 이러한 과정을 설명하기 위해서 메이는 '내러티브 콘텍스트'라고 하는 일찍이 자신이 개발했던 개념을 다시 건드리고 있다(Mey 1994 참조).

내러티브 콘텍스트는 작가와 독자의 공통된 작업현장으로서, 로트만 Lotman이 이름했듯이 [...] '적극적으로 생산하는 의미하기'라는 사안을 두고, 작가의 **권위**가 독자의 **공모**와 함께하는 곳이다. 내러티브 콘텍스트는 작가와 독자 사이의 이러한 대화적 관계를 위한 배경을 만들어내는 모든 조건의 앙상블을 말한다. 작가 쪽에서 보면, 이는 신빙성, 지식, 그리고 플롯구성의 능력과 같은 특징들을 구성하는 것이고, 독자 쪽으로 보면 구성의 협력적 노력 속에서, 작가와 함께 허구 공간으로 깊숙이 들어가고자 하는 자발성이다. 엄격한 의미에서, 독자는 내레이션이라는 짓거리의 공범자다. 독자는 특별한 방식으로 플롯에 엮여 들어가 그 구성 속에 포함된다. 간단히 말해서 우리는 '내포 독자'와 협상한다. (Mey 1999: 296)

내러티브 콘텍스트는 그러니까, 작가와 독자가 만날 수 있는, 텍스트에 의해 만들어진 허구의 '공간'이다. 왜냐하면 이 공간은 **실제로는** 존재하지 않는 공통의 콘텍스트를 창조하기 때문이다. 이저의 경우에서와 같이 이 만남은 실제로 생활세계의 콘텍스트가 배제되어 있을 때만 일어날 수 있다는 말이기도 하다. 생활세계의 콘텍스트가 역할을 하는 때는, 작가가 이러한 공간의 설치를 가급적이면, 이 생활세계적 콘텍스트에서부터 나온 독자가, 작가가 이를 예견할 수 있는 한, 가능하면 그 속에서 자신을 느낄 수 있도록 작업해나갈 때다. 의미지정에 영향을 끼치는 요소로서 구체적 독자가 처한 상황성은 메이에 의해 깔끔하게 삭제되어버렸다. 혹은 더 잘 표현하자면, 독자 스스로, 독서시간 동안 이러한 상황적 규정성을 보류하고, 내포 독자와 어떻게든 비슷하게 되려고 애쓰면서, 이러한 규정성을 삭제해 버린다. 이렇게 하고 싶어 하지 않거나 또는 실제 독자가 이 내포 독자와 너무 달라서, 도저히 비슷해질 수가 없다면, 그렇다면 그 독자는 운이 없는 셈이고, 그런 사람은 텍스트 바깥에 남게 된다.

이상적인 경우, 실재 독자와 내포 독자는 내러티브 콘텍스트에서 만나거나 혹은 최소한 서로에게서 그리 멀리 떨어져 있지 않다. 실재 독자가 내포 독자의 입장으로부터 멀어지면 질수록 [...], 그 혹은 그녀는 그 콘텍스트 속에서 덜 편하게 느끼고, 작가와 독자 사이의 공동 텍스트작업은 더 어려워지고, 서사적 노고의 성공적인 결과와 대비되는 부정적인 결과가 남는다. (같은 글: 297)

그러니까 성공적인 내러티브 의사소통은 텍스트에 주어져 있는 독자 위치와 매우 유사한 독자가 어차피 아니라면, 가령 세계관적 기본위치와 같은 자신의 생활세계 콘텍스트를 보류하는 마음자세가 단단히 준비되어 있는 독자를 전제한다. 이러한 시각은 이미 이저에게서도 발견된다 (1994b[1976]: 312 참조). 메이의 이론적 기획에서 소개된 독자는 이저의 독자처럼 자신이 읽는 텍스트의 창조자와 의심스러울 정도로 유사하다. 이데올로기적 의무감은 강하지 않고, 문학으로부터 감동받고 싶은 마음은 큰 좌파 자유주의 지식인이 문제될 듯하다. 이런 관점에서 헐럽 Robert Holub(1984: 99)은 이저를 반대한 것과 동일한 이유로 메이 역시 반대한다. 즉 전문적으로 문학을 다루는 사람들이 원하는 그런 식으로 독서과정을 상상하는 개념이라는 이유다. 실제로 많은 경우에, 자신으로부터 완전히 거리를 두고자 하는 태도는 이저와 메이가 추측했던 것보다는 약한 듯하다. 역동적이며, 쉽게 포착하기 어려운 개인 수용자들의 생활세계 콘텍스트를 우리가 내포 독자나 내러티브 콘텍스트와 같은 구성물로 치환시켜 항상적인 텍스트구조로 바꾸려는 시도는 정당화될 수 없다는 말이다. 의미지정 과정 속에서 독자가 가진 다양한 콘텍스트가 개입되는 것은 쉽게 피해지지 않는다. 화용론적 분석과 그리고 그 기반이 되는 전통적 해석이 아무리 이를 단순화시킬지라도 말이다. 이러한 사실을 셀도 인식하여(2001b: 286), 한 서평에서 자신의 단초를 메이의 단초와 대립시켜 설명하고 있다.

본 서평자는 다른 지면상에서 소통의 주도권과 반응 사이에서 불가피하게 나타나는 콘텍스트 격차에 초점을 맞춘 화용론을 발전시킨 바 있다. 이 화용론은 콘텍스트의 격차가 아무리 크든 혹은 작든 간에 그것을 하나의 넘어뜨리기 힘든 장애물이 아닌, 도전욕을 불러 일으키는 자극으로 보며, 바로 이 격차야말로 사람의 마음을 문학적 활동으로 이끄는 여러 이유 중 하나라고 본다. [...]

셀이 염두에 두고 있는 것은 『커뮤니케이션으로서의 문학: 중재적 비평의 기초』(2000)라는 자신의 책이다. 책의 부제가 이미 가리키고 있듯이 그는 소통과정 내에서 역할을 하는 여러 콘텍스트 사이를 중재해 줄 필요가 있다는 입장에서 출발한다. 이때 그의 콘텍스트 개념은 정말로 광범위하다.

콘텍스트라는 말은 여기서 인지적 환경 내지 멘탈 상태를 말한다. 좀 더 특화시키자면, 한 인물이 기억하거나 혹은 말하거나, 글을 쓰거나, 읽거나 듣거나, 또는 특정 문장을 기억하는 동안에, 그가 그것에 대해 의식을 가지고 있는, 또는 반사적 태도로서 그것에 대해 의식하고 있는 그 모든 것이다. 이러한 앎에 속하는 많은 것이 신념과 가치판단과 밀접하게 연관되어 있으며, 또 이런 앎의 많은 것이 인간의 사회문화적 집단화 속에서 넓게 공유되고 있다. (같은 글: 119 이하)

일부 사회적으로 나누어지고 제어되는 이 콘텍스트는 소통적 의미 부여에 영향을 끼치기는 하지만, 그렇다고 이를 결정하지는 않는다. 셀이 자신의 기획을 두고 질리도록 반복했던 "역사적이지만 그러나 비역사주의자적인 문학화용론"이라는 문구(같은 글: 107)는 이러한 기본확신을 두고 한 말이다. 자신의 콘텍스트를 뛰어넘어 다른 사람의 콘텍스트를 열정적으로 (재)구성할 수 있는 인간의 능력을 셀은 인류학적 기본상수 속에서 확인한다. 왜냐하면 모든 인간은 인간으로서 몇 가지 기본적인 욕구와 경험을 공유하기 때문이라는 것이다. 이 공동의 경험배경은 다른 사람의 상황에 자신을 넣어보는 것을 가능하게 해 준다. 아무리 사람들이 서로 완전히 다른 사회적 문화적 콘텍스트에 속하더라도 말이다. 자신의 상황제약성을 넘어서는 이 능력이 커뮤니케이션 자체를 가능하게 해 주는 것이다(같은 글: 18 참조). 그러한 한에서 셀은 지평용해라는 고전적 해석학적 개념을 따르고 있는데, 이 지평용해는 셀의 이론의 핵심요소가 되었다(특히 같은 글: 137-45 참조). 이와 동시에, 이러한 지평용해는 대단히 드문 경우에만 이상적으로 기능하는 것이 분명하다. 따라서 소통과정에 본질적으로 참여하는 세 지평들, 다른 용어로 말하자면 세 개의 콘텍스트들 사이를 중재하려는 욕구가 크다. 셀은 다음과 같이 쓰고 있다(같은 글: 63).

> 역사적이지만 비역사주의자적 문학 화용론은 글쓰기의 콘텍스트도, 서사세계내적 콘텍스트도, 그리고 읽기의 현재 콘텍스트도 특별히 우선시하지 않는다. 커뮤니케이션은 이 세 콘텍스트유형 사이의 삼각관계와 그리고 상이한 기대지평의 혼융과 상관있다. 사실 문제는 이들 사이의 차이가 어떤 것인지, 그러니까 시간의 문제인지, 아니면 공간의 문제인지, 아니면 둘 다의 문제인지, 여기에 대한 고려가

전혀 없는 채로, 지평이 혼융된다는 것이다. 여러 가지 각기 다른 방식으로 펼쳐진 상황 속에 처해 있는 사람들은 차이를 두고 협상하는 수밖에 없고, 협상할 수 있을 뿐이며, 또 실제로 협상할 뿐이다. 긍정적으로 중재하는 비평이 무엇을 건설할 수 있을지, 여기에 대해서도 핵심적으로 화용론적으로 고려해야 할 것이다.

그러니까 셀이 서 있는 곳은 수용자를 자신의 해석학적 결과 속에서 완전히 자유로운 개인으로 구상하는 이론, 그리고 수용자 주체에게 어떤 자율성도 인정하지 않고, 주체를 피쉬 Stanley Fish가 해석공동체라고 부르는 담론적 형식화의 결정된 생산물로서 구상하는 이론, 이 두 이론의 중간이다(Fisch 1980c; 1980d; 1989[1981] 참조). 주체에 대한 이러한 이해에서 여러 상이한 콘텍스트 간의 중재 필연성과 가능성이 나오게 된다. 셀은 이 중재 작업을 문학비평과 문학연구의 가장 중요한 과제라고 본다. 중재에서 사용되는 수단은 문예학의 전통적인 도구다.

> 비평은 이런 종류의 문헌학적, 문학사적, 일반역사적, 심지어 생애사적 정보에 특별히 접근할 필요가 있는데, 이러한 것들이 독서의 현재적 콘텍스트와 쓰기의 콘텍스트 사이의 갭을 메꿀 수 있다. 비평의 또 다른 목적은 인간의 수용성에 대한 작가의 소통적 신뢰를 감지하는 독자의 감수성을 일깨워야 한다. 작가의 소통적 신뢰란, 좀 더 완벽한 세계 속에서라면 중재하는 비평을 불필요하게 만들어 버릴 만큼, 그 자체로서 여러 다양한 배경의 독자를 강력하게 화합시킨다. (Sell 2000: 256)

여기서 셀의 작업의 가장 큰 장점과 약점이 분명해진다. 메이가 오로지 텍스트의 몫이라고 보았던 과제, 즉 작가와 독자의 콘텍스트가 겹쳐지는 공간, 겹침이 있기 때문에 성공적 소통이 가능해지는 이 공간을 만들어내는 과제는 셸의 경우에는, 텍스트와 독자, 그리고 중재자의 몫으로 나뉜다. 중재된 지평의 융합으로 생겨나는 이 공간은 세 출발콘텍스트 중 그 어느 것과도 동일하지 않다. 그러므로 더는 메이나 피어에게서처럼 유일하게 올바른 하나의 콘텍스트를 재구성하는 것이 중요하지 않고, 창조적 과정, 즉 독자의 콘텍스트가 그 속에서 중요한 역할을 하는 생산적 과정 자체가 중요하다. 그러나 다른 한편으로는 몇 가지 비판적인 이야기도 있다. 우선, 셸 역시 스스로의 콘텍스트를 전이시키려는 독자의 높은 의욕과 능력을 전제로 하고 있다는 것이다. 이러한 의욕과 능력을 가지려면 고전적 해석학의 기본가정에 대단히 익숙해 있어야 하는데, 이러한 전제는 문제가 없지 않다. 두 번째 문제는, 비록 셸이 수많은 문학적 사례를 들고 있긴 하지만, 그의 프로그램 역시 대단히 추상적이라는 것이다. 그래서 셸이 말하는 중재하는 문학비평이 실제로 어떤 관점에서 온전히 전통적인 역사주의와 구별되는지를 알아내기가 힘들다. 내가 보기에 가장 중요한 세 번째 반론은, 중재하는 문학연구자에게 셸이 배정하는 지위에 대한 것이다. 그러니까 이 중재하는 문학연구자라는 심급은 생각할 수 있는 다수의 콘텍스트 사이를 중재하는 능력을 가진, 일종의 슈퍼독자인 셈이다. 어떻게, 그리고 왜 이 중재하는 문학연구자가 **자신**의 콘텍스트에 의해 미리 주어진 인식론적 입지를 그 정도까지 전이시킬 수 있을까라는 문제는 분명하게 밝혀지지 않은 채 남아 있다. 몇 가지 전제조건과 함께, 그리고 좀 더 신중하게 이론적 기초를 닦다 보면, 중요한 콘텍스트의 배분을 관리하고, 그럼으로써 권위의 원천으로 기능하는 심급이 다시 떠오른다. 중재행위가 언제나 성공적으로 이루어질 수는 없다는 것을 셀도 물론 인정한다고 여기서 말해 두어야겠다. 그러나 중재행위가 비록 성공하지 못한다 해도, 생산적인 소통의 역동성은 발전해 나갈 수 있으리라는 것이 셀의 입장이다.

> 독자가 문학텍스트를 읽을 때, 집필 시기의 상황과 지금 현재 독서의 상황 사이의 격차가 특별한 의미가 있다는 것은 독자 개인의 차이가 심하다는 말이다. 자신과 타자 사이의 해석학적 조정, 그리고 읽기의 콘텍스트에서 쓰기의 콘텍스트로의 운동, 또 그 반대 방향으로의 운동은 자아 인식과 마찬가지로 타자에 대한 인식도 변화시킬 수 있다. (Sell 2001a: 21)

이러한 여러 상이한 콘텍스트들 사이의 운동, 그리고 그와 결합되어 있는 역동성과 긴장은 화용론적 내러톨로지의 기반을 만들고자 하는 컨스 Michael Kearns의 『수사학적 내러톨로지』(1999)를 구성하는 중요한 요소다.

컨스는 위에서 정의된 본래적 화용론적 내러톨로지를 제시하려는 소수의 연구자 중의 하나다. 첫째, 그는 언어행위이론의 바탕 위에서, 수사학적 단초와 구조주의적 단초 사이의 일관된 종합을 추구한다. 이때 그는 언어행위이론이라는 용어를 그다지 정밀하게 사용하지 않는다는 것을 언급해 두자. 그는 써얼, 그라이스, 그리고 스퍼버와 윌슨을 뒤섞어 사용하면서, 이들의 차이점을 고민하지 않았다. 뭐 어찌 되었건 간에, 컨스의 핵심적 질문은, 내러티브적 요소들이 독자들에게(같은 글: 9 참조) 어떻게 작용하는가이다. 두 번째로, 컨스는 콘텍스트주의적인 입장을 일관되게 주장한다. "나는 올바른 콘텍스트란 대부분의 경우, 어떤 텍스트를 내러티브 텍스트로 받아들여지게 해주는 텍스트이며, 그러나 그러한 수용을 보장해 주는 텍스트적 요소는 존재하지 않는다고 주장한다."(같은 글: 2) 그러니까 내러티브성은 컨스에게는 텍스트의 특성이 아니다. 컨스는 플루더닉 Fludernik의 명제, 즉 내러티브성은 독자가 텍스트에 접근할 때 취하는 콘텍스트로부터 나오는 것이라는 주장을 받아들여서, 이러한 콘텍스트가 내러티브성의 스크립트를 활성화시킨다(같은 글: 41; Fludernik 1996: 47 참조)[8]고 말한다. 이러한 스크립트의 가장 중요한 요소들, 그러니까 작가들이나 독자들이 하나의 서사물에서 기대하는 것에서 가장 중요한 요소들을 컨스는 내러티브성의 네 가지 원(原)관습 Ur-Konventionen이라고 부른다. 그것은 자연화, 작가적 독서, 진전 그리고 이종어 Heteroglossie다. '자연화'라고 하는 개념은 결핍된 정보가 실제 세계에 대한 지식으로 보충된다는 단순한 사실을 기술한다. '작가적 독서'는 독자가 허구적 이야기 속으로 빠져 들어가지만, 그러나 동시에 그 허구성을 의식하고 있으며, 그 허구성이 가지고 있는 이차적 의미를 이리저리 찾는다는 것을 의미한다. 컨스는 '진전'이라는 용어를 사용하여 서사화된 세계는 이야기의 시작에 있었던 그 상태 그대로 머물러 있지 않는다는 독자의 기대를 표현한다. 바흐친으로부터 받아들인 '이종어'라는 개념은 하나의 서사물에서 여러 다양한, 다수의 시각을 기대할 수 있다는 것을 가리킨다. 그라이스의 용어

---

[8] 화용론적 내러톨로지라고 말할 만한 플루더닉의 '자연적 내러톨로지'에 대해서는 이 책에 실린 체르벡의 논문 「서사론의 인지적 전환: 인지적·'자연적' 내러톨로지」를 참조하라. 불필요한 중복을 피하기 위해 여기서는 그에 대해 기술하지 않겠다.

를 이용하여, 그리고 프랫을 인용하면서(1977: 1981), 이러한 관습들이 어떻게 투입되고 있는지를 밝히고 있다. "진열텍스트 display text"로서의 서사물이 작가를 통해 매우 명명백백한 소통제시물이 된 후로, 내러티브 텍스트에 있어서 협동원칙의 위배란 거의 상상할 수 없게 되었다(Kearns 1999: 25). 이 때문에 협동원칙은 "초보호되어 hypergeschützt" 있다. 겉으로 보아 대화격률이 위배되어 있다 해도, 협동원칙은 최종적으로는 파기되지 않는다라는 가정이 다른 텍스트보다 서사물에서 더 오래 고수되고 있다. 컨스에 따르면 협동원칙과 일치되는 의미를 구성하기 위해 필수적인 보충사항은 일단 원관습의 도움으로 만들어진다. 이때, 각 관습마다, 표시되지 않는 사례가 있는데, 이는 프레임이론의 용어로 말하자면 기본값 default value이라고 할 것이며(Minsky 1979: 1 이하 참조), 만약 반대되는 정보가 별도로 없으면, 이 사례에서 출발하게 된다.

이러한 메커니즘은 원관습 자연화의 사례에서 잘 드러난다. 이 용어는 결코 완벽하지 않은 텍스트 정보에서부터 일관된 세계를 만들어내는 과정을 기술하고 있다. 이것은 실세계 지식을 활성화함으로써 일어난다고 컨스는 말한다.[9] 그러니까 예를 들어 어떤 서사물에서 더는 상세하게 이야기되지 않는 강이 함부르크라는 도시를 관통해서 흐를 경우, 실제 세계에 대한 지식으로부터 현재 결핍된 정보를 보완하여 이것이 엘베강이라고 추측한다는 것이다(같은 글: 56).[10]

---

[9] 여기서 컨스의 구상의 세부적인 면은 컬러가 처음에 했던 '자연화 naturalization'(Culler 1975 참조)에 대한 규정과 구분된다. 컬러의 구상에 대해서는 다시 한번 이 책에 실린 체르벡의 글을 참조하라.

[10] 컨스의 예는 함부르크가 아니고 프랑크푸르트다. 컨스는, 이 경우에 강은 자동적으로 마인강 이라고 가정한다. 오데르강가의 프랑크푸르트, 즉 프랑크푸르트 안 데르

두 번째 원관습인 작가적 독서는 다른 화용론적 단초들을 논의할 때 이미 논의의 중심에 있었던 측면에 대한 것이다. 그것은 독자의 역할이다. 컨스(1999: 50 이하)는 펠란James Phelan(1989: 5 이하; 1996: 138-46)에 기대어 독자역할 유형론을 만들고자 했다. 펠란은 이 독자역할을 라비노비츠Peter Rabinowitz(1977)로부터 받아들였다. 이 세 사람 모두 실제 독자real audience, 서술하는 독자narrating audience[11], 작가적 독자authorial audience를 구분하고 있다. 실제 독자의 경우는 실제의 독자인 데 반하여 서술하는 독자와 작가적 독자의 경우에는 실제 독자가 맡을 수 있는 독자역할을 말한다. 컨스는 라비노비츠의 입장에 대하여 대체적으로 동의조로 쓴 요약문에서 이 두 독자역할을 서로 대립시켜 경계 짓고 있다(Kearns 1999: 51 참조). 서술하는 독자가 서사물의 미메시스적 효과에 그저 수동적으로 무방비하게 자신을 맡기고 있다면, 작가적 독자는 이차적 의미를 생산하는 하나의 구성물이 중요하다는 것을 스스로 분명히 의식하고 있다. 좀 낡은 용어를 사용한다면, 한 경우는 그저 '불신의 보류suspension of disbelief'일 뿐이라면, 나머지 경우는 '불신에 대한 자발적 보류willing suspension of dislief'다. 작가적 독자역할을 수용하는 것은 아무리 늦어도 18세기부터는 표시되지 않았다(같은 글: 52). 이러한 역할을 맡는다는 것은 그러니까 메이와 이저의 단초에서 내포 독자가 떠안았던

오더가 있음을 알고 있는 독일 독자에게 이는 그리 자명하지 않다. 이것은, 수용자의 서로 다른 콘텍스트가 자연화라는 과정 속에서 서로 다른 의미지정을 낳는다는 좋은 예가 되기도 한다.

[11] 라비노비츠의 narrative audience와 컨스의 narrating audience는 서로 매우 일치한다. 컨스는 자신의 용어가 독서과정의 능동적 측면을 더 잘 표시해 주기 때문에 자기의 용어를 더 선호한다.

기능을 맡는 것이다.

우리는 텍스트구조에 의해 주어진 역할, 그리고 실제 독자가 맡게 될 역할을 통해 하나의 콘텍스트를 가지게 된다. 실제 독자가 매우 높은 추상화 단계에서 다시 한번 나타나는데, 여기서 메이와 셸이 가진 비슷한 문제가 나타난다. 하지만 거기에 대해서는 다음에 더 말할 것이고, 여기서는 일단 컨스의 나머지 다른 원관습에 관해 말하기로 하자.

세 번째 원관습인 진전은 서사세계에서는 상태변화가 일어나야만 한다는 기대를 의미한다. 상태변화가 있으려면 서사물은 불안정성을 가지고 있어야 한다. 컨스는 펠란(1989: 15)으로부터 스토리-차원의 불안정성과 담화-차원의 불안정성의 구분을 받아들인다. 전자의 경우는, 좀 축약해서 말하자면, 서사물에서 나타나고, 인물들의 행위를 통해 해결되는 문제들이다. 담화-차원의 불안정성을 두고 펠란은 "가치, 신념, 의견, 지식, 기대의, 그러니까 한편에는 작가 그리고/혹은 화자, 다른 한편에는 작가적 독자— 이 둘 사이의 불안정성이 있다."(같은 글) 그러한 긴장의 예로서는 신뢰할 수 없는 서사 혹은 예컨대 조나단 스위프트의 소위 「온건한 제안」이라는 삐라의 내용에 대해 독자가 가지는 거리감을 들 수 있다. 표시하지 않은 경우는 여기서 스토리-차원에서의 긴장감은 존재하고 담화-차원에서의 긴장감은 부재한 것이다.

네 번째 원관습은 다성성, 바흐친의 의미(1981: 262 이하)에서의 이종어에 대한 기대 혹은 적어도 그에 대한 인정을 말한다. 하나의 내러티브 텍스트 내에서의 여러 목소리의 변화에 대한 예는 가령 무초점화된 이질서사세계적 서사물에서 내적으로 초점화된 이질서사세계적 서사물로의 변경일 것이다. 여성화자가 시각을 바꿈으로써, 바흐친에게 있어서 목소리 혹은 언어라고 불리는 것도 바뀐다.

의미부여 Sinnzuweisung 과정에서의 네 가지 원관습의 작동방식을 기술하는 것은 비교적 간단하다. 한편으로 원관습들은, 만약 텍스트가 하나의 대상 내지 사태에 대해 완전한 정보를 주지 않을 경우, 기본-값을 제공하면서, 인가르덴 Roman Ingarden(1968: 49 이하)의 의미에서 미확정성의 위치들을 꽉 채워준다. 그러면 나와 있는 정보들이 보완되어, 표시되지 않은 경우가 존재한다는 것에서 출발할 수 있다. 원관습들의 두 번째 기능은 배후전제들을 제공하는 것으로서, 배후전제의 기반 위에서 보면 정규로부터의 일탈이 특히 두드러져 보임으로써, 따라서 중요한 것으로서 인식된다. 다른 말로 하자면, 어떤 관습과 연관되어 표식될 경우, 협동원칙의 '초보호' 때문에 서사물의 테두리 내에서 특별히 꼼꼼하게 내포의미를 찾게 된다. 이 내포 의미는 서사물의 특수한 대화격률로부터의 일탈을 그럼에도 불구하고 협동원칙에 일치하는 것으로 보이게 한다. 관련성이론적인 용어로는 다음과 같이 표현할 수 있겠다. 즉, 표시된 경우는 더 많은 처리비용을 요구하며, 그런 한에서 표시된 경우로부터는 역시 더 많은 인지적 효과가 기대되어, 접근 가능한 콘텍스트는 특히 집중적으로 의미형성의 잠재력이 있는지 탐색된다.

컨스(1999: 140-52)는 자신이 설정한 네 개의 원관습을 고전적 내러톨로지의 수준으로까지 쪼갠다. 이렇게 해서 가령 원관습 '진전'에서 서사빈도라는 범주와 관련하여, 발화적 서술, 즉 항상 동일하게 지속되는 사건의 요약은 표시되지 않는 경우라는 결론이 나온다. 이 표시되지 않는 경우들은 원관습과 마찬가지의 방식으로 의미지정에 영향을 준다. 이들은 기본-값을 만들며, 그리고 표시되지 않는 경우로부터 일탈할 때, 해당

텍스트부분이 어떤 의미잠재력이 있는지 특별히 철저하게 검토된다.

컨스의 이론단초를 보면, 지금까지 나와 있는 정치한, 화용론적 내러톨로지 모델들의 장점과 약점이 특히 뚜렷해진다. 메이와 셸에 있어서처럼, 실제 독자는 일단은 모델 속에 통합되어 있다. 그러나 실제 독자는, 자기의 개인적 상황, 그럼으로써 자신의 이해전망과 텍스트가 생산되는 시점에 전제된 콘텍스트들의 차이가 극복될 수 있도록 길을 닦는 데 요구되는 역할을 할 뿐이다. 컨스의 표시되지 않은 경우는 그런 한에서 메이의 내러티브 콘텍스트, 혹은 셸이 말하는 중재하는 문학연구자를 통하여 계몽된 작가와 동일한 기능을 한다. 이들은 실제 독자들이 가진 개별적 콘텍스트를 화용론적 인식의 힘을 빌려 만들어낸 다소간 설득력 있는 이상적 구성물인 다양한 집단적 콘텍스트로 대체한다. 이러한 이상화가 일단 한 번 표현되고 나면, 대단히 전통적인 해석학적 과정이 들어온다. 이 화용론적으로 계몽된 해석학은 화용론적 이론 생성은 아랑곳하지 않는 다른 단초에 비하면 그것만으로 월등한 진보임은 의심의 여지가 없다. 하지만 그 자체가 **실제 독자**가 어떻게 서사텍스트에 의미를 부여하는가 하는 질문에 대한 최종적으로 만족스러운 답을 주지는 않는다. 컨스는 지금까지 소개한 이론가들 중, 이러한 문제를 가장 뚜렷하게 인식한 사람이다. 그러나 컨스는 일반화가 가능한 결과물을 얻기 위해서는 이 단계가 불가피하다고 본다. 그래서 그는 다음과 같이 쓰고 있다.

> 만약, 독자에 의한 내러티브의 처리과정에 대한 완벽한 모델이 개발될 수 있다면, 그것은 분석적 도구 혹은 교육적 도구로서는 아무 소용 없을 정도로 너무나 복잡한 것이 될 것이다. 수사학적 내러톨

로지는 학문적 세밀화를 갈구하지 않는다. 그것은 비판적 주의력을 내러티브의 주요 특징에 집중하는 합리적 분석으로 이끄는 가정들, 즉 원관습과 질문의 꾸러미로 작업하고자 한다. (같은 글: 107)

이러한 주장은 분명 웬만큼은 믿을 수 있다. 그러나 컨스가 의미 있다고 간주하는 것보다도 더 실제 독자에 관심을 두는 단초도 있다. 물론 그렇게 실제 독자에 관심을 두려면, 화용론적 내러톨로지 안에서 해석학적이고 언어행위이론적으로 정향된 단초들이 하는 것보다 더 집중적으로 독서과정의 인지적 기초에 대해 고민할 필요가 있다. 그런 한에서 이 분야에서도 역시 내러톨로시의 인지주의적 전환을 더욱 확고히 관철시킬 필요가 있어 보인다. 컨스는 이런 이론기획들이 매우 복잡할 수 있다고 하는데, 그 말이 맞긴 맞다. 이는 아직까지 정치한 모델이 완성되어 있지 않다는 말이다. 그러나 이러한 방향의 단초들이 워낙 많은 것을 기대하게 만들므로, 이 장의 마무리를 위해서 간단하게나마 이런 단초들을 그려보고자 한다.

독일 서사연구에서는 특히 얀 Manfred Jahn이 인지주의적 이론소와 화용론적 이론소를 화용론적 내러톨로지로 통합시키는 데 일조했다. 그의 작업의 두드러진 특징은 문학연구의 수용이론에서 나온 인식을 끌어들여, 고전적 내러톨로지적, 인지주의적, 그리고 화용론적 이론요소들을 영리하게 합성했다는 점이다(Jahn 1997; 1999; 2000 참조). 따라서 얀의 저작은 "인지-화용론적 내러톨로지"라는 개념으로 가장 적절하게 요약될 수 있겠다.[12]

---

[12] 그런 한에서 본 논문은 인지주의 내러톨로지에 대한 체르벡의 글과 일정 부분 겹

인지주의적 모델과 화용론적 모델을 얀이 합성한 것 중 특히 일목요연한 예는 슈탄첼 Stanzel의 서술상황에 대한 분석이다(1997). 여기서 얀은 스턴버그 Sternberg의 프로테우스 원리에서 출발하여, 어떻게 동일한 문장이 주석적으로도, 또 인물시각적으로도 읽힐 수 있는지(같은 글: 451 이하 참조)를 보여준다. 이렇게 되면 서술상황의 설정은 순수한 바텀업 프로세스가 될 수 없다. 마찬가지로 순수한 탑다운 프로세스도 배제하게 되는데, 왜냐하면 텍스트의 특징요소의 기반 위에서가 아니라면, 잠정적으로나마 어떻게 특정 서술상황을 상정할 수 있겠는가 싶다. 그러니까 역동적인 상호작용에서 출발하는 모델이 필요하다. 혹은 얀의 말을 빌리자면 "삼인칭 서술상황의 처리과정에 대한 유동적 모델이 (이론적으로는 일인칭 서술상황의 프로세싱에 대한 유동적 모델 역시) 필요하다. (프레임으로 결정된) 탑다운과 (데이터로 결정된) 바텀업의 인지적 전략 사이에서 일어나는 해석학적 상호작용의 원칙에 기초하여 설명해 주는 모델 말이다(같은 글: 464).

탑다운 전략에 대한 얀의 설명은 그 역시 컨스처럼 프레임이론을 이용하는 것을 분명히 보여준다. 그러나 컨스와는 달리 얀은 특정 프레임 내 표시되는, 또는 표시되지 않는 경우라는 고정적인 생각에서 출발하지 않고 —바로 여기에 얀이 제시하는 단초의 우수성의 본질이 있는데— 이 구조적 지점에 잭켄도프 Ray Jackendoff가 받아들였던 선호성 규칙체계 Präferenzregelsysteme 모델(같은 책: 446 이하; Jackendoff 1985[1983]: 128-58)을 배치한다. 그러니까 한 프레임의 특정 구조적 요소들에게 기본-값이 배정되면, 그러면

칠 수밖에 없다.

우리는 단순한 2가 체계, 즉 컨스의 표현으로, 표시된 경우와 표시되지 않은 경우를 만나게 된다. 그러나 이러한 2가 체계는 너무나 거칠다. "하지만 어떤 중요한 관점에서는, 결함이란 필연적으로 개연성이 떨어지는 케이스, 대안, 예외, 민스키 Marvin Minsky가 익스큐즈라고 부르는 것을 배제하므로, 결함은 환원이다."(Jahn 1997: 446) 선호성 규칙체계는 각각의 프레임에 의해서 유효성이 있다고 생각되는 일련의 가정들을 명명한다. 이러한 가정 중 확인되는 것이 많을수록, 개별 경우는 그만큼 더 유형적인 것이 된다. 맞지 않는 가정의 수가 비판적 경계를 넘어가거나 특별히 핵심적인 가정이 거짓으로 판정 나게 되면, 프레임은 무너지고, 대체-프레임이 가동되는데, 이를 배경으로 하여 지금까지의 모든 정보가 새로 평가되어야 한다(같은 글: 457 참조). 선호성 규칙체계의 일목요연한 예로서는 얀이 그라이스의 커뮤니케이션계명을 내러티 narratee[13] 관점에서의 그러한 체계로 번역한 것이 도움이 된다.

    a. 내레이터는 상황과 관련된 뭔가를 전달한다고 가정하라.
    b. 내레이터는 자신이 전달하고자 하는 것을 믿고 있다고 가정하라.
    c. 내레이터는 적절한 정보량을 주고 있다고 가정하라.
    d. 내레이터는 자신의 소재를 올바른 방식으로 제시하고 있다고 가정하라.

이러한 선호성 규칙체계를 사용하면 좀 덜 전형적인 경우들을 분명히 더 잘 기술할 수 있다. 이렇게 해서, 겉보기로는 소재들을 무질서하게

---

[13] [역주] narratee: 피발화자.

제시하고 있는 이야기들을 두고, 억지로 협동원칙의 유지를 의심한다든 가, 혹은 내포된 커뮤니케이션의도를 굳이 가정해 본다든가 하지 않고, 단순히 비전형적인 것으로서 이해할 수가 있다.

이러한 선호성 규칙체계를, 가령 얀이 서사상황에 대해서 제안했듯이 더 낮은 등급의 프레임에서도 상상해 보는 것은 결코 어렵지 않다. 이렇게 해서 "그 밤은 매우 어두웠다"라는 문장은, 만약 '인물시각적 서술상황'이라는 프레임을 일단 한 번 가동했다면, 우선적으로 초점화심급의 지각으로 해석된다. 만약 주석적 서사를 생각했다면, 이는 화자의 콤멘트로 읽힐 수 있다. 얀은 서사상황에 대하여 매우 설득력 있는 다른 선호성 규칙들 몇 개를 더 제안하고 있지만, 여기서 자세히 논할 바가 못 된다. 아직까지 밝혀지지 않은 근본적인 문제는, 프레임이 원래 어떻게 선택되는가 하는 것이다. 이 물음에 대해 얀은 페리 Menakhem Perry(1979: 43)의 의견을 따르는데, 페리는 프레임은 최대 관련성 기반 위에서, 텍스트디테일을 정합적으로 결합시키는 능력에 기반하여, 그리고 구조적 깊이와 그것의 상대적 단순성에 기반하여 선택된다고 보았다. 이 논문을 읽는 주의 깊은 독자라면, 이러한 잣대는 쉽게 관련성이론의 핵심 개념인 '인지적 효과', '처리비용' 등으로 번역될 수 있음을 알아차릴 것이다.

프레임의 선택에서는 두 가지 또 다른 효과가 중요한데, 이 효과는 그리 간단히 관련성이론의 용어로 표현되지 않는다. 하나는 '초두성 효과 primacy effect'이고, 다른 하나는 '최신성 효과 recency effect'다. 얀은 이 효과들을 독자에 의해 투입된 선호성 규칙체계의 형태로 다시 설명한다. "a. 초두성 효과 규칙 Primacy preference rule: 하나의 프레임을 가능한 한 오래 유지하라. b. 최신성 선호 규칙 Recency preference rule: 대체-프레임이 이전의 데이터를 재해석하도록 허용하라"(Jahn 1997: 457). 이는 두 개의, 최소 부분적으로 서로 역행하는 효과들이다. 독자는, 한 번 프레임을 배정하고 나면, 비교적 완강하다. 그러나 그들은 다른 프레임들도 유희적으로 선택해 보면서 더 큰 인지적 효과가 나올 수 있을지를 검토한다. 이것은 관련성이론으로는 쉽게 설명되지 않는 과정이다. 물론, 주어진 독서시점에서 원래 생각했던 프레임의 선호성에 맞지 않는 더 많은 정보가 연속적으로 나타날 때 대체-프레임을 가동시키려는 생각이 더 크다.

이렇게 이론적으로 요구가 많고 또 추상적임에도 불구하고, 얀의 모델은 매우 구체적인 문학적 현상을 설득력 있게 기술할 수 있다. 그리하여 얀은 버스Ambose Bierce의 숏 스토리 「오울크릭 다리에서의 사건」(1890)에 대한 분석을 소개한다(Jahn 2000: 380 참조). 이 이야기는 교수형당하는 남자에 대한 것이다. 우선 출발상황이 주석적으로 소개되고 나서, 줄이 끊어지는 내용과 그리고 그 범죄자가 집으로 구사일생 도망치는 내용의 기다란 전문이 나오는데, 독자는 이 텍스트를 다 읽고 나면, 이 이야기를 주석적으로도 읽을 수 있고, 인물시각적으로도 읽을 수 있다는 것에 대해서 매우 놀라게 된다. 그러니까, 거기서 우리가 읽는 것은, 사형수가 떨어져서 밧줄이 다할 때까지의 몇 초 동안에 그의 머릿속을 스쳤던 환상이었다. 우리가 이것을 알게 되는 것은, 사형수가 환상 속에서 아내를 안기 직전이다.

> 그는 팔을 쭉 뻗고 앞으로 뛰어내렸다. 그녀를 막 끌어안으려는 순간, 목 뒤에 기절할 정도로 혹하는 한 줄기 강풍이 느껴졌다. 눈부신 하얀 빛이 그의 온 주위를 대포 같은 소리와 함께 타올랐다. 그리고

나서 온통 어두움과 정적이었다!

페이턴 파쿠어는 죽었다. 목이 부러진 그의 몸은 오울크릭 다리의 목재 아래 좌우로 살랑살랑 흔들렸다. (「오울크릭 다리에서의 사건」 중)

이 단편에 대한 얀의 논평은, 그가 만든 도구가 얼마나 유용한지를 정확히 보여준다. 일단 그는 프레임-변경이 필요하긴 하지만, 그러나 통상적으로 초두성 효과 때문에 실제로 그러한 변경이 일어나지 않는 텍스트 지점을 찾아낸 뒤, 그런 다음에야 이를 분석한다. 그것은 문장들로 보아서는 그러한 추측을 하게끔 하는 명백한 언어학적 특징이 나타나지 않기 때문에, 이렇게 사후적으로 돌이켜보아야 정황을 알아차리게 된다.

> 유익하게도, 독자가 길을 잃는 지점이 정확하게 조준되어 있다. 페이턴 파쿠하가 '로우프가 끊어지고, 자신이 강물에 떨어졌다는 것을 알았다'라는 지시 문장이다. 주석적 화자의 경우, **파쿠하가 p를 알았다**고 확언하는 것은 p는 이 허구의 세계 속에서 최종적으로 진실이다고 말하는 것이다. [...] 당연히 독자가 더 좋아하는 것은, 주석적 화자가 독자 자신이 거짓이라고 알고 있는 것을 확언하지 않을 것이라고 믿는 것이다. 해석의 대비책 fall-back 프레임을 작동시킬 수 있는 것은 오로지 되돌이켜 보는 회상 속에서다. 화자가 이 이야기 속의 자신의 모방적 권위를 포기하면서 이 특별한 지점을 콕 집어 초점주체에게 초점화를 위임한다고 가정하면서, 독자는 분별력을 불러일으킨다는 것이다. (Jahn 2000: 380)

얀의 고민이 원형적인 포스트고전적 내러톨로지 단초에 대한 것이라는 사실이 분명해졌다. 텍스트의 언어학적 형식적인 현상형태만을 기술하는 고전적 내러톨로지적 분석이라면 파쿠하의 도피에 대한 묘사의 애매모호성만을 확정할 수 있을 것이다. 눈속임이 성공하는 메커니즘은 고전적 구조주의적 도구만으로는 기술할 수가 없다. 이와 동시에, 고전적 내러톨로지의 인식을 쉽게 내던져버리지 않는 것이 의미 있다는 사실도 분명해진다. 슈탄첼-혹은 주네트로 이름을 바꿔도 된다-의 서사상황 기술 범주가 없다면 얀의 분석 역시 불가능했을 것이다.

혹자는 벌써 얀의 단어 선택에서-그리고 나의 단어 선택에서도-, 내가 위에서 다른 사람들에게 지적했던 것과 동일한 '과실'을 알 수 있다고 반박할 수 있다. '독자'가 특정 텍스트현상을 앞에 두고 어떻게 하느냐는 문제를 두고 하는 말이다. 그러니까 메이나 버크의 명제처럼 해석자의 상상을 독자에게 투사하고 있는 것이 아니냐는 질문이 나온다. 이러한 비난에 대한 얀의 대답은 화용적 내러톨로지의 발전이라는 관점에서 볼 때 너무나 중요하므로, 여기서 인용해 줄 필요가 있다. 미로-효과, 즉 언어적 속임수현상, 그러니까 버스의 숏 스토리에도 나오는 그 방식에 관한 일반적인 논의테두리 내에서 얀은 다음과 같이 쓰고 있다.

> 오늘날의 작가는, 독자도 똑같이 미로에 빠질 수 있다는 가정에 대해, 단 한 순간도, 의문시하고 싶어 하지 않는다. 특정한 예로, 미로에 빠지지 않은 독자조차도 대체적으로 미로빠지기의 잠재성을 높이 평가할 수가 있다. 교열담당자들은 늘 그렇게 하고 있다. 섹션 1에서 언급된 많은 항목에 비해서 미로 효과는 경험적으로 측정 가능한 사실이며, 다른 항목에 비해 이 글의 어느 독자든 즉석에서 확인하거나 반박할 수 있는 개연성 있는 추론이다. 물론 사안이 여기서 머물러서는 안 될 것이다. 독자들이 동일하게 미로를 헤맨다

면, 그들이 동일한 선호성 규칙체계에 접속하고, 하나의 텍스트에 대해서 동일한 인지적 결론에 이른다는 말이 된다. 어떤 독자도 똑같이 읽지 않는다는 포스트모던의 뻔한 말을 떠올려 볼 때, 이것은 결코 예사롭지 않은 결론이다. 다른 한편으로는, 그것에 대한 급진적 (그리고 반동적) 반대주장— 독자는 언제나 그리고 통상 동일하게 독서하거나, 혹은 언제나 그리고 통상 동일한 선호성 규칙체계에 공을 들인다— 을 펼칠 어떤 증거도 여기서 발견되지 않았다. 그 정반대다. 많은 예시는 미로와 선호성 규칙체계는 피쉬가 '해석공동체'라고 부른 것을 차별화하기도, 규정하기도 한다는 것을 가리키고 있다. (Jahn 1999: 191)

여기서 문제 되는 것은 화용론적 문학연구 전체에 결정적인 주장이다. 문학적 의사소통과정이 실제로 어떻게 흐르는가를 기술하라는 요구를 화용론적 문학연구가 충족시키려 한다면, 가능한 오랫동안 실제 독자를 눈앞에 붙들어 두어야 할 것이다. 독자는 콘텍스트로부터 텍스트에 의미를 부여하는데, 그러나 콘텍스트의 다수성은 일반화가 가능한 진술을 불가능하게 한다는 우려는 사실무근이다. 문학텍스트를 읽는 여러 다양한 독자들이 동일하거나 혹은 최소한 비슷한 의미를 추가한다는 것은 아주 간단한 경험적 사실이다. 이러한 사정을 설명하려면 이상화된 독자역할을 논의의 기반으로 삼는 것에 만족할 것이 아니라, 여러 다양한 개인들의 인지 과정에서 경험적으로 관찰 가능한 일치점들을 이용할 줄 알아야 한다.[14]

---

[14] 이런 한에서 한참 위에서 인용된 셸의 언급, 각자의 이해전망 사이에 놓인 수많은 차이점에도 불구하고 하나의 언어적 진술의 의미 위에서 소통하는 가능성은 개인

더 나아가 이러한 맥락에서 피쉬의 해석공동체에 대한 얀의 지적이 유익하다. 어떤 집단의 구성원끼리 의미부여에서 서로 일치하여, 다른 공동체와는 구분이 되는 지점이 있다. 그 공동체가 어떻게 그때그때 구성되며, 어떠한 메커니즘을 이용해서 이러한 합의를 확보하는가라는 질문에 대한 답이 바로 그 지점에 있다. 정작 피쉬가 이에 대하여 내놓은 제안이 실제로 설득력이 있지는 않다 하더라도, 분명 여기에 화용론적 내러톨로지의 비옥한 활동영역이 있다 하겠다.15 선호성 규칙체계라는 잭켄도프의 구상은 내가 보기에는 이러한 문제를 해결하는 데 의미 있는 출발점이 되는 듯하다. 이 맥락에서는 예컨대 다음과 같은 문제가 중요하다. 사회적 집단과 제도의 구성원들이 가지는 선호성 규칙체계는 얼마나 강력한가, 또 이 체계는 어떤 메커니즘을 통하여 서로 유사해지는가? 이런 문제에 부딪히면, 지금까지 그려본 화용론적 내러톨로지가 담론분석적 사회학적 이론과 접점을 가진다는 것이 분명해진다.

이런 생각들은 관련성이론의 기반 위에서 포괄적으로 논의하는 화용론적 문학연구와 관련하여 중요한 것을 암시하고 있다. 관련성이론은 의미지정에서 일어나는 인지 과정을 묘사하는 데 있어서 잠재적으로 매우 효과적인 모델이다. 그러나 이미 위에서 보여주었듯이, 관련성이론이 대단히 추상적인 수준에서 움직이고 있고, 관련성이론적 분석이 여러 가지 사회적 담론적 콘텍스트에 맞추어 상세하게 펼쳐 보이는 세분화 작업이

들의 공통된 인간성에서 결과한다는 말은 대체로 적확하다. 그러나 그 맥락들은 셸이 그리고 있는 것보다 명백히 더 복잡하다.

15 이 문제 관련한 피쉬의 제안에 대한 적절한 비판적 언급은 예컨대 Scholes(1985: 157-63)와 Bode(1996: 95)에서 볼 수 있다.

비록 가능하긴 하지만, 그래도 아직까지 결과물이 나온 것은 아니다. 만약 이러한 필수적인 행보를 그냥 건너뛰고 만다면, 남는 것은 딱 두 가지 가능성뿐이다. 그 둘 다 똑같이 불만족스럽다. 그린 Keith Green(2000: 60 이하)은 제대로 의의를 제기하고 있다. 관련성이론적 분석은 그리 길지도, 그리 '촘촘하지도' 않은 텍스트에만 몰두하거나, 아니면 한 가지 인지주의적 분석만 소개하는 위험에 빠지는데, 이런 인지주의적 분석은 해석학적 분석과 마찬가지로 본질주의적이라는 것이다. 길지도, 촘촘하지도 않은 텍스트에 몰두한 관련성이론 분석에서 심심찮게 설득력 있는 분석이 나오기도 한다. 그 이유는, 수용자를 통해 콘텍스트가 풍성해진다는 것이 그리 복잡한 일이 아니며, 그리고 대부분 이러한 풍성화는 보편적인 혹은 최소한 널리 퍼져 있는 선호성 규칙체계의 기반 위에서 이루어지기 때문이다. 두 번째로 제기된 의의, 즉 하나의 인지주의적 분석만 소개하는 문제인데, 이런 경우, 마치 관련성원칙을 통하여 하나의 **보편적** 의미부여전략이라도 발견된 듯하지만, 실제로는, **개별적** 의미부여전략이 어떻게 이루어지는지 메타차원에서 설명했을 뿐이다.

　이런 문제에 대해서는 문학화용론에서의 관련성이론 단초를 가장 단호하게 변호하는 피킹턴의 연구를 예로 들어 설명해야겠다. 관련성이론이 텍스트분석 방법론으로서 어떻게 빨리 투입되었는가를 보여주는 좋은 예가 피킹턴의 주장이다. 그는 관련성이론을 이용하면, 로버트 프루스트의 시에 대한 두 가지 해석 중 어느 것이 더 적절한지를 결정할 수 있다고 말한다. 해석자의 인지적 환경이 서로 다르다는 것, 따라서 인지적 효과에 대한 평가와 그리고 특정 독법의 관련성은 필연적으로 구분되어야 한다고 말하지만, 그것은 그저 입발린 소리에 불과하다.

그러니까, 시의 화자로 하여금 숲속으로 몸을 끌고 들어가도록 유도한 것은 죽음의 희망인가, 아니면 근원적 자유에 대한 희구인가? 둘 중 하나일까, 아니면 둘 다일까? 분명한 것은, 시에 대한 반응은 결코 완전히 동일하지 않다는 것이다. 왜냐하면 인지적 환경이 결코 동일하지 않으니까. 그러나 시에 대한 반응은 더 혹은 덜 성공적일 수 있으며, 여기서는, 볼트의 독서가 둘 중 더 풍부한 것이라고 나는 짐작한다. 시는 과외의 의미로 차고 넘친다. (Pilkington 1991: 59)

피킹턴의 서술을 보면, 무엇이 더 성공적인 해석이며, 무엇이 덜 성공적인 해석인가에 대해 주저 없이 결정하고 있는 것을 볼 수 있다. 이러한 결정을 위한 "과외의 의미 extra meaning"라는 피킹턴의 판정 기준은 특히 많은 것을 말해준다. 이 기준이 관련성이론적인 기반 위에서 실제로 보편적 잣대로서 정당화될 수 있기 때문이 아니라, 관련성이론적 기초전제가 사회적 세분화된 모습이 어떤 것인가를 암시해 주기 때문이다. 즉, 이러한 기준이 고도의 개연성으로서 문학연구자들 사이에서 대단한 동의를 얻는다는 사실은 바로 이 연구자 집단이 가진 집단특유의 선호성 규칙체계에 대한 증거다. 다시 한번 '관련성이론적 기본방정식', 즉 관련성=인지적 효과/처리비용이라는 논리를 머릿속에 떠올려 볼 때, 피킹턴의 기준은 다음과 같은 사실을 변호한다는 사실이 분명해질 뿐이다. 그러니까, 문학텍스트들은 높은 처리비용을 감수해야 하는데, 왜냐하면 이 텍스트들은 왕왕, 특별히 높은 수익으로 그런 높은 처리비용을 보상해주기 때문이라는 것이다. 이러한 확신은 문학연구자들 사이에서 널리 퍼져 있으며, 나 역시 그런 확신을 가지고 있다. 그렇지만 이것은 나의 인지적 환경의 특징, 즉 은유가 가진 획기적 의미뉘앙스가 대단한 인지 효과를 가질 수 있을 만큼 문학이 큰 역할을 하는 환경임을 말해 주는 것이지, 객관적인 의미에서 이것이 적절한 수용전략이라는 것을 증명하는 것은 아니다. 자신이 도달한 의미가설에 최적의 관련성이 이미 존재한다고 믿음으로써, 일찌감치 텍스트처리작업을 중단해버리는 사람이 있다고 할 때, 그 사람이 잘못되었다는 것을 증명한다는 것은 어렵다. 물론 작가는 문학형식의 선택을 통해 이미, 만약 독자가 충분히 많은 처리비용을 투여하기만 한다면, 특별히 많은 인식 효과를 기대할 수 있다는 신호를 보낸다고 주장할 수도 있다. 하지만 유토피아문학의 형식, 서사연극, 혹은 선전주의 시의 경우만 해도 이런 주장은 참으로 의심스럽다. 그리고 실제로 처리비용을 많이 필요로 하는 문학적으로 복잡한 텍스트의 경우에도, 처리비용이 의사소통적 의도를 넘어선 것인지, 아니면 아직 충분하지 않은 건지를 확신하기 힘든 지점에서 우리는 해당 텍스트의 처리과정을 중단할 때가 있다. 피킹턴도 최소한 **이론적** 고려에서는 이것을 인정하고 있다. 문학, 특히 시적 텍스트의 특성은 수적으로는 많으나 의미는 모호한 함축 또는 넌지시 드러낸 암시 schwache Implikaturen를 의사소통하는 데 있다고 그는 본다. 모호한 함축이란, 수용자가 볼 때, 바로 이 의미를 전달하려는 작가의 소통의도가 실제로 있다고 보고 출발하기에는 확실하지 않은 내포 의미를 말한다. 이와 관련하여 서정시의 의사소통적 잠재성에 대해 제시한 피킹턴의 명제는 원칙적으로 서사텍스트의 분석에도 적용할 수 있다.

> 시문학의 애매모호한 성격에 대해 논의할 때, 시는 구분해 가려내는 것이 가능한 한 명확하고 대체 가능한 의미꾸러미를 가지고 있지 않다는 것을 알아야 한다. 시 속의 이미지, 상징, 메타퍼가 상호작용

하면서 넌지시 드러낸 암시의 광역대를 뚜렷하게 만들어준다. 모든 개별 독자가 다 동일한 암시나 같은 수의 암시에 진입하는 것은 아니다. (같은 글: 59 이하)

여기에 사회적 영향요소가 관련성이론 단초에 통합될 가능성이 암시되고 있다. 관련성 계산 자체가 일상언어적 소통 속에서 너무나 상황적인데다가 개인별로 상이한 결과로 이끌어갈 수 있다는 점은 위에서 이미 거론되었다. 이러한 경향은 문학적 의사소통 속의 모호한 함축 때문에 더 심해지는데, 이는 다른 언어적 소통 형식이 가지는 의미보다도 문학적 텍스트의 의미에 대한 의견일치가 더 드물다는 통속적인 인식과도 맞아떨어지는 부분이다. 사회적 제도적으로 중재된 선호성 규칙체계 - 이 체계 중 두 개를 들자면 이데올로기적 기본확신과 문학적 입장인데 - 는 수용자들의 인지적 환경을 선(先)구조화시키고, 또 어떤 콘텍스트가 접근 가능한가에 결정적으로 영향을 끼치는 식으로 문학수용에서 특히 의미추가에 강력하게 개입한다. 이 선호성 규칙체계는 수용자가 자신에게 접근 가능한 콘텍스트 중 어떤 것이 의미촉발적 잠재력이 있는지 물색할 때 그 서열도 만들어낸다는 것이 나의 가정이다. 그런데 콘텍스트를 쭈욱 다 거치지 않은 채, 수용자의 물색작업이 중단되어 버리면, 그러니까 최적의 관련성이 벌써 발견되어 버리면, 이럴 때는 과연 어떤 차례로 물색이 이루어지는가가 의미추가의 과정에 중요한 요인이 된다. 왜냐하면 원칙적으로는 접근 가능했던 일군의 의미가능성들은 아예 건드려지지도 않는 셈이 되기 때문이다.[16] 이렇게 늘 일어나는 일상적 탐색 역시 선호

---

[16] 사회적 요소를 관련성이론적으로 정향된 문학화용론으로 통합하는 것에 대한 보

성 규칙체계 형식으로 표현할 수가 있다. 그러한 체계의 한 요소의 예가 피킹턴의 설명에서 도출되는 선호성규칙이다. "문학텍스트는 고도의 관련성이 있다, 고가의 처리비용도 충분히 큰 인지적 효과를 통해 정당화된다라고 생각해 보라." 이는 특수 집단, 즉 문학연구자라는 특수집단의 선호성 규칙체계를 설명하는 데는 결코 나쁘지 않은 출발점이다. 더 상세하게 성격규정된 집단의 경우에도 원형적인 선호성 규칙체계와 관련하여 설득력 있는 가정을 내세울 수 있다. 구조주의 문학연구자들에게 우세한 선호성규칙은 가령 다음과 같은 것이 된다. "텍스트요소들은 스토리-차원에서나 담화-차원에서나 등가항과 대립항으로 구조화될 수 있다고 가정하라." 관련성이론이 서사물의 구체적 화용론적 분석에 쓸모 있으려면, 각 집단들에 해당되는 저런 식의 규칙체계의 가장 중요한 요소를 필히 알아내야만 한다. 이런 작업은 위에서 소개된 두 개의 예에서처럼 항상 그렇게 간단하지는 않다. 왜냐하면 이 두 예의 경우에는 문학연구에서 나온 것이고, 문학연구는 스스로의 수용이 어떤 전제를 깔고 있는지에 대해 매우 의식적으로, 또 드러내어 성찰하기 때문이다. 여러 다른 수용집단의 경우도, 자신들의 다양한 수용행위로부터 기본적인 선호성규칙을 도출해내고, 필요에 따라서는 그것을 경험적으로 검증하는 것이 가능할 것이다. 그런 처리방식이 해결해야 할 어려운 이론적 문제들도 있겠지만, 그러나 여러 사회적 집단에 따른 세분화 작업의 그러한 기초 위에서만이 구체적 화용론적 서사텍스트분석을 위한 관련성이론의 의미 있는

다 상세한 설명은 Strasen(2001b: 132-35)을 참조하라. 그러한 단초의 상세한 모델을 위한 밑그림을 나는 현재 작업 중인 교수 자격 논문에서 밝혀내고, 검증하려고 한다.

투입이 가능한 것이다. 이러한 세분화 없이는 관련성이론은 기껏해야 마크로-프레임이 될 뿐으로, 이 프레임을 분석도구로서 어떨지 가늠하지 않고 바로 투입한다면, 콘텍스트정보들을 기존 그대로, 전혀 변경 없이 해석학적 도구[17] 속으로 통합시킨 것보다 더 보편화할 수 없는, 본질주의적이고 현실과 거리가 먼 결과만 나올 것이다. 사회적으로 세분화된 여러 변주의 형태라면 관련성이론은 화용론적 내러톨로지의 방법론적 병기창의 한쪽을 당당히 차지하는 성능 좋은 도구가 될 수 있을 것이다.

4. 결론

화용론적 내러톨로지는 내러티브 요소가 의사소통과정 내에서 끼치는 특수한 영향에 대해 묻는다. 그런데 실제로 문학적 의사소통이 어떻게 진행되는가를 이해하고 기술하려면, 실제 독자라는 단계를 서둘러 벗어나, 텍스트구조를 통해 나타난 이상적 독자에게 돌아간다든가 혹은 관련성원칙과 같은 아주 일반적 인지원칙으로만 돌아가는 것은 아무런 의미가 없다. 언어학적 화용론이 앞서 그랬듯이, 실용적 문학연구 역시 (잠재된) 능력이라는 깔끔하게 정돈된 이상화에서 눈길을 거두고, 수행이라는

---

[17] 여러 다양한 개인들이 속한 인지적 환경 사이의 커다란 차이점을 과소평가 혹은 과대평가하는 경향은 이미 스퍼버와 윌슨에서 볼 수 있다. 그린이 적절하게 언급했듯이 스퍼버와 윌슨은 커뮤니케이션 파트너끼리 서로 너무 잘 알고 있기에, 관련된 콘텍스트들을 확인하는 작업에서 큰 어려움이 없는 예를 선택하는 수가 많다. "예컨대 스퍼버와 윌슨의 짤막한 예시적 대화는 내가 '피터와 매리의 원칙'이라고 부르는 것을 담고 있다. 즉 짤막한 대화 속에서 작동하게 될 콘텍스트효과를 충분히 불러일으킬 만큼 주인공들은 서로 잘 알고 있다."(Green 2000: 60)

때로는 아주 무질서하기도 한 현실을 마주해야 할 것이다. 그것은, 예컨대 컨스가 염려하듯이, 혼란스러운 다수의 독법만 아는 것으로 만족해야 하는 것도, 혹은 해석에 대해서는 완전히 포기해야 한다는 것도 아니다. 얀이 보여주었듯이 경험적으로 발견가능한 보편적인, 실제 독자의 의미부여전략이라는 것이 존재한다. 나는, 이를 넘어서서, 집단 고유의 의미부여전략을 밝혀내고 그것을 이해하고, 적절하게 기술하는 것이 가능하다고 확신한다. 이러한 기반 위에서라면 예컨대, 문학연구의 수용이론-예컨대 피쉬의 '해석공동체' 구성-이 가진 실제로 불분명한 몇몇 핵심 개념들을 세밀하게 만들고, 그럼으로써 문학연구적 실천을 다시 활성화시킬 수 있을 것이다. 물론 이를 위해서는 많은 학제적 노력이 요구된다. 그래서 사회과학, 인지론, 심리학과의 교류가 불가피하다. 이렇게 이해된 화용론적 내러톨로지는 문헌학이 텍스트학에서 문화학으로 발전하는 과정의 한 부분을 이루게 된다. 이러한 프로젝트에는 온갖 어려움이 숨어있지만, 그럼에도 불구하고 다른 대안은 없다.

문학적 의사소통이 실제로 어떻게 진행되며, 그럴 때 어떻게 사회적으로 영향력을 갖게 되는지를 설명하는 것은 문학연구의, 그럼으로써 또한 내러톨로지의 시급한 과제 중 하나다. 이 점에 대해 대체적 합의가 이루어졌으면 한다. 그러나 이러한 합의는 인지주의적 전환과 문화학적 전환 이전으로의 퇴진으로 왜곡된다. 왜냐하면 구체적인 수용과정을 기술, 설명할 수 있는 모델을 개발할 때, 오직 그런 경우에만 문학적 의사소통의 진행 과정과 그 사회적 영향력이 설명될 수 있기 때문이다. 본 논문에서 앞서 설명한 연구물들은 이 방향으로 나아가는 것들이며 온갖 문제점과 취약점에도 불구하고 그러한 과제를 해결하는 데 본질적인 기여를 할 수 있으리라는 것을 확인시켜 준다. 화용론적 내러톨로지의 도움을 받아야 문학적 형식을 기술할 수 있을 뿐 아니라, 특정 의사소통적 콘텍스트 내에서 그 형식이 가진 구체적 기능에 대해서도 물을 수 있는 희망의 근거도 있다. 그러하기에, 또 하나의 다른 과제에 대해서도 관심을 가질 수 있게 된다. 그것은 최근 몇 년 동안 문학연구에서 마땅히 누려야 할 응분의 위상을 가지지 못했던 과제로서 "문학이라는 사회적 행위" (Schmidt 1980)가 과연 어떻게 작동하는지를 이해하고 기술하는 것이다.

■ 참고문헌

Bachtin, Michail M. 1981 [1934-35]. "Discourse in the Novel." In: ders. *The Dialogic Imagination: Four Essays*. Austin: University of Texas Press. 259-422.

Bode, Christoph. 1996. "Why Theory Matters." In: Rüdiger Ahrens & Laurenz Volkmann (Hrsg.). *Why Literature Matters: Theories and Functions of Literature*. Heidelberg: Winter. 87-100.

Brown, Gillian & George Yule. 1983. *Discourse Analysis*. Cambridge: Cambridge UP.

Burke, Michael. 2000. "Distant Voices: The Vitality of Yeats' Diologic Verse." In: Tony Bex, Michael Burke & Peter Stockwell (Hrsg.). *Contextualized Sylistics: In Honour of Peter Verdonk*. Amsterdam: Rodopi. 85-102.

Clark, Billy. 1996. "Stylistic Analysis and Relevace Theory." In: *Language and Literature* 5.3: 163-78.

Enkvist, Nils Erik. 1991. "On the Interpretability of Texts in General and of Literary Texts in Particular." In: Roger D. Sell (Hg.). *Literary Pragmatics*. London: Routledge. 1-25.

Fish, Stanley. 1980a. *Is There a Text in This Class? The Authority of Interpretive Communities*. Cambridge, MA: Harvard UP.

_____. 1980b. "Literature in the Reader: Affective Stylistics." In: Fish 1980a. 21-67.

_____. 1980c. "Is There a Texty in This Class?" In: Fish 1980a. 303-21.

_____, 1980d. "How to Recognize a Poem When You see One." In: Fish 1980a. 322-37.

_____. 1989 [1981]. "Why No Ones's Afraid of Wolfgang Iser." In: ders. *Doing What Comes Naturally: Change, Rhetoric, and the Practice of Theory in Literary and Legal Studies.* Durham, NC: Duke UP. 68-86.

Graff, Gerald 1990. "Determinacy/Indeterminacy." In: Frank Lentricchia & Thomas McLaughin (Hgg.). *Critical Terms for Literary Study.* Chicago: University of Chicago Press. 163-76.

Green, Keith. 1997. "Butterflies, Wheels, and the Search for Literary Relevance." In: *Language and Literature* 6.2: 133-38.

_____. 2000. "The Tip of the Iceberg: Real Texts, Long Texts and Mental Representations." In: Tony Bex, Michael Burke & Peter Stockwell (Hgg.). *Contextualized Stylistics: In Honour of Peter Verdonk.* Amsterdam: Rodopi. 49-66.

Grice, H. Paul. 1971 [1957]. "Meaning." In: Danny D. Steinberg & Leon A. Jakobovits (Hgg.). *Semantics: An Interdisciplinary Reader in Philosophy, Linguistics and Psychology.* Cambridge: Cambridge UP. 53-9.

_____. 1991 [1967]. "Logic and Conversation." In: ders. *Studies in the Way of Words.* Cambridge, MA: Harvard UP. 3-143.

Holub, Robert C. 1984. *Reception Theory: A Critical Introduction.* London: Methuen.

Ingarden, Roman. 1968. *Vom Erkennen des literarischen Kunstwerks.* Tübingen: Niemeyer.

Jackendoff, Ray. 1985 [1983]. *Semantics and Cognition.* Cambridge, MA: MIT Press.

Jahn, Manfred. 1997. "Frames, Preferences, and the Reading of Third-Person Narratives: Towards a Cognitive Narratology." In: *Poetics Today* 18: 441-68.

_____. 1999. "'Speak, Friend, and Enter': Garden Paths, Artificial Intelligence, and Cognitive Narratology." In: David Herman (Hg.). *Narratologies: New Perspectives on Narrative Analysis.* Columbus: Ohio State UP. 167-94.

Kearns, Michael. 1999. *Rhetorical Narratology.* Lincoln: Universit of Nebraska Press.

Kempson, Ruth. 1977. *Semantic Theory.* Cambridge: Cambridge UP.

Knapp, Steven & Walter Benn Mivhaels. 1985. "Against Theory." In: W. J. T. Mitchell (Hg.). *Against Theory: Literary Studies and the New Pragmatism.* Chicago: University of Chicago Press. 11-30.

Levinson, Stephen C. 1989. "A Review of *Relevance.*" In: *Journal of Pragmatics* 25: 455-72.

Mackay, Ray. 2002. "*Contextualized Stylistics.*" (Rez.) In: *Language and Literature* 11.2: 169-74.

MacMahon, Barbara. 1996. "Indirectness, Rhetoric and Interpretive Use: Communicative Strategies in Bowning's 'My Last Duchess'." In: *Language and Literature* 5.3: 209-23.

Mey, Jacob L. 1993. *Pragmatics: An Introduction.* Oxford: Blackwell.

_____. 1994. "Edifying Archie or: How to Fool the Reader." In: Herman Parret (Hg.). *Pretending to Communicate.* Berlin: de Gruyter. 154-72.

_____. 1999. *When Voices Clash: A Study in Literary Pragmatics.* Berlin: de Gruyter.

Meyer, Paul Georg et al. 2002. *Synchronic English Lingustics: An Introduction.* Tübingen: Narr.

Minsky, Marvin. 1979. "A Framework for Representing Knowledge." In: Dieter Metzing (Hg.). *Frame Conceptions and Text Understanding.* Berlin: de Gruyter. 1-25.

Perry, Menakhem. 1979. "Literary Dynamics: How the Order of a Text Creates its Meanings." In: *Poetics Today* 1-2: 35-64; 311-61.

Phelan, James. 1989. *Reading People, Reading Plots: Character, Progression and the Interpretation of Narrative.* Chicago: University of Chicago Press.

Pilkington, Adrian. 1991. "Poetic Effects: A Relevance Theory Perspective." In: Roger D. Sell (Hg.). *Literary Pragmatics.* London: Routledge. 44-61.

_____. 1996. "Introduction: Relevance Theory and Literary Style." In: *Language and Literature* 5.3: 157-62.

_____. 2000. *Poetic Effects: A Relevance Theory Perspective*. Amsterdam: Benjamins.

Pilkington, Adrian, Barbara MacMahon & Billy Clark.1997. "Looking for an Argument: A Response to Green." In: *Language and Literature* 6.2: 139-48.

Pratt, Mary Louise. 1977. *Toward a Speech Act Theory of Literary Discourse*. Bloomington: Indiana UP.

_____. 1981. "Literary Cooperation and Implicature." In: Donald Freeman (Hg.). *Essays in Modern Stylistics*. London: Methuen. 377-412.

Rabinowitz, Peter J. 1977. "Truth in Fiction: A Reexamination ofAudiences." In: *Critical Inquiry* 4: 121-41.

Schmidt, Siegfried J. 1980. *Grundriß der empirischen Literaturwissenschaft*. 2 Bde. Bd. 1: *Der gesellschaftliche Handlungsbereich Literatur*. Braunschweig: Vieweg.

Scholes, Robert. 1985. *Textual Power: Literary Theory and the Teaching of Englisch*. New Haven: Yale UP.

Searle, John R. 1969. *Speech Acts: An Essay in the Philosophy of Language*. Cambridge: Cambridge UP.

_____. 1979. "The Logical Status of Fictional Discourse." In: ders. *Expression and Meaning: Studies in the Theory of Speech Acts*. Cambridge: Cambridge UP. 58-75.

Sell, Roger D. 2000. *Literature as Communication: The Foundations of Medi Criticism*. Amsterdam: Benjamins.

_____. 2001a. "A Historical but Non-determinist Pragmatics of Literary Communication." In: *Journal of Historical Pragmatics* 2.1: 1-32.

_____. 2001b. *"When Voices Clash: A Study in Literary Pragmatics."* (Rez.) In: *Language and Literature* 10.3: 284-87.

Short, Mick, Jonathan Culpeper & Elena Semino. 2000. "Language and Context: Gardams *Bildgewater*." In: Tom Bex, Michael Burke & Peter Stockwell (Hrsg.), *Contextualized Stylistics: In Honour of Peter Verdonk*. Amsterdam: Rodopi. 131-51.

Sperber, Dan & Deirdre Wilson. 1995 [1986]. *Relevance: Communication and*

Cognition. Oxford: Basil Blackwell.

_____. 1997. "Remarks on Relevance Theory and the Social Sciences." In: *Multilingua* 16.2/3: 145-51.

Sternberg, Meir. 1982. "Proteus in Quotation Land: Mimesis and the Forms of Reported Discourse." In: *Poetics Today* 3.2: 107-56.

Stockwell, Peter. 2000. "(Sur)real Stylistics: From Text to Contextualizing." In: Tony Bex, Michael Burke & Peter Stockwell (Hgg.). *Contextualized Stylistics: In Honour of Peter Verdonk.* Amsterdam: Rodopi. 15-38.

Strasen, Sven. 2001a. "'Beams falling and beams not falling': Frames, Kontingenz und Spannung in Dashiell Hammetts Red Harvest." In: Raimund Borgmeier & Peter Wenzel (Hgg.). *Spannung: Studien zur englischsprachigen Literatur.* Trier: WVT. 162-75.

_____. 2001b. "Literarischer Diskurs - Kommunikation - Rezeption: Relevanztheoretische Impulse für eine Theorie literarischer Rezeptionshandlungen." In: Johannes Angermüller, Katharina Bunzmann & Martin Nonhoff (Hgg.). *Diskursanalyse*: *Theorien, Medelle, Anwendungen.* Hamburg: Argument. 125-37.

Talbot, Mary M. 1998. "Relevance." In: Jacob L. Mey (Hg.). *Concise Encyclopaedia of Pragmatics.* Amsterdam: Elsevier. 775-78.

Toolan, Michael. 1996. *Total Speech.* Durham, NC: Duke UP.

van Peer, Willie. 2000. "Hidden Meanings." In: Tony Bex, Michael Burke & Peter Stockwell (Hgg.). *Contextualized Stylistics: In Honour of Peter Verdonk.* Amsterdam: Rodopi. 39-47.

White, Hayden. 1973. *Metahistory: The Historical Imagination in Nineteenth-Century Europe.* Baltimore: Johns Hopkins UP.

이 밖에 본 논문에 해당되는 참고문헌으로서 본서 마지막에 실린 책과 논문은 다음과 같다.

Culler 1975; Fludernik 1996; Iser 1994a[1972], 1994b[1976]; Jahn 2000; Phelan 1996

서사론의 인지적 전환*

인지적·'자연적' 내러톨로지

브루노 체르벡 지음
안소현 옮김

더는 그 자체가 종착역이 아닌 내러톨로지 분석은 이제 그 근간으로부터 독자의 인지적 의향(意向)과 밀접한 관계를 맺는다. 캐릭터·내레이터·액션 등 내러톨로지의 기본 콘셉트는 중요성을 잃지 않으면서도 텍스트의 테두리를 넘어가 생활세계 콘텍스트에 있는 동일(同一) 콘셉트에 링크된다. (Ibsch 1990: 414)

1. 인지주의 내러톨로지의 기반과 구상, 방법과 목표설정

인지주의 내러톨로지는 독자의 인지과정과 텍스트 사이의 연관성을

---

* 중요한 지적과 생산적 비판을 아끼지 않은 안스가 뉘닝 A. Nünning과 기센의 연구그룹 「문화적·역사적 내러톨로지」에게 감사드린다. 미처 출간되지 않은 원고를 읽게 해준 에더 Eder(2002), 플루더닉 Fludernik(준비 중), 주어캄프 Surkamp(2002)에게도 고마움을 전한다.

중점적으로 다룬다. 독자의 인지과정이 텍스트 수용을 상당 부분 결정짓기 때문이다. 독서의 인지 프로세스를 통해 텍스트와 독자가 결부된다는 논제는 내러톨로지 전반에 큰 영향을 주었다. 예컨대 툴란Toolan(2001[1998])의 내러톨로지 입문서만 보더라도, 초판과 달리 개정판에서는 인지적 측면이 중심축을 차지한다. 그 밖에 여타 포스트고전적 내러톨로지 연구물에서도 '서사론 내부의 인지적 전환'은 중요한 역할을 한다. 이같이 인지주의 내러톨로지가 행한 특별한 역할(2장과 3장), 인지주의 내러톨로지가 서사연구의 전통적 항목에 끼친 영향(4장), 그 결과 문화학적 서사연구가 지니게 된 전망(5장)을 논의하기에 앞서, 우선 인지주의 내러톨로지의 주요 기반을 간략히 살펴보도록 하자.

인지주의 내러톨로지의 학문사적 기원은 두 가지이다. 하나는 서사론 및 수용미학과 관련된 문학이론 연구이고, 다른 하나는 인지심리학·틀이론·언어학·인공지능연구로 대표되는 경험적·심리학적 연구이다. 인지주의 내러톨로지는 해석학 전통의 영향미학[1]과 북미의 수용이론[2]이 탐구했던 것과 유사한 독서 측면들을 밝혀내고자 한다. 인지주의 내러톨로지에서 수용미학이 의미를 지니는 것은, 텍스트를 자율적 대상으로 보면서 텍스트 외적 요소가 의미구축에 미치는 영향을 도외시하던 형식주의 문학관을 수용미학이 거부했다는 점에서이다. 가다머Gadamer는 이미 1960년 『진리와 방법』(1990[1960])에서 세계의 객체들을 마주함에 있어 인간 의식이 행하는 해석활동을 강조했던 후설과 하이데거의 현상학적 고찰

---

[1] 예컨대 Jauß(1991[1977]); Iser(1994a[1972]); Iser(1994b[1976]).
[2] 예컨대 Fish(1980).

을 문학론으로 끌어들인 바 있다. 가다머에 따르면 의미는 문학적 예술작품에 고정되어 있거나 초시대적으로 담겨있는 것이 아니라 텍스트와 독자 사이의 대화를 통해서 비로소 열린다. 독자가 텍스트와 대화하면서 텍스트를 이해해 가는 과정은 독자가 몸담은 역사적 상황에 따라 달라지므로, 심미적인 것을 해석하는 일 역시 역사적 상황에 뿌리를 두고 있을 수밖에 없다는 것이다. 이저(1994a[1972])는 빈자리 empty space의 개념을 통해, 정적(靜的)이고 최종적인 의미가 텍스트에 들어 있는 것은 아니라는 텍스트관을 피력한다. 빈자리는 "텍스트와 독자의 상호작용에 의해 의미가 구성되는 열린 과정의 근간"이고 "끊겨 있거나 비워 둔 연결가능성"으로 정의된다. 빈자리는 "독자가 그때그때마다 텍스트 세그먼트 segment[3]와 서술시각을 필연적으로 조합해나갈 수밖에 없다"는 점을 알려주며, "텍스트 세그먼트와 서술 시각이 서로 어떤 관계를 맺고 있는가에 대한 가설을 세우라고" 독자에게 요구하는 동시에, "독자의 상상활동을 신중하게 조종한다."(Winkgens 2001[1998]: 363)

가다머와 이저의 수용미학과 마찬가지로 인지주의 내러톨로지도 제일 먼저 텍스트의 작용, 독서과정에서 수용자의 역할, 텍스트 및 정보의 처리과정에 관심을 둔다. 기본가설은 다음과 같다.

> 허구 세계와 그 속에서 이루어지는 일을 이해하는 것은 텍스트에 의해서만 조종되는 것이 아니라, 독자의 경험·지식·기질·인지구조

---

[3] [역주] 세그먼트(segment): 서로 구분되는 기억장치의 연속된 한 영역. 여기서는 그때그때 서술시각과 조합하는 텍스트의 일부분을 뜻하는 것으로, 서너 페이지가 될 수도 있고 한 장(章)이 될 수도 있을 것이다.

의 콘텍스트에 따라 달라진다. 독자가 생산성을 동원하지 않은 채 언어능력만으로 텍스트를 읽는다면, 내러티브 텍스트는 아마도 무의미한 것으로 여겨질 것이다. (Martinez/Scheffel: 2002[1999]: 145)

이런 식으로 인지주의 내러톨로지는 문학적 현상의 의미가 수용과정에서 어떻게 구성되는지에 대해 질문한다. 이 점에 있어서 인지주의 내러톨로지는 구조주의 내러톨로지와는 근본적 차이가 있다. 구조주의 내러톨로지는 수용, 그리고 텍스트와 독자 사이의 상호작용에는 관심을 두지 않고 문학적 현상을 주로 텍스트 내재적으로 기술하고 설명하기 때문이다.

인지주의 내러톨로지가 가다머와 이저처럼 독자중심적이고 영향미학적이기는 하지만 이들과 구분되는 점이 있는데, 그것은 목표설정보다는 방법론에서이다. 해석학적 영향미학과는 달리 인지주의 내러톨로지는 진행방식에 있어서 상당 부분 모델에 기반한다. 다시 말해 인지주의 내러톨로지는 서사론·철학·언어학·심리학·인지론의 다양한 콘셉트에 접목된다.[4] 방법론적으로는 인지주의 내러톨로지에서 구조주의 서사론적 뿌리가 아주 잘 드러나기도 한다. 예컨대 인지주의 내러톨로지는, 모델의 도움으로 인지적 관점에서 새롭게 파악된 서사론 항목들을 대부분 출발점으로 삼고 있다.

인지주의 내러톨로지는 내러톨로지의 다양한 방법론을 바탕으로 하여 수용중심적 인지주의적 목표에 상응하도록 전통적 내러톨로지의 항목들

---

[4] 이 점에 대해서는 Eder(2002: 1)도 참조. "지향성과 상상에 관한 이론은 분석철학에서 유래했고, 인지하여 카테고리화하기의 모델은 인지 심리학에서, 텍스트 이해의 이론은 언어학에서 유래하였다."

을 재구성한다는 특징을 지닌다. 이런 모습은 서사상황을 인지적으로 새롭게 파악하는 얀Jahn(1997)의 경우 확연히 드러난다. 얀은 서사상황의 해석에서 독자의 인지과정이 결정적 역할을 하는 이질서사세계[5]의 서사상황을 인지과정의 맥락에서 설명하고자 했다. 그는 인지심리학(Minsky 1979[1975]; Jackendoff 1983, 1987)의 논점, 독서의 인지과정(Perry 1979; Sternbeg 1982)에 관한 문학론적 인식을 논거로 삼아, 오로지 텍스트에 제시된 데이터만를 바탕으로 독자가 서사상황을 수용한다는 전통적 이해에 대항한다. 얀에 따르면, 텍스트만을 중심으로 접근하다 보면, 수용자가 자신이 읽고 있는 텍스트에 그때그때 적용하는 정보, 텍스트 해석에 영향을 미치는 정보가 완전히 배제되고 그러다 보면 양가적 양태를 일의적(一意的)으로 설명해버리는 문제가 발생한다는 것이다. 얀은 텍스트의 데이터뿐만 아니라, 독자가 텍스트를 해석할 때 인지 프레임의 형태로 활성화되는 독자의 선행지식을 포착한다. 이를 통해 "(프레임에 의해 결정되는) 탑다운(하향식) 인지전략과 (데이터에 의해 결정되는) 바텀업(상향식) 인지전략 사이에 해석적 상호작용이 일어난다는 원칙에 입각하여, 삼인칭 서사상황이 프로세싱되는 신축적 모델"(Jahn 1997: 464)을 구상한다.

대부분의 인지주의 내러톨로지 논의가 그러하듯 이질서사세계의 서사상황에 관한 얀의 설명은 틀이론[6]에 기반을 두고 있다. 독서과정이란 가설과 틀로 이루어진 시스템을 구성하고 투사하는 일인 바, 텍스트의 시그널이 지닌 잠재적 의미는 틀을 거쳐서 발현된다. "사람들이 실생활의 경험을

---

[5] [역주] 이질서사세계: 서술자가 작중세계의 등장인물이 아닌 경우의 서술세계.
[6] 틀이론에 관해서는 Jahn(1997) 외에도 Minsky(1979[1975]), Perry(1979), Harker (1989), Schneider(2000: 39-51) 참조.

해석할 때 자신에게 활용 가능한 틀을 이용할 수밖에 없듯이, 능동적으로 의미를 구축해가는 독자는 텍스트 해석에 있어서 틀을 도입하여 활용한다."(Fludernik 1996: 12) 프레임은 독자에게 선행되어 있는 체계의 일부로서 체질화된 틀, 즉 "인간의 상황과 행동에 있어서 어느 정도는 서로 구분되는 여러 타입에 관한 인습화되고 표준화된 정보세트"(Margolin 1986: 209)이다. 독자는 텍스트가 말하는 것을 해석하기 위해 이러한 실생활경험의 틀(현실세계의 프레임)과 문학 관습에 대한 지식(문학의 프레임)을 독서과정에서 동원하게 된다.[7] 독자가 지닌 선행체계[8]의 인지적 측면이라는 점에서 프레임은 역사적·문화적으로 조건지어져 있다.[9] 또한 프레임은 젠더에 따라서도 특화되어 있다. 크러퍼드와 채핀 Crawford/Chaffin(1986)의 연구는 인지 프레임과 젠더 소속성 간의 상호의존성을 확인시켜준다.[10]

수용자는 텍스트의 정보를 무의식적으로 자신의 실제 세계모델과 일치시키는 해석전략을 사용하게 되는데, 이러한 독서 해석전략의 소환을 인지주의 내러톨로지에서는 컬러 Culler(1975: 138)의 용어를 빌어 자연화 naturalization라고 부른다. "텍스트를 자연화한다는 것은 어떤 면에서는 이미 자연스럽고 용이한 담론 타입이나 모델 타입과의 관계 속으로 텍스트를 끌어오는 일이다." 여기서 중요한 점은 프레임 선정 과정과 자연화

---

[7] 현실세계 프레임과 문학 프레임에 관해서는 Culler(1975: 145-148), Perry(1979: 45), Eco(1981[1979]: 21), Margolin(1986: 210; 1989: 14), Pavel(1986: 129), Schneider(2000: 44f., 88ff.), Zerweck(2001b: 155)도 참조.
[8] [역주] 선행체계란 문학경험론에서 도입한 행위이론의 콘셉트로서, 어떤 행위든 사회적으로 매개된 개별적 행위가능성과 필연적으로 결부됨을 알려준다.
[9] 바틀렛 Bartlett(1932)의 경험적·심리학적 연구에서 분명히 밝혀졌듯이, 수용과정은 대부분 문화적으로 특화된 표상에 의해 이루어진다.
[10] 이에 관해서는 본서에 실린 「페미니즘 내러톨로지」도 참조.

과정에서 독자의 취사선택은 매번 고만고만한 정도로 가능한 여러 선택안 중에서 이루어질 수밖에 없다는 점이다. 그럼으로써 자연화는 우선은 상호모순적으로 보이는 여러 프레임과 여러 해석 가능성 중에서 어떤 것으로(대부분 무의식적으로) 결정한다는 것을 그 내용으로 한다.[11] 얀이 마련한 이질서사세계의 여러 서사상황 모델에서 볼 수 있듯이, 자연화 과정에서 독자가 프레임을 취사선택할 때는 늘 텍스트적 데이터와 콘텍스트적 데이터의 교차가 일어난다. 하커는 이를 독서과정의 "상호작용적 모델"(Harker 1989: 471)이라고 칭했다.

페리 Perry(1979)는 문학텍스트 안에서 정보가 점진적으로 쌓이고 독자가 이 정보를 인지적으로 가공하면 어떤 결과가 나오는지를 상세히 탐구하였다. 다시 말해 독서의 자연화 과정에 대한 구체적 사례를 보여주었다. 즉 텍스트적 정보와 콘텍스트적 프레임 간의 상호작용이 이루어지며 그런 가운데 여러 프레임 중에서 선택해야 할 필연성이 독자에게 부여된다는 것이다. 독자는 인지 현상인 초두성 효과[12]에 따라 우선은 먼저 제시된 정보에 의거하여 상황을 해석한다. 가급적 계속해서 초두의 해석을 고집하려 하지만 그러다가 먼저 제시된 해석가설에 모순되는 텍스트의 정보가 명확하게 제시되면 최신성 효과[13]가 초두성 효과에 오버랩되어,

---

[11] 이에 관해서 얀(1997: 446f.)은 잭켄도프의 콘셉트 '선호성 규칙체계'를 소환한다. "선호성 규칙체계란 서로 중첩되기도 하고 서로 경쟁하기도 하는 두 가지 이상 규칙의 모음이다. 선호성 규칙체계 속에서의 상호작용은 어떤 현상을 가능한 것으로 지각할 것인지, 전형적인 것으로 지각할 것인지 아니면 예외적인 것으로 지각할 것인지를 결정한다."

[12] [역주] 초두성 효과: 두뇌의 정보처리과정에서 초기정보가 나중에 들어온 정보처리에 지침이 된다는 이론.

[13] [역주] 최신성 효과: 시간적으로 끝에 제시된 정보가 (인상)판단에서 중요한 역할

독자는 새로운 텍스트 데이터를 새로운 틀에 적용시키고 자신의 해석에 변화를 가하게 되는 것이다.

텍스트의 정보 제공과 (독자의) 정보 가공이 불러오는 역동성에 관한 페리의 연구, 그리고 서사상황에 관한 얀의 연구는 인지주의 내러톨로지의 화두가 무엇인지를 분명하게 알게 해준다. 모든 텍스트 분석은 동시에 해석의 한 형태이기도 한데, 어떤 해석이든 모두 수용과정을 거쳐 이루어진다. 따라서 내러티브 텍스트의 의미를 분석함에 있어서 수용과정은 반드시 포함되어야 한다는 것이다. 반면, 텍스트의 구조를 기술하는 데 매진한 전통적 내러톨로지는 자신들의 분석 작업 자체가 인지 프로세스에 의해 이루어진다는 점을 인식하지 못하고 있었다. 동일한 텍스트적 현상에 대해 상이한 결과를 이끌어 내는 게 바로 이 인지 프로세스인데도 말이다. 그러다 보니 전통적 내러톨로지에서는 문학현상에 대한 다양한 해석가능성이, 텍스트의 어떤 현상과 그것의 기능 사이의 일의적 관계로 축소되어버리는 일이 빈번히 일어나곤 한다. 이런 일의적 연결에 반기를 들며 스턴버그 Sternberg(1982: 148)는 "같은 형태라도 상이한 콘텍스트 속에서는 상이한 기능을 수행할 수 있으며 상이한 형태라도 동일한 기능을 행사할 수 있다"는 프로테우스[14] 원리를 제시한 바 있다. 전통적 내러톨로지 연구물 중 다수가 하나의 텍스트적 현상을 하나의 특정한 해석가능성에 접합시킴으로써, "언어 형태와 재현 기능 사이에는 무한히 다양한 상응성"(같은 책: 112)이 있다는 인지적 전제를 부인하는 셈이다.

을 하는 현상.
[14] [역주] 프로테우스: 자유자재로 변신하고 예언의 힘을 가졌던 바다의 신.

수용의 인지적 전제조건에 주목하기는 하지만, 인지주의 내러톨로지의 본질적 관심은 역시 내러티브 텍스트가 무엇을 말하고 있는가 하는 점이다. 인지주의 내러톨로지가 해석의 다양성을 인정한다고 해서 이것이 자연화 가능성이 임의적으로 증식될 수 있다는 뜻은 아니다. 앞서 언급했던 인지론적 인식[15]에 따르면, 텍스트의 의미는 데이터(텍스트)가 조종하는 해석 메커니즘과 프레임(콘텍스트)이 조종하는 해석 메커니즘의 상호작용을 관찰함으로써만 추적될 수 있다. 가설설정에서부터 수용과정을 배제하고 그리하여 해석가능성의 다양성을 애초부터 제한하는 대신, 인지주의 내러톨로지의 가설은 여러 프레임에서 도출된 여러 납득할 만한 자연화 가능성과 연관된다. 여러 프레임에 바탕을 두기 때문에 동일한 텍스트에 대해서도 매우 다양한 가설이 나올 수 있다. 이렇듯 인지주의 내러톨로지는 유일하게 '올바른' 해석가능성을 지향하지 않는다. 오히려 주된 관심사는 해석의 메커니즘을 규명하고, 독자가 텍스트의 현상을 인지적으로 가공할 때 소환하는 자연화 전략을 규명하는 일이다.

2. 인지적 전환: 포스트고전적 내러톨로지에서 인지주의 내러톨로지가 차지하는 위치

내러톨로지가 포스트고전적 혁신을 이루는 데 있어서 인지주의 내러톨로지가 주춧돌이 되었다고 할 수 있는 데는 적어도 두 가지 근거가 있다. 하나는 학문사적 근거이고 또 하나는 내용적 근거이다. 우선 학문

---

[15] 인지주의 내러톨로지 연구에 바탕이 되는 인지심리학적 기반을 상세히 보려면 Perry(1979), Jahn(1997), Fludernik(1996; 2000b), Schneider(2000) 참조

의 역사를 살펴보자면, 내러톨로지의 인지적 전환은 내러톨로지가 포스트고전적 국면에 도달하기 훨씬 이전에 이루어졌다는 사실이 확인된다. 서사론이 대부분 구조주의적으로 정향되어 있던 1970년대 중반부터 '내러티브', '독서과정에서 이루어지는 의미부여'에 관한 중요한 인지론적 연구물들이 다수 등장하였다. 본 논문에서는 그중 핵심적인 몇몇 연구물만을 예시적으로 소개하려 한다. 컬러는 1975년 『구조주의 시학』에서, 독자의 경험과 결부된 텍스트 해석을 설명하기 위해 자연화의 개념을 언급했다. 그레이브스 Grabes는 1978년 「어떻게 문장들로부터 인물이 만들어지는가. 문학적 인물에 관한 연구」에서 독자가 문학텍스트의 문장들을 근거로 인물에 대한 상상을 구축해가고 폭넓은 보편적·개별적 특징군을 인물에다 편입시키는 인지적 현상에 주목하였다. 페리(1979)는 문학텍스트의 점진적 정보 부여가 의미의 구조화에 미치는 작용을 추적하였다. 부부 사이인 야코비 Yacobi와 스턴버그는 1970/80년대 여러 논문에서 독서의 인지적 측면의 다채로움을 추적하였다. 예컨대 스턴버그(1982)는 형태와 기능의 관계가 지니는 다채로움을 지칭하는 프로테우스 원리를 설명했고, 야코비(1987)는 문학소통론과 허구적 중개에서의 독자중심적 측면을 연구했다. 말고린 Margolin 역시 1980년대 여러 논문에서 서사의 인지적 측면을 집중적으로 연구하였는데, 독서과정에서 문학적 형상이 의인화되는 메커니즘을 추적하기도 하였다.(Margolin 1986) 학문사적 관점에서 볼 때 위의 사례에서 명확히 알 수 있는 바는, 인지주의 내러톨로지의 연구 논문 중 다수는 구조주의 서사론이 광범위하게 확산되어 있던 바로 그 시기에 이미 '독서과정에서 프레임에 의해 의미부여가 결정된다'는 문제를 연구하고 있었다는 사실이다.

인지적 전환이 포스트고전적 내러톨로지 발전에 큰 역할을 했다고 말할 수 있는 두 번째 근거는, 최근의 여러 내러톨로지 연구가 방법에 있어서나 내용에 있어서 인지적으로 정향되어 있다는 데서 찾을 수 있다. 예컨대 반 피어와 채트먼 van Peer/Chatman(2001)은 이미 1995년에 내러티브 시각·인지·정서에만 온통 집중했던 학술대회에서 발표된 논문들을 모아 발간하였고, 헬비히 Helbig의 논문집(2001)에 실린 논문들 역시 서사의 인지적 문제들을 다각도로 다루고 있으며[16], 포스트고전적 내러톨로지의 최근 발전동향을 포괄적으로 개괄한 뉘닝 Nünning의 글(2000)에도 어느 정도 인지성을 근간으로 하는 연구 논문이 대거 포진해 있다.[17]

포스트고전적 내러톨로지에서 인지적 접근이 얼마나 중요한 역할을 했는지는 서사론의 최근 동향의 이정표라고 할 만한 허먼 Hermann의 연구서(1999a)를 자세히 살펴보면 더욱 명백해진다. 목표설정에 있어서 차이가 있기는 하지만, 여기 실린 대다수 논문은 내용적이나 방법론적인 면에서 인지적으로 정향되어 있다. 예컨대 캐퍼레노스 Kafalenos(1999)는 서사텍스트에서 해석을 위한 정보를 마지못해 조금 흘리거나 아예 그런 정보를 전면적으로 통제하는 서술행위가 가져오는 결과를 탐구했으며, 펠란과 마틴 P. Martin(1999)은 '신뢰할 수 없는 서술자'에 관한 연구에서

---

[16] Fludernik(2001), Gibson(2001), Löschnigg(2001), A. Nünning(2001), Woolf(2001) 참조
[17] 여기에 속하는 연구물은 「윤리학적·수사학적 내러톨로지」(A. 뉘닝은 이를 부스 Booth, 펠란 Phelan, 라비노비츠 Rabinowitz와 연관짓는다), 「언어학, 문체론, 내러톨로지」(악젤 Aczel, 플루더닉), 「내러톨로지와 허구성 이론」(콘 Cohn, 돌레첼 Doležel, 주네트 Genette, 마르티네즈-보나티 Martinez-Bonati), 대부분의 학제적 내러톨로지 연구물, 우선적인 것은 물론 「인지심리학과 내러톨로지」(브루너 Bruner, 딕슨 Dixon/ 보르토루씨 Bortolussi, 허먼 Herman, 얀)이다.

텍스트의 정보와 독자 개인의 가치관 사이의 연관성에 관한 질문을 제기하기도 하였다. 얀(1999)은 서사텍스트 분석에다 인지적 수용과정을 도입할 것을 주장하고, 인공지능 연구와 인지심리학 연구를 끌어들여 이른바 정원샛길 문장 혹은 정원샛길 소설(정원샛길 garden path이란 처음에 이해했던 것이 독서가 진행되면서 그릇된 것으로 판명되도록 하는 전략이다)을 탐구하였다. 허먼(1999c)은 이야기의 서술이 소통적 맥락에서 달성할 수 있는 기능을 예시적으로 보여주고, 전통적 내러톨로지에서 배제되었던 '자연적' 서사체 양상을 포착하게 해 줄 '사회내러톨로지적' 접근을 주창하였다.

허먼(1999a), 헬비히(2001), 반 피어/채트먼(2001)의 연구는 다수의 포스트고전적 내러톨로지 연구가 인지적 기반 위에 서 있다는 사실을 명확히 알려준다. 얀, 플루더닉, 허먼에서만큼 인지적 기반이 전면에 나와 있지는 않는다 해도, 적잖은 경우, 인지적 기반은 텍스트 구속성이나 단독 학문의 한계를 뛰어넘기 위한 선제조건이 되고 있다. 이렇듯 포스트고전적 연구가 시작되기 훨씬 이전에 저술된 서사론의 인지론적 연구물 다수에서 알 수 있듯이, 「내러톨로지의 인지적 전환」(입쉬 Ibsch가 1990년 집필한 서평의 제목)은 텍스트 중심적인 고전적 내러톨로지 시대에 이미 내러톨로지에 영향을 끼쳤고, 얼마 전부터 포스트고전적이라고 불리기 시작한 지금의 단계를 여러 측면에서 준비하였으며, 1990년대 후반과 2000년대 초반에 진행된, '콘텍스트에 기반한 학제적 내러톨로지'의 내용을 채우는 데 일조하였다. 인지적 전환에 의해 내러톨로지의 근간이 어떤 식으로 변화되었는지는 플루더닉의 '자연적' 내러톨로지가 특히 잘 보여준다. 다음에서는 최근 서사론 내부에서 이루어진 인지주의적 부흥의 일례로서 '자연적' 내러톨로지를 살펴보도록 하겠다.

3. 인지적 전환이 내러톨로지에 미친 영향: 플루더닉의『'자연적' 내러톨로지를 향해』(1996)

'자연적' 내러톨로지라는 플루더닉의 구성주의적·인지주의적 이론은, 언어학적·의미론적·구성주의적 관점에서 '자연적' 혹은 '자연성' 개념을 탐색하는 세 가지 연구 방향에 기초를 두고 있다. 첫 번째 교합점은 라보프Labov 등이 연구했던 '자연적 내러티브'와 그것의 언어학적 특징이다. 여기서 자연적 내러티브란 "스토리텔링의 자생적 형태"(Fludernik 1996: 14), 다시 말해 "자연스럽게 생겨난, 말을 주고받는 스토리텔링"을 지칭한다. 두 번째 교합점은 자연적 언어학 natural linguistics에서 말하는 '자연적'의 표상이다. "인간은 현실세계의 콘텍스트 속에서 겪는 체화 embodiedness의 경험을 바탕으로 마련한 인지 파라미터를 갖고 있는데, '자연적'이란 이런 인지 파라미터에 의해 관장되고 유발되는 언어 양상들"(같은 책: 17)을 포괄하는 상위 개념이다. 자연성 이론[18]에서도 그렇고 인지언어학과 틀이론에서도 마찬가지로, 인지적 지각 프로세스는 경험법칙[19]에서 나온 프로토타입의 프레임, 전체론적 프레임을 근거로 설명된다. 다시 말해 생활세계에서 작동하는 인지 카테고리가 인지적 지각

---

[18] [역주] 자연성이론은, 언어 프로세스나 언어 상태는 자연스럽다는 가설을 내세운다. 따라서 모국어 습득이나 언어변천과정 역시 자연스러운 상태를 관철시키려는 성향을 지닌다고 주장한다.
[19] [역주] 경험법칙 rule of thumb: 경험에 의하여 체득된 지식 및 법칙.

프로세스를 주도하는 것인데, 독서과정에서 텍스트를 파악하고 가공하는 데 결정적 역할을 하는 것이 바로 이런 생활세계 인지 카테고리라 하겠다. 세 번째 이론적 교합점은 앞서 설명했던 '자연화'이다. 수용자는 독서의 해석전략을 사용하여 텍스트의 정보를 자신의 실제 현실모델과 일치시키게 되는 바, 독서의 해석전략을 불러내는 것을 자연화라고 칭한다. 플루더닉은 이러한 자연화 개념을 내러티버티 narrativity라는 매크로 프레임과 연관시켜 내러티브화 narrativization로 새롭게 정의하였다.[20] 독자가 자신의 인생 경험과 일치시키기 곤란한 내러티브 텍스트를 마주하게 되면, 해당 텍스트는 독서과정에서 내러티브화 narrativize 된다. 다시 말해 '내러티브'의 옷을 입은 서사 파라미터·인지 파라미터·경험 파라미터가 텍스트에 장착됨으로써, 즉 이런 모든 마이크로 프레임들로 이루어진 내러티버티라는 매크로 프레임이 텍스트에 장착됨으로써, 텍스트가 내러티브화되는 것이다.

중심개념인 '내러티버티'와 '내러티브'는 『'자연적' 내러톨로지를 향해』에서 '자연적' 패러다임의 초석으로 과격할 정도로 새롭게 구상되었다. 플루더닉은 극도로 세공된 필술(筆述)까지도 포함하여 모든 내러티브는 '자연적' 서사의 인지적 경험 파라미터로 이루어진다는 인식에서 출발하여, 플롯에 기반한 전래의 내러티브 정의, 스토리 전달자와 우선적

---

[20] '내러티브화하기 Narrativierung'의 개념은 이미 화이트 H. White가 전혀 다른 의미에서 도입한 것이므로 내러티브화 Narrativization라는 신조어가 오해를 불러일으킨다는 비판은 타당하다. 플루더닉을 제외한 거의 모든 인지주의 내러톨로지 학자들은 컬러의 '자연화' 개념에 기대고 있으므로, 독자의 인지적 처리과정을 나타내는 용어로 자연화가 더 적합하다고 여겨진다. 독자는 텍스트의 정보를 자신의 생활세계로부터의 여러 매개변수(특히 인지 프레임)와 일치시키는 과정을 거치게 되는데, 컬러는 독자의 인지적 처리과정을 자연화 Naturalisierung/Naturalization라고 부른다.

으로 연관된 내러티버티[21]를 비판한다. 플루더닉의 자연적 내러톨로지에서 내러티버티는 내러티브 텍스트의 **기능**, 즉 텍스트가 인간의 경험성 experientiality을 호출하는 기능을 말한다. 일상생활에서 축적된 경험성, 즉 실제 경험과 경험적 상황에의 암시성 suggestion이 텍스트의 중심에 놓여 있는 경우에만, 이 텍스트는 '자연적' 내러톨로지의 의미에서 내러티브하다. 내러티버티의 기반인 경험성이 이른바 플롯범주와 매개범주의 요소들로도 이루어지기는 하지만(행위의 논리적 인과관계 묘사나 매개하는 서술심급도 '경험적'이기는 하니까), 플롯범주와 매개범주의 요소들은 '보다', '성찰하다'와 마찬가지로 경험성의 개별 측면(마이크로 프레임)일 뿐이다. 이와 달리 내러티버티의 근간인 '경험성'을 이루는 중심적·구성적 특징은, 내러티브 텍스트가 일깨우는 '주체의 인간화된 육체성 embodiment, embodiedness'이다. 내러티브 텍스트가 소환하는 인간화된 육체성(인간 실존의 물리적·심리적 조건체계)은 인간 존재의 모든 생활세계적 인지 파라미터를 담고 있고 그럼으로써 경험성의 모든 파라미터를 품고 있기 때문이다. 따라서 자연적 내러톨로지의 패러다임에서는 "플롯 없는 내러티브는 얼마든지 있을 수 있지만, 내러티브 차원에서 모종의 경험을 하는 인간적 존재가 없는 그런 내러티브는 존재할 수가 없다."(같은 책: 13) 경험성과 육체성으로 규정되는 이러한 내러티버티는 인간의식의 묘사 혹은 (실험적 텍스트에서라면) 하다못해 인간의식을 암시적으로 일깨우는 묘사와 긴밀히 결부된다.

내러티버티라는 새로운 구상이 가져온 파장은 세 가지 측면에서 특히

---

[21] [역주] Narritivity를 서사성(敍事性)으로 번역하면, 이미 '서술자에 의한 사건의 서술'이라는 정적 개념성이 포진되므로, 원어 그대로 내러티버티로 번역하였다.

두드러진다. 첫째, 역사서술이라는 방대한 영역이 '진정한' 내러티브 영역에서 배제되었다는 점이다. 최소한 원형적 형태에서는 역사서술의 초점이 인간의 경험성이 아니라는 이유에서이다. 둘째, 전통적 서사론과는 대조적으로 플루더닉의 연구는 내러티버티의 정점을 19세기 사실주의 이후의 시대로, 즉 20세기에 둔다. 모더니즘의 의식소설에 이르러서야 비로소 새로운 서술기법을 지닌 허구 fictive 의식이 전면에 등장하였다는 이유에서이다. 셋째, 내러티버티의 새로운 구상에 힘입어 여태껏 변방으로 밀려나 있었던 텍스트(플루더닉에 의하면 드라마 텍스트도 여기에 속한다)로까지 텍스트의 범주가 확장될 여지가 생겼다는 점이다.[22]

위의 세 가지 지점은 플루더닉의 내러티버티 정의가 지닌 문제점 역시 보여준다. 우선 역사기술 historiography의 중심에 경험성이 놓여 있지 않고 그래서 이 장르가 내러티브하지 않다는 가정의 문제점이다. 다중시각으로 서술된 역사기술에 대한 예거 Jaeger(2000)의 연구에서도 확연히 드러나듯이, 1970년대 이후 최근의 역사서술은 인간의 역사적 경험을 탐구하고 묘사하는 데 특히 역점을 둔다. 설사 플루더닉의 내러티브 정의를 바탕으로 하더라도 역사기술[23]에서의 "내러티브의 부활"(Stone 1979; Burke

---

[22] Fludernik(1996: 329) 참조: "행위소 actantial* 파라미터가 아니라 경험 파라미터의 선상에서 내러티버티를 재구성하게 되면, 그동안 변방으로 밀려났던 중세에서 20세기의 문학작품 80~90퍼센트가 재통합될 수 있다."
[역주] 행위소: 기호학자 그레마스는 서사물의 보편적 '문법'을 찾아가는 과정에서 주체/객체, 파송자/수령자, 조력자/적대자의 여섯 가지 행위소로 구성된 세 쌍의 이분법적 대립을 제시하고, 그것을 행위소라고 칭했다.

[23] [역주] 역사기술 Historiography : 사학사(史學史)라고도 불리는 분야로, 역사학이 어떻게 이루어지는가에 대한 연구이다. 예를 들어 '1960년대 중세의 역사기술'이란 60년대라는 시기에 이루어진 중세역사학에 관한 방법론적 접근과 개념들을 탐구하는 연구이다.

1992[1991])을 부인할 수는 없을 것이다. 플루더닉의 내러티브 정의가 가져온 두 번째 문제점은, 경험성을 불러일으킨다면 산문 이외의 다른 장르 역시 내러티브에 포함시키자는 제안에서 야기된다. 문학치고 그 어떤 게 경험성과 연관되지 않겠느냐는 반론은 접어두더라도, 드라마와 시를 내러티브에 포함시키게 되면 장르구분의 여지가 축소될 수밖에 없다. 결국 장르구분을 근본적으로 새롭게 구성하는 경우에나 플루더닉의 제안이 실제적으로 폭넓은 유용성을 지닐 수 있을 것이다.[24]

경험성의 공연 Inszenierung[25]을 근거로 내러티버티를 새롭게 구상하는 플루더닉의 주장은, 또 다른 많은 의문점을 불러일으키기는 한다. ─ 주장의 급진성에 비하면 놀랄 만한 일도 아니다. 하지만 그녀가 감행한 인지적 접근은 인지주의 내러톨로지의 가능성을 활짝 열어주었고 전통적 서사론의 허점을 드러내주었다. 중세에서 현대에 이르는 통시적 연구에서 그녀는 전통적 내러톨로지를 비판하고 그에 맞서서 '자연적' 서술, 틀이론, 내러티브화 콘셉트를 주축으로 한 인지주의 서사론 모델을 제시했다. 인지주의 서사론 모델은 네 가지 인지 파라미터, 즉 네 종류의 인지 프레임으로 이루어져 있다. 첫 번째 층위는 생활세계적 경험의 인지 파라미터이고, 두 번째 층위는 서사 매개에 근간이 되는 네 가지 다이어그램

---

[24] 플루더닉 스스로 바로 이 방향을 개척하기 시작했다. 「'자연적' 내러톨로지를 향해」에 대한 후속논문(Fludenik 2000b)에서 플루더닉은 장르의 제문제를 심화시켜 인지적 관점에서 새롭게 조명하였다. 그러는 가운데 플루더닉의 논제가 우선 허구적 문학과 비허구적 문학을 구분할 가능성을 부여해준다는 점이 분명해지기도 했다. 그렇지만 최근의 인지주의 내러톨로지의 연구 성과에 기대어 산문과 시의 구분을 시도한 볼프 Werner Wolf에 대한 플루더닉의 논의에서도 드러나듯, 산문과 시의 구분은 허구적 문학과 비허구적 문학의 구분보다 훨씬 어려운 문제이다.

[25] [역주] Inszenierung: '공연하다/상연하다'의 명사형으로서 장면 scene으로 만들어낸다는 뜻에서 유래하였다. 본문에서는 '감각적 구체화'의 의미로 쓰였다.

(이야기하다/보다/들어서 알다/행동하다)을 포함한다. 세 번째 층위에는 독자를 스토리 서술에 연결시키는 인지 파라미터가 들어 있다. 작중 스토리를 기술하는 데 쓰이는 내러톨로지의 콘셉트 자체도 이 층위에 포함된다. 마지막 네 번째 층위는 내러티브화의 프로세스이다. 첫 번째 층위에서 세 번째 층위까지가 서로 접합되는 과정이 진행되면서 독자가 여러 인지 프레임을 소환하여 내러티브 텍스트를 해석하게 되는 층위이다. "네 번째 층위는 모든 것을 포섭하는 **역동적** 과정으로서 독서라는 경험에 의해 생겨난다."(Fludernk 1996: 45)[26]

플루더닉의 인지주의 내러톨로지 모델은 기존의 내러톨로지 패러다임에 의문을 제기하고 그것을 새롭게 바라보게끔 해주었다. 플루더닉에 따르면, 주석적 서술자/일인칭 서술자 등의 전통적 내러톨로지 개념, 스토리/담화의 이분법, 커뮤니케이션 모형에 있는 모든 송출기의 의인화(서술자, 작중인물, 내포 작가)는 일부 내러톨로지 분파에서 본질주의적으로 개념화시킨 투사물이다. 인지주의 서사론 모델에서 보자면, 이것들은 모두 모델의 세 번째 층위에 속할 수 있는 것들이며, 대부분 "리얼리즘 소설과 모더니즘 소설"(같은 책: xii)이라는 제한된 텍스트 기반에서만 특성이 유지될 수 있는 것들이다. "자연적 내러톨로지의 모델에 들어 있는 중심 논지는 다음과 같다. 화자와 성찰자, 스토리와 담화는 확장된 '자연적' 카테고리들이다. 다시 말해 '자연적' 매크로 프레임에 기반해 있는 것들이다. 이런 '자연적' 카테고리들은 독자(그리고 문학 비평)에 의해

---

[26] 자연화의 네 가지 층위의 모델과 '자연적' 내러톨로지의 여타 측면에 대해서는 발표 예정인 플루더닉의 논문을 참조할 것. 이 논문에서 플루더닉은 자신의 글 (1996)에 대한 여러 비판점을 논의하고 상술하고 있다.

해석 과정에서 텍스트로 투사된다."(같은 책: 221) 플루더닉은 기존의 분석 카테고리 중 여러 개를 흔적도 남기지 않고 폐기한다.27 플루더닉만큼 급진적 행보를 하지는 않는다고 해도, 내러톨로지의 콘셉트 중 다수는 인지주의 관점에서 새롭게 정의할 필요가 있을 것이다.

플루더닉의 주장에서 선명히 드러나듯, 내러톨로지의 인지적 혁신을 통해 내러톨로지의 자기이해와 내러톨로지의 방법론적 툴은 광범위하게 변화되었다. 텍스트의 자연화는 물론이고 내러톨로지 카테고리의 구성 역시 텍스트의 데이터에 의해서만이 아니라 수용자의 생활세계 프레임에 의해 좌우된다는 것이 플루더닉에 의해 밝혀졌다. 다수의 내러톨로지 모델들이 선별된 텍스트, 특히 리얼리즘 작품과 모더니즘 작품을 분석하는 데에 쓰였고, 그러다 보니 출처가 아주 다른 텍스트, 예컨대 중세작품이나 극히 포스트모던한 작품들은 '예외'나 '실험물' 취급을 받아왔다. 그러나 이것들은 결코 내러티브 부적응아가 아니었다. 내러톨로지 연구자들이 지닌 생활세계 프레임(무의식중에 이들의 모델 속으로 흘러들어간)에 상응하지 않는 것일 뿐이었다. 게다가 서사론의 콘셉트 역시 텍스트 현상의 자연화였다. 추상적 차원에서 고급스럽게 이루어진 자연화였다. 따라서 문학텍스트가 뜻하는 바를 고찰할 때도 그래야 하듯이, 내러톨로지 모델을 사용할 때에도 모델이란 인지 프로세스의 결과이고 개인의 개별적 현실세계 경험과 여타의 선행지식(기존모델에 대한 지식 등)에 따라 달라지는 것이라는 점에 유의해야 한다.

---

27 Fludernik(1996: 347) 참조. "고전적 내러톨로지가 소중히 여기던 여러 구분은 폐기되거나 대대적으로 재구성될 만하다. 표준 모델에서 보전될 필요가 있는 것은 매크로 내러티브 프레임이다."

내러톨로지의 인지적 혁신은 내러톨로지의 개별 항목에서도 다각도의 변화를 가져왔다. 예나 지금이나 여전히 애용되는 내러톨로지 모델(예컨대 묘사적 적합성, 적용가능성, 교훈성의 항목들)을 폐기하지 않으면서도 개별 항목을 새롭게 분석한 많은 연구물이 쏟아져 나왔다. 상당수의 연구물이 혁신적 내러톨로지를 새로 만들려 하거나 플루더닉처럼 급진적 길을 개척하지는 않으면서도 인지적·내러톨로지적 접근법을 자신의 것으로 만들어서, 개별 영역에서 '옛' 현상들을 새롭게 설명할 가능성을 보여주었다.[28] 다음 장에서는 인지적 전환이 내러톨로지의 전통적 카테고리 각각에 어떤 변화를 가져왔는지를 예시적으로 보여주고자 한다. 문학적 인물, 내러티브 텍스트의 시각구조, 미덥잖은 서술을 사례로 삼겠다.

4. '인지적 전환'이 전통적 내러톨로지의 개별 항목에 가져온 결과: 문학적 인물, 내러티브 텍스트의 시각구조, 미덥잖은 서술

문학적 인물[29]에 관한 연구는 오래 전부터 문학론적 분석의 중심 연구 분야였다. 그런데도 독자가 텍스트를 읽어가면서 어떻게 인물의 형상을 그려가는지의 문제를 다루는 경우는 거의 없었다.(Grabes 1978, Schneider 2002: 607f. 참조) 인물분석[30]에 관한 여러 인지주의 내러톨로지 연구에서

---

[28] 예컨대 여기에 속하는 것으로는 2장에서 다루었던 허먼(1999a)의 논문집에 실린 다수의 연구물이 있다.

[29] [역주] literarische Figuren(literary figures): 등장인물 혹은 작중인물이라고도 할 수 있겠지만 이질서사세계의 서술자를 감안하여, 포괄적 의미에서 원어 그대로 문학적 인물로 번역하였다.

[30] Grabes(1978), Schneider(2000; 2002), Eder(2002) 참조.

밝혀졌듯이, 독자가 인물의 이미지를 그리는 일은 일련의 복합적 인지 프로세스를 거친다. 근래의 인지론에서는 독자가 텍스트를 읽으면서 인물에 대한 심적mental 모델을 만들어간다는 점을 기본으로 한다.(Eder 2002: 6, Schneider 2002: 609ff 참조) 문학적 인물에 대한 심적(心的) 모델은 실제 인물을 인지하는 것과 여러 면에서 흡사하다. 독자는 인지 프레임의 도움을 받아 인물에 대한 정보를 자연화하므로 문학적 인물에 관한 심적 모델은 실제인물을 인지할 때와 마찬가지로 독자의 인지 프레임에 의해 좌우된다.

문학적 인물에 대한 심적 모델의 구성에는 다양한 요소가 관여한다.[31] "각기 다른 출처의 정보들, 즉 텍스트의 정보와 독자중심의 정보 양쪽 모두가 인물의 심적 모델 구성에 반영된다."(Schneider 2002: 611) 다시 말해 텍스트에 의해 조종되는 바텀업 인지 프로세스와 콘텍스트에 의해 조종되는 탑다운 인지 프로세스가 결합되어 심적 모델이 만들어진다. 문학적 인물에 대한 심적 모델 구성은 실제인물을 판단할 때와는 달리 "외부세계에 대한 직접적 인지에 의해서가 아니라"(Eder 2002: 6) 텍스트의 시그널을 인지하는 데에서 우선 출발한다. 그런 다음 독자는 텍스트의 시그널을 기반으로 하여 자신의 인지구조를 소환하여 심적 모델을 만들어간다. "캐릭터에 관한 정보를 주는 모든 직간접 자료는 새로운 측면을 모델에 통합하도록 하든지 아니면 기존 모델을 변형하도록 유도한다."(Schneider 2002: 611) 인지 파라미터, 즉 문학적 인물에 대한 탑다운 평가에 동원되는 프레임은 사회적·문학적 지식 베이스와 독자의 축적된

---

[31] Schneider(2002: 609) 참조. "심적 모델의 이론에 따르면, 사람들은 자신의 세계경험에 대해 모종의 총체적 심적 표상을 구성한다."

경험에서 추출된 일련의 요소를 담고 있다. 인물의 특성·행위·동기를 평가하는 과정에서 특히 중요한 역할을 하는 것은 수용자가 사회화 과정에서 자기화한 내현성격이론[32]이다.[33] 여타 중요한 인지 파라미터가 유래하는 출처는, 내러티브의 인습과 독자의 문학적 선행지식[34], 인물과 동일시하거나 그에 공감하거나 아니면 거부감을 느끼도록 하는 개별 독자의 정서상태[35], 독자가 지닌 인간상, 사회적 역할에 관한 지식이다.[36](Eder 2002: 6 참조) 독자는 여러 가지 인지 요소를 바탕으로 텍스트를 자연화함으로써 사회에서 실제 인물을 인지할 때와 흡사하게 문학적 인물에 대한 심적 모델을 구성할 수 있게 된다. 이러한 구성활동은 텍스트 해석의 범주에서 이루어지는 모든 인지적 자연화 과정과 마찬가지로 역동성을 지니고 있으며 독서가 진행되면서 끊임없이 변화될 여지를 지닌다.

---

[32] [역주] 내현성격이론 implicite personality theory이란 타인을 대할 때 자신도 모르게 출발점으로 삼는 도식성을 일컫는 것으로서, 타인에 대한 인상을 형성할 때 사용하는 특성 패턴과 선입견을 뜻한다. 대부분 사람들은 이런 도식을 적용하고 있다는 사실을 의식하지 않기 때문에 내현적이라고 하며, 제한된 정보로 상대방의 다른 특성을 추론하기 때문에 성격 personality(인성) 이론이라고 부른다.

[33] Grabes(1996: 26) 참조. "내현성격이론은 문화에 따른 사회적 고정관념에 의해 주로 결정된다. 정신적·신체적·심적 속성을 서로 결부시키거나 정신적 속성, 신체적 속성, 심적 속성을 나이, 성별, 사회적 역할, 계층 등과 결부시키는 등 미리 짜맞춰져 있는 관련성이 결정요소이다." 인물구성에 있어서 내현성격이론이 지니는 중요성에 관해서는 슈나이더(2002)를 참조할 것.

[34] 슈나이더(2002: 612)는 문학적 인물의 상(像)을 만드는 데 있어서 "전문 독자와 비전문 독자"가 보이는 차이점을 강조한다.

[35] 슈나이더(2002: 614f)는 인물에 대한 정서적 반응에 영향을 미치는 세 가지 범주를 언급한다. "세 가지의 주요 자료가 작중인물에 대한 호감, 비호감 결정에 작용할 수 있다. 독자 자신의 가치체계, 내레이터의 평가 코멘트, 다른 작중인물의 판단이 그것이다."

[36] 문학적 인물에 대한 심적 모델을 구성하는 데 있어서 이루어지는 바텀업 프로세스와 탑다운 프로세스의 여러 유형에 대한 개괄은 슈나이더(2000: 170, 도표8)의 도표를 보면 된다.

문학적 인물에 대한 심적 모델은 바텀업 프로세스에 더 많이 근거하여 구축되기도 하고 탑다운 프로세스에 더 많이 근거하여 구축되기도 하는데, 이를 판가름하는 것은 텍스트의 레이아웃이다. 슈나이더에 따르면 문학적 인물에 대한 심적 모델은 크게 네 가지 유형으로 구분될 수 있다. 카테고리화categorization, 개별화individuation, 탈카테고리화decategorization, 개인화personalization가 그것이다. 카테고리화의 경우에 심적 모델은 현격히 텍스트외적 인지 프레임에 의해 조종된다. 수용자는 자신의 내현성격이론에 부합하는 인성 표본의 전형적 카테고리(예컨대 교사·과부·정신병자·영웅적 군인 등)에 따라 구분하여 그 구분에 맞게 인물을 평가한다. 그렇지만 전형화된 이미지에 추가되는 개별성의 정보가 텍스트에서 주어지면, 카테고리화된 심적 모델은 개별화로 넘어가게 된다. 예를 들어 나보코프의 『롤리타』(1955)에서 주인공 험버트는 처음에는 정신병자로 여겨지지만, 작중에서 그의 이야기와 정신적 상태가 양가적이고 과민한 것임이 점점 더 많이 나타날수록, 독자는 이 인물을 카테고리화 대신 개별화를 통해 수용하는 태도를 뚜렷이 보이게 된다. 인물을 어떤 카테고리에 편입시켰는데 텍스트를 읽어가는 동안 뚜렷이 대치되는 새로운 정보가 주어져서 카테고리에의 편입을 수정할 수밖에 없는 상황에 처하면, 이 경우 탈카테고리화라고 일컫는 과정이 일어난다. 탈카테고리화가 일어나면 그 결과 인물에 대한 새로운 심적 모델이 구축되기 마련이다. 독자의 선행체계 속 어떤 카테고리에도 애당초 부합되지 않는 인물에 대해서는 심적 모델이 상당 정도 바텀업으로 조종되며, 해당 인물에 대한 '개인화된' 텍스트 정보에 기반하여 심적 모델이 구성된다. "독자가 인물을 카테고리화하지 않을 때면 언제든 개인화가 일어날 수 있다. 다시 말해 독자가 그때그때의 이미지를 떠올리는 데에 있어서 이미 비축된 지식구조를 적용할 수 없거나 적용하지 않으려고 하면 개인화가 이루어지는 것이다."(Schneider 2002: 625) 어떤 인물이 카테고리화되고 어떤 인물이 개인화되는지가 항상 명확하게 구분되는 것은 아니다. 『롤리타』를 예로 들자면, 험버트라는 인물은 분명 완벽히 개인화된 인물로도 수용될 만하다. 독자들의 반응을 조사한 결과에서 나타나듯이, 많은 독자에게 험버트의 정신병은 조작하여 이야기를 만들어내는 그의 개인적 능력, 그가 저지른 범죄, 혹은 롤리타에 대한 비상식적이고 반항적인 사랑과 겹겹이 포개지는데, 그럼으로써 험버트에 대해서는 카테고리화가 비껴가고 개인화가 이루어지는 것이다.

문학적 인물에 대한 콘셉트가 인지적으로 새롭게 형성된 덕분에 인물 연구도 두 가지 층위에서 이루어질 수 있게 되었다. "첫째는 작중세계의 요소로서 인간 같은 존재로 보는 층위이고 둘째는 예술품, 인공물로서 인물을 보는 층위이다."(Eder 2002: 6) 연구자는 자신의 인지 프레임을 소환하여 "형태 특성, 인성 특성"(같은 글: 7)을 살피면서 인물들을 설명하는데, 그 내용은 연구자마다 차이가 난다. 이런 차이는 인물의 캐릭터를 설명할 때뿐만 아니라 스토리 전개에서 인물들의 변화 과정을 설명할 때에도 나타난다. 그런가 하면 '사실적', '다층적', '전형적', '역동적' 등 인물이 어떻다라는 설명은 문학적 인물의 두 번째 층위, 즉 문학적 인물이 인공물로서 지니는 속성에 관한 것이다. 아직까지는 **"인공물로서의 특성**을 식별하는 기준이 무엇인지"(같은 곳) 불분명할 때가 많았는데, 인물을 인지적으로 콘셉트화한 덕분에 이제는 보다 상세한 설명을 할 수 있게 되었다. 예컨대 인물이 사실적이라는 것은, 그 인물이 독자의 현실상에 부합하고 장르적·역사적 여건에 합당한 묘사방식으로 장면화된 인물임을 일컫는다고 하겠다.

내러티브 텍스트의 시각구조 역시 인지론적 관점에서 새롭게 설명된다.37 시각의 개념은 해당 인물이 갖는 정보의 수준·인성구조·가치와 규범·내면화한 현실구상·내면화한 인지 프레임과 연관된다. 따라서 인물시각이란 인물이 지닌 현실모델 전부를 뜻한다. 즉 인물시각이란 "모든 내면요소(심리적 기질·가치·해석체계 등)와 외적 조건(인생 배경·문화 환경·상황적 맥락 등)의 총합이다. 허구세계를 보는 해당인물의 주관적 견해를 만드는 것이 인물시각이고, 인물시각에 의해 그때마다 인물의 행위가 이루어진다. 인물의 동기구조·욕구·의도를 본질적으로 결정짓는 것이 인물시각이다."(Surkamp 2002: II장 1절 3항) 인물시각과 유사하게 서술자 시각도 화자 speaker의 현실모델을 통해서 서사 매개 층위에서 형성된다. 서술자가 허구 현실을 통해 구현하는 현실모델 역시 서술자의 정보 수준, 서술자의 물질적·심리적 기질, 가치, 모티브, 의도를 바탕으로 이루어진다. 내러티브 텍스트 안에 병존하는 여러 가지 시각 사이의 관계가 포착되는 것은 시각구조를 통해서이다. 시각구조란 "복수 시각으로 서술된 텍스트에서 여러 인물시각이 서로 간에 맺는 관계, 그리고 인물 시각과 서술자 시각 간의 관계로 이루어진 모든 관계의 총합을 나타낸다."(Surkamp 2001[1998]: 501) 전통적 서사론에서는 작중인물들의 개별 시각과 서술자의 시각이 순전히 텍스트적 요소로서 파악되곤 했는데, 이제 새로운 인지적 접근에서는 텍스트의 시각구조 해석에 있어서 인물

---

37 V.Nünning/A.Nünning(2000b), Surkamp(2002) 참조

시각과 서술자 시각이 지니는 화용론적 차원의 의미가 강조된다. 주어캄프(2002: II장 3절)가 상술하듯이, 자연화 과정에서는 "다양한 시각 사이의 동일화, 차별화, 의미 있는 상호작용"이 일어난다. "독자가 인물 시각과 서술자 시각을 상호연관시키고 개별 시각 사이의 상반성·상응성을 설정함으로써, 즉 텍스트와 독자 사이의 상호작용이 일어남으로써 비로소 내러티브 텍스트의 시각구조가 실현되는 것이다."(같은 곳)

문학적 인물의 자연화에서 그러하듯 여러 시각을 평가하는 데 있어서도 텍스트의 시그널이 중요한 역할을 한다. 텍스트의 시그널 중에서도 대놓고 혹은 은근슬쩍 인물을 특성화하는 형태가 특히 중요하다. 하지만 인물들 각각의 시각이 마침내 구체화되고 개별 시각 간의 관계가 맺어지는 것은 결국 자연화 과정에서이다. 개별 시각의 구성뿐 아니라 개별 시각들의 관계 맺음 역시 인지주의 내러톨로지의 가설대로, 독자가 지닌 개별적 선입관·내현성격이론·기타 인지 구조에 상당 부분 좌우된다. 그래서 시각 간의 관계 맺음은 데이터에 의해 조종되는 바텀업 독서과정이나 콘텍스트에 의해 조종되는 업다운 독서과정 중 어느 하나를 통해서가 아니라, 두 가지가 복합적으로 상호작용하는 가운데 이루어지는 것이다.(Surkamp 2002: II장 1절 3항) 시각구조의 자연화 과정에서 동원되는 인지 프레임은 가치·규범·성격이론·심리적 취향·문학적 소양을 포괄한다. 예를 들어 수용자의 관점에서 어떤 특정 시각이 도덕적으로 더 권위가 있거나 특별한 능력이 있다고 여겨지면 이는 개별 시각의 위계구조화 hierarchisation를 유발한다. 『롤리타』로 돌아가보면, 독자가 험버트라는 서술자의 시각을 어떻게 자연화하느냐에 따라서 소설 『롤리타』의 시각구조에 대한 판단과 위계구조가 달라진다. 말하자면 어떤 시각으로 롤리타를 볼 것인가는 온전히 험버트라는 서술자의 시각에 의해 조종된다. 롤리타에 대한 평가(요부인가 아니면 희생자인가, 순진한 아이인가 아니면 조숙한 팜므파탈인가 등의 평가)는 험버트가 자신의 죄를 뉘우치고 있다는 것을 인정하느냐 아니면 험버트가 회고하며 쓰는 이야기가 그저 독선적인 자기정당화에 불과하다고 해석하느냐에 따라 완전히 달라진다.(여타 인물을 보는 시각에서도 비슷한데, 예컨대 험버트가 증오하는 샬로테, 즉 험버트의 부인이면서 롤리타의 어머니인 샬로테에 대한 시각도 마찬가지이다) 이런 식으로 소설『롤리타』는 시각들의 위계구조화와 관련하여 여러 가능성을 열어두고 있다. 독자에 의해 개별적 자연화 과정이 진행되면서 비로소 소설의 시각구조는 각기 다르게 구체화된다.[38]

인지적 전환이 전통적 내러톨로지의 개별 항목에 끼친 영향 중 마지막 사례로 '신뢰할 수 없는 서술'에 대해 알아보자. 신뢰할 수 없는 서술이라는 현상 역시 인지적으로 새롭게 구상할 수 있다. 신뢰할 수 없는 서술이란 원래는 웨인 부스가 1961년에 도입한 용어이다. 부스가 이를 통해 확인하고자 한 것은, 매개하는 인물의 이야기가 모순적이거나 서술자가 탈규범적 태도를 보이면 독자는 직관적으로 그 인물을 신뢰할 수 없다고 평가한다는 사실이었다. 부스(1991[1961]: 158f.)는 '신뢰할 수 없는 서술자'라는 현상을 **작품의 규범** norms of the work으로부터의 일탈 혹은 내포작가의 규범으로부터의 일탈이라고 개념화하였다. "나는 작품의 규범(소

---

[38] 인지주의 내러톨로지 관점에서는 영화 <롤리타>와 나보코프의 소설『롤리타』를 비교하는 것이 특히 시사해주는 바가 유달리 많다.(Sommer/Zerweck 1999 참조) 애드리안 라인 Adrian Lyne의 영화(1996년)는 소설텍스트의 개방성을 극단적으로 내보이고 그럼으로써 여러 자연화 가능성 중 단 한가지, 감독의 자연화만을 영상화한다.

위 내포 작가의 규범)에 부합하는 언행을 하는 서술자를 신뢰할 수 있는 서술자라고 지칭한 바 있다. 서술자가 규범에 부합하지 않는 언행을 하면, 신뢰할 수 없는 서술자이다." 이렇게 부스의 주장에서는 논쟁의 여지가 농후한 '내포 작가'라는 서술론적 카테고리가 서술자의 신뢰성을 가늠하는 텍스트 내재적 잣대로 작동된다.

신뢰할 수 없는 서술에 대해 이처럼 작품 내재적으로 정의함으로써 부스는 두 가지의 본질적이고 콘텍스트적 문제점을 회피해 갔다. 첫째, 어떤 작품에서 그것의 규범 norm이 무엇인지 찾아내기란 극히 어렵다는 점이다. 나아가 텍스트 속에 '기입되어 있다'는 확고한 규범이라는 게 대체 있기나 한 것인지도 의심스럽다. 둘째, 부스의 정의는 수용이라는 핵심적 영역을 말끔히 지워버렸다. 하지만 서술에 대한 불신은 독서과정을 배제하고서는 제대로 설명할 수 없는 현상이다. 텍스트의 정보가 자연화 과정에 강한 영향력을 행사해서 텍스트나 작가의 의도가 지대한 역할을 하는 경우라고 할지라도, 서술을 있는 그대로 믿을 수 없다는 판단은 어느 경우든 독자 자신의 미적·도덕적·철학적·문화적·개인적 가치와 규범을 바탕으로 이루어진다.

수용자가 중심적 역할을 한다는 사실을 증명하기 위해 서사론의 인지적 전환 이후 지난 20년 동안 불신 unreliability을 새롭게 구상하려는 노력이 다각도로 이루어졌다.[39] 인지주의 내러톨로지의 관점에서 보자면, 독자가 서술자에 대한 불신을 갖게 되는 것은 작품이 규범에서 벗어났다거나 텍스트 내재적 모순을 지니고 있어서만이 아니라, 오히려 독자의 선행

---

[39] Yacobi(1981); Wall(1996); A. Nünning(1998; 1999); Fludernik(1999); Phelan/Martin(1999); Zerweck(2001b).

지식·가치·생각이 서술자를 믿지 않게끔 했기 때문이다. 개별적 선행체계와 인간상에 따라 다르기는 하겠지만 여성독자들은 남성 서술자의 말에 의심을 품을 수도 있다. 서술자를 미덥잖은 자로 분류하게 되는 것은, 인지 프레임의 형태로 독서과정 안으로 흘러들어간 여러 문화적 모델이 밑바탕을 이루면서, 텍스트상에 나타난 모순점들이 작용을 하여 자연화 과정에서 비로소 이루어지는 것이다. 인지주의 내러톨로지의 이러한 관계틀은 신뢰할 수 없는 서술을 수용미학적으로 새롭게 파악할 가능성을 열어주었다. 독자 개인이 지닌 콘텍스트적 프레임과 무난하게 부합되지 않는 텍스트상의 모순과 여타의 돌출성이 서사적 묘사에서 나타나게 되면, 자연화 과정에서 독자는 서술자를 믿지 않음으로써 모순과 돌출성에서 벗어날 수 있게 되는 것이다.[40]

신뢰할 수 없는 서술과 관련해서 특히 중요한 것이 인지 프레임인데, 인지 프레임에는 독자의 가치관과 규범, 내현성격이론, 문학지식의 패턴이 포함된다. 이 중 '서술에 대한 불신'이라는 현상에서 가장 중요한 역할을 하는 것은 독자의 가치관과 규범이다. "독자가 의식하지 못하는 가운데, 윤리적·정치적·쾌락적·형식미적 가치 등 여러 종류의 가치가 프레임을 거쳐 이해 과정에 작용한다. 독자는 자신의 독서방식이 가치에 의해 조종되는 것이 아니라 그렇게 읽는 것이 그저 **'자명하다'**고 여긴다."(Winko

---

[40] Wall(1994: 30) 참조. "서술자의 신뢰성에 의구심을 갖게 되는 것은 텍스트를 자연화하는 과정에서 일어난다. 우리는 우리가 알고 있는 인간 심리와 인간 역사를 동원해서 서술자 주장의 정확도를 추정하거나 서술자 주장의 있음직한 배경을 가늠한다. 불신을 교정하는 이러한 방식은 작중인물이나 서술자 둘 다에 대한 우리의 독서전략인데, 전략의 한 부분으로 깊이 내재화되어 있기 때문에 우리는 우리가 그렇게 한다는 것을 십중팔구 알아차리지 못한다."

1996: 588) 독자가 자연화 과정에서 자신의 도덕관에 어긋나는 부분들을 마주하게 되면, 서술자에 대한 신뢰가 흔들리고 서술자의 평가에 의심을 품는 일이 벌어지곤 하는 것이다. 도덕적·규범적 프레임 외에도 서술자의 신빙성을 판단하는 데에 한몫을 하는 것은, 독자가 지닌 내현성격이론에 따른 표상이다. 예컨대 독자가 정상이라고 여기는 행동거지에 대해 서술자가 공격을 가하면, 서술자를 미심쩍어하게 되는 경우가 그러하다. 도덕관과 성격이론 외에 마지막으로 언급할 수 있는 것은 낯설게 하기의 문학적 효과이다. 신뢰할 만한 서술자로 수용될지 혹은 신뢰할 수 없는 서술자로 수용될지에 있어서, 낯설게 하기의 문학적 효과와 그에 따른 미학적 문제 제기가 중요한 역할을 한다. 가령, 다른 서사물에 나왔던 미덥잖은 서술자를 연상시키는 어떤 상호텍스트적 신호를 접한 수용자가 (지금 접하는 서술자를) '미덥잖은 서술자'로 생각한다면, 그것도 여전히 가능한 자연화 전략이기는 하다. 하지만 그러면서도 동시에 문학적 프레임에 기반하여 자연화를 하고 있다면, 이럴 경우 '신뢰할 수 없는 서술'이 메타픽션적 유희로 파악될 수도 있을 것이다. 앞서 여러 번 예로 삼았던 나보코프의 『롤리타』의 경우, "신뢰할 만한 서술자인지 아니면 신뢰할 수 없는 서술자인지의 전통적 구분이 도대체 아직도 중요하기는 한 것인지, 아니면 미덥잖은 서술자를 통해 문학적 인습과의 유희를 하고 있는 것은 아닌지, 그런 유희를 통해 또 다른 문제를 제기하고 있는 것은 아닌지" 하는 질문을 하게 되는 것이다.(Hof 1984: 24)

 신뢰할 수 없는 서술이라는 서사론의 전통적 카테고리가 인지주의 내러톨로지의 연구에 힘입어 새롭게 구성된 결과, 신뢰할 수 없는 서술은 텍스트상의 시그널, 다양한 콘텍스트적 현실세계 프레임과 문학적 프레임, 둘 사이의 상호작용을 살펴봐야 하는 항목이 되었다. 그럼으로써 다양한 독자가 동일한 서술자에 대해 어떤 부분에 있어서는 극히 상충된 판단을 하는 것(험버트에 대한 판단이 그러하다)에 대해서 비역사적, 텍스트 내재적 모델을 통해서 해오던 설명보다 훨씬 더 설득력 있는 설명을 할 수 있게 되었다. 또한 서술에 대한 불신이라는 현상의 문화적·역사적 가변성 역시 콘텍스트적 프레임을 도입하여 설명할 수 있게 되었다.[41]

문학적 인물·내러티브 텍스트의 시각구조·미덥잖은 서술과 마찬가지로 여타의 내러톨로지 카테고리 역시 인지적 관점에서 새롭게 조명될 수 있고, 인터랙티브 리딩 프로세스 interactive reading process를 살펴봄으로써 새롭게 평가될 수 있다. 독자의 공감을 조종하는 문제나 긴장감 형성의 문제(Strasen 2001 참조)는 말할 것도 없고, 초점화과정·인물의 특성화·플롯요소의 통합 역시 새롭게 평가될 수 있을 것이다. 이론적 지평에서 볼 때 인지적 전환이 이루어진 덕분에 플루더닉의 '자연적' 내러톨로지처럼 포괄적인 내러톨로지 연구가 발전했을 뿐만 아니라 서사론의 개별 콘셉트 역시 인지적·내러톨로지적으로 새롭게 구상될 수 있었다.

5. 요약과 전망: 인지적 전환에서 문화적 전환으로

내러톨로지에서의 인지적 전환에 관해 앞서 설명한 내용을 요약하려

---

[41] 베라 뉘닝(1998)은 올리버 골드스미스의 『웨이크필드의 목사』(1766)의 수용사를 분석하여 생성기에는 그렇지 않았는데 20세기에 와서야 비로소 이 소설의 서술자가 신뢰할 수 없는 것으로 평가되었음을 밝혀냄으로써 가치관 및 규범의 역사적 가변성을 보여주었다.

다 보니, 텍스트 내재적 내러톨로지로부터 인지적으로 정향된 내러톨로지로의 방향전환이 얼마나 폭넓은 파급효과를 가져왔는지가 분명해진다. 독서과정과 독서과정에서 작용하는 인지 프레임을 도입함으로써 이루어진 괄목할 만한 성과는 서사론 분야에서뿐만 아니라 특이한 장편소설에 대한 연구에서도 발견된다. 내러티브 텍스트의 빈자리에 대한 해설적 연구가 행해졌고, 이론적 개별 콘셉트(예컨대 서술적 불신, 내러티브 텍스트의 시각구조 등)가 재구성되었고, 혁신적 서사론이 대대적으로 구축(특히 플루더닉의 '자연적' 내러톨로지)되기도 했다.[42] 텍스트적 정보와 콘텍스트적 프레임이 서로 긴밀히 연관되어 있다는 사실은 자연화 과정의 개별적·문화적·역사적 가변성을 반드시 추적해야 한다는 점을 알려준다. 왜냐하면 프레임이란 문화에 따라서뿐만 아니라 젠더에 따라서도 제약받는 것으로 이해되어야 하기 때문이다. 잭켄도프의 선호성 규칙체계 preference rule system가 분명히 밝혀주듯이, 독서과정에서 독자는 해석의 여러 경쟁적 가능성 중에서 자신의 개별적 자연화 전략을 선택하게 된다. 이러한 해석전략 시스템 각각은 문화적으로 조건화된 관련체계와 선호성에 기반하여 이루어진 선택이다.

　독자가 지닌 연관시스템·선입관·인지 프레임은 특정 역사 시기를 배경으로 이루어진 것이기 때문에, 개별적으로나 문화적으로 영향을 받은 해석전략은 그때그때의 역사 상황, 텍스트 생산 및 수용의 콘텍스트와 긴밀히 연관되어 있다. 어떤 텍스트를 자연화할 때 독자가 기대고 있는

---

[42] 이 밖에도 인지주의 내러톨러지의 초석이 된 연구물로 언급될 논문이 다수 존재한다. 이런 연구물들은 여러 서적에 실려 발표되었고, 본 논문의 2장에서 예시적으로 언급된 바 있다.

거의 모든 인지 프레임(인성 모델, 가치와 규범, '정상적' 대응양태에 대한 생각 등)은 역사적 상황에 좌우되기 마련이고(Zerweck 2010b: 155ff. 참조) 따라서 역사적·문화적으로 가변적이다. 그러므로 인지적·내러톨로지적 가설을 설정할 때는 개별적·문화적 조건 외에도 "텍스트 생성기 혹은 작가의 생존기의 특수성은 물론, 수용 시기 혹은 해석가가 활동한 시기의 특수성 역시"(Grabes 1978: 413) 살펴보아야 한다.

자연화 과정에서 콘텍스트적 요소가 이토록 중요한 역할을 하기 때문에, 인지적 전환 이후에 이제 내러톨로지에서 문화학적 전환이 이루어져야 한다는 당위성이 대두된다. 이런 맥락에서 근래의 내러톨로지 논의에서는 인지주의 내러톨로지에서 우선적이었던 텍스트/독자의 축 옆에 텍스트/콘텍스트의 축이 등장해 있다. 독자가 텍스트에서 어떻게 의미를 산출하는가 하는 질문을 하려면 어떻게든 독자의 읽기 프로세스가 포함될 수밖에 없고, 그러다 보면 동시에 텍스트와 콘텍스트의 연관성에 관한 일련의 문화학적 질문이 나온다. 현실경험이 어떻게 허구적으로 장면화되는가? 여러 시대의 내러티브적 장면화는 문화적 담론형성의 연관망 속에서 어떤 역할을 하는가? 내러티브 텍스트의 수용과 개별 독자가 얻는 텍스트의 의미는 시대의 변화 속에서 그리고 문화적 경계를 넘어갈 때 어떻게 달라지는가?[43] 본고에서 개괄한 인지적 전환은 이런 식으로 결국 서사론의 '문화로의 전환'과 맞물리게 된다. 문화학적 내러톨로지는 내러티브 현상의 역사문화적 조건과 인지 프레임을 탐구하고 그리하여 내러티브 텍스트의 문화적·사회적 의미를 찾아내려는 것이므로, 오늘

---

[43] 체르벡(2001a)은 동시대의 영국 장편소설을 예로 삼아 이런 류의 질문을 제기하고 탐구한다.

날의 시각에서 보면 인지주의 내러톨로지야말로 문화학적 내러톨로지의 선구자라 하겠다.

■ 참고문헌

Bartlett, Frederic C. 1932. *Remembering: A Study in Experimental and Social Psychology.* Cambridge: Cambridge Uiversity Press.
Burke, Peter. 1992[1991]. "History of Events and the Revival of Narrative." In: ders. (Hg.). *New Perspectives on Historical Writing.* University Park: Pennsylvania State University Press. 233-48.
Crawford, Mary, & Roger Chaffin. 1986. "The Reader's Construction of Meaning: Cognitive Research on Gender and Comprehension." In: Elizabeth A. Flynn & Patrocinio P. Schweikart (Hgg.). *Gender and Reading: Essays on Readers, Texts, and Contexts.* Baltimore: Johns Hopkins University Press. 3-30.
Eco, Umberto. 1981[1979]. *The Role of the Reader: Exploration in the Semiotics of Texts.* London: Hutchinson.
Eder, Jens. 2002. "Zum Verhältnis von Narratologie und Rezeptionstheorie." Vortrag am 25. 5. 2002, Tagung "Was ist Narratologie?" Hamburg Warburg-Haus. Manuskriptfassung.
Fish, Stanley. 1980. *Is There a Text in This Class? The Authority of Interpretive Communities.* Cambridge, MA: Harvard University Press.
Fludernik, Monika. 1999. "Defining (In)Sanity: The Narrator of *The Yellow Wallpaper* and the Question of Unreliability." In: Grünzweig/Solbach 1999a. 75-96.
_____. 2000b. "Genres, Text Types, or Discourse Modes? Narrative Modalities and Generic Categorization." In: *Style* 43.2: 274-92.
_____. 2001. "Fiction vs. Non-Fiction: Narratological Differentiations." In: Helbig 2001. 85-103.
_____. in Vorbereitung. "Cognitive Narratology: Natural Narratology and Cognitive Parameters." In: David Herman (Hg.). *Narrative Theory and*

the Cognitive Sciences. Stanford: Publications of the Center for the Study of Language and Information(CSLI). Manuskriptfassung.

Gadamer, Hans-Georg. 1990[1960]. *Wahrheit und Methode: Grundzüge einer philosophischen Hermeneutik*. Tübingen: Mohr.

Gibson, Andrew. 2001. "Narrative Substraction." In: Helbig 2001. 213-31.

Grabes, Herbert. 1978. "Wie aus Sätze Personen werden⋯: Über die Erforschung literarischer Figuren." In: *Poetica* 10: 405-28.

_____. 1996. "Ethics and Aesthetics in the Reception of Literay Character: the Case of Nabokov's *Lolita*." *Estudios Ingleses de la Universidad Complutense* (Madrid) 4: 23-40.

Harker, W. John. 1989. "Information Processing and the Reading of Literary Texts." In: *New Literary History* 20: 465-81.

Herman, David. 1999c. "Towards a Socionarratology: New Ways of Analyzing Natural-Language Narratives." In: ders. 1999a. 218-46.

Hof, Renate. 1984. *Das Spiel des* unreliable narrator: *Aspekte unglaubwürdigen Erzählens im Werk von Vladimir Nabokov*. München: Fink.

Ibsch, Elrud. 1990. "The Cognitive Turn in Narratology." In: *Poetics Today* 11.2: 411-18.

Jackendoff, Ray. 1983. *Semantics and Cognition*. Cambridge, MA: MIT Press.

_____. 1987. *Consciousness and the Computational Mind*. Cambridge, MA: MIT Press.

Jaeger, Stephan. 2000. "Multiperspektivisches Erzählen in der Geschichtsschreibung des ausgehenden 20. Jahrhunderts: Wissenschaftliche Inszenierungen von Geschichte zwischen Roman und Wirklichkeit." In: V. Nüning/A. Nünning 2000. 323-46.

Jahn, Manfred. 1997. "Frames, Preferences, and the Reading of Third-Person Narratives: Towards a Cognitive Narratology." In: *Poetics Today* 18.4: 441-68.

_____. 1999. "'Speak, friend, and enter': Garden Paths, Artificial Intelligence, and Cognitive Narratology." In: Herman 1999a. 167-94.

Jauß, Hans Robert. 1991[1977]. *Ästhetische Erfahrung und literarische Hermeneutik*. Franfurt a. M.: Suhrkamp.

Kafalenos, Emma. 1999. "Not (Yet) Knowing: Epistemological Effects of Deferred and Suppressed Information in Narrative." In: Herman 1999a. 33-65.

Löschnigg, Martin. 2001. "Theoretische Prämissen einer 'narratologischen' Geschichte des autobiographischen Diskurses." In: Helbig 2001. 169-87.

Margolin, Uri. 1986. "The Doer and the Deed: Action as a Basis of Characterization in Narrative." In: *Poetics Today* 7.2: 205-25.

_____. 1989. "Structuralist Approaches to Charater in Narrative: The State of the Art." *Semiotica* 75. 1-2: 1-24.

Mansky, Marvin. 1979[1975]. "A Framework for Representing Knowledge." In: Dieter Metzing (Hg.). *Frame Conceptions and Text Understanding*. New York: de Gruyter. 1-25.

Nünning, Ansgar. 1998. "*Unreliable Narration* zur Einführung: Grundzüge einer kognitiv-narratologischen Theorie und Analyse unglaubwürdigen Erzählens." In: Nünning/Surkamp/Zerweck 1998. 3-39.

_____. 1999. "Unreliable, compared to what? Towards a Cognitive Theory of Unreliable Narration: Prolegomena and Hypotheses." In: Grünzweig/Solbach 1999a. 53-73.

_____. 2001. "Mimesis des Erzählens: Prolegomena zu einer Wirkungsästhetik, Typologie und Funktionsgeschichte des Akt des Erzählens und der Metanarration." In: Helbig 2001. 13-47.

Nünning, Vera. 1998. "*Unreliable narration* und die historische Variabilität von Werten und Normen: *The Vicar of Wakefield* als Testfall für eine kulturgeschichtliche Erzählforschung." In: Nünning/Surkamp/Zerweck 1998. 257-85.

Nünning, Vera & Ansgar Nünning. 2000b. "Einleitung. Von 'der' Erzählperspektive zur Perspektivenstruktur narrativer Texte: Überlegungen zur Definition, Konzeptualisierung und Untersuchbarkeit von Multiperspektivität." In: dies. 2000. 3-38.

Pavel, Thomas. 1986. *Fictional Worlds*. Cambridge, MA: Harvard University Press.

Perry, Menakhem. 1979. "Literary Dynamics: How the Order of a Text Creates

Its Meaning." In: *Poetics Today* 1.1-2: 35-64, 311-61.
Phelan, James, & Mary Patricia Martin. 1999. "The Lessons of 'Weymouth': Homodiegesis, Unreliability, Ethics, and *The Remains of the Day*." In: Herman 1999a. 88-109.
Schneider, Ralf. 2002. "Towards a Cognitive Theory of Literary Charater: The Dynamics of Mental-Model Construction." In: *Style* 35.4: 607-40.
Sommer, Roy, & Bruno Zerweck. 1999. "Das 'Lolita-Syndrom': die Darstellung gesellschaftlicher Tabus durch erzählerische Unzuverlässigkeit und die 'Unverfilmbarkeit' von Vladimir Nabokovs Lolita." In: *Literatur in Wissenschaft und Unterricht* 32.4: 351-65.
Sternberg, Meier. 1982. "Proteus in Quotation Land: Mimesis and the Forms of Reported Discourse." In: *Poetics Today* 3.2: 107-56.
Stone, Lawrence. 1979. "The Revival of Narrative: Reflections on a New Old History." In: *Past and Present* 85: 3-24.
Strasen, Sven. 2001. "'Beams falling and beams not falling': Frames, Kontingenz und Spannung in Dashiell Hammetts *Red Harvest*." In: Raimund Borgmeier & Peter Wenzel (Hgg.). *Spannung: Studien zur englischsprachigen Literatur*. Trier: WVT(Wissenschaftlicher Verlag Trier). 162-75.
Surkamp, Carola. 2001[1998]. "Perspektivenstruktur." In: A. Nünning 2001a[1998]. 500-01.
_____. 2002. *Die Perspektivenstruktur narrativer Texte: Theorie und Geschichte der Perspektivenrelationierung im englischen Roman zwischen Viktorianismus und Moderne*. Trier: WVT(Wissenschatlicher Verlag Trier).
Wall, Kathleen. 1994. "*The Remains of the Day* and Its Challenges to Theories of Unreliable Narration." In: *Journal of Narrative Technique* 24: 18-42.
Winkgens, Meinhard. 2001[1998]. "Leerstelle." In: A. Nünning 2001a[1998]. 362-63.
Winko, Simone. 1996. "Literarische Wertung und Kanonbildung." In: Heinz Ludwig Arnold & Heinrich Detering (Hgg.). *Grundzüge der Literaturwissenschaft*. München: Deutscher Taschenbuch Verlag. 585-600.
Wolf, Werner. 1998. "Asthetic Illusion in Lyric Poetry?" In: *Poetica* 30.3-4: 251-89.

_____. 2001. "Formen literarischer Selbstbezüglichkeit in der Erzählkunst: Versuch einer Typologie und ein Exkurs zur '*mise en cadre*' und '*mise en reflet/série*'." In: Helbig 2001. 49-84.
Yacobi, Tamar. 1981. "Fictional Reliability as a Communicative Problem." In: *Poetics Today* 2.2: 113-26.
_____. 1987. "Narrative and Normative Patterns: On interpreting Fiction." In: *Journal of Literary Studies*[Pretoria] 3.2: 18-41.

이 밖에 본 논문에 해당되는 참고문헌으로서 본서 마지막에 실린 책과 논문은 다음과 같다.

Booth 1991[1961]; Culler 1975; Fludernik 1996, 2000b; Grünzweig/Solbach 1999a; Helbig 2001; Herman 1999a, 1999b; Iser 1994a[1972], 1994b [1976]; Martinez/Scheffel 2002[1999]; A. Nünning 2001a[1998], 2000; Nünning/Surkamp/Zerweck 1998; V. Nünning/A. Nünning 2000; Schneider 2000; Toolan 2001[1998]; van Peer/Chatman 2001; Zerweck 2001a, 2001b.

포스트모던 후기구조주의 내러톨로지

내러톨로지의 해체구성

잔드라 하이넨 지음
김경희 옮김

'포스트모더니즘 또는 후기구조주의 내러톨로지'라는 개념에 수렴될 수 있을 다양한 문학비평적 방향은 이 단수명사가 불러일으키는 만큼의 동질성을 가지고 있지 않다.[1] 각 방향을 대표하는 학자들은 이 다양한 방향들을 통일된 흐름으로 묶는 것에 대부분 동의하지 않을 것이다. 왜냐하면 특히 사고의 표준화는 각각의 학파가 구성되는 과정에서 피할 수

---

[1] '후기구조주의'와 '포스트모더니즘' 개념은 이 논문에서 논의될 여러 입장들에서 서로 교대로 사용되거나 (예를 들면 Currie 1998) 혹은 하나의 동일한 현상을 가리키기 위해 사용되거나, 아니면 저자에 따라 더 우선적으로 사용된다(깁슨의 경우에는 포스트모더니즘에, 오닐의 경우에는 후기구조주의에). 명백한 구별이나 정의는 이 연구에 나오지 않는다. 문제가 되는 것은 특히 포스트모더니즘의 개념이 지나치게 다의적이라는 것이다.

없는 결과이긴 하지만, 그들의 심오한 근본원리에 모순되기 때문이다. 그럼에도 불구하고 내러톨로지에 대한 포스트모더니즘적 연구들의 공통점이 확인되는데, 이 공통점 때문에 '포스트모던 후기구조주의 내러톨로지(내러톨로지의 후기구조주의적 흐름)'이라고 말해도 된다. 이러한 공통점 중의 하나는 각각의 입장들이 강한 철학적 특징을 지니고 있다는 점이다. 포스트모더니즘 내러톨로지의 기본 토대라고 할 수 있는 정신사적 흐름은 포스트모더니즘 이론과 후기구조주의 이론인데 이들은 둘 다 형이상학적 사유와 대립한다. 고전적 구조주의 내러톨로지에 대한 비판적 태도는 이 책에 실린 대부분의 새로운 내러톨로지 연구에서도 나타나고 있기는 하지만 후기구조주의 전제들을 서사론에 옮겨서 포스트모더니즘 내러톨로지를 만든다는 점에서 가장 급진적이다.

후기구조주의적 내지 해체구성적 사유모델, 범주 그리고 방법을 (이야기)텍스트의 분석에 적용할 수 있는 가능성이 다음과 같은 다섯 차원으로 설명된다. 첫째로 구조주의와 해체구성의 기본 전제가 요약적으로 설명되고, 두 번째 단계에서는 이러한 전제들이 서사론에 가져오는 결과들이 보편적인 관점에서 논의된다. 세 번째와 네 번째 단계에서는 구조주의에 대한 비판이 구체화되는데, 포스트모더니즘 내러톨로지의 서로 상이한 두 가지 이론적인 구상이 소개된다.[2] 여기에 또한 제목에 삽입된 괄호

---

[2] 포스트모더니즘 내러톨로지에 대한 이전의 기본스케치는 Chase(1978; 1984) 참조. Susana Onega와 José Angel García Landa(1996a)는 Peter Brooks(1984), Teresa de Lauretis(1984), Hayden White(1980), J. Hillis Miller(1992)를 후기구조주의 내러톨로지스트로 소개하고 있다. 각각의 이론에서는 후기구조주의 관점과 내러톨로지 관점이 존재할지라도 후기구조주의 내러톨로지라는 분류를 정당화할 정도로 그러한 관점이 충분히 우세하지는 않다. 앞 논문에서 본인은 후기구조주의 사고와 내러톨로지 사고를 연결시키기 위해 뚜렷하게 애쓰고 있는 두 명의 이론가

가 사라지는데, 첫 번째 접근은 포스트모더니즘 내러톨로지로, 두 번째 접근은 내러톨로지의 포스트모더니즘적 해체구성으로 볼 수 있기 때문이다. 다섯 번째 그리고 마지막 장에서는 포스트모더니즘 모델 자체에 대한 비판이 이어진다. 복합적인 포스트모더니즘 논의를 피하기 위해서 '포스트모더니즘'과 '후기구조주의'라는 용어는 여기에서 대체적으로 동의어로 사용된다. 주로 프랑스 후기구조주의의 접근과 원래 미국의 영향을 받은 포스트모더니즘이론적 접근들은 내용 면에서 매우 밀접한 관련이 있다. 이 접근들 간의 중요한 차이점에 대해서는 본 논문의 마지막 부분에서 설명된다.

1. 포스트모더니즘 내러톨로지의 철학적 기초: 후기구조주의와 해체구성

프랑스 후기구조주의는, 수많은 학문분과를 포괄하는 정신사적 흐름[3]이라는 이름에서 이미 드러나듯이 구조주의의 연속과 변형을 통해 발전하였다. 페르디난드 드 소쉬르의 기호학이 그 중심이며, 그의 언어 이론은 구조주의에 크게 영향을 미쳤다. 소쉬르가 여전히 언어 형식과 의미,

---

를 언급하고 있다. 후기구조주의자로서의 Peter Brooks를 후기구조주의자로 판단하는 것에 대해서는 Gibson(1996: 41-44)을 참조.

[3] 후기구조주의의 대표자들로는 그 누구보다도 철학자 Jacques Derrida, Michel Foucault, Jean-François Lyotard, 문학비평가 Roland Barthes, 사회학자 Jean Baudrillard, 심리분석가 Jacques Lacan, Julia Kristeva를 들 수 있다. 후기구조주의 이론 입문에 대해서는 Bossinade(2000), Culler(1988), Dosse(1999), Eagleton (1994: 110-137), Frank(1983), Zapf(1991: 189-219), Zima(1994)를 참조.

즉 시니피앙과 시니피에 사이에 존재하는, 자의적이기는 하지만 그럼에도 불구하고 안정된 연결에서 출발하고 있는 반면, 후기구조주의에 있어서 (특히 데리다의 영향력 있는 언어이론에서) 의미라는 것은 단순히, "기호들의 잠재적으로 무한한 유희의 부산물"(Eagleton 1994: 110)이 된다. 언어기호는 이미 소쉬르에게 있어서는 다른 언어기호와의 차이를 통해 그것의 의미를 지니게 된다. 하지만 그 의미는 소쉬르에게 있어서 여전히 규정할 수 있는 것이며, 고정된 구조로 이루어진 닫힌 언어 체계 내에서 다른 기호와 관계하는 범위는 제한되어 있다. 반대로 데리다에게 있어서는 하나의 기호가 다른 기호와 맺는 의미규정적 관계가 잠재적으로 무한하다. 왜냐하면 그는 언어 또는 텍스트를 개방적이고 역동적인 구조로 구상하고 있기 때문이다. 시니피앙(기표)의 의미는 다른 기표에 대한 지시의 무한한 사슬을 통해 계속적으로 유보된다. 이 과정을 위하여 데리다는 차연 différance 또는 이미 인용된 '기표들의 유희'[4]라는 개념을 만들었다. 기호는 한편으로는 존재하지 않는 모든 것의 흔적을 안고 있으며, 다른 한편으로는 그 이전과 그리고 그 이후, 기호로써 사용된 모든 흔적을 안고 있다. 그러므로 의미는 결코 완벽하게 드러나지 않고 현존하면서 동시에 부재한다. 다른 한편으로 의미를 구성하는 과정은 결코 완결되지 않는다. 오히려 매 순간 일시적 의미가 있을 뿐이다. 이 의미는 항상 (예를 들면 추가정보를 통해) 수정되거나 취소될 수 있다. "텍스트들은 의미를 고정시키는 대신 의미를 확산하고 분산시킨다."(Renner 1996:

---

[4] Derrida(1976b: 437) 참조. 데리다에 따르면 그 유희는 중심이 없는 구조 속에서의 무한한 움직임을 뜻한다. "제한된 전체의 닫힌 공간(clôture 담장)에서의 무한한 치환. [...] 그 유희는 현존의 찢어짐이다."

283)[5] 의미는 언어의 배후에 있지 않다. 그것은 다른 기호들을 지속적으로 지시하는 과정에서 비로소 형성되는 표면현상이다.

언어와 의미는 이 콘셉트에서는 결코 안정적이지 않으며 따라서 역동적인 것으로 이해되어야 한다. 따라서 고정된 언어, 텍스트 그리고 소통모델이 기초로 삼고 있는 발화와 이해 과정이라는 생각은 적합하지 않다. 후기구조주의의 언어이론적 논의들이 보여주는 것은, "언어 자체는 언어를 안정시키려 하고, 언어를 축소시키거나 그것의 무한한 복잡성을 폐쇄하려 하는 여타의 모델들과 연합하지 않는다. [...] 언어학자들이 언어를 정의하고 전체화시키는 수단인 범주와 구분을 언어는 항상 전복시킨다."(Currie 1998: 45) 언어는 여전히 구조이기는 하지만, 그러나 그 구조는 지속적인 운동 속에 있다. "구별되는 유희의 총합이 구조이다."(Frank 1983: 85) 개방적이고 역동적인 구조로서의 언어의 이러한 기능이 종종 '네트' 또는 '섬유조직'이라는 은유로 표현된다.[6]

물론 데리다에게 중요했던 것은 언어적 과정에 대해 더 적합하게 설명하는 것뿐 아니라 자신의 언어이론을 서양 형이상학적 전통에 대한 심층적 비판으로 연결시키는 것이다. 서양적 사고에 대해 그는 역사적으로 멀리 거슬러 올라가는 로고스중심주의라고 한다. 즉 이는 언어 이전의 의미중심을 받아들이는 경향이며, 이 의미중심은 언어의미를 모든 것에

---

[5] 이에 대해서는 또한 Frank(1983: 85)를 참조. "모든 의미와 모든 뜻 그리고 모든 세계관은 유동적이다. 그 어떤 것도 차이의 유희를 벗어나지 못한다. 존재와 세계에 대한 즉자적으로, 또 대자적으로, 그리고 영원히 유효한 해석은 없다."

[6] 네트 또는 직조물이라는 은유는 언어의 반위계적 관점을 전면에 내세우지만 역동적인 관점을 고려하지는 않는다. 역동적인 관점은 유희라는 개념에서 강조된다. 그러나 반위계적, 역동적 이 두 요소는 상호의존적이다.

앞서 결정한다. 다양하게 정의될 수 있는 이 의미중심은 (예를 들면 신, 영혼, 의식, 자연, 사람 또는 진실) 로고스중심적 이론에서 잃어버린 근원 혹은 추구하는 목표이거나 둘 다를 뜻한다. 데리다의 로고스중심주의 비판은 이 "초월적 의미"를 규정으로, 허구로 폭로한다.7 그는 언어를 그 이면을 파악할 수 없는 것으로 본다. 의미는 언어 안에서만 존재할 수 있으며, 언어 이전이 아니다. 의미는 오직 언어에만 존재하고, 언어 이전에 존재하지 않는다. 이러한 생각은 많이 인용되는 다음의 문장에서 최고조에 다다른다. "텍스트 바깥은 존재하지 않는다."(Derrida 1983: 274)8 그럼에도 불구하고 서양 사고에서 배후를 추적할 수 없는 의미중심이 받아들여진다면 그것은 (언어적) 의미를 안정화시키기 위해서이다. 데리다가 그의 독서 특히 철학적 텍스트에서 입증하듯이, 이 안정화는 결코 완전히 성공할 수는 없다. 왜냐하면 기호들의 끊임없는 활동이 안정된 의미를 언제나 전복시키기 때문이다.

2. 후기구조주의와 내러톨로지

의미형성의 후기구조주의 이론을 이 책의 앞 장에서 설명된, 고전적

---

7   이에 대해서는 특히 Derrida(1976b)의 영향력 있는 강연을 참조. 의미중심이 그런 다양한 선택사항에 의해 채워질 수 있다(채워졌다)는 사실은 물론 그것의 구성성을 말해준다. 초월적 기의의 가정에 반대하는 데리다의 두 번째, 체계적 논의에 대해서는 Frank(1983: 83f)를 참조.
8   후기구조주의에서 언어의 전제근거를 밝힐 수 없음에 대해서는 Zapf(1991: 198)를 참조. "문자 없는 현실은 존재하지 않는다. 우리에게 주어진 것은 허구의 현실 이미지를 생성해내는 텍스트뿐이다. 그리고 이 모든 경험과 소통에 앞선 텍스트성과 허구성을 부수고 나오는 것은 불가능하다."

내러톨로지와 새로운 내러톨로지들의 논점 그리고 설명 모델과 비교하면, 후기구조주의와 내러톨로지가 일단은 쉽게 연결되지 못한다는 것은 쉽게 확인된다. 우선 후기구조주의와 내러톨로지는 서로 쉽게 연결될 수 없다는 점이다. 지속적인 의미의 지연과 그리고 온갖 경험들을 포괄하는 역동적인 텍스트 조직을 주장하는 후기구조주의 이론은 안정된 텍스트 구조를 의미규정의 기점으로 삼는 내러톨로지와는 정면으로 대립되어 보인다. 후기주조주의 이론가들은 고전적 내러톨로지에 반대하여 다양한 이의 제기를 하고 있으며 이는 텍스트개념(a)과 의미이해(b) 그리고 분석방법(c)에도 마찬가지로 해당된다.

(a) 고전적 내러톨로지의 의미에서 문학텍스트는 한편으로 보면 외부와 확연히 분리가 되어 있다. 엄격히 말해 제목이 있는 페이지와 책 뒤표지의 텍스트는 더는 텍스트에 속하지 않고 병렬텍스트를 형성한다.[9] 다른 한편으로 보면 문학텍스트는 내적으로 구조화되고 응집된 통일체로 볼 수 있다. 이러한 구상과는 반대로 후기구조주의 이론은 극단적인 상호텍스트성, 즉 텍스트 경계의 극단적 철회,[10] 텍스트의 역동성이라는 입장을 취한다. 이러한 역동성의 제재는 고전적 내러톨로지에 암시되어 있으며, 의미의 축소로 이해된다. 의미의 축소는 모순을 깎아 평평하게 하고 긴장을 부인하며 차이들의 유희를 인정하지 않는다.[11]

---

[9] 병렬텍스트라는 개념에 대해서는 Genette(1993 [1982]: 11-13)를 참조. 그 외에도 Lanser(1981)에 나오는 특별히 허구적인 목소리 콘셉트를 참조.
[10] 줄리아 크리스테바로 소급되는, 후기구조주의의 상호텍스트성 이해에 대해서는 Pfister(1985)를 참조.
[11] 고전적 내러톨로지와 후기구조주의의 텍스트 개념의 모순성에 대해서는 O'Neill (1996: 23f) 참조.

(b) 따라서 고전적 내러톨로지와 후기구조주의가 말하는 의미에 대한 상이한 논점도 명확해진다. 결국 텍스트구조와 그것의 기능방식을 설명하고자 하는 내러톨로지는, 이 텍스트 구조가 하나의 텍스트 의미를 생성시킨다는 전제를 토대로 한다. 서사 현상의 구조와 기능방식을 분석함으로써 어떤 의미가 텍스트에서 어떻게 만들어지는지가 설명된다. 반대로 후기구조주의는 유일하게 결정되는 하나의 의미를 내세우지 않는다. 후기구조주의는 하나의 텍스트가 그 텍스트에 부여되는 의미를 뛰어넘는 과정에 부여된 의미를 지닐 뿐 아니라 그 의미를 의문시한다는 입장을 지니기 때문이다.[12] 후기구조주의에 있어서는 의미의 인식이 중요하지 않고, 언어기호 뒤에는 인식될 수 있는 어떤 의미도 없다는 것을 보여주는 것이 중요하다. "텍스트의 물질적 측면을 진지하게 받아들이며, 관습적인 의미구조로 받아들였던 물질적 측면을 독서 불가능한 것으로 만들고, 각각의 구분되는 의미를 폭파시키는 순수한 텍스트성 속에서 텍스트의 물질적 측면을 드러내 보여주는 것이 중요하다."(Zapf 2001: 102) 데리다가 '해체'라고 불렀던 이러한 독서방식은 모순과 함의들을 드러내고자 한다.[13]

(c) 목표가 상이함에 따라 내러톨로지와 후기구조주의의 텍스트 분석방식 또한 충돌한다. 이는 우선 텍스트와 해석자의 관계에 대한 기본적인 인식론적 질문과 관계된다. 외부시각에 따른 인식이 가능하리라는 가정

---

[12] 특히 예일 해체구성주의자로 분류되는 폴 드 만의 독서는 텍스트의 논리적이고 수사적인 층위를 대비함으로써 텍스트들의 모순성에 초점을 둔다. 예를 들어 de Man(1979) 참조.
[13] 이에 대해서는 또한 Currie(1998: 47) 참조. "그러므로 해체구성은 내러티브를, 외부 독서의 불가능성에 대한 재귀적, 메타언어학적 관계로 변환시킨다."

은 결코 누구에게도 '외부'는 있을 수 없다는 후기구조주의의 기본입장과 모순된다. 해석하는 주체와 해석되는 객체 간의 대립적 관계는 허상적이다. 고전적 내러톨로지의 강령이 된, 이른바 중립적 메타언어의 사용도 겉으로만 그렇게 보일 뿐이다. 후기구조주의적 의미에서 문학비평은 문학과 마찬가지로 다중가를 가지며, 형식상으로는 문학과 유사하다. 내러톨로지가 (다른 구조주의적 분석방법처럼) 연역적으로, 즉 일단 일반적인 텍스트 현상들에 대한 가정들을 세운 다음, 이것을 개별 텍스트에 적용하는 식이라면, 후기구조주의에게 일보편적 합법칙성을 찾는 작업이란 결코 적법한 방식이 아니다. 왜냐하면 그러한 작업은 한편으로 텍스트에 관심을 돌리는 것이며, 다른 한편으로는 형이상학에 묶여 있다는 것을 보여주기 때문이다.

> 내러티브에 대한 의미론적 접근이 본질적으로 연역적이라면, 후기구조주의자들의 접근 방식은, 서사의 구조가 연역적 접근에 의해 드러났다기보다는 만들어져서, 분석이 그 자체의 범주와 구분의 구조를 작품에 투사하였다는 보여주는 것이었다. 드 만과 데리다가 보여주었듯이 분석은 진행 중인 내러티브에 언어의 안과 밖에 대한 많은 철학적 가정들을 투사하였다. (Currie 1998: 46)

후기구조주의가 분석이라는 목적을 두고 거리를 두고 객관적으로 텍스트의 구조를 관찰할 수 있는 가능성을 부정하고 또한 의미구성을 위한 보편타당한 규칙의 존재를 부정한다면, 후기구조주의는 내러톨로지에서 그 토대를 빼앗는 셈이다. 내러톨로지적 접근에 대해 후기구조주의가 취하는 이러한 비판적 태도는 고전적, 구조주의적 내러톨로지에만 해당되는 것이 아니다. 지금까지 이 책에서 소개된 새로운 내러톨로지의 접근 방식들도 어디까지나 내러톨로지적 텍스트이해와 의미이해를 고수한다.

이론적 단초들이 겉보기에 어울리지 않는 것처럼 보임에도 불구하고 내러톨로지를 '후기구조주의적이 될 수 있게' 만들고 그것에 맞게 변형시켜서 계속적으로 발전시키려는 시도가 있다. 특히 앤드류 깁슨과 패트릭 오닐은 후기구조주의적 관점에서 포괄적으로 다시 내러톨로지의 콘셉트를 잡는 작업을 추구한다. 데리다가 말한 유희의 개념이 두 이론가에게 핵심적인 역할을 함에도 불구하고 그들이 접근하는 방식은 매우 다르다. 이 논문의 서두에서 언급한, '그' 포스트모더니즘 내러톨로지의 이질성은 두 이론가와 내러톨로지에 관한 그들의 논문을 통해 나타난다. 오닐이 고전적 내러톨로지의 범주를 지니고 있으면서 그것을 후기구조주의적 텍스트해석에 사용하는 반면 깁슨의 비판은 전통적 범주에 가해진다. 깁슨은 그 범주가 형이상학적 사고에 어쩔 수 없이 묶여있음을 증명하고, 그에 대한 대안을 제시한다.

3. 포스트모더니즘 내러톨로지

패트릭 오닐의 연구서인 『담론의 허구』(1994)는 책 제목의 전복적인 분위기에도 불구하고 오랫동안 고전적 내러톨로지에 대한 자세한 입문서로 읽힐 수 있다. 각 장별로 그는 상이한 차원의 소통모델들, 서사와 초점화 간의 연관성, 시간형상화의 상이한 양태를 설명한다. 그는 내러톨로지적 범주들을 독자 앞에 펼쳐놓지만 그 범주들의 근원을, 언급할 만한 가치가 있는 방식으로 질문하거나 비판하지 않는다. 그럼에도 불구하고 그가 발전시킨 논점들은 다른 새로운 내러톨로지의 콘셉트들, 예를 들면 페미니즘 서사학의 콘셉트들과 근본적으로 구분된다.14 차이는 내러톨로지 범주들에 대한 그의 해석에 있다. 그의 해석은 내러톨로지를 후기구조주의 이론으로서 의미 있게 만들어주거나, 이미 내러톨로지에 존재하는 해체의 경향을 "구조적 함의"(O'Neill 1994: 10)로서 밝히려는 의도에서 출발한다. "결국 구조주의자들의 재구성과 후기구조주의자들의 해체는 겉으로 보기에 화해할 수 없을 것처럼 보이지만 동전의 양면일 뿐이다. 범주들을 설명하는 것, 구성하는 것 역시 언제나 잠재적으로는 뒤집고, 위치를 바꾸고, 식민지화시키는 것이다."(같은 글: 31)

구조주의 내러톨로지에 대해서 오닐은 여러 분야에서 변형을 의도한다. 여기에는 텍스트개념, 서사적 소통의 차원, 그가 도입한 유희의 개념, 해석목표의 결정이 해당된다. 이 변화들은 모두 후기구조주의적 범주에서 내러톨로지로의 이동으로 파악될 수 있다. 오닐의 텍스트 콘셉트는 텍스트를 과정으로 이해한다. 구조와 의미는 어떤 경우에도 하나의 텍스트로 고정되지 않고 작가와 독자 그리고 텍스트들 간의 계속해서 이어지는 상호작용에 의해 만들어진다. 오닐이 후기구조주의를 향해 내딛는 발걸음은 네 번째의, 외부적 소통 차원을 내러톨로지 모델로 도입하는 데서 표현되고 있다. 서사텍스트의 전통적인 소통모델, 즉 인물 차원, 서사적

---

[14] 특히 페미니즘 내러톨로지는 깁슨(1996, 특히 119-128)에 의해 비판받고 있다. 왜냐하면 페미니즘 내러톨로지는 고전적 내러톨로지의 틀을 넘어서지 못하고 그것의 전체를 그대로 받아들여 증명하고 있기 때문이다. 페미니즘 내러톨로지에 대해서는 이 책에 있는 가비 어레스와 마리온 짐니히의 논문을 참조.

전달의 차원, 내포 작가와 내재적 독자 사이의 소통 차원 내지는 텍스트의 전체 구조 차원을 지닌 모델은 단지 세 개의 소통 차원만을 지니고 있다.15 반면에 후기구조주의 모델에서는 작가와 독자 사이에 이루어지는 (예전의 텍스트 외재적인) 소통 차원이 **텍스트** 소통의 가장 외적 측면으로 나타난다. 작품 내재적이고 작품 외재적인 소통 사이에는 단지 정도의 차이만 있을 뿐 범주적 차이는 더는 존재하지 않는다. 문학텍스트와 앞서 언급된 텍스트 외재적인 소통이 이같이 동질화되는 현상의 이론적인 바탕은 오닐이 내러톨로지적 소통모델을 후기구조주의적 텍스트 개념과 연결시킴으로써 형성된 것이다. 작가와 독자가 소통하는 차원(오닐의 용어에 따르면 텍스트 측면)은 어디에나 존재하는 텍스트에 해당된다. 그 텍스트에는 데리다에 따르면 외부도 바깥도 더는 없다.16 작가와 독자는 텍스트성 외부에는 어떤 자리도 잡을 수 없다. 그 텍스트에 대해 독립적인 주체로서 마주 설 수 없다. 그들은 문학텍스트처럼 상호텍스트적

---

15 오닐은 고전적 내러톨로지의 그러한 모델에서 출발한다. 그 모델은 등장인물들 간의 소통 그리고 서술자와 독자 간의 소통 외에도 내포 작가와 내포 독자 간의 소통도 포함하고 있다. 내포 작가/독자 쌍을 가정하는 것의 장단점에 대한 의견불일치에도 불구하고 다른 모델에서도 서술자 위의 텍스트 층위를 찾아볼 수 있다. '텍스트의 전체 구조 층위'의 그러한 콘셉트에 대해서는 A. Nunning(1993)을 참조. 내포 작가 범주가 필연적인지 원칙적으로 의문스럽긴 하다. 내포 작가와 내포 독자에 대한 거부가 이 문제를 여기서 소홀히 다루게 될 만큼 오닐의 그 밖의 이론에 대한 원칙적인 의의제기가 아니다. 내포 작가에 대해 때로 거세게 이루어진 토론에 대해서는 Darby(2001), Kindt & Muller(1999), Lanser(2001)과 A. Nunning(2001)을 참조.

16 정확히 말하면 확장된 소통모델을 위한 '텍스트 외적인'이라는 개념은 적합하지 않다. 왜냐하면 후기구조주의 텍스트개념은 텍스트 외부에 있는 위치를 허용하지 않기 때문이다. 오닐은 이 점 또한 고려하고 있는데, 앞으로의 논의전개에서 이러한 개념사용상의 모순성은 여러 다양한 층위의 좀 더 명확한 명명으로 완화될 것이다.

영향과 특징에 지배받는다.

내러톨로지적 소통모델의 확장은 가능하다. 내러톨로지가 닫힌 학문체계가 아니고 각각의 이론가들이 그들 나름의 원칙을 언급할 뿐이기 때문이다. 그럼으로써 내러톨로지는 추가적인 이론적 입장을 배재하지 않는다(같은 글: 130 참조). 중요한 것은 모델의 확장이다. 모델의 확장이 콘텍스트적 영향을 묘사할 수 있기 때문이다. 왜냐하면 네 번째 차원의 도입은 의미구성의 전체 과정을 파악할 수 있도록 해주기 때문이다. 그리고 "전체적으로 볼 때 서사의 통섭작용이라는 본질적인 상호작용의 특성에 대해 관심을 더 많이 두게 되었다. 이는 고전적 내러톨로지에 의해 무시되었다."(같은 글: 25) 후기구조주의 내러톨로지에서 나오는 네 번째 차원의 도입은 필연적이다. 왜냐하면 모든 텍스트들은 항상 그리고 자동적으로 후기구조주의 의미로 본 텍스트이고 그럼으로써 텍스트 망의 일부이기 때문이다.

텍스트 개념을 확장시키고 의미형성의 상호작용적 특성을 강조하게 되면 경직된 설명 모델을 발전시키려는 시도 그리고 의미 또는 의미의 원천을 어떤 위치에 고정시키려는 모든 시도를 필연적으로 거부하게 된다. 작가도 독자도 텍스트도 하나의 의미에 대한 유일한 보증이 되지 못하고 오직 그들의 열린 상호작용만이 의미를 항상 새롭게 생성시킬 수 있다.

끝없는 움직임이라는 이 현상을 오닐은 하나의 개념으로 표현하는데, 그 개념 역시 그가 후기구조주의 텍스트이론에서 가져온 것이다. 그것은 유희라는 개념이다. 유희는 후기구조주의 내러톨로지의 핵심 개념이 된다. 유희적 요소, 즉 상이한 가능성들의 시험, 하나의 의미를 주장하는 동시에 철회하는 것 그리고 특히 서사적 권위에 대한 의문을 제기하는 것은, 내러톨로지 자체를 포함한 모든 텍스트의 구성 요소이다. "유희, 놀이에 대한 능력은 내재적이며 결코 벗어날 수 없는 서사성의 요소로 읽힐 수 있다."(O'Neill 1996: 4)

그러므로 이런 식으로 고안된 서사론의 인식목표는 더는 의미를 결정하는 구조들을 그대로 파악하는 것이 아니다. 오히려 텍스트의 유희적 특성을 공개하는 것이다. 중요한 것은 연구된 텍스트들을 보여주는 것이 아니라 무엇으로서 그리고 어떻게 그것들이 읽힐 수 있는가를 보여주는 것이다. 이렇게 생성된 텍스트 독해는 입장표명이 아니라 "탐사적 허구" (같은 글: 10)이다. 어떻게 하여 유희의 특성이 서사텍스트의 중요한 특질로서 간주될 수 있는지에 대한 질문은 내러톨로지의 모델로 되돌아가서 대답할 수 있다. 그럼으로써 동시에 내러톨로지의 모델은 후기구조주의적 새로운 해석을 경험하게 된다.

후기구조주의에서 말하는 유희의 반대는 고정된 텍스트 구조이며 고정시킬 수 있는 의미인데, 이 의미는 서사적 권위를 확고히 함으로써, 즉 구체적으로 말해서 최종 결정을 내릴 수 있는 심급이나 목소리들을 규정함으로써 도출될 것이다. 그러나 서사텍스트가 지닌 여러 심급을 고찰해보면 그런 서사적 권위가 어디에 위치할 수 있는지를 결정하는 것이 어렵다. 이는 서사텍스트가 지니고 있는 모든 것이 언제나 매개된 것이거나 심지어는 서사를 통해서 그리고 초점화를 통해서 이중으로 매개된 것이기 때문이다. 인물들은 결코 독자에게 스스로 말하지 않는다. (은유적으로 말해서) 우리가 들을 수 있는 쪽은 언제나 서술자이다. 이는 서술자가 전달해줄 때에만 나타나는 소위 '직접' 화법에서조차도 해당된다.

그렇지만 모든 등장인물의 언술은 서술자의 목소리를 통해서 걸러지기 때문에 오닐의 따르면 그들에 대한 신뢰, 즉 그들의 존재가 의심스러워지게 된다. 신뢰할 수 없는 서술에 나타나듯이,17 그들이 등장인물 자체로 못 믿을 사람이라서가 아니라 그들보다 근본적으로 서열상 상위에 있는 어떤 심급의 언급을 통해서만 매개되므로 등장인물을 체험할 수 있는가에 대해 필연적으로 의문시하게 되기 때문이다.

이야기 story와 담론 discourse 사이에 존재하는 이 극단적인 종속관계는 소통모델의 차원으로 이어진다. 말하자면 내포 작가와 내포 독자의 차원은 서사적 매개의 권위를 의문하게 만든다. 왜냐하면 서술자는 내포 작가의 창조물로서만 존재하기 때문이다. 다른 한편으로 독자는 서술자의 언급을 통해서만 내포 작가와 접촉하게 된다. 따라서 내포 작가는 최종심급, 텍스트의 의미중심이 될 수 없다. 따라서 의미의 유보를 저지할 수도 있는 심급으로서 작가와 독자만이 문제시된다. 이들은 서사적 소통의 가장 바깥쪽 차원에서 최종적 담화 심급으로 자리 잡고 있다. 그렇지만 작품 외재적인 차원은 후기구조주의 모델에서 텍스트성으로서, 즉 모든 것을 관통하는 텍스트성으로 이해되고 있기 때문에, 여기에서도 역시 자율적 주체들의 자리는 없다. 작가와 독자는 그들의 측면에서는 텍스트인데, 이것은 텍스트성으로 이루어져 있다. 텍스트성은 언어 이전에 존재하는 것이 아니라 언어를 통해서 그리고 언어 안에서만 존재한다. 따라서 작가 작가와 독자는 그들로서 텍스트인데, 이 텍스트는 텍스트성에 의해 형태를 가지는, 즉 언어 이전에 존재하는 것이 아니라, 언어를 통해서 그리고

---

17 신뢰할 수 없는 서술자 현상에 대해서는 Nunning/Surkamp/Zerweck(1998)의 논문을 참조.

언어 안에서만 존재하는 텍스트인 것이다. 물론 이는 탈중심적이고, 항상 유보되고, 고정될 수 없는 권위이다.

이 또한 서사적 소통의 여러 차원을 조망해 보면 관찰되는 부분이다. 여기에서 각각의 서사적 차원과 목소리들이 서로 상대화되는데, "복합적 담화", '혼합된 매개'가 되기도 하고, "권위의 [...] 잠재적으로 무한한 쇠퇴"(O'Neill 1994: 70)가 된다. 여러 서사차원이 삽입되어 있다는 내러톨로지 고유의 관찰방식은 지속적이며 단성적이며 권위부여된 목소리를 근본적으로 부정한다. 왜냐하면 "서사론은 내장(성)이라는 용어를 통하여 모든 서사를 읽어낼 것을 요구한다."(같은 글: 65) 삽입을 극단적으로 밀고 나가면 서사텍스트를 형성하는 특징은 말하고 있는 목소리의 기원과 유효성을 감추는 것이다. "서사적 목소리, 그러나 겉으로 보기에 객관적이거나 치우치지 않은 어떤 목소리도 통일적이지 않다. 왜냐하면 모든 서사적 담화는 내재적으로든 외재적으로든 복합적인 담론이기 때문이다."(같은 글: 58)[18]

내러톨로지의 모델을 후기구조주의적으로 해석함으로써 서사 목소리의 권위를 의문시한다면 이는 초점화 영역에도 비슷하게 나타날 수 있다. 초점화라는 개념은 고전주의 내러톨로지에서는 사건을 특정한 관점에서 파악하는 것을 뜻한다. 초점화심급은 어떤 인물인데, 은유적으로 말해서

---

[18] 이 체계적 모호성은 상이한 형상화 수단을 통해 증대될 수 있다. 그 수단 중 가장 잘 알려진 것은 체험화법이다. 체험화법에서는 인물의 목소리와 동시에 서술자의 목소리를 들을 수 있다. 의식을 묘사하는 이 형식에서 한편으로는 인물의 생각이 비교적 성실하게 표현되고, 다른 한편으로는 매개성이 언어학적으로, 제3의 인물을 사용하여 명확히 드러난다. 여기에 관해서는 목소리 원천의 모호성을 이미 '이중 목소리'라는 그의 연구제목에서 표현한 Pascal(1977)을 참조.

그 인물의 (주관적으로 제한된) 시각에서 사건을 인지하는 것이다. 서사 목소리의 다중화와 더불어 오닐이 진단하고 있는 것은(같은 글: 83) "내러티브 상에 내재되어 있는 **시각**의 다중화"이다. 상이한 초점화는 각각의 텍스트 목소리와 마찬가지로 서로 얽혀있어서, 인물들보다 상위에 있으면서 인물들을 걸러내는 심급으로서의 서술자는 문학텍스트 내에서는 언제나 가장 확실한 초점화심급으로 고찰되어야만 한다. 그러므로 성찰자 역할을 하는 인물들의 시각은 원칙적으로 의문시된다. 왜냐하면 그것은 항상 서술자에게 종속되고, 궁극적으로 서술자에 의해서 '구성'되기 때문이다. 마찬가지로 서술자의 시각도 언제나 의문시되는데, 그 시각이 내포 작가에 의해 움직여지기 때문이다. 내포 작가의 초점화는 다시금 서술자의 목소리를 통해서만 표현됨으로써 마찬가지로 의심스럽다. 지금까지 알려진 쌍방 간의 상대화는 상호텍스트성이라는 관계시스템에서 종점은 아니어도 정점이 되는데, 이 쌍방 간의 상대화의 결과는 의미의 불확실성이다. 왜냐하면 "궁극적으로 모든 초점화는 복합성과 비결정성으로 나아가는 경향이 있기"(같은 글: 100) 때문이다. 그러므로 내레이션과 초점화의 권위는 체계 내부적으로 계속 의문시됨으로써 궁극적으로 의미의 고정을 불가능하게 만든다. 의미는 언제나 독서를 할 때, 독자와 작가 그리고 텍스트가 상호작용하는 과정에서만 일시적으로만 생성되는 것이다. 한편으로는 텍스트의, 다른 한편으로는 내러톨로지의 유희적 관점을 높게 평가한다면 특히 의미구성에 참여하는 독자의 역할이 눈에 띈다. 의미는 독서에 선행하지 않고 독서를 통해 비로소 생성된다.[19]

---

[19] 의미구성 과정에 있어서 독자의 역할에 대해서는 특히 이 책의 Bruno Zerweck의 논문을 참조.

문학이 지닌 체계 본연의 중의성을 밝히기 위한 중요한 도구는 오닐에게 있어서는 내러톨로지이다. 내러톨로지가 이야기와 담화에 대한 내러톨로지의 구분, 그리고 상이한 소통의 층위가 삽입되었다고 하는 내러톨로지의 모델이 있기에 비로소 텍스트를 중의성으로 읽는 독법이 가능해진다. 하나의 내러티브 층위가 다른 내러티브 층위의 상위에 있음으로써 상부 층위는 하부 층위의 의미를 상대화시킨다. 서사적 권위가 유예됨으로써 그 서사적 권위는 결코 하나로 고정될 수 없다. 확실한 것은 내러톨로지가 포스트모던 콘셉트의 영향하에서 가치의 전환을 경험하였다는 것이다. 내러톨로지는 질문을 식별하지 답변을 식별하지 않는다. 내러톨로지는 텍스트의 의미를 추구하지 않고 의미의 유예가 지닌 의미와 매커니즘을 추구한다. 그럼으로써 내러톨로지는 더는 학문의 방식이 아니라 유희의 방식이다. 왜냐하면 내러톨로지는 데리다가 말하는 기표의 유희가 가리키는 운동을 모방하기 때문이다. 비록 내러톨로지가 이러한 변주 형태로 후기구조주의적 독서를 위하여 도구화되었긴 하지만, 그럼에도 불구하고 내러톨로지의 체계, 범주는 그대로 남아 있다.

4. 내러톨로지의 포스트모더니즘적 해체구성

내러톨로지와 포스트모더니즘적 사고를 연결시키려는 앤드류 깁슨의 시도는 오닐과는 완전히 다르다. 깁슨에 따르면 고전적 내러톨로지의 주요 특징은 기하학적 사고이다. 즉 "내러티브 또는 내러티브 텍스트에 대한 기하학적 명확성, 대칭 그리고 균형에 대한 환상"(Gibson 1996: 3)이다. 기하학적 모델은 본질, 기원 그리고 불변성의 개념과 불가분의 관계가 있다. 구체적으로 텍스트와 연관 지어 볼 때 이 이론적인 전제들은 텍스트를 시공간적으로 묶어 놓게 된다. "주어진 하나의 텍스트는 사고 또는 재현의 기하학적 체계에 의해 깔끔하게 나누어지고, 대칭적으로 맵핑이 이루어지고, 규합되고 폐쇄된다."(같은 글: 4) 텍스트들은 엄격하게 정의된 해석범주들이 지닌 하나의 확고한 원칙에 의해 조직됨으로써 도식화되고, 공시적으로 배열되고, 통일성을 지니게 된다. 의미의 "애매함, 곤혹스러운 양가성 또는 증식"(같은 글: 7)을 위한 자리는 없다. 그러므로 내러톨로지적 분석을 할 때 내러톨로지의 모델에서 찾아볼 수 있는 대칭이 텍스트에 있다고 여겨진다. 서사텍스트를 공간적이고 합리적 관계 속에서 파악하는 사고는 내러톨로지의 기원까지 거슬러 올라간다. 그러나 그렇다고 해서 결코 그러한 사고의 주도성이 정당화되는 것은 아니다. 바로 그러한 주도성에 대해 깁슨은 의문시한다. 오닐이 기하학을 후기구조주의 사고에 도입하기 위해 내러톨로지를 받아들인다면, 깁슨은 내러톨로지 범주를 단순하게 받아들이는 것에 회의적인 입장이다. "내러톨로지는 포스트모더니즘에 대한 저항을 생산하는 작업이기"(같은 글: 21) 때문이다.

공간적 관계 내에서 이루어지는 사고는 후기구조주의적 관점에서 볼 때 받아들여질 수 없는 몇 가지 단점을 지니고 있다. 첫째로, 자칭 학문적 접근 방식은 통일적 사고와 보편성요구, 즉 "구조적 현상을 추정상 있는 그대로 보편화하고 본질을 추출하는 욕구"(같은 글: 5)를 수반하기 때문이다. 세계의 기하학적 질서는 서사의 상수 그리고 인간 사고의 상수로 설명된다. 그러나 인간의 정신적이고 인지적인 행동이 통일적인 것으로 생각될 뿐 아니라 이에 더 나아가서 보편적인 것도 기하학적인 것 이상으로 생각되어질 수 있다. "기하학은 일종의 보편적 법칙이며"(같은 글), 통일적이고 보편적으로 유효한 학문이다. 기하학적 공간 내에서의 사물의 질서는 의미와 이해를 위한 보증이 된다.

후기구조주의적이고 포스트모더니즘적인 시각에서 보면 내러톨로지에 대한 핵심적인 비판점은 내러톨로지의 기하학적 사고가 초시간적 유효성을 요구하고 있고 그래서 현상의 역사성을 잘 못 보고 있다는 데에 있다. 둘째로, 내러톨로지의 구조와 같은 구조들은 구조를 조직하고 구조에 응집력을 부여하는 하나의 중심을 항상 내포하고 있다. 불변하는 것으로 가정되고 초월적 기의의 자리를 미리 차지함으로써 의미를 고정시키는 이 장소는 차이와 의미의 유희, 즉 차연 différence를 저지한다. 셋째로 내러톨로지의 도식적 사고는 깁슨에 따르면 강한 이데올로기적 함축성을 지닌다. 질서에 저항하는 현상과 불일치성은 제외되거나 억압된다. 고정된 구조, 상급의 핵심적인 의미에 대한 표상은 보수적인 사고틀이다. 언제나 하나의 권력행사의 형태로서, 모델이 지닌 소위 반역사성에 의해 지원되는 권력행사이다. "내러톨로지에 의해 실행되는 것으로서, 분할의 기하학은 그것의 목적과 방법과 결과에 대하여, 그것의 역사성을 받아들이기 전에 결정한다. 따라서 극히 이데올로기적이다."(같은 글: 15)

후기구조주의적 토대를 세운 서술이론은 내러톨로지적 도식주의가 안고 있는 내포적 의미들에 대항하여 후기구조주의에 토대를 둔 서사론이 등장했고, "불안, 소란, 복합적인 형식과 평탄하지 않은 구조와 변동이 있는 조직화"(같은 글: 13)에 주목했다. 목표는 고정되고 변화하지 않는 구조와 마찬가지로 근본이 되는 (의미의) 핵심을 포기함으로써 텍스트의 의미와 텍스트의 모순을 이해할 수 있게 되는 이론이 목표였다. 이러한 다형적인 미학은 어떠한 보편성에 대한 요구도 제기하지 않고, 다원론적 인식론의 부분이고자 한다.

깁슨은 그가 시종일관 계획한 내러톨로지의 해체 속에서 그러한 포스트모더니즘적인 서사론으로 가는 길을 보았다. 깁슨은 그가 계획한 해체의 틀 안에서 핵심적인 개념에 집중하며 그 개념의 기능방식을 내러톨로지의 내부에서 재고했다. 이때 그는 텍스트의 기하학적 목록화에 쓰이는 범주와 마찬가지로 의미가 고정된 중심지의 역할을 하는 범주들에도 관심이 있었다. 그 개념들에 대해 대안적 콘셉트가 제시되었는데, 그 콘셉트는 분명히 유희적인 성격을 가지고 있으며, 어떤 유일한 유효성을 주장하지도 않는다(같은 글: 25). 다음 세 가지로 개요를 잡을 수 있는 해체의 목적은 내러톨로지를 동요시키는 것, 내러톨로지의 경계를 탐색하는 것, 내러톨로지의 계속된 발전이다.[20]

내러톨로지의 핵심적인 토대는 **형태**의 가치를 높이 평가하는 데에 있다. 관심의 중심에는 정지 상태에 기초를 두는 텍스트 구조의 분석이 존재한다.[21] 형식은 구조주의 이전의 이론에서 그랬던 것처럼 내러톨로지 내에서 더는 어떠한 내용에도 종속되지 않고 형식 자체로 의미를 담지하는 가치, 즉 '형태의 의미화'라는 공식에서 찾을 수 있는 그러한 가치를 갖는다. 그러나 형식의 가치 상승은 에너지, 약동, 운동과 같은 개념, 즉

---

[20] 깁슨의 해체구성들 중에서 하나가 선택되었다. 깁슨의 해체구성들 중 내러톨로지의 콘셉트에 일반적으로 해당되며, 텍스트의 기하학적 분할을 위한 구분에 연관된, 궁극적으로 소위 말하는 하나의 고정점의 해체구성이다.

[21] Prince(1988[1987]: 65)의 내러톨로지 정의를 참조. "내러톨로지는 내러티브의 속성, 형태 그리고 기능을 연구한다."

데리다(1976a)가 '힘'이라고 명명한 개념을 경시하는 상황을 동반하게 된다. 힘은 오로지 점진적으로만 자신을 전개시킬 수 있으며, 힘은 문학적 텍스트를 정적 구조나 동시적인 것으로 간주하거나 그 텍스트를 시간적인 발전이 없는 공간 속의 수식으로 생각하는 내러톨로지를 위해서는 묘사될 수 없다. 텍스트의 에너지는 텍스트의 가변성 그리고 변화와 일회성의 흐름으로부터 생겨나는 것이기 때문에 단지 고정된 구조만 가지고 연구하고 있는 내러톨로지로서는 그 콘셉트를 이해할 수 없다. 깁슨(1996: 59)은 한 개념을 다른 것으로 대체하기를 원하지 않고 개념의 상호의존, 즉 "'유동성'과 '부동성'의 공존과 예술에서의 힘과 형태"를 강조한다. 형태가 합리성과 질서의 개념인 반면, 힘은 질서를 파괴하는 순간, 혹은 심리적인 범주로 보자면 억압된 타자이다. 형식 개념을 포기한다는 것은 서술적 에너지를 경시하는 것과 매한가지로 의문스러운 배제를 의미한다. "중요한 것은 기존의 기하학을 해체하는 것이 아니라, 그것들이 대안적으로 재현하려고 하고 접근하지 못하게 하는 것의 내부에서의, 혹은 그에 교차하는 작동방식을 재인식하는 것이다."(같은 글: 59f)[22] 따라서 형식과 에너지를 함께 연구하는 것은 텍스트를 양극 사이의 지속적인 움직임으로 이해할 수 있게 해 준다.

깁슨에 따르면 고전적 내러톨로지를 통한 텍스트의 체계적인 조직에서 핵심적인 역할을 하는 것은 주제 분석이다. 주제 분석에서 텍스트의

---

[22] 에너지의 텍스트적 가시성에 대한 예들은 모순, 재귀적 관계 (이전 장면의 감정적 내용을 다른 장면으로 들여오는 관계) 또는 "형태성에서 담화성으로의 분출" (Gibson 1996: 60)로서, 다시 말하면 텍스트의 형식적 형상화가 기호의 투명성을 가르는 (=형식의 변형) 텍스트 지점들이다.

개별 현상은 이중 작동 안에서 일반화되고 자체적으로 구성된 이중 대립항 (예를 들면 좋은/나쁜 것)에 편입된다. 이러한 대립은 그것들을 몇몇 개의 가능한 논리들로 보지 않고 텍스트의 (의도된) 논리로 설명된다. 그러한 분석에 있어서 특수한 경우는 일반적인 경우에 종속된다. 그것의 결과는 "단일한 기반의 구조에 따른 서술적 텍스트의 모든 요소가 갖는 기능의 결정"(같은 글: 110)이다. 텍스트의 가변성과 주제적인 요소의 유희는 상위 구조에 속한다.

포스트모더니즘적인 읽기는 이제 텍스트의 주제적인 영역을 무시하려 하지 않고 다른 방식으로 개념화하려 한다. 깁슨은 이 목적을 위해 히멘 Hymen[23]이라는 데리다의 개념을 도입한다. 그러나 그가 제안한 여타의 모든 콘셉트에서 보다 더 강하게, 이것이 "결정적인 것, 대안적인 것을 주제화하는 것(같은 글: 128)이 아니라, 가장 최선의 경우라도 하나의 일시적인 해결을 의미할 수 있을 뿐이라고 설명한다.[24] '히멘'은 텍스트의 하나의 속성이자 '배척된 제3자'[25], 중간위치, 불안정의 원칙, 겉으로 보이는 주제적 대립 사이의 경계 말소를 표시한다. 이러한 범주는 주제적인 극단의 연결, 양극의 독립과 비분리성, 양극 공동의 토대와 관련이 있다.

---

[23] [역주] Hymen: 결혼과 처녀막이라는 두 가지 뜻을 가지고 있는 단어.

[24] 깁슨(1996)은 더 장기적인 해법을 포스트모던 페미니즘 이론에서 기대한다. "페미니즘 이론이 우리의 모델을 극단화할 때까지, 그러니까 내러티브 이론이 관계되는 한에서는 결혼의 남신 사상은 임의적이고 전략적인 유용성을 지니고 있다. 왜냐하면 그것은 페미니즘 내러티브 이론이 여전히 만들어내야 하는 일종의 '제3의 용어'이기 때문이다."(같은 책: 127)

[25] [역주] 제3자 배척(배중률): 형식논리학 용어로 어느 것에 대해서 긍정과 부정이 있는 경우, 하나가 참(眞)이면 다른 하나는 거짓이고, 다른 하나가 참이면 하나는 거짓이라는 경우처럼 이것도 아니고 저것도 아닌 중간적 제3자는 인정되지 않는 논리법칙을 말한다.

그리고 동시에 단순히 대립항들을 형성함으로써 텍스트를 안정화시키는 것을 반대한다. 깁슨은 이것을 겉으로 보기에 신과 인간의 대립을 주장하고 있는 창세기 이야기를 통하여 보여준다. 그러나 히멘의 관점에서 바라본 포스트모더니즘적 읽기는 이러한 대립들 사이를 뚫고 공격하는 무수한 지점들을 발견했다. 인간과 신이라는 양극은 서술의 다양한 지점에서 그때그때 다른 특징을 나타낸다. 양극 모두를 아우르는 시대를 초월한 균형 상태는 존재하지 않는다. 신은 때때로 인간적이고 인간도 그와 마찬가지로 신적이다. "동일한 것 내에는 다름의 끊임 없는 유희가 있고 다른 것 내에는 동일한 것의 끊임없는 유희가 있다."(같은 글: 138)

의미중심으로서 기능하는 내러톨로지의 범주는 **서사적 목소리**이다.[26] 주네트가 서사와 초점화를 구분하면서 나온 voix 내지 voice라는 개념은 발화로서의 문학텍스트를 응집시키고, 암묵적으로 그 텍스트를 말하는 심급에 도로 묶어놓는다. 그럼으로써 이 콘셉트는 텍스트를 결정짓는 주관성, "원류와 기원으로서의 소통적 인간 현존"(같은 글: 143)에 대한 생각과 분리될 수 없다. 이 가정된 주체는 다시금 일관성을 만드는 기능을 지니는데, 그 목소리는 텍스트의 중심으로서 기능하고 "[이야기]구조의 방향을 이끌고 구조의 균형을 잡으며 조직하는 과제를 맡게 된다." (Derrida 1976b: 422) 쓰인 언어보다 목소리에 특권을 부여하면서 내러톨

---

[26] 서사적 목소리가 내러톨로지에서 전혀 통일적으로 이해되고 있지 않다는 점은 깁슨이 암시했듯이 잡지 ≪새로운 문학사≫(2001)로 출판된, '서사적 목소리'에 대한 심포지엄에서 나온 모순되는 논문들에서 드러난다. Aczel(2001a; 2001b), Fludernik(2001a; 2001b), Gibson(2001b; 2001c), Jahn(2001a; 2001b) 그리고 Richardson(2001a; 2001b), 또한 심포지엄의 계기를 만들어준 Aczel(1998)의 논문을 참조.

로지는 데리다가 비판하고 해체했던 음성중심주의의 전통에 서 있게 된다. 음성중심주의적 사고에서는 말해지는 언어에 현존이라는 가치가 덧붙여진다. 말은 말하는 주체와 직접 연결된 표현으로 여겨진다. 이때에 다시 연결된다는 것은 지시, 의미 그리고 주체 자신이, 말할 때에 현재화된다는 것을 보증한다. 그에 반하여 글은 그것의 기원과 나중에 거리를 취하고, 의미를 보장하는 화자와 거리를 둔다. 이 생각을 데리다는 의미의 부재를 억누르고 언어에 명확한 합리성을 부여하는 데에 기여하는 환각으로 폭로한다. 따라서 음성중심주의와 내러톨로지에 있어서 목소리에 대한 생각은 언어의 물질성을 감추려고 하는 하나의 이상화인 것이다. 따라서 내러톨로지에 있어서 목소리는 암시적으로 의도, 의미 그리고 총체성에 대한 은유이다. 그런 한에서 바흐친[27]의 의미에서 다성성이라는 콘셉트 또한 음성중심주의의의 근본토대를 원칙적으로 건드리지 않는다. 왜냐하면 목소리의 은유법에는 후기구조주의의 텍스트 이해와 모순되는, －비록 복수이긴 하지만－ 현존과 의도된 의미가 내포되어 있기 때문이다.

그 때문에 데리다와 마찬가지로 깁슨은 **문자**Schrift(écriture, writing)의 콘셉트를 목소리의 반대편에 놓는다. 그럼으로써 그는 지금까지 내러톨로지의 범주로는 눈에 보이지 않았던 서사텍스트의 형성조건을 파악하게 되었다. 글은 언어기호를 예를 들면 종이에 구체적으로 고정시키는 것을 뜻하지 않고, 모든 언어적 발화의 근저에 놓여 있는 추상적 원칙을 표현한다. 음성중심주의를 뒤집어 말한다면, 글은 말해진 언어보다 먼저 대강

---

[27] 다성성과 대화성에 대해서는 Bachtin(1979)과 Gibson(1996: 151-56)의 "바흐친과 형이상학적 사유모드 사이의 공모관계"(같은 글: 155)에 대한 비판 참조.

정리되어 있다. 글은 기원이 없으며, 기만할 수 없으며, 언제나 이미 외적이며, 그렇게 해서 현존의 표상을 방해한다. 언어 기호의 유희에 기반하여 글은 자신에 내재한 의미를 가지지 않으며, 모든 기의화는 임시적이며 불안정하다. "사실상 쓰는 것은 차등의 원리가 되는데, 이는 나타남과 사라짐의 거침없는 유희를 목소리의 추정상 자기 속으로 도입하는 과정을 통해 이루어진다."(Gibson 1996: 169) 내러톨로지에서 목소리에 대한 생각을 통해 보여야만 하는 것은 의미의 지속적인 나타남과 소멸이 지니고 있는 전복적인 잠재력이다. 그러나 내러톨로지뿐 아니라 텍스트 자체도 그것의 불안정을 통제하려고 노력하기 때문에 목소리의 콘셉트는 완전히 삭제되지 못할 것이다. 이와 상응하여 깁슨의 이론구상에서 텍스트는 글도 아니고 목소리도 아니다. 한편으로 주체는 텍스트에서 존재할 수 없고 다른 한편으로 텍스트는 현존을 모방한다. 텍스트에서 볼 수 있는 것이 바로 이것인데, 예를 들면 서사 목소리의 가변성이 느껴질 때이다. 목소리는 항상 순간적인 현상이다. 서사텍스트는 텍스트에서 현존을 스펙트럼의 형식으로 생산하는데, 이 형식은 자기차이 때문에 현존을 다시 도로 철회한다. 하나의 목소리에 귀속될 수 있는 모든 발화들은 너무 달라서, 단일한 하나의 목소리라는 콘셉트를 의문스럽게 만든다. "그러므로 글 쓰는 것과 목소리를 함께 서사에서 생각하는 것, 글 쓰는 것을 서사적 목소리의 형성과 해체로서 생각하는 것이 필요하다."(같은 글: 170)

주장의 움직임은 깁슨에게 있어서 논의전개는 항상 동일한 것임을 인식할 수 있다. 내러톨로지의 개념 또는 콘셉트는 형이상학적이고 본질적인 사전전제로 넘어간다. 그렇지만 깁슨은 내러톨로지적 콘셉트를 급진적으로 바꾸는 데에 동의하지 않는다. 포스트모더니즘 콘셉트의 주도권을 추구하는 것 대신에 구조주의와 후기구조주의적 경향이 지닌 뗄 수 없는 상호의존을 받아들인다. 구조주의적 콘셉트는 이미 일반적으로 받아들여지고 있기 때문에 개념형성을 추진하는 것이 비평의 과제이다. 이는 한편으로 텍스트에 대해 형성되어 있는 서사적 생각들을 의문시하고 다른 한편으로 문학의 포스트모더니즘적 요소를 살펴보는 것을 가능케 해준다.

이미 설명된 범주들 이외에도 일련의 계속된 서사론적 개념들이 깁슨에 의해 다음과 같은 형태로 해체된다.

(a) 깁슨은 내러톨로지 텍스트에 대한 종국적으로 대리적인 이해를 비판한다. 이 이해는 서술된 세계를 텍스트에 앞선 어떤 것으로 생각하고 이것에 맞서 공식적 개시로서의 텍스트 콘셉트를 내세운다. 데리다에서 나온 공식적 개시의 개념은 한편으로 텍스트의 생산성과 구성성에, 다른 한편으로 그것의 개방성과 불안정성에 눈을 돌리게 한다. (b) 전통적 내러톨로지의 중심이 되는, 서사적 층위의 위계질서로서의 텍스트의 개념은 깁슨에 따르면 그가 '편중성'이라고 부르는 것, 즉 서로 상위에 놓인 공간들이 아닌 평행적으로 놓인 다양한 공간 간의 상호작용에 대한 시선을 차단하고 있다. (c) 측정 가능하고 상대적인 시간을 뜻하는 크로노스의 측면하고만 연관된 내러톨로지의 시간이해 역시 깁슨에 의해 비판받는다. 대안으로서 그는 고대그리스의 아이온 aion[28]이라는 개념을 도입하는데, 그 개념은 측정 가능하고 계산 가능한 시간의 측면을 가리키지 않

---

[28] [역주] 아이온은 그리스어로 시간의 계속과 영원 또는 시대를 이르는 말이다. 보다 정확히 말해 아이온은 한 세계가 발생했다가 소멸하는 역사의 한 주기를 말한다.

는다. (d) 마지막으로 깁슨은 인간적, 인간적이지 않은 것으로 나누는 내러톨로지적 분리에 대항하여 기괴성이라는 개념을 내놓았다. 이 기괴성이라는 개념을 이용하여 예전의 범주로의 명확한 귀속이 어려운 텍스트 측면이 기술 가능해졌다.[29]

이 모든 경우에서 깁슨은 서사론적 범주를 그 내포에 대한 비판에도 불구하고 제거하려 하지 않는다. 그는 그것의 정당성을 결코 완전히 부인하지 않는다. 내러톨로지는 그의 부분적으로 매우 격렬한 비판에서 예상되듯이 그렇게 해체되거나 대체되지 않고, 의문시되고 변형된다.[30] 이 양가적인 태도를 통해 깁슨은 후기구조주의적 입장들이 항상 받던 비판을 모면할 수 있는데, 그것은 그들 자신의 입장이 무엇인가라는 질문이다. 텍스트 밖의 모든 입장, 모든 재현, 모든 텍스트의도를 불가능하다고 설명하는 후기구조주의 이론은 후기구조주의적 이론가들이 그것들을 설명하고, 텍스트 움직임을 밖에서 묘사하고, 독자들이 바로 그 이론에 모순되는 텍스트 의도성을 그 텍스트를 독서하면서 재구성하는 것에 대한 확신을 가질 때에야 만이 설명되고 널리 퍼져나갈 수 있다. 게다가 후기

---

[29] Gibson(2001a: 215)은 "[그의] 책에 각주"로 전통적 내러톨로지에 대하여 더 나아간 비판을 보충해 놓았다. 그러나 여기에는 내러톨로지의 공간적 은유법이 있는 것이 아니라 깁슨이 불쾌해하는 내러톨로지의 산술이 있다. 그는 수많은 내러톨로지 이론들이 순전히 덧셈의 텍스트이해를 가지고 있다는 것, 즉 텍스트를 축적과정으로 보고 있음을 지적한다. 그러나 이러한 텍스트이해는 텍스트 속의 감산, 즉 뺄셈의 요소들이 있다는 것, 지식을 철회하거나 취소하는 텍스트의 경향을 간과하고 있다.

[30] 한편으로 급진적 비판, 다른 한편으로는 긍정 사이에 존재하는 모순을 버튼스 Hans Bertens(1998: 127)가 지적한다. "그러나 [깁슨]은 자신의 책이 내러톨러지의 몰락을 드러내 준다고 주장하는데, 그것은 절대 틀린 말이다. 그의 독서는 자신의 텍스트에 대해 내러톨로지가 말해 줄 수 있는 것에 덧붙여 우리에게 설명한다는 점에서 환영받을 수는 있으나, 결코 내러톨로지를 내쫓지는 않는다."

구조주의적 이론들은 대부분 보편적인 설명에 대한 요구를 가지고 있는데, 이는 단지 국부적으로 등장하는 의미들에 대한 그들의 이해와 모순된다. 깁슨은 두루 포괄하는 유효성에 대한 바로 이 요구를 포기하면서, 그리고 전통적 콘셉트와 그 자신이 제안한 콘셉트가 동등한 권리를 가지고 있음을 가정하면서 이러한 자기적용의 문제를 벗어난다.[31]

5. 이론의 가능성과 한계점

오닐과 깁슨의 이론을 비교해보면 공통적인 기초적인 방향성을 확인할 수 있다. 그것은 후기구조주의적 독서에 특권을 준다는 것인데, 이 독서는 텍스트의 명확한 의미를 확정하려는 시도를 거절한다. 두 사람 모두에게 텍스트의 유희적 특성을 밝히는 것이 핵심적인 관심사이다. 따라서 텍스트에 대한 이해는 우선적으로 의미의 불안정성을 보여주는 것보다 덜 중요하다. 둘 중 아무도 궁극적으로 내러톨로지와 결별하지 않으며, 그 대신에 두 개의 후기구조주의적 범주들이 내러톨로지 속으로 들어가게 된다.

---

[31] 이러한 축약은 후기구조주의가 이 문제를 의식하고 있고 또 그것을 다각도로 성찰하는 한에서는 당연히 부당한 것이다. 예를 들어 예를 들어 모든 형이상학비판이 지닌 논쟁적 순환에 대한 데리다(1976b: 425)의 지적을 참조할 수 있다. "사람들이 형이상학을 뒤흔들려고 한다면 형이상학 개념을 포기하는 것은 의미가 없다. 우리는 이 역사에 포함되어 있지 않은 언어를, 문장을, 어휘를 마음대로 사용하지 못한다. 이미 그 문장이 의문시 하고자 하는 것의 형태, 논리, 함축적 요구에 따르고 있지 않은 해체된 문장을 한 문장도 만들 수 없다." 따라서 해체구성은 이 모순을 피하기 위해 "깊이 생각해서 고안해낸 [...] 기피전략을 개발했다. 그러나 이 전략은 궁극적으로 모순을 줄일 수 있을 뿐이지 모순을 제거할 수는 없다. 이에 대해서는 Zapf(2001: 104)를 참조.

그러나 이러한 공통점에도 불구하고 오닐과 깁슨의 근본적인 차이점도 확인할 수 있다. 그것은 구조주의적 내러톨로지의 연계성에 대한 이해가 대척점에 놓여 있다는 것이다. 이 전통적인 내러톨로지가 오닐에게는 상대적 사고의 표현이라고 한다면, 깁슨에게는 절대성에 대한 요구를 표현한다. 두 사람의 이론가들은 상대적 사고의 변호인이기 때문에 각기 다른 진단에 따라 내러톨로지에 대한 다양한 접근이 나온다. 오닐은 구조주의적 내러톨로지로부터 후기구조주의적 내러톨로지를 만들기 위해 단지 약간의 변형만을 해야 했던 반면에 깁슨에게는 내러톨로지의 분석콘셉트에 대항하는 것으로서, 대안 개념을 도입하는 것이 필수적이다. 오닐은 내러톨로지를 오직 재해석하는 반면에 깁슨은 이를 해체한다. 전통적 내러톨로지의 평가에 있어서 근본적인 차이점을 보임으로써 오닐과 깁슨은 서로 양립할 수 없다.

그들의 접근 방식에 존재하는 차이점에 따라 여기 소개된 두 가지의 후기구조주의 서사론들은 상이한 문제들과 투쟁하여야 한다. 오닐의 이론구상을 판단하는 데 있어서 결정적인 질문은 그가 내러톨로지를 텍스트 내부적인 상대화를 보여주는 분석틀로서 해석하는 것이 지속 가능한가 하는 점이다. 이 질문에 대해 부정한다면 그의 전체 콘셉트는 아무것도 아니다. 왜냐하면 상이한 서사층위들이 서로서로 상대화하는 것을 받아들인다는 것은 그의 이론의 유일한 지지대이기 때문이다. 반대로 깁슨의 문제는 그가 상이하게 규정한 그의 이론의 범위이다. 그것은 그의 이론을 눈에 띄게 약화시킨다. 한편으로 내러톨로지는 특히 포스트모던 텍스트의 해석을 위해서는 적합하지 않은 것으로 묘사된다. 그럼으로써 데리다에게 있어서 언어 일반의 특징이었던 텍스트 특성들은 하나의 역사적 현상으로 축소된다. 깁슨은 포스트모던 이론을 단지 포스트모던적 현상을 설명하기 위해 요구한다.32 다른 한편으로 모든 본질주의와 모든 형이상학은 이론적인 것으로서 원칙적으로 더는 지속성 있게 설명되지 않는다. 구조주의적인 텍스트 이해는 깁슨에 따르면 낡았을 뿐 아니라 그냥 틀린 것이다.33 이러한 논구의 앞뒤 맞지 않은 불일치성은 그의 논점이 원래 지니고 있던, 구조주의적이고 후기구조주의적인 콘셉트의 혼합에 기인하지만 다른 한편으로는 깁슨의 논의전개가 후기구조주의 입장과 포스트모던 입장 사이에서 동요하고 있는 것과도 연관이 있다. 이 글을 시작할 때 실용적인 이유에서 후기구조주의와 포스트모던이 공통으로 지니고 있는 기초적인 내용에 대한 설명이 요구되었었다면, 이제는 하나의 중요한 차이가 보인다. 이 차이를 유디트 버틀러(1993: 47)는 주체와 관련하여 다음과 같이 간추려 말한다. "[그것은], 주체는 **결코** 존재하지 않았다고 주장하는 후기구조주의자들의 입장과 주체가 **전에는** 어떤 고결함을 지녔었으나 오늘날은 그것을 잃어버렸다고 말하는 포스트모던의 입장이 지닌 차이다." 같은 맥락으로 다음과 같이 말할 수 있다.

---

32 이와 유사하게 Richardson(2000)은 포스트모던 문학에서 전통 내러톨로지에 대한 도전을 보고는 있지만, 이 전통 내러톨로지가 전통적인 텍스트에 적합한지에 대해서는 의문시하지 않았다.

33 깁슨의 포스트모던 서사론이 보여주는 모순적 작용반경은 반복되는 논쟁구조로도 나타난다. 각각의 장들에서는 순전히 이론적인 설명이 있고 그 뒤에 텍스트분석이 이루어진다. 그때 항상 먼저 소개되는 것은 고전적 내러톨로지의 범주들을 명백하게 의문스럽게 만드는 포스트모던 텍스트다. 그러한 해석들은 매우 설득력이 있다. 그런데 이렇게 막 나오고 있는 포스트모던 텍스트 콘셉이 고전적, 리얼리즘적 서사텍스트에서 어떤 역할을 하는가라는 질문을 하는 세 번째 발걸음을 깁슨이 뗄 때면, 그러면 그의 해석들은 의문스러워진다. 또는 그 해석들은 예전 텍스트이긴 하지만 그래도 포스트모던 사유를 선취하는 실험적인 텍스트와 연관된다.

포스트모던 입장에서는 텍스트는 전에는 어떤 고결함을 지녔었지만, 이제는 그것을 잃어버린 것이고, 후기구조주의는 그런 고결함에 대한 가능성 자체를 텍스트에서 근본적으로 제거한다. 깁슨은 이 모순을 해결할 수 없고, 그 반대로 이 모순이 계속적으로 (의도하지는 않았겠지만) 재차 드러난다.[34]

두 논점은 이러한 아주 근본적인 문제를 지니고 있음에도 불구하고 그것의 업적은 간과할 수 없다. 두 논점은 후기구조주의적인 문제 제기와 어떤 텍스트이론도 "내러티브가 지닌 가볍고 비공식적이고 총체적인 것에 반대하는 힘과 효과"(Herman 1999b: 28)에 대해 우리의 시선을 돌리게 해주었다. 포스트모던 또는 오래된 텍스트들에서도 나타나는 이 현상들은 전통적인 내러톨로지의 범주와는 맞지 않는 것으로 설명될 수 있으나 내러티브 텍스트의 중요한 부분을 이루고 있다. 깁슨과 오닐은 이 이론의 결점에 대해 대답하면서 어떻게 내러톨로지가 이 텍스트현상을 다룰 수 있는지를 실험하고 있다. 깁슨과 오닐이 지니고 있는 후기구조주의적인 시각은 구조주의적 내러톨로지의 모델과 결부되어 있는 가정과 맹점에 눈을 돌린다. 그럼으로써 깁슨과 오닐은 자신의 전제를 생각해 보는 자기성찰적 내러톨로지에 중요한 기여를 하고 있다.

---

[34] 역사적 관점이 어느 정도까지 서사론의 중심부에 자리 잡아야 하는가에 대한 질문이 제기된다. 고전적 내러톨로지의 모델은 현실적 서사텍스트의 관점에서 발전하여 암묵적으로 규범화되어 간다.

■ 참고문헌

Aczel, Richard. 2001a. "Understanding as Over-hearing: Towards a Dialogics of Voice." In: *New Literary History* 32: 592-617.
_____. 2001b. "Commentary: Throwing Voices." In: *New Literary History* 32: 703-05.
Bachtin, Michail M. 1979. "Das Wort im Roman." In: ders.: *Die Ästhetik des Wortes.* Frankfurt a.M.: Suhrkamp.
Bertens, Hans. 1998. "Fleeing forwards."(Rez.) In: *Paragraph* 21: 121-29.
Bossinade, Johanna. 2000. *Poststrukturalistische Literaturtheorie.* Stuttgart: Metzler.
Butler, Judith. 1993. "Kontingente Grundlagen: Der Feminismus und die Frage der 'Postmoderne'." In: Seyla Benhabib, Judith Butler, Drucilla Cornell & Nancy Fraser. *Der Streit um Differenz: Feminismus und Postmoderne in der Gegenwart.* Frankfurt a.M.: Fischer. 31-58.
Chase, Cynthia. 1978. "The Decomposition of the Elephants: Double Reading *Daniel Deronda*." In: *PMLA* 93.2: 215-27.
_____. 1984. "Models of Narrative: Mechanical Doll, Exploding Machine." In: *The Oxford Literary Review* 6.2: 57-69.
Culler, Jonathan. 1988. *Dekonstruktion: Derrida und die poststrukturalistische Literaturtheorie.* Reinbek: Rowohlt.
Currie, Mark. 1998. *Postmodern Narrative Theory.* Basingstoke/London: Macmillan.
de Lauretis, Teresa. 1984. *Alice Doesn't: Feminism, Semiotics, Cinema.* Bloomington: Indiana UP.
de Man, Paul. 1979. *Allegories of Reading: Figural Language in Rousseau, Nietzsche, Rilke, and Proust.* New Haven/London: Yale UP.
Derrida, Jacques. 1976a. "Kraft und Bedeutung." In: ders.: *Die Schrift und die Differenz.* Frankfurt a.M.: Suhrkamp. 9-53.
_____. 1976b. "Die Struktur, das Zeichen und das Spiel im Diskurs der Wissenschaften vom Menschen." In: ders.: *Die Schrift und die Differenz.* Frankfurt a.M.: Suhrkamp. 422-42.

_____. 1983. *Grammatologie*. Frankfurt a.M.: Suhrkamp.
_____. 1986. *Positionen*. Graz/Wien: Böhlau.
Dosse, Francois. 1999. *Geschichte des Strukturalismus: Bd. 2: Die Zeichen der Zeit: 1967-1991*. Frankfurt a.M.: Fischer.
Eagleton, Terry. 1994[1983]. *Einführung in die Literaturtheorie*. Stuttgart: Metzler.
Fludernik, Monika. 2001b. "Commentary: Narrative Voices — Ephemera or Bodied Beings." In: *New Literary History* 32: 707-10.
Frank, Manfred. 1983. *Was ist Neostrukturalismus?* Frankfurt a.M.: Suhrkamp.
Genette, Gérard. 1993[1982]. *Palimpseste: Die Literatur auf zweiter Stufe*. Frankfurt a.M.: Suhrkamp.
Gibson, Andrew. 1990. *Reading Narrative Discourse: Studies in the Novel from Cervantes to Beckett*. London: Macmillan.
_____. 1996. *Towards a Postmodern Theory of Narrative*. Edinburgh: Edinburgh UP.
_____. 1999. *Postmodernity, Ethics and the Novel: From Leavis to Levinas*. London: Routledge.
_____. 2001a. "Narrative Subtraction." In: Jörg Helbig (Hg.). *Erzählen und Erzähltheorie im 20. Jahrhundert: Festschrift für Wilhelm Füger*. Heidelberg: Winter. 213-31.
_____. 2001b. "'And the Wind Wheezing Through That Organ Once in a While': Voice, Narrative, Film." In: *New Literary History* 32: 639-57.
_____. 2001c. "Commentary: Silence of the Voice." In: *New Literary History* 32: 711-13.
Jahn, Manfred. 2001a. "Narrative Voice and Agency in Drama: Aspects of a Narratology of Drama." In: *New Literary History* 32: 659-79.
_____. 2001b. "Commentary: The Cognitive Status of Textual Voice." In: *New Literary History* 32: 695-97.
Kimmich, Dorothee, Rolf Günter Renner & Bernd Stiegler (Hgg.). 1996. *Texte zur Literaturtheorie der Gegenwart* Stuttgart: Reclam.
Lanser, Susan Sniader. 2001. "(Im)plying the Author." In: *Narrative* 9: 153-60.
Lyotard, Jean-Francois. 1986. *Das Postmoderne Wissen*. Graz/Wien: Böhlau.

Miller, J. Hillis. 1992. *Ariadne's Thread: Story Lines.* New Haven: Yale UP.
Nünning, Ansgar. 2001. "Totgesagte leben länger: Anmerkungen zur Rückkehr des Autors und zu Wiederbelebungsversuchen des 'impliziten Autors'." In: *Literaturwissenschaftliches Jahrbuch* 42: 353-85.
O'Neill, Patrick. 1990. *The Comedy of Entropy: Humour, Narrative, Reading.* Toronto: University of Toronto Press.
_____. 1992. "On Focalization in Narrative." In: *Canadian Review of Comparative Literature* 19: 331-50.
_____. 1996. *Acts of Narrative: Textual Strategies in Modern German Fiction.* Toronto: University of Toronto Press.
Pascal, Roy. 1977. *The Dual Voice: Free Indirect Speech and its Functioning in the Nineteenth-Century European Novel.* Manchester: Manchester UP.
Pfister, Manfred. 1985. "Konzepte der Intertextualität." In: Ulrich Broich & Manfred Pfister (Hgg.). *Intertextualität.* Tübingen: Narr. 1-30.
Renner, Rolf Günter. 1996. "Dekonstruktion: Einleitung." In: Kimmich et al. 1996. 279-86.
Richardson, Brian. 2000. "Narrative Poetics and Postmodern Transgressions: Theorizing the Collapse of Time, Voice, and Frame." In: *Narrative* 8: 23-42.
_____. 2001a. "Voice and Narration in Postmodern Drama." In: *New Literary History* 32: 681-94.
_____. 2001b. "Commentary: Inhuman Voices." In: *New Literary History* 32: 699-701.
Zapf, Hubert. 2001[1998]. "Dekonstruktivismus." In: A. Nünning 2001a[1998]. 102-05.
_____. 1991. *Kurze Geschichte der anglo-amerikanischen Literaturtheorie.* München: Fink.
_____. 1994. *Die Dekonstruktion: Einführung und Kritik.* Tübingen: Francke.

이 밖에 본 논문에 해당되는 참고문헌으로서 본서 마지막에 실린 책과 논문은 다음과 같다.

Aczel 1998; Brooks 1984; Darby 2001; Fludernik 2001a; Herman 1999b; Kindt/Müller 1999; Lanser 1981; A. Nünning 1993, 2001a[1998]; Nünning/Surkamp/Zerweck 1998; Onega/García Landa 1996a; O'Neill 1994; Prince 1998[1987]; White 1980.

■ 주요 참고문헌

1. 서사론의 기본서 및 새로운 연구 방향에 관한 주요 개괄서

Aczel, Richard. 1998. "Hearing Voices in Narrative Texts." In: *New Literary History* 29.3: 467-500.

Alphen, Ernst van. 1990. "The Narrative of Perception and the Perception of Narrative." In: *Poetics Today* 11.3: 483-509.

Amiran, Eyal. 1996. "Against Narratology?" In: *SubStance* 81: 91-109.

Angelet, Christian & Jan Herman. 1995[1987]. "Narratologie." In: Maurice Delcroix & Fernand Hallyn (Hgg.). *Méthodes du texte: Introduction aux études littéraires*. Paris: Duculot. 168-201.

Bal, Mieke. 1997 [1985]. *Narratology: Introduction to the Theory of Narrative*. Toronto et al.: University of Toronto Press.

_____. 1990. "The Point of Narratology." In: *Poetics Today* 11.4: 727-53.

_____. 1991. *On Story-Telling: Essays in Narratology*. Sonoma, CA: Polebridge.

_____. 1999. "Close Reading Today: From Narratology to Cultural Analysis." In: Grünzweig & Solbach 1999. 19-40.

Banfield, Ann. 1982. *Unspeakable Sentences: Narration and Representation in the Language of Fiction*. London/Boston: Routledge & Kegan Paul.

Barry, Jackson G. 1990. "Narratology's Centrifugal Force: A Literary Perspective on the Extensions of Narrative Theory." In: *Poetics Today* 11.2: 295-308.

Bender, John. 1995. "Making the World Safe for Narratology: A Reply to Dorrit Cohn." In: *New Literary History* 26.1: 29-33.

Bonheim, Helmut. 1982. *The Narrative Modes: Techniques of the Short Story*. Cambridge: D.S. Brewer.

Booth, Wayne C. 1991 [1961]. *The Rhetoric of Fiction*. Chicago/London: University of Chicago Press.

Branigan, Edward. 1992. *Narrative Comprehension and Film*. London/New York: Routledge.

Brockmeier, Jen & Donal Carbaugh (Hgg.). 2001. *Narrative and Identity: Studies in Autobiography, Self and Culture*. Amsterdam: John Benjamins.
Brooke-Rose, Christine. 1990. "Whatever Happened to Narratology?" In: *Poetics Today* 11.2: 283-93.
Brooks, Peter. 1984. *Reading for the Plot: Design and Intention in Narrative*. Oxford: Clarendon.
_____. 1994. *Psychoanalysis and Storytelling*. Oxford: Blackwell.
Bruner, Jerome. 1991. "The Narrative Construction of Reality." In: *Critical Inquiry* 18.1: 1-21.
Carrier, David. 1984. "On Narratology." In: *Philosophy and Literature* 8.1: 32-42.
Chatman, Seymour. 1978. *Story and Discourse: Narrative Structure in Fiction and Film*. Ithaca, NY: Cornell UP.
_____. 1988. "On Deconstructing Narratology." In: *Style* 22.1: 9-17.
_____. 1990a. *Coming to Terms: The Rhetoric of Narrative in Fiction and Film*. Ithaca, NY/London: Cornell UP.
_____. 1990b. "What Can We Learn from Contextualist Narratology?" In: *Poetics Today* 11.2: 309-28.
_____. 1993. "Narratological Empowerment." In: *Narrative* 1.1: 59-68.
Cobley, Paul. 2001. *Narrative*. London: Routledge.
Cohan, Steven & Linda Shires. 1988. *Telling Stories: A Theoretical Analysis of Narrative Fiction*. London/New York: Routledge.
Cohn, Dorrit. 1978. *Transparent Minds: Narrative Modes for Presenting Consciousness in Fiction*. Princeton: Princeton UP.
_____. 1999. *The Distinction of Fiction*. Baltimore: Johns Hopkins UP.
Cortazzi, Martin. 1993. *Narrative Analysis*. London: Falmer Press.
Coste, Didier. 1989. *Narrative as Communication*. Minneapolis: University of Minnesota Press.
Culler, Jonathan. 1975. *Structuralist Poetics: Structuralism, Linguistics and the Study of Literature*. London: Routledge & Kegan Paul.
Dannenberg, Hilary P. 1998 [1995]. "Die Entwicklung von Theorien der Erzählstruktur und des Plot-Begriffs." In: Nünning 1998 [1995]. 51-68.
Danow, David K. 1997. *Models of Narrative: Theory and Practice*. Basingstoke/

London: Macmillan.

Dardy, David. 2001. "Form and Context: An Essay in the History of Narratology." In: *Poetics Today* 22.4: 829-52.

Doležel, Lubomír. 1998. *Heterocosmica: Fiction and Possible Worlds*. Baltimore: Johns Hopkins UP.

Drucker, Johanna. 1994. "Narratology: Genre Fiction and New Writing." In: Juliana Spahr et al. (Hgg.). *A Poetics of Criticism*. Buffalo: Leave. 271-75.

Duyfhuizen, Bernard. 1992. *Narratives of Transmission*. Rutherford: Fairleigh Dickinson UP.

Fehn, Ann, Ingeborg Hoesterey & Maria Tatar (Hgg.). 1992. *Neverending Stories: Toward a Critical Narratology*. Princeton: Princeton UP.

Fludernik, Monika. 1997 [1993]. *The Fictions of Language and the Languages of Fiction: The Linguistic Representation of Speech and Consciousness*. London: Routledge.

_____. 1996. *Towards a 'Natural' Narratology*. London: Routledge.

_____. 1998. "Narratology." In: Paul E. Schellinger (Hg.). *Encyclopedia of the Novel* Vol.2: M-Z. Chicago/London: Fitzroy Dearborn Publishers. 900-05.

_____. 2000a. "Beyond Structuralism in Narratology: Recent Developments and New Horizons in Narrative Theory." In: *Anglistik* 11.1: 83-96.

_____. 2000b. "Genres, Text Types, or Discourse Modes? Narrative Modalities and Generic Categorization." In: *Style* 34.2: 274-92.

_____. 2001. "New Wine in Old Bottles? Voice, Focalization and New Writing." In: *New Literary History* 32. 619-38.

Fludernik, Monika & Brian Richardson. 2000. "Bibliography of Recent Works on Narrative." In: *Style* 34.2: 319-28.

Forster, Edward M. 1993 [1927]. *Aspects of the Novel*. London: Hoder & Stoughton.

Friedman, Norman. 1955. "Point of View in Fiction: The Development of a Critical Concept." In: *PMLA* 70.4: 1160-84.

García Landa, José Ángel. 1998. *Acción, Relato, Discurso: Estructura de la ficción narrativa*. Salamanca: Ediciones Universidad de Salamanca.

Gaudreault, André. 1988. *Du littéraire au filmique: Systéme du récit*. Paris:

Meridiens Klincksieck.

Genette, Gérard. 1980. *Narrative Discourse: An Essay in Method*. Ithaca, NY: Cornell UP[orig.: 1972. "Discours du récit." In: ders. *Figures III*. Paris: Seuil. 67-273].

_____. 1988. *Narrative Discourse Revisited*. Ithaca, NY: Cornell UP[orig.: 1983. *Nouveau discours du récit*. Paris: Seuil].

_____. 1991. *Fiction et diction*. Paris: Seuil.

Gorbman, Claudia. 1987. *Unheard Melodies. Narrative Film Music*. London/ Bloomington: BFI/Indiana UP.

Griem, Julika. 1995. *Brüchiges Seemannsgarn: Mündlichkeit und Schriftlichkeit im Werk Joseph Conrads*. Tübingen: Narr.

Grünzweig, Walter & Andreas Solbach (Hgg.). 1999a. *Grenzüberschreitungen: Narratologie im Kontext/Transcending Boundaries: Narratology in Context*. Tübingen: Narr.

_____. 1999b. "Einführung: 'Narratologie und interdisziplinäre Forschung'." In: diess. 1999a. 1-15.

Gutenberg, Andrea. 2000. *Mögliche Welten: Plot und Sinnstiftung im englischen Frauenroman*. Heidelberg: Winter.

Halttunen, Karen. 1999. "Cultural History and the Challenge of Narrativity." In: Victoria Bonnell & Lynn Hunt (Hgg.). *Beyond the Cultural Turn: New Directions in the Study of Society and Culture*. Berkeley/Los Angeles: University of California Press. 165-81.

Hamburger, Käte. 1994 [1957]. *Die Logik der Dichtung*. Stuttgart: Klett.

Hardee, A. Maynor & Freeman G. Henry (Hgg.). 1990. *Narratology and Narrative*. Columbia: University of South Carolina.

Helbig, Jörg (Hg.). 2001. *Erzählen und Erzähltheorie im 20. Jahrhundert: Festschrift für Wilhelm Füger*. Heidelberg: Winter.

Herman, David. 1995. *Universal Grammar and Narrative Form*. Durham, NC: Duke UP.

_____. 1997. "Scripts, Sequences, and Stories: Elements of a Postclassical Narratology." In: *PMLA* 112.5: 1046-59.

_____ (Hg.). 1999a. *Narratologies: New Perspectives on Narrative Analysis*.

Columbus: Ohio State UP.
_____. 1999b. "Introduction: Narratologies." In: ders. 1999a. 1-30.
_____. 2002. *Story Logic Problems and Possibilities of Narrative*. Lincoln: University of Nebraska Press.
Herman, Luc & Bart Vervaeck. 2001. *Vertelduivels: Handboek verhaalanalyse*. Nijmegen: Vantilt.
Hoesterey, Ingeborg. 1991. "Critical Narratology." In: *Text and Performance Ouarterly* 11.3: 207-16.
Ingarden, Roman. 1965 [1931]. *Das literarische Kunstwerk: Mit einem Anhang von den Funktionen der Sprache im Theaterspiel*. Tübingen: Niemeyer.
Iser, Wolfgang. 1994a [1972]. *Der implizite Leser: Kommunikationsformen des Romans von Bunyan bis Beckett*. München: Fink.
_____. 1994b [1976]. *Der Akt des Lesens: Theorie ästhetischer Wirkung*. München: Fink.
Jahn, Manfred. 1998 [1995]. "Narratologie: Methoden und Modelle der Erzähltheorie." In: Nünning 1998 [1995]. 29-50.
_____. 2000. "Stanley Fish and the Constructivist Basis of Postclassical Narratology." In: Bernhard Reitz & Sigrid Rieuwertz (Hgg.). *Anglistentag 1999 Mainz: Proceedings*. Trier: WVT. 375-87.
Jahn, Manfred, Inge Molitor & Ansgar Nünning. 1993. *CoGNaC: A Concise Glossary of Narratology from Cologne*. Köln: Englisches Seminar der Universität zu Köln.
Jahn, Manfred & Ansgar Nünning. 1994. "A Survey of Narratological Models." In: *LWU* 27.4: 283-303.
Kayser, Wolfgang. 1992 [1948]. *Das sprachliche Kunstwerk: Eine Einführung in die Literaturwissenschaft*. Bern: Francke.
Kindt, Tom & Hans-Harald Müller. 1999. "Der 'implizite Autor': Zur Explikation und Verwendung eines umstrittenen Begriffs." In: Fotis Jannidis, Gerhard Lauer, Matias Martinez & Simone Winko (Hgg.). *Rückkehr des Authors: Zur Erneuerung eines umstrittenen Begriffs*. Tübingen: Niemeyer. 273-87.
Kloepfer, Rolf & Gisela Janetzke-Dillner (Hgg.). 1981. *Erzählung und Erzählforschung im 20. Jahrhundert*. Stuttgart: Kohlhammer.

Kocka, Jürgen & Thomas Nipperdey (Hgg.). 1979a. *Theorie und Erzählung in der Geschichte*. München: dtv.

_____. 1979b. "Einführung." In: diess. 1979a. 7-13.

Konigsberg, Ira. 1985. *Narrative Techniques in the English Novel*. Hamden, CT: Archon.

Kreiswirth, Martin. 1992. "Trusting the Tale: The Narrativist Turn in the Human Sciences." In: *New Literary History* 23.3: 629-57.

_____. 1995. "Tell Me a Story: The Narrativist Turn in the Human Sciences." In: ders. & Thomas Carmichael (Hgg.). *Constructive Criticism: The Human Sciences in the Age of Theory*. Toronto: University of Toronto Press. 61-87.

Kunzle, David. 1973. *The Early Comic Strip: Narrative Strips and Picture Stories in the European Broadsheet from c. 1450 to 1825*. Berkeley: University of California Press.

Lacey, Nick. 2000. *Narrative and Genre: Key Concepts in Media Studies*. New York: St. Martin's.

Lämmert, Eberhard. 1991 [1955]. *Bauformen des Erzählens*. Stuttgart: Metzler.

_____ (Hg.). 1999. *Die erzählerische Dimension: Eine Gemeinsamkeit der Künste*. Berlin: Akademie-Verlag.

Lanser, Susan Sniader. 1981. *The Narrative Act: Point of View in Prose Fiction*. Princeton: Princeton UP.

Lothe, Jakob. 2000. *Narrative in Fiction and Film: An Introduction*. Oxford: Oxford UP.

Martin, Wallace. 1986. *Recent Theories of Narrative*. Ithaca, NY/London: Cornell UP.

Martinez, Matias & Michael Scheffel. 2002 [1999]. *Einführung in die Erzähltheorie*. München: Beck.

McQuillan, Martin (Hg.). 2000. *The Narrative Reader*. London: Routledge.

Mellard, James M. 1991. *Doing Tropology: Analysis of Narrative Discourse*. Urbana: University of Illinois Press.

Mihailescu, Calin-Andrei & Walid Hamarneh (Hgg.). 1996. *Fiction Updated: Theories of Fictionality, Narratology, and Poetics*. Toronto: University of Toronto Press.

Miller, J. Hillis. 1995 [1990]. "Narrative." In: Frank Lentricchia & Thomas McLaughlin (Hgg.). *Critical Terms for Literary Study*. Chicago/London: Chicago UP. 66-79.

_____. 1998. *Reading Narrative*. Norman: University of Oklahoma Press.

Mink, Louis O. 1978. "Narrative Form as a Cognitive Instrument." In: Robert H. Canary & Henry Kozicki (Hgg.). *The Writing of History: Literary Form and Historical Understanding*. Madison: University of Wisconsin Press. 129-49.

Mortimer, Anthony (Hg.). 1984. *Contemporary Approaches to Narrative*. Tübingen: Narr.

Müller, Hans-Harald & Tom Kindt (Hgg.). 2003. *What is Narratology?*. (=Narratologia, Bd.1) Berlin/New York: de Gruyter. [in Vorbereitung]

Musschoot, Anne Marie. 2000. "From Perspective Over Focalization to Vision: A Look at New Developments in the Theory of Narrative." In: Dirk de Geest et al. (Hgg.). *Under Construction: Links for the Site of Literary Theory: Essays in Honour of Hendrik van Gorp*. Leuven: Leuven UP. 13-23.

Nash, Christopher (Hg.). 1990. *Narrative in Culture: The Uses of Storytelling in the Sciences, Philosophy, and Literature*. London: Routledge.

Nünning, Ansgar. 1989. *Grundzüge eines kommunikationstheoretischen Modells der erzählerischen Vermittlung: Die Funktionen der Erzählinstanz in den Romanen George Eliots*. Trier: WVT.

_____. 1993. "Renaissance eines anthropomorphisierten Passepartouts oder Nachruf auf ein literaturkritisches Phantom? Überlegungen und Alternativen zum Konzept des implied author." In: DVjs 67.1: 1-25.

_____ (Hg.). 1998 [1995]. *Literaturwissenschaftliche Theorien, Modelle und Methoden: Eine Einführung*. Trier: WVT.

_____. 1997. "Erzähltheorie." In: Klaus Weimar (Hg.) *Reallexikon der Deutschen Literaturwissenschaft*. Bd. 1. Berlin/New York: de Gruyter. 513-17.

_____. 2000. "Towards a Cultural and Historical Narratology: A Survey of Diachronic Approaches, Concepts, and Research Projects." In: Bernhard Reitz & Sigrid Rieuwerts (Hgg.). *Anglistentag 1999 Mainz: Proceedings*. Trier: WVT. 345-73.

_____ (Hg.). 2001a [1998]. *Metzler Lexikon Literatur- und Kulturtheorie: Ansätze – Personen – Grundbegriffe.* Stuttgart: Metzler.

_____. 2001b. "Mimesis des Erzählens: Prolegomena zu einer Wirkungsästhetik, Typologie und Funktionsgeschichte des Akts des Erzählens und der Metanarration." In: Helbig 2001. 13-47.

Nünning, Ansgar, Carola Surkamp & Bruno Zerweck (Hgg.). 1998. *Unreliable Narration: Studien zur Theorie und Praxis unglaubwürdigen Erazählens in der englischsprachigen Erzählliteratur.* Trier: WVT.

Nünning, Vera & Ansgar Nünning. (Hgg.). 2000. *Multiperspektivisches Erzählen: Zur Theorie und Geschichte der Perspektivenstruktur im englischen Roman des 18. bis 20. Jahrhunderts.* Trier: WVT.

_____. 2001. *Grundkurs anglistisch-amerikanistische Literaturwissenshaft.* Stuttgart: Klett.

_____ (Hg.). 2002a. *Erzähltheorie transgenerisch, intermedial, interdisziplinär.* Trier: WVT.

_____. 2002b. "Produktive Grenzüberschreitungen: Transgenerische, intermediale und interdisziplinäre Ansätze in der Erzähltheorie." In: V. Nünning/A. Nünning 2002a. 1-22.

Onega, Susana & José Angel Gracîa Landa (Hgg.). 1996a. *Narratology: An Introduction.* London/New York: Longman.

_____. 1996b. "Introduction." In: Onega & Garcîa 1996a. 1-41.

O'Neill, Patrick. 1994. *Fictions of Discourse: Reading Narrative Theory.* Toronto: University of Toronto Press.

Pfister, Manfred. 2001 [1977]. *Das Drama: Theorie und Analyse.* München: Fink.

Phelan, James. 1996. *Narrative as Rhetoric: Technique, Audiences, Ethics, Ideology.* Columbus: Ohio State UP.

Phelan, James & Peter J. Rabinowitz (Hgg.). 1994. *Understanding Narrative.* Columbus, OH: Ohio State UP.

Picard, Hans Rudolf. 1987. *Der Geist der Erzählung: Dargestelltes Erzählen in literarischer Tradition.* Bern/Frankfurt a.M.: Lang.

Polletta, Gregory T. 1984. "The Author's Place in Contemporary Narratology."

In: Anthony Mortimer (Hg.). *Contemporary Approaches to Narrative*. Tübingen: Narr. 109-23.

Porter Abbott, Horace. 2002. *The Cambridge Introduction to Narrative*. Cambridge/New York: Cambridge UP.

Prince, Gerald. 1994 [1980]. "Introduction to the Study of the Narratee." In: Jane P. Tompkins (Hg.). *Reader-Response Criticism: From Formalism to Post-Structuralism*. London: Johns Hopkins UP. 7-25.

_____. 1981. "What's the Story in Narratology?" In: *James Joyce Quaterly* 18.3: 277-85.

_____. 1982a. *Narratology: The Form and Functioning of Narrative*. Berlin et al.: Mouton.

_____. 1982b. "Narrative Analysis and Narratology." In: *New Literary History* 13.2: 179-88.

_____. 1982c. "Understanding Narrative." In: *Studies in Twentieth Century Literature* 6.1-2: 37-50.

_____. 1988 [1987]. *A Dictionary of Narratology*. Lincoln, NE/London: University of Nebraska Press.

_____. 1991. "Narratology, Narrative, and Meaning." In: *Poetics Today* 12.3: 543-52.

_____. 1992. *Narrative as Theme: Studies in French Fiction*. Lincoln: University of Nebraska Press.

_____. 1995a. "Narratology." In: Raman Selden (Hg.). *The Cambridge History of Literary Criticism. Vol. VIII: From formalism to Poststructuralism*. Cambridge: Cambridge UP. 110-30.

_____. 1995b. "On Narratology. Criteria, Corpus, Context." In: *Narrative* 3.1: 73-84.

Punday, Daniel. 1998. "Narrative Theory." Paul E. Schellinger (Hg.). *Encyclopedia of the Novel*. Bd. 2: M-Z. Chicago/London: Fitzroy Dearborn Publishers, 895-900.

Rabinowitz, Peter J. 1987. *Before Reading*. Ithaca, NY: Cornell UP.

Reid, Ian. 1985. "Storypower: A Renewed Narratology?" In: *Southern Review* 18.2: 215-31.

_____. 1992. *Narrative Exchanges*. London: Routledge.
Reiner, Richard. 1988. "Narratology: Science, Protoscience, Prescience?" In: *Discours Social-Social Discourse* 1.1: 69-85.
Reuter, Yves & Daniel Bergez. 2000 [1997]. *L'analyse du récit*. Paris: Nathan.
Richardson, Brian. 1997. *Unlikely Stories: Causality and the Nature of Modern Narrative*. Newark, NJ: University of Delaware Press.
_____. 2000. "Recent Concepts of Narrative and the Narratives of Narrative Theory." In: *Style* 34.2: 168-75.
_____ (Hg.). 2002. *Narrative Dynamics: Essays on Plot, Time, Closure, and Frames*. Columbus: Ohio UP.
Ricoeur, Paul. 1984; 1985; 1986. *Time and Narrative* 3. Bde. Chicago/London: University of Chicago Press[orig.: 1983; 1984; 1985. *Temps et récit*. 3 Bde. Paris: Seuil.]
Rigney, Ann. 1990. *The Rhetoric of Historical Representation: Three Narrative Histories of the French Revolution*. Cambridge et al.: Cambridge UP.
Rimmon-Kenan, Shlomith. 2002 [1983]. *Narrative Fiction: Contemporary Poetics*. London: Routledge.
_____. 1989. "How the Model Neglects the Medium: Linguistics, Language, and the Crisis of Narratology." In: *The Journal of Narrative Technique* 19.1: 157-66.
_____. 1996. *A Glance Beyond Doubt: Narration, Representation, Subjectivity*. Columbus, OH: Ohio State UP.
Robbins, Bruce. 1992. "Death and Vocation: Narrativizing Narrative Theory." In: *PMLA* 107.1: 38-50.
Ronen, Ruth. 1990. "Paradigm Shift in Plot Models: An Outline of the History of Narratology." In: *Poetics Today* 11.4: 817-42.
Ryan, Marie-Laure. 1991. *Possible Worlds, Artificial Intelligence, and Narrative Theory*. Bloomington: Indiana UP.
_____. 1992. "The Modes of Narrativity and Their Visual Metaphors." In: *Style* 26.3: 368-87.
_____. "Cyberage Narratology: Computers, Metaphors, and Narrative." In: Herman 1999a. 113-41.

Ryan, Marie-Laure & Ernst van Alphen. 1993. "Narratology." In: Irena R. Makaryk (Hg.). *Encyclopedia of Contemporary Literary Theory*. Toronto/Buffalo: University of Toronto Press. 110-16.

Schlickers, Sabine. 1997. *Verfilmtes Erzählen: Narratologisch-komparative Untersuchung zu El beso de la mujer araña(Manuel Puig/Héctor Babenco) und Crónica de una muerte anunciada(Gabriel García Márquez/Francesco Rosi)*. Frankfurt a.M.: Vervuert.

Schmid, Wolf. 1986 [1973]. *Der Textaufbau in den Erzählungen Dostoevskijs*. Amsterda: Grüner.

_____. 1982. "Die narrativen Ebenen 'Geschehen', 'Geschichte', 'Erzählung' und 'Präsentation der Erzählung'." In: *Wiener Slawistischer Almanach* 9: 83-110.

Schnackertz, Hermann Josef. 1980. *Form und Funktion medialen Erzählens: Narrativität in Bildsequenz und Comicstrip*. München: Fink.

Schneider, Ralf. 2000. *Grundriß zur kognitiven Theorie der Figurenkonzeption am Beispiel des viktorianischen Romans*. Tübingen: Stauffenberg.

Scholz-Williams, Gerhild. 1985. "Geschichte und die literarische Dimension: Narrativik und Historiographie in der anglo-amerikanischen Forschung der letzten beiden Jahrzehnte. Ein Bericht." In: *DVjs* 63: 315-92.

Smith, Barbara Herrnstein. 1980. "Narrative Versions, Narrative Theories." In: *Critical Inquiry* 7: 213-36.

Sommer, Roy. 2001. *Fictions of Migration: Ein Beitrag zur Theorie und Gattungstypologie des zeitgenössischen interkulturellen Romans in Großbritannien*. Trier: WVT.

Stanzel, Franz K. 1955. *Die typischen Erzählsituationen im Roman*. Wien: Braumüller.

_____. 1993 [1964]. *Typische Formen des Romans*. Göttingen: Vandenhoeck & Ruprecht.

_____. 1995 [1979]. *Theorie des Erzählens*. Göttingen: Vandenhoeck & Ruprecht.

_____. 1992. "Probleme der Erzählforschung 1950-1990: Ein Rückblick." In: *Anglia* 110.3-4: 424-38.

_____. 2002. *Unterwegs: Erzähltheorie für Leser*. Göttingen: Vandenhoeck &

Ruprecht.
Sturgess, Philp J. M. 1989. "A Logic of Narrativity." In: *New Literary History* 20.3: 763-83.
_____. 1992. *Narrativity: Theory and Practice*. Oxford: Clarendon.
Toolan, Michael J. 2001 [1988]. *Narrative: A Critical Linguistic Introduction*. London/New York: Routledge.
van Peer, Willie & Seymour Chatman (Hgg.). 2001. *New Perspectives on Narrative Perspective*. Albany, NY: State University of New York Press.
Vitz, Evelyn B. 1989. *Medieval Narrative and Modern Narratology: Subjects and Objects of Desire*. New York: New York UP.
Vogt, Jochen. 1998 [1990]. *Aspekte erzählender Prosa: Eine Einführung in Erzähltechnik und Romantheorie*. Opladen: Westdeutscher Verlag.
_____. 2001 [1996]. "Grundlagen narrativer Texte." In: Heinz Ludwig Arnold & Heinrich Detering (Hgg.). *Grundzüge der Literaturwissenschaft*. München: dtv. 287-307.
White, Hayden. 1980. "The Value of Narrativity in the Representation of Reality." In: *Critical Inquiry* 7.1: 5-29.
_____. 1987. *The Content of the Form: Narrative Discourse and Historical Representation*. Baltimore/London: Johns Hopkins UP.
Wolf, Werner. 1993. *Ästhetische Illusion und Illusionsdurchbrechung in der Erzählkunst: Theorie und Geschichte mit Schwerpunkt auf englischem illusionsstörenden Erzählen*. Tübingen: Niemeyer.
_____. Wolf, Wener. *The Musicalization of Fiction: A Study in the Theory and History of Intermediality*. Amsterdam: Rodopi.
_____. 2002. "Das Problem der Narrativität in Literatur, bildender Kunst und Musik: ein Beitrag zu einer intermedialen Erzähltheorie." In: V. Nünning/A. Nünning 2002a. 23-104.
Zerweck, Bruno. 2001a. *Die Synthese aus Realismus und Experiment: Der englische Roman der 1980er und 1990er Jahre aus erzähltheoretischer und kulturwissenschaftlicher Sicht*. Trier: WVT.
_____. 2001b. "Historicizing Unreliable Narration: Unreliability and Cultural Discourse in Narrative Fiction." In: *Style* 35.1: 151-78.

2. 내러톨로지/서사론 관련 학술지

Fabula: Zeitschrift für Erzählforschung(1958ff.)
Image & Narrative: Online Magazine of the Visual Narrative(millennium. arts.kuleuven.ac.be/narrative/index_main.cfm;2001f.)
Journal of Narrative Theory(1999ff.); vorher: *Journal of Narrative Technique* (1971-98)
Narrative: The Journal of the Society for the Study of Narrative Literature (1993ff.).
Narrative Inquiry(1998ff.); vorher: *Journal of Narrative and Life History* (1991-97)
Narratologie: Revue annuelle d'étude narratologique des textes littéraires (1998ff.).
New Literary History(1969ff.).
Poetics Today(1979ff.).
Style(1967ff.).

3. 서사론 특별호

"Narratology Revisited I." *Poetics Today* 11.1 (1990). Hgg. Brian McHale & Ruth Ronen.
"Narratology Revisited II." *Poetics Today* 11.4 (1990). Hgg. Brian McHale & Ruth Ronen.
"After Genette: Current Directions in Narrative Analysis and Theory." *Studies in the Literary Imagination* 25.1 (1992). Hgg. Carl R. Kropf & R. Barton Palmer.
"Second-Person Narrative." *Style* 28.3 (1994). Hg. Monika Fludernik.
"Recent Trends in Narratological Research." *GRAAT* 21 (1999). Hg, John Pier.
"Concepts of Narrative." *Style* 34.2 (2000). Hg. Brian Richardson.
"Contemporary Narratology." *Narrative* 9.2 (2001). Hg. Emma Kafalenos.
"Voice and Human Experience." *New Literary History* 32.3 (2001). Hg. Ralph Cohen.

4. 내러톨로지 시리즈

"Narratologia." Hgg. John Pier, Fotis Jannidis, Wolf Schmid. Berlin/New York: de Gruyter 2003ff.
"The Theory and Interpretation of Narrative Series." Hgg. James Phelan & Peter Rabinowitz. Columbus, OH: Ohio State UP 1994ff.

5. 서사론 관련 웹사이트

www.narratology.net (Internetportal zur Narratologie mit vielen weiterführenden links und einer Bibliographie zur Erzähltheorie mit über 1400 Einträgen)
www.fabula.org (Internetportal zur Literatur mit einem Schwerpunkt auf Erzähltheorie)
membres.lycos.fr/simonnet/sitfen/narrat/narr0001.htm (Website der Narratologiesektion der Académie de Lyon)
www.aber.ac.uk./media/Sections/textan05.html (Narratologiesektion einer Media Studies-Internetseite)
www.uni-koeln.de/~ame02/pppn.htm (Internetseite von Manfred Jahn, die in die Grundlagen der Narratologie einführt)
www.narrport.uni-hamburg.de (Website der Forschergruppe Narratologie an der Universität Hanburg)
staff-www.uni-marburg.de/~brandtw/narrativik.html (Website der Marburger Arbeitsgruppe Narrativik)
www4.ncsu.edu/~dherman/RENT.html (Website der projektierten Routledge Encyclopedia of Narrative Theory)

■ 찾아보기

■ 용어

(ㄱ)

가정소설 ······················ 133, 134, 135
개별화 ··· 358
개인화 ················· 253, 254, 358, 359
개인화된 주체 ······························· 88
경계넘기 ······················ 173, 204, 206
경계지우기 ··················· 186, 194, 205
공간묘사 ······· 203, 204, 205, 206, 217
공간적 ·· 208
공동체의 목소리 ····················· 68, 88
공적 내레이션 ··························64, 65
공적 목소리 ································ 66
관련성원칙 ·· 281, 288, 290, 324, 329
관련성이론 ·········· 281, 289, 292, 293, 294, 295, 318, 319, 323, 324, 327, 328, 329
구술성 ································ 142, 143
권력 메커니즘 ····························· 132
권력과 억압의 메커니즘 ············· 122
권력담론 ······································ 188
규범적 남성성 ····························· 77
기대지평 ····································· 305
기표 ······················ 125, 159, 377, 391

기표들의 유희 ····························· 377
기호계 ·· 94
기호학 ···· 34, 35, 116, 117, 119, 123, 136, 149, 152, 229, 351, 376
꼼꼼하게 읽기 ····························· 96
꾸미는 행위 ································· 157

(ㄴ)

남성적 시선 ································· 97
내러티 ·· 317
내러티버티 ·········· 111, 141, 145, 349, 350, 351, 352
내러티브 의미론 ················ 230, 251
내러티브 전환 ······························· 2
내러티브 콘텍스트 ······ 301, 302, 303, 314
내러티브성 ································· 309
내러티브의 섹스화 ····················· 78
내러티브적 연출 ························ 85
내러티브화 ·········· 113, 117, 141, 144, 145, 146, 349, 352, 353
내포 독자 ····· 90, 300, 302, 303, 311, 385, 388

내포 작가 … 9, 13, 90, 363, 385, 390
내현성격이론 …… 357, 361, 364, 365
네오아리스토텔레스주의 …………… 9
뉴 크리티시즘 ………………………… 295

(ㄷ)

다성성 …………… 190, 198, 202, 215, 299, 312
다중시각 ………… 54, 84, 85, 198, 199, 202, 251, 262, 263, 264, 269
다중시각적 …………………………… 45, 82
단일시점 서사 ………………………… 84
담론분석 ……… 13, 19, 26, 118, 119, 130, 131, 134, 152, 293, 323
담론형성 ……………………………… 368
담화 …………………………………… 146
대안세계 ………… 26, 229, 242, 268
대체-프레임 ………………………… 317
대화격률 ……………………… 286, 313
대화성 ……… 87, 131, 198, 237, 266, 300, 398
독서과정 ……………………………… 219
독자역할 유형론 …………………… 311
등질서사세계적 ………… 67, 68, 259, 277, 278
등질서사세계적 서술심급 ………… 78, 80, 84
등질서사세계적-서사세계내적 서술심급 ……………………………… 76
디아스포라 ……………… 178, 205, 206

(ㄹ)

로고스중심 ………………… 28, 378, 379
로맨스 플롯 …………………… 83, 87

(ㅁ)

맥락적 효과 ………………… 289, 291
메타-프레임 ………………………… 294
메타담론 ……………………………… 8
메타픽션적 유희 …………………… 365
목소리 ………………………… 67, 299
무초점화 …………………… 277, 312
문자화 ………………………………… 143
문학 형태들의 의미화 … 124, 125, 126
문학적 인물 …… 61, 63, 91, 259, 260, 261, 262, 355, 356, 357, 358, 359, 361, 366
문학화용론 ……… 280, 281, 286, 288, 297, 299, 300, 324, 327
문화 연구 …………………………… 151
문화기호학 ………………………… 116
문화적 기억 ………………… 208, 210
문화적 사용가치 …………………… 156
문화적 유물론 ……………………… 121
문화전이 ………… 178, 191, 192, 193
미덥잖은 서술 ……………………… 355
미메시스적 권위 …………………… 77
미확정성 …………………… 297, 313

(ㅂ)

바텀업 프로세스 …………… 357, 358

바흐친주의적 ······················ 14, 15
반영자화 ······························ 144
발화수반 행위 ················ 283, 284
발화적 서술 ························· 313
발화효과 행위 ······················ 283
범례적 축 ····························· 83
병렬텍스트 ·························· 380
분석철학 ······················ 229, 339
비규범적인 서사형태 ················ 88
비연대기적 서술 ·············· 74, 210
빈자리 ······················· 338, 367

(ㅅ)
사이-속 공간 ············ 191, 192, 194
사적 내레이션 ························ 65
사적 목소리 ··························· 66
사팔뜨기 시선 ························ 86
사회적 성 ····························· 58
상상적인 것 ····················· 158, 163
상징계 ·································· 94
상징체계 ············ 119, 120, 125, 155, 164, 176
상호담론분석 ····················· 121, 152
상호텍스트성 ············ 195, 211, 212, 380, 390
상호텍스트적 ························ 385
상호텍스트적 지시 ··················· 86
상호텍스트적 지시관계 ············· 211
생물학적 성 ············ 59, 60, 76, 77
서사 매개 층위 ······················ 360

서사담론 ·························· 10, 89
서사상황 ················ 318, 321, 340, 342, 343
서사세계내적 ························ 277
서사세계외적 ························ 277
서사적 권위 ············ 63, 387, 391
서사적 목소리 ············ 219, 397, 399
서사적 시점화 ························ 124
서사적 우주 ············ 250, 251, 252, 255, 258, 261, 270
서사적 크로스 드레싱 ················ 72
서사전략 ······· 72, 136, 146, 184, 185
서술시각 ······················· 13, 338
서술시각구조 ························ 127
서술에 대한 불신 ········ 363, 364, 366
서술자 시각 ····················· 360, 361
서술하기 ····························· 209
서술하는 독자 ························ 311
선행체계 ····················· 341, 358
선형적 시간 ··························· 93
선호성 규칙체계 ········ 316, 317, 318, 322, 323, 324, 325, 327, 328, 342
선호성규칙 ················ 318, 328
성 스테레오타입 ······················ 61
성 중립 ····················· 58, 70, 98
성 특징적 생산조건 ··················· 65
섹슈얼리티 ············ 52, 53, 58, 59, 60, 61, 62, 73, 74, 75, 78, 89, 97, 100, 102, 103

섹스 ……… 52, 53, 58, 59, 60, 61, 62, 64, 74, 75, 76, 77, 78, 80, 81, 84, 89, 97, 98, 100, 101
섹스화 ………………………………… 100
소통모델 ………… 160, 383, 384, 385, 386, 388
순간적 시간 ……………………………… 93
순환적 시간 ……………………… 93, 210
시각 …………………………………… 135
시그널 …………… 340, 356, 361, 365
시점 ……………………………………… 64
시점구조의 폐쇄성 ……………………… 85
신뢰할 수 없는 서술 ………… 64, 153, 154, 362, 363, 364, 365
신뢰할 수 없는 서술자 ………… 63, 153, 154, 241, 246, 346, 362, 363, 365, 388
신문화사 ………………… 112, 115, 132
실재적인 것 …………………………… 158
실제 독자 ………… 312, 314, 315, 322, 329, 330
실험적 용어 …………………………… 57
심리 내레이션 …………………… 11, 145
심미적 작동구조 ……………………… 159
심미적 작용구조 ……………… 157, 159
심성 프로세스 ………………… 150, 151
심성사 ……… 147, 148, 149, 150, 151, 154, 155, 163
심적 모델 ……………… 356, 357, 358

(ㅇ)

아날학파 ………………………………… 147
양가성 …………………………… 203, 218
양상 논리학 ……… 229, 232, 243, 246
양상 논리학적 ………………………… 246
양상 시스템 ……… 232, 233, 235, 241
양상실재론적 …………………… 233, 235
양태 ………………… 92, 132, 248, 266, 340, 383
언어행위이론 …………… 281, 282, 308
여성적 글쓰기 …………………………… 94
여성적 시선 …………………………… 97
여성적 저자성 …………………………… 94
역사기술 ……………………………… 351
역사서술론 …………………………… 351
역사적 맥락화 ………………………… 66
역사적 콘텍스트 ……………… 121, 149
역사화 ……… 22, 110, 113, 121, 130, 139, 140, 141, 152, 153, 154, 155, 162, 164
연대기적 서술 ………………………… 74
원관습 …………… 309, 310, 311, 312, 313, 315
월경인 …………………………… 203, 205
위계구조화 …………………… 361, 362
위계적 기하학 ………………………… 57
위반 ……………………… 67, 68, 73, 81, 194
위반 능력 ……………………………… 61
유형학 ………………………………… 64

유희 ········ 44, 57, 72, 191, 250, 256, 267, 319, 365, 377, 378, 380, 383, 384, 386, 387, 390, 391, 393, 394, 397, 399, 402
음성중심주의 ···················· 398
의견 차이 ······················· 295
의미담지자 ············· 55, 62, 69, 82
의미부여 ············ 96, 147, 152, 154, 163, 313, 323, 345
의미부여전략 ················ 324, 330
의미지정 ····· 291, 292, 302, 303, 311, 313, 323
의미촉발적 잠재력 ················ 327
의미추가 ················ 293, 295, 327
의사소통모델 ······················ 90
의식 장면 ························ 144
의식소설 ················ 142, 144, 351
이인칭 내러티브 ·················· 69
이종어 ······················ 309, 312
이중 목소리의 담론 ············ 86, 87
이질서사세계 ··· 66, 74, 76, 137, 201, 216, 217, 277, 278, 355
이질서사세계적 서술심급 ·········· 77
이질서사세계적 서술자 ············ 66
이질서사세계적 초점화 ············ 84
인간화 ·········· 61, 62, 261, 264, 350
인물시각 ······ 262, 316, 318, 319, 360
인물시각적 서술상황 ······· 69, 88, 140, 144
인식론적 회의주의 ················ 85

인종 ··········· 176, 177, 178, 182, 184, 213, 219
인지 파라미터 ···· 348, 349, 350, 352, 353, 356, 357
인지 프레임 ···················· 367, 368
인지-화용론적 내러톨로지 ··········· 315
인지론 ········ 13, 141, 151, 220, 330, 339, 344, 345, 347, 356, 360
인지심리학 ··············· 20, 337, 340, 344, 347
인지적 환경 ············· 304, 324, 325, 327, 329
인지적 효과 ············· 290, 292, 313, 318, 319, 324, 325
인지주의 ···················· 4, 12, 23, 27, 29, 41, 42, 61, 91, 97, 99, 163, 315, 324
인지주의 내러톨로지 ··················· 219
인지주의 서사론 ········· 218, 352, 353
일인칭 서술상황 ···················· 140
일인칭 서술자 ············· 239, 240, 241, 242, 353
임베딩 ···························· 56
입증화 ··························· 239

(ㅈ)

자기서사세계적 ················ 67, 73
자기서사세계적 서술심급 ·········· 77
자기지시성 ······················· 66
자기차이 ························ 399

자연성 이론 ·················· 348
자연적 내러톨로지 ······· 4, 12, 21, 23,
    26, 29, 30, 140, 141, 145, 336, 347,
    348, 350, 353, 367
자연적 내러티브 ················ 348
자연적 언어학 ··················· 348
자연화 ······· 102, 145, 309, 310, 311,
    341, 342, 344, 345, 349, 353, 354,
    356, 357, 361, 362, 364, 365, 367,
    368
작가적 독자 ···················· 311
작품의 규범 ···················· 362
재역사화 ······················· 156
저자성 ························ 92, 93
저자의 목소리 ············ 66, 67, 70
전담론적 ························ 59
전지적 서술자 ····· 137, 145, 196, 240,
    241, 268
접근성 ···· 4, 230, 232, 247, 248, 249,
    267, 268
정보 ···························· 292
정원샛길 ························ 347
제도화 ·················· 136, 137, 161
젠더담론 ························· 91
젠더연구 ·············· 73, 93, 96, 100
젠더화 ····· 55, 58, 59, 60, 61, 70, 95,
    100, 132
젠더화된 내러톨로지 ············ 100
주석적 서술상황 ················ 140
주석적 서술심급 ·········· 63, 66, 70

주체성 구성 ···················· 136
지면상의 존재들 ············ 59, 61
지평용해 ························ 305
진술의 진실성 ···· 234, 236, 239, 243,
    246, 247
집단적 사고 ···················· 155
집단적 심성 ·············· 149, 163
집단적 의미체계 ················ 122

(ㅊ)
차연 ······················ 175, 190, 377
차이성 ·························· 189
처리비용 ····· 292, 293, 313, 318, 325,
    326, 328
체계이론 ··················· 20, 119, 121
체험화법 ···· 11, 12, 25, 73, 137, 138,
    144, 145, 389
초두성 효과 ············ 318, 320, 342
초보호 ···················· 310, 313
초점인물화 ······················ 144
초점화 ····· 11, 13, 33, 41, 64, 73, 83,
    84, 87, 91, 92, 124, 135, 194, 195,
    196, 197, 198, 202, 214, 242, 243,
    259, 260, 270, 312, 320, 383, 387,
    389, 390, 397
초점화과정 ······················ 366
초점화심급 ·········· 73, 318, 389, 390
최신성 효과 ·············· 318, 342
출발콘텍스트 ·············· 291, 307

(ㅋ)

카테고리화 ················ 339, 358, 359
코-텍스트 ································ 299
코드전환 ································ 143
콘텍스트 ································ 284
콘텍스트화 ·········· 22, 34, 57, 91, 92,
　　110, 113, 121, 139, 146, 152, 153,
　　154, 155, 164, 220, 297, 298
퀴어 ····························· 21, 75, 81
퀴어 내러톨로지 ···· 16, 101, 102, 103
퀴어링 ······························· 75, 101
클로즈 리딩 ······················ 113, 123

(ㅌ)

타자성 ········ 174, 178, 185, 187, 188,
　　189, 190, 191, 194, 195, 196, 197,
　　198, 199, 200, 201, 202, 203, 204,
　　205, 206, 210, 211, 212, 213, 214,
　　216, 217, 218, 220
탈카테고리화 ··························· 358
탐사 플롯 ································· 83
탑다운 프로세스 ······················ 357
텍스트구조 ·········· 301, 303, 312, 329
텍스트의 기하학화 ······················ 57
텍스트적 우주 ····· 235, 253, 256, 257
통사론적 축 ······························ 83
통제 메커니즘 ······ 128, 132, 137, 161
트랜스장르적 ·········· 4, 17, 22, 46, 97
트랜스장르적 페미니즘 서사론 ······ 95
특수담론 ·································· 91

틀이론 ············ 13, 40, 340, 348, 352

(ㅍ)

판옵티콘 ································ 137
팔루스중심주의 ·························· 94
페미니즘 텔레비전학 ··················· 95
페미니즘적 내러톨로지 ·············· 218
프랑스 페미니즘 ············· 57, 93, 94
프레임 ········· 8, 37, 98, 99, 316, 317,
　　318, 319, 320, 329, 340, 341, 342,
　　344, 345, 348, 349, 353, 354, 356,
　　358, 359, 360, 361, 364, 365, 366,
　　367, 368
프레임-변경 ···························· 320
프레임워크 ································ 37
프레임이론 ····························· 310
프로테우스 원리 ··· 58, 277, 279, 284,
　　292, 316, 345
플롯 유형학 ······················· 40, 257
피발화자 ······················ 65, 88, 317

(ㅎ)

하위주체 ············ 188, 197, 213, 218
해석공동체 ······················ 323, 330
해체구성 ················ 4, 375, 376, 381,
　　394, 402
허구성 이론 ················ 19, 234, 250
허구적 독자 ······················ 79, 89, 90
허구적 수신자 ··········· 65, 70, 78, 88,
　　89, 219

허구적 인물 …………………………… 61
헤테로이데올로기 …………………… 102
현시점 ………………………………… 243
협동원칙 …… 281, 282, 289, 310, 313
호모섹슈얼리티 ………………… 61, 102
호모에로티즘 ………………………… 61
혼성화 ………………………………… 100
혼종성 ……… 174, 178, 191, 192, 193, 194, 195, 196, 205, 215
혼종적 ……… 3, 53, 55, 97, 190, 192, 199, 202, 205
화용론적 문학연구 ………… 285, 295, 298, 322, 323
화용론적 수용미학 ………………… 295
화용론적 코드 ……………………… 292
화용론적 해석학 …………… 295, 299
히멘 ……………………… 24, 396, 397

■ 인명

(ㄱ)
가덤 …………………………………… 294
가스켈 ………………………………… 68
거스먼 ………………………………… 20
구텐베르크 ………… 15, 19, 27, 82, 83, 86, 239, 258
굿맨 …………………………………… 267
그라이스 ………… 60, 281, 282, 283, 284, 286, 287, 288, 289, 291, 308, 309, 317
그라프 ………………………………… 297
그레이브스 …………………… 18, 345
그린 …………………………………… 324
그린블랫 …………………… 121, 122
그림 …………………………………… 17
기어츠 ……… 20, 37, 116, 130, 136
깁슨 ……… 17, 18, 24, 25, 56, 57, 374, 383, 384, 391, 392, 393, 394, 395, 396, 397, 398, 399, 400, 401, 402, 403, 404, 405

(ㄴ)
나보코프 ………… 261, 358, 362, 365
노이만 ………………………………… 172
뉘닝, 베라 ……… 1, 16, 153, 154, 366
뉘닝, 안스가 ……… 1, 16, 17, 18, 71, 110, 112, 126, 150, 151, 152, 336, 346
니쉬크 ………………………………… 19

(ㄷ)
단토 …………………………………… 20
더피 …………………………………… 85
데리다 ……… 175, 190, 377, 378, 379, 382, 383, 385, 391, 395, 396, 398, 400, 402, 403

데포우 ·················· 201
도허티 ·················· 89
돌레첼 ········ 19, 229, 238, 244, 246, 270, 346
뒤플레시 ·················· 64
드 만 ·················· 381, 382
딕슨 ·················· 20, 346
딘고트 ·················· 32, 33, 53

(ㄹ)

라보프 ·················· 19, 348
라비노비츠 ·················· 17, 311, 346
라이언 ········ 19, 20, 229, 241, 242, 244, 245, 249, 251, 252, 253, 254, 256, 257, 258, 259, 262, 263, 264
라이프니츠 ·················· 229, 231, 233
라인판트 ·················· 16, 20
라카프라 ·················· 20
랜다 ·················· 15
랜서 ········ 15, 16, 17, 19, 31, 32, 52, 53, 54, 56, 59, 60, 62, 63, 64, 65, 66, 67, 68, 69, 70, 73, 74, 75, 76, 77, 78, 81, 88, 89, 100, 101, 102, 126, 197
램머르트 ·················· 6, 9, 14
레비나스 ·················· 25
레빈선 ·················· 293
레쉬 ·················· 233
로겐도르프 ·················· 110
로넨 ·················· 19, 242

로레티 ·················· 18, 25
로브그리예 ·················· 246
루만 ·················· 38
루시디 ·················· 193, 206, 210
루이스 ·················· 233, 235
루프 ·················· 16, 101, 102, 103
뤼링 ·················· 270
리그니 ·················· 20
리먼-키넌 ·················· 20
리처드슨 ·················· 17, 134
리쾨르 ·················· 19, 20
리히터 ·················· 17

(ㅁ)

마골린 ·················· 19
마르티네츠-보나티 ·················· 250
마이어 ·················· 281
마티즈-보나티 ·················· 19
매트르 ·················· 248
맥켄지 ·················· 15
맥클로스키 ·················· 20
맥헤일 ·················· 16, 267
멀비 ·················· 96
메이 ··· 299, 300, 301, 302, 303, 306, 307, 311, 312, 314, 321
메이트랜드 ·················· 85
메제이 ·················· 15, 32, 72, 73
모스타프 ·················· 17, 46
밀러 ·················· 19
밀러 ·················· 18, 25, 64

(ㅂ)

바바 … 175, 180, 182, 190, 191, 192, 193, 218
바이겔 … 86
바커 … 85
바틀렛 … 219
바흐친 … 87, 124, 131, 174, 191, 198, 215, 237, 266, 299, 300, 312, 398
발 … 15, 17, 35, 46
버스 … 319, 321
버크 … 321
버틀러 … 58, 59, 404
번스타인 … 20
베르크호퍼 … 20
베리 … 28
벤더 … 15, 16, 129, 130, 131, 132, 135, 136, 137, 138, 139, 161, 162
벤야민 … 193
보드웰 … 17, 46
보르톨루시 … 20
보르헤스 … 267
본하임 … 17
볼프 … 16, 17, 18, 46, 263, 352
뵈젠베르크 … 98
부스 … 9, 14, 15, 17, 346, 362, 363
뷔르츠바흐 … 84, 91, 92
브라운 … 282
브래니건 … 17, 46
브레몽 … 252

브로피 … 80, 85
브론테 … 85, 213
브루너 … 20, 346
브룩스 … 18, 25
비르크 … 172
비스트-켈르너 … 42, 88

(ㅅ)

사이드 … 174, 176, 181, 186, 201
샤베르트 … 70, 76, 77, 93
섬머 … 16
셀 … 17, 19, 282, 299, 303, 304, 305, 306, 307, 308, 312, 314, 322
셰익스피어 … 245
소렌티노 … 261
소쉬르 … 115, 280, 376, 377
쇼왈터 … 86
쇼트 … 294
쉐너트 … 17
슈나이더 … 91, 357, 358
슈탄첼 … 7, 9, 14, 66, 69, 140, 141, 316, 321
슈톡웰 … 296
슈트라웁 … 20
슐레이만 … 16
슐릭커스 … 17
스위프트 … 312
스턴버그 … 18, 38, 58, 277, 284, 316, 343, 345
스트라슨 … 17, 276

찾아보기 | 433

스퍼버 ······ 281, 282, 289, 290, 291, 292, 293, 329
스피박 ·················· 181, 184, 218
식수 ································· 94
써얼 ···· 281, 282, 283, 284, 285, 308

(ㅇ)

아리스토텔레스 ······················ 9
아모로스 ························· 240
암스트롱 ······ 16, 129, 130, 131, 132, 134, 135, 139, 162
얀 ······· 17, 18, 20, 23, 38, 315, 316, 317, 318, 319, 320, 321, 323, 330, 340, 342, 343, 346, 347
어레스 ············· 15, 52, 81, 259, 384
에를 ································ 110
에이미런 ····························· 18
에코 ························· 19, 229
엔크비스트 ························ 280
엘리엇 ························ 71, 85
영 ································ 191
오네가 ····························· 15
오닐 ······ 18, 25, 374, 383, 384, 385, 386, 388, 390, 391, 392, 402, 403, 405
오든 ······························ 299
오스틴 ···················· 69, 73, 133
오진스키 ··························· 84
요시포비치 ························· 79
울스턴크래프트 ······················ 68
워홀 ·· 32, 70, 71, 72, 87, 89, 95, 96

월렛츠키 ··························· 19
윌리엄스 ·························· 130
윌슨 ··· 281, 282, 289, 290, 291, 292, 293, 329
율 ································· 282
이베 ································· 6
이븐조하 ··························· 20
이저 ····· 18, 157, 158, 264, 300, 302, 303, 311, 338, 339
인가르덴 ·························· 313

(ㅈ)

잭슨 ································ 20
잭켄도프 ·························· 316
쟌모하메드 ······················· 191
제임슨 ···················· 15, 124, 131
주네트 ··· 10, 11, 14, 19, 20, 67, 114, 129, 197, 213, 270, 321, 346, 397
주어캄프 ·············· 16, 19, 85, 228
짐니히 ···················· 15, 52, 259

(ㅊ)

채트먼 ············ 6, 14, 15, 17, 21, 46, 346, 347
챔버스 ······················· 18, 261
챔벌레인 ··························· 20
체르벡 ····· 16, 18, 91, 245, 282, 310, 315, 336, 368
체이스 ····························· 18
체텔만 ····························· 17

(ㅋ)

카라 ·· 20
카씨러 ·· 116
카터 ··· 73
캠슨 ·· 278
커리 ···························· 16, 18, 25, 112
컨스 ······· 17, 19, 308, 309, 310, 311,
　　312, 313, 314, 315, 316, 317, 330
컬러 ············· 18, 310, 341, 345, 349
케이스 ··· 15
코니스-포프 ································· 18
콘 ·· 19, 20
콜리지 ······································· 235
크리스테바 ········· 24, 25, 93, 94, 380
크립키 ······················ 231, 232, 233
크바스토프 ································· 19
클리포드 ····································· 20

(ㅌ)

타타르 ·· 18
탈보 ·· 281
터너 ····································· 20, 42
토도로프 ······························· 6, 252
톰슨 ·· 20
툴란 ································ 19, 297, 337

(ㅍ)

파농 ·· 188
파벨 ····························· 19, 229, 244
파울즈 ······································· 267

퍼웰 ·· 16
페리 ··············· 18, 38, 318, 342, 343, 345
페터젠 ·· 14
펜 ·· 18
펠란 ······························· 17, 311, 312, 346
포스캄프 ····································· 17
포스터 ·· 73
푸코 ············ 116, 130, 134, 148, 149,
　　150, 161
프랫 ····························· 17, 19, 279, 310
프랭스 ·· 53
프롭 ·· 259
프루스트 ···································· 324
프리드먼 ······································· 9
플로베르 ··························· 138, 236
플루더닉 ········ 14, 15, 16, 17, 18, 19,
　　21, 31, 42, 59, 60, 61, 78, 79, 80,
　　89, 98, 140, 141, 142, 143, 144,
　　145, 146, 147, 162, 309, 336, 346,
　　347, 348, 349, 351, 352, 353, 354,
　　355, 366, 367
플룩 ············· 18, 156, 157, 158, 159,
　　160, 163
피게스 ·· 85
피르호 ·· 17
피쉬 ····························· 306, 322, 323, 330
피어 ·· 299
피킹턴 ··············· 279, 281, 324, 325,
　　326, 328
필딩 ···································· 70, 136

(ㅎ)

하이넨 ················· 267, 374
하이제 ······················· 16
함부르거 ················· 9, 14
허먼 ········ 3, 14, 19, 20, 25, 27, 28,
　　35, 112, 127, 346, 347, 355

헐럽 ························ 303
홀 ················ 180, 191, 193
화이트 ········ 20, 113, 296, 349
회스터라이 ················· 18
훈 ·························· 17
히르쉬 ····················· 18